Max Joseph Hufnagel

Berühmte Tote im Südlichen Friedhof zu München

Berühmte Tote im Südlichen Friedhof zu München

500 Zeugen des Münchner kulturellen, geistigen und politischen Lebens im 19. Jahrhundert

Bearbeitet von
Dr. Max Joseph Hufnagel

4. überarbeitete Auflage

Zeke Verlag

ISBN 0-0000-0000-0

4. Auflage 1983
Umschlaggestaltung: Heinz Peikert, München

Hergestellt bei Presse-Druck Augsburg
Printed in Germany

Der Erinnerung
an unsere

Regina

geb. 2. III. 1958
gest. 28. III. 1962

Danksagung

Das vorliegende Werk konnte im Druck erscheinen, weil es von den hier genannten Institutionen oder Firmen großzügig unterstützt wurde. Dafür sagen wir herzlichen Dank!

Bayerische Handelsbank
Bayerische Hypotheken- und Wechsel-Bank
Bayerische Staatsbank
Bayerische Vereinsbank
Betriebs- und Krankenhausreferat der Landeshauptstadt München
Evangelische Landeskirche in Bayern
Lebensversicherung von 1871 auf Gegenseitigkeit München
Der Präsident des Oberbayerischen Bezirkstages
Süddeutscher Verlag
Verein für Diözesangeschichte von München und Freising e. V., Erzb. Ordinariat

Vorwort

Diese Arbeit ist eine Auslese aus dem Ergebnis jahrzehntelanger Forschungen des Verfassers über nicht mehr bestehende Gottesäcker Münchens einerseits und über die Toten des Südlichen Friedhofes zu München andrerseits. Ich habe vermooste Grabsteine mit verblichener Schrift abgesucht, alte Grabbücher beim Stadtarchiv und der Städtischen Bestattung München sowie einschlägige Archivalien beim Allgemeinen Staatsarchiv und beim Staatsarchiv für Oberbayern durchforscht und in vielen Bibliotheken, namentlich in der Bayerischen Staatsbibliothek, nach literarischen Quellen über die Berühmten des Südlichen Friedhofes gesucht.

Der Wunsch nach einer derartigen Veröffentlichung ging von der Städtischen Bestattung München, namentlich von Stadtrat Dr. Erwin *Hamm*, aus, nachdem dauernd bei diesen Stellen nach einer Schrift über die berühmten Toten des Südlichen Friedhofes nachgefragt wird. Anfangs war nur eine kurze Übersicht über die verdienstvollen im Südlichen Friedhof Bestatteten beabsichtigt. Im Verlaufe der Vorbereitungen kam ich aber zu der Überzeugung, daß damit nicht Genüge getan ist, da der Leser etwas mehr erwartet. Und so wurde versucht, von jedem einzelnen der hier Erfaßten ein kurzes Lebensbild zu entwerfen, auf die besondere Leistung des Betreffenden hinzuweisen und schließlich Literatur und sonstige Quellen anzugeben, damit sich der Leser über den einzelnen noch mehr orientieren kann.

Es ist hier an dieser Stelle meine besondere Pflicht, das Andenken des 1955 verstorbenen städtischen Verwaltungs-Oberinspektors Klemens Bolz dankend zu rühmen. Bereits zu Allerheiligen 1928 hat dieser ein „Verzeichnis der in den städt. Friedhöfen München beerdigten berühmten und verdienten Verstorbenen" in beschränkter Auflage hektographiert herausgegeben, das er in sieben Nachträgen bis 1938 fortsetzte. Diese Arbeiten konnten hier zum Teil verwertet werden. Besonderer Dank gebührt vor allem den zuständigen Herren von der Städtischen Bestattung München für bereitwillige Beratung und Vorlage der Grabbücher. Ebenso danke ich auch den Vorständen des Stadtarchivs München, des Allgemeinen Staatsarchivs und des Staatsarchivs für Oberbayern für die Bereitstellung der Archivalien.

Seit über zehn Jahren habe ich meine Forschungsergebnisse auf dem Gebiet des Bestattungswesens in Altmünchen und der Toten des Südlichen Friedhofes in Vorträgen und Führungen weiteren Kreisen mitteilen können. Zum 800jährigen Jubiläum Münchens erschien in der Festgabe des Diözesangeschichtsvereins von München und Freising „Monachium", Beiträge zur Kirchen- und Kulturgeschichte Münchens und Südbayerns, herausgegeben von A. W. Ziegler, München, Manz Verlag 1958, ein kleiner Beitrag von mir „Berühmte Grabstätten des alten München" (S. 254ff.), der sich jedoch nur auf das Wichtigste beschränken mußte (zwei getrennte Personenregister).

Die nicht mehr bestehenden Friedhöfe Altmünchens wurden hier deshalb berücksichtigt, weil die letzten Überreste der dort bestatteten Toten um 1800 auf den Südlichen Friedhof umgebettet worden sind. Was die Totenwelt des Südlichen Friedhofes betrifft, so werden vielleicht manche Einwände kommen, warum einige anscheinend Unbedeutende hier ausführlich gewürdigt, während andere etwa Berühmtere übersehen werden. Es sei darauf erwidert, daß die Interessenssphäre der Leser verschieden ist. Ich habe mich auf 500 mehr oder weniger berühmte Tote aus der Zeit vom ausgehenden 18. Jahrhundert bis nach dem Ersten Weltkrieg beschränkt. Wenn man bedenkt, daß der Gottesacker an der Thalkirchner Straße am 31. Dezember 1943, als die Beerdigungen eingestellt wurden, 24 000 Familiengrabstätten besessen hat, so dürfte die hier getroffene Auswahl nicht zu groß sein. Diese Toten repräsentieren eine lange und für die Geschichte Münchens sehr bedeutsame Zeit. Wir erleben noch das ausgehende Kurfürstentum Bayern, die Erhebung zum Königreich, das auch aus Franken, Pfälzern und Schwaben „Bayern" machte, das Ringen um die deutsche Einigung um die Mitte des vorigen Jahrhunderts, das 1871 im kleindeutschen Sinn gelöst wurde, und die friedvollen und wirtschaftlich glücklichen Tage unter der Herrschaft des vom Volk geliebten Prinzregenten. Die großen Politiker, die diese Zeit mitbestimmten, finden wir zum Großteil hier begraben. Der geniale Schöpfer des neuen Königreiches Bayern, Maximilian Josef Graf von Montgelas, lag ursprünglich hier bestattet, bis er in der gräflichen Familiengruft nach Egglkofen (Landkreis Mühldorf) überführt wurde. Wir begegnen vielen bayerischen Staatsministern, Kabinettssekretären, Landtags- und Reichstagsabgeordneten und Deputierten des Frankfurter Parlaments ebenso wie denen, die bei der Entmündigung des unglücklichen Königs Ludwigs II. eine nicht unwichtige Rolle spielten oder die sich gegen die kleindeutsche Lösung erfolglos wehrten. Bezeichnend sind auch häufiger vorkommende Vornamen der hier Beschriebenen wie Napoleon, Max, Ludwig und Friedrich-Wilhelm. Unter den ersten drei bayerischen Königen war München ein Zentrum der Wissenschaften. Im Südlichen Friedhof liegen die Großen begraben, denen München verdankt, daß es tonangebend in der Geistesgeschichte war. Es sei nur an Jacobi, Görres, Baader, Thiersch und Deutinger erinnert. Die Zeit, von der berichtet wird, war auch die Epoche der technischen Entwicklung und der Erfindungen, die sich mit Namen wie Fraunhofer, Reichenbach, Maffei, Steinheil und Sager verknüpft. Die Naturwissenschaften sowie Mathematik und Physik leisteten im 19. Jahrhundert erstaunlich Großes. Es sei hier nur auf Martius, Liebig, Ohm, Jolly und Siebold hingewiesen. Die Erfindung des Steindrucks durch Senefelder, die Verbesserung des Kupferstichs durch Amsler, die Entwicklung der Photographie und des Lichtdrucks, an der Josef und Eugen Albert sowie Obernetter wesentlich beteiligt waren, sind heute eine unentbehrliche Voraussetzung für die modernen Veröffentlichungen von Druck und Bildern. Wie kämen wir heute im Zeitalter der Eile und Hetze noch ohne Erfindung des Kurzschriftsystems durch Gabelsberger zurecht? Für die Gesundheit des Leibes und die Hygiene haben vor hundert Jahren hier in München Männer wie Pettenkofer, Ziemssen, Buhl und Nußbaum viel getan. Es fehlt auch nicht an großen katholischen und evangelischen Theologen aus dieser Zeit, wie Deutinger, Döllinger, Möhler, Niethammer und Roth. An Historikern finden wir Westenrieder, Mannert, Görres, Buchner, Rockinger und Grauert. Nicht zu vergessen seien die großen Rechtsgelehrten Goenner, Maurer, Prinz und Seydel. An Philologen begegnen wir hier Thiersch, Englmann, Docen und Lichtenthaler. Das architektonische Bild der heutigen Millionenstadt formten K. von Fischer, Gärtner, Klenze, Bürklein, Hauberrisser und G. v. Seidl. Schließlich war das 19. Jahrhundert auch die Zeit des behaglichen Biedermeiers und der friedlichen Muße, in der für Theater, Musik und die bildende Kunst Erstaunliches geleistet wurde. Gräber des Südlichen Friedhofes erinnern an große Schauspieler wie Rüthling, Dahn, Possart, Vespermann, an die Komponisten Ett, Aiblinger, Lachner und Rheinberger, und unbeschreiblich umfangreich ist der Kreis der Bildhauer und Kunstmaler, die hier bestattet liegen. Man möchte dabei meinen, sie seien in meinen Ausführungen auswahllos berücksichtigt worden. Und doch hat ein jeder von ihnen in seiner Art etwas Außergewöhnliches geleistet. Sie alle sind in der Literatur erfaßt, und dies nicht nur in heimatgebundenen Büchern.

Zugegeben sei, daß der Leser beim einen oder andern der hier Gewürdigten sich fragen wird, warum dieser zu den Berühmten zählt. Es sind dies Personen, deren Namen heute ganz in Vergessenheit geraten sind, die aber zu ihrer Zeit sehr gefeiert wurden. Daher ist es eine Pflicht der Dankbarkeit, ihren Namen der Nachwelt zu überliefern.

Mit Absicht wurde jeweils vermerkt, wenn nach dem betreffenden Toten eine Straße in München benannt ist. Zeugt dies doch dafür, daß er Berühmtheit erlangte. Und somit läßt sich die Auswahl der hier Beschriebenen auch damit rechtfertigen, daß an über die Hälfte derselben ein Straßenname erinnert.

Von vielen dieser Toten steht heute nach den Zerstörungen des Zweiten Weltkriegs, der auch den Südlichen Friedhof nicht verschonte, der Grabstein, auf dem wir seinen Namen lesen könnten, nicht mehr. Trotzdem oder gerade deshalb wurden aber diese Grabstätten berücksichtigt. Denn diese verdienen mehr als die andern, deren Grabinschriften den Vorbeigehenden noch an ihr Leben und Wirken erinnern, nicht vergessen zu werden. An Hand des Übersichtsplanes ist es dazu ein leichtes, die Stelle zu finden, wo einst das Grab des Betreffenden bestanden hat.

Somit dürfte diese Übersicht über die berühmten Toten des Südlichen Friedhofes nicht nur ein Wegweiser für Fremde, sondern auch ein anschauliches Geschichtsbuch über die letzten 200 Jahre sein. Mit den 500 Porträts bekommt der Leser einen Ausschnitt von der kulturellen, geistigen und politischen Geschichte Münchens und Bayerns im 19. Jahrhundert. Da auch von Katastrophen und Schicksalsschlägen die Rede sein wird, wird der Leser von manchem bestimmt auch beeindruckt werden. Möge vorliegende Arbeit den Fremden, die das alte München kennenlernen wollen, und den Münchnern, die ihre Vergangenheit lieben, vor allem aber auch der Schuljugend, die ihre Heimat liebenlernen will, zu guten Diensten stehen!

Erst nach Gewährung von Zuschüssen durch die obengenannten Stellen kann das schon 1964 abgeschlossene Manuskript jetzt veröffentlicht werden. Die inzwischen erschienene hier einschlägige Literatur konnte daher nur teilweise berücksichtigt werden.

Für die Durchsicht des Manuskripts bzw. der Korrekturabzüge, verbunden mit vielerlei wertvollen Hinweisen, ist der Verfasser den Herren Universitätsprofessoren † Dr. Th. *Dombart*, Dr. M. *Spindler* und Dr. K. *Bosl* sowie den Herren L. *Hollweck*, W. von *Lossow* und E. *Münz*, für die Zeichnung des Übersichtsplans Herrn K. *Schüller* zu Dank verpflichtet.

München, im August 1969

Der Verfasser

Vorwort zur dritten Auflage

Bereits sechs Wochen nach Erscheinen war die Erstauflage dieses Buches vergriffen — ein Zeichen, wie viele Freunde es gefunden hat. Aber auch die in kürzester Zeit erschienene Zweitauflage, bei der nur Druckfehler beseitigt und Korrekturen angebracht werden konnten, ist nunmehr vergriffen, so daß Verlag und Autor sich zu einer dritten ergänzten Auflage entschlossen haben. Die Auswahl der 500 berühmten Toten, die kaum beanstandet worden ist, blieb unverändert. Hingegen wurden Vorschläge und Anregungen, für die hier herzlich gedankt sei, gern berücksichtigt, so z. B. *Meisenbach* Georg, 1841(Nürnberg)—1912. Er ist der Erfinder der Autotypie, eines Verfahrens, das ermöglicht, mittels eines Liniennetzes auf Glas (Raster) von jedem Original ein sogenanntes Halbtonnegativ herzustellen. Wegen ihrer Vorzüge (naturgetreue Wiedergabe, rascheste und billigste Herstellung der Druckplatte und Verwendungsmöglichkeit für den farbigen Buchdruck) hatte sich dieses photomechanische Bildreproduktionssystem in kürzester Zeit zu einer Weltindustrie entwickelt. M.s Grab — Nr. 246a 14—2—42 eingeebnet — war in den früheren Auflagen nicht vermerkt, weil es nach den mir damals zur Verfügung stehenden Unterlagen im Münchner Waldfriedhof gelegen sein soll.

Veranlaßt durch manche Rückfragen, regte das Betriebs- und Krankenhausreferat an, doch auch die großen Bierbrauerfamilien hier zu würdigen, da München diesem Gewerbe sehr viel verdankt. Der Untertitel des Buches läßt indes nicht zu, sich mit Vertretern eines bestimmten Handelszweigs hier näher zu beschäftigen. Wenn ich trotzdem des Begründers der Pschorr- und Hackerbrauerei gedenke, möge dies nicht als eine einseitige Bevorzugung gelten, denn schließlich liegen im Südlichen Friedhof die Gründer bzw. Neuorganisatoren und Besitzer aller heutigen Münchner Großbrauereien begraben, sondern es möge zeigen, wie eng bürgerlicher Wohlstand und Pflege der Kultur miteinander verbunden sind. *Pschorr* Joseph, 1770(Kleinhadern, heute Stadtteil von München)—1841, Grab Nr. 172a 9—1—6/9 ist nämlich ein Ahnherr mütterlicherseits von Münchens größtem Komponisten Richard Strauss.

Die Aufnahme Michael *Öchsners*, 1816—1893, schließlich geht auf meinen ganz persönlichen Wunsch zurück. Als ich im Frühjahr 1964 mein Manuskript abgeschlossen hatte, in dem die 500 ausgewählt waren, erhielt ich einen Forschungsauftrag über den Dichter der Bayernhymne „Gott mit dir, du Land der Bayern". Ich muß gestehen, daß mir damals Öchsner soviel wie unbekannt war. Während dieser Zeit ging ich, wie so oft, im Südlichen Friedhof spazieren und fand dabei ganz zufällig dessen noch erhaltenen Grabstein — Nr. 456a 35—1—30. Zeugt dies nicht davon, daß dieser Gottesacker ein wirklicher „Garten der Vergangenheit" ist, in dem man immer wieder neue Blumen findet? Es war mir daher ein Herzensbedürfnis, diesen bescheidenen Mann, von dem nur der vergilbte Grabstein meldet, er sei pensionierter Lehrer an der Hl.-Geist-Pfarrschule und Inhaber der goldenen Ehrenmünze des Verdienstordens der Bayerischen Krone gewesen, vor der Vergessenheit zu retten. Leider habe ich in der Zwischenzeit weder in den Archiven noch in der Münchner Stadtchronik, noch beim Bayerischen und Münchner Lehrer- und Lehrerinnenverband, noch bei der Redaktion der Neuen Deutschen Biographie Näheres über Öchsners Leben erfahren können. Deshalb wäre ich für Hinweise aus dem Leserkreis sehr dankbar.

Im Gegensatz zu den vorausgegangenen Auflagen wird nun nicht mehr vermerkt, wenn die Grabschrift un- oder schlecht leserlich ist. Wie mir Herr Oberamtmann E. Schreibmayr mitteilte, hat die Städtische Bestattung München dankenswerterweise veranlaßt, daß diesem Umstand, sofern dies nicht schon geschehen, bald abgeholfen wird. Ebenso wird der Besucher des Südlichen Friedhofs in absehbarer Zeit nicht mehr dort, wo beim Grab „eingeebnet" oder „Tafel fehlt" vermerkt ist, die Stelle der verschwundenen Grabstätte suchen müssen. Auch in diesem Fall hat sich die Stadt München großzügigerweise bereit erklärt, dort nach und nach neue Grabmäler zu errichten.

Schließlich besteht noch die Hoffnung, daß jene Berühmten, die mit keinem „Straßen-Sternchen" ausgestattet sind, bei der Wahl von neuen Straßennamen berücksichtigt werden, wie es mir Herr H. Schöttl vom Baureferat der Landeshauptstadt versprochen hat.

München, im August 1970 Der Verfasser

Inhaltsübersicht

Vorwort 8

Einführung 15

Münchens einstige Friedhöfe 16

Geschichte des Südlichen Friedhofes 19

Einführung zur Beschreibung der Grabstätten 22

Abkürzungen und Literatur-Übersicht 24

ALTER TEIL

Stephanskirche	Nr. 1– 5	27
Mauer rechts	Nr. 6– 41	30
Mauer links	Nr. 42– 71	51
Alte Arkaden	Nr. 72– 96	69
1. Sektion	Nr. 97– 99	85
2. Sektion	Nr. 100–107	87
3. Sektion	Nr. 108–113	92
4. Sektion	Nr. 114–125	95
5. Sektion	Nr. 126–140	101
6. Sektion	Nr. 141–152	108
7. Sektion	Nr. 153–161	114
8. Sektion	Nr. 162–171	118
9. Sektion	Nr. 172–188	123
10. Sektion	Nr. 189–196	132
11. Sektion	Nr. 197–204	135
12. Sektion	Nr. 205–226	139
13. Sektion	Nr. 227–241	151
14. Sektion	Nr. 242–254	159
15. Sektion	Nr. 255–265	166
16. Sektion	Nr. 266–278	171
17. Sektion	Nr. 279–289	178
18. Sektion	Nr. 290–306	183
19. Sektion	Nr. 307–313	191
20. Sektion	Nr. 314–322	194
21. Sektion	Nr. 323–330	195
22. Sektion	Nr. 331–333	200
23. Sektion	Nr. 334–342	201
24. Sektion	Nr. 343–348	206
25. Sektion	Nr. 349–366	209
26. Sektion	Nr. 367	220

NEUER TEIL

Neue Arkaden	Nr. 368–393	220
27. Sektion	Nr. 394–403	234
28. Sektion	Nr. 404–408	239
29. Sektion	Nr. 409–418	241
30. Sektion	Nr. 419–424	247
31. Sektion	Nr. 425–431	250
32. Sektion	Nr. 432–437	254
33. Sektion	Nr. 438–452	257
34. Sektion	Nr. 453–456	266
35. Sektion	Nr. 457	268
36. Sektion	Nr. 458–465	269
37. Sektion	Nr. 466–470	273
38. Sektion	Nr. 471–477	275
39. Sektion	Nr. 478–481	279
40. Sektion	Nr. 482–491	281
41. Sektion	Nr. 492–495	286
42. Sektion	Nr. 496–500	289

Schlußwort 293

Personen-Register (nicht mehr bestehende Friedhöfe) 294

Personen-Register (Südlicher Friedhof) 296

Berufsgruppen-Register 304

Einführung

Jeder Gottesacker erlaubt einen Querschnitt durch das kulturelle, geistige und wirtschaftliche Leben eines Ortes. Noch nach Jahrzehnten liest man aus ihm von bemoosten und verwitterten Grabsteinen die Wendepunkte seines Werdens ab, die sich an die Namen seiner großen Verstorbenen knüpfen. Selten wird ein Friedhof aber ein so abgeschlossenes Bild von der Entwicklung einer Stadt, ja eines Staates, bieten wie der Gottesacker an der Thalkirchner Straße. Hier formen die Gesellschafts-, Kultur- und Wirtschaftskreise des 19. Jahrhunderts in merkwürdiger Weise die Silhouette des längst verschwundenen Profils der aufstrebenden Großstadt.

Selbst wer kaum der Bedeutenden achtend durch die Reihen geht, macht merkwürdige Entdeckungen. Vereinzelt findet er noch Sinnbilder einer spielerisch untergegangenen Zeit: Urnen, weinende Putten, mythologische Gestalten, gebeugt über Steine, deren graziöse Formen den letzten Reiz eines galanten Säkulums wahren. Pyramiden und Sphinxe folgen, Wahrzeichen einer weltgeschichtlichen Episode, die sich aus dem Bankrott der Französischen Revolution durch fremdes Gut zu retten suchte. Klassizistische Elemente tauchen auf, Steine in Empire. Akanthus und Eierstab verlangen ihr Recht. Antiqua verdrängt den Schnörkel. Und zwischendurch grüßen Wimperge und Fialen neugotischer, romantischer Bildstöcke. Madonnen falten neben trauernden Genien und scharfgeschnittenen Porträtbüsten fromm die Hände. Dem Wissenden erzählt dies vom kunstfördernden Wollen eines großen Geistes, der München in die Reihe der Städte eingliedern wollte, deren Ruf nicht an den Landesgrenzen verhallt. Bronzereliefs und Statuen berichten von der wiederentdeckten Kunst des Erzgusses; Fresken in den Arkaden von dem Versuch, mit neuen Mitteln, aller Witterung zum Trotz, italienische Eindrücke an der Isar festzuhalten. Neue Zeiten fanden neue Ausdrucksformen. Tuffsteinfelsen bezeugen das sehnsüchtige Verlangen nach Natur, wiederverwendete Renaissance-Ornamente den gewandelten Geschmack einer anderen Generation. Das alles liest auch der Fremde aus den noch erhaltenen Monumenten. Dem Freunde Münchens jedoch bedeuten diese Steine noch etwas anderes. Für ihn sind sie die Marksteine seines größten Jahrhunderts, stillberedte Zeugen nicht allein einer sich ausdehnenden, sondern einer schaffenden und blühenden Stadt, die am Hof und in Gesellschaft, in Ateliers und in Studierstuben eine nie wieder erreichte Summe von Geist und Wissen, Frömmigkeit und Schönheit besaß.

Eine wahrhaft große Zeit spiegelt sich im Südlichen Friedhof wider! Die höfisch-bürgerliche Kleinstadt mit der Residenz der kunst- und wissensfreudigen Wittelsbacher schwingt sich zur Metropole der Künste und Wissenschaften empor, deren Ruhm weit über die Mauern hinausdringt, die tonangebend wird in der Geisteswelt.

Münchens einstige Friedhöfe

Andere Städte haben ihren großen Zentralfriedhof, wo man, die Reihen durchschreitend, von Grab zu Grab die Namen der großen Söhne und Berühmten lesen kann. Man denke nur an Wien oder an den historischen St.-Johannis-Friedhof zu Nürnberg. So weit zurück wie diese reicht der Südliche Friedhof in München nicht, obschon er wohl mehr Gräber bedeutender Persönlichkeiten als sie innerhalb seiner Mauern birgt. Diese Toten entstammen einem verhältnismäßig kurzen Zeitabschnitt. Nur ein gutes Jahrhundert lang war der Südliche Friedhof der Zentralfriedhof der bayerischen Haupt- und Residenzstadt. Es war aber dies zugleich auch die große Blütezeit der Metropole an der Isar. Wie später noch berichtet wird, sind hier auch die letzten Überreste aus den Friedhöfen innerhalb der Stadtmauern Münchens geborgen worden. Beim Besuch des Gottesackers an der Thalkirchner Straße darf dies nicht übersehen werden. Darum sei hier auch ein Blick in das Bestattungswesen des alten München, dessen Leben sich innerhalb der Stadtmauern zwischen den vier Stadttoren abgespielt hatte, gestattet. Auch der berühmten Toten, die dort ihre letzte Ruhestätte gefunden, wird dabei gedacht.

Der älteste Friedhof Münchens befand sich unmittelbar um die St.-Peters-Kirche seit etwa 1170. Als 1271 die Frauenkirche zur zweiten Pfarrkirche der Stadt erhoben wurde, kam auch deren Gottesacker hinzu. Diese Kirchhöfe konnten aber im Verlaufe der Zeit nicht erweitert werden. Ja, wegen allmählicher Vergrößerung der Gotteshäuser wurde ihr Bestattungsfeld sogar immer mehr verringert. Im Innern dieser Kirchen fanden wir noch im ausgehenden 18. Jahrhundert die Grablegen der angesehensten Patrizierfamilien neben denen von Priestern, so z. B. in St. Peter die Grüfte der Barth, der Schrenk, der Rambeck, der Höger, der Pötschner, der Hörwarth, der Unertl und der Zinsmeister. Ein Sarg enthält hier auch die letzten Überreste der Johanna Eva, des vierjährigen Töchterleins des Barons Jarislaus von Martinitz, der am 14. Mai 1618 von den Aufständischen aus den Fenstern der Prager Burg gestürzt worden war. Wegen Blutvergießens mußte der Freithof um die Peterskirche im Laufe der Zeit fünfmal neu konsekriert (eingeweiht) werden. In ihm lag neben anderen Johann Baptist Zimmermann, der Wessobrunner Künstler.

In der Frauenkirche hatten die Ligsalz, Hörwarth, Ridler, Preysing, Unertl, Mändel unter anderen ihre Familiengrablegen. Außerhalb der Kirche waren der kurfürstliche Hofrat und Kanzler Franz Xaver Wiguläus von Kreitmayr (der später nach Auflassung des Friedhofs nach Offenstetten [Landkreis Kelheim] überführt wurde) und der Hofbaumeister Johann Michael Fischer, der Schöpfer der St.-Michaels-Kirche in Berg am Laim und der St.-Anna-Klosterkirche in München-Lehel, bestattet, um nur die Berühmtesten zu erwähnen.

Infolge Bevölkerungsanstieges reichten die beiden Pfarrfriedhöfe bald nicht mehr aus. Um 1480 errichtete man am Stadtrand neue Gottesäcker, für St. Peter im Hackenviertel um die Allerheiligen-Kirche am Kreuz (Kreuzkirche), die kurz darauf vom Erbauer der Frauenkirche, Jörg Ganghofer von Halsbach, geschaffen wurde; für die Frauenpfarrei „in der Schwaig bei der Kuh" – die Gegend um den heutigen Salvatorplatz – um die vermutlich von Lucas Rottaller gebaute Salvatorkirche. Dort befanden sich im späten 18. Jahrhundert die Gräber der beiden Rokoko-Künstler Ignaz Günther und Johann Baptist Straub; hier waren viele Gelehrte und Musensöhne beigesetzt: Johannes Dominikus Limprun, der Mitbegründer der Bayerischen Akademie der Wissenschaften (1759), Anton Johann von Lipowsky, der scharfsinnige Erforscher der älteren Geschichte Bayerns und Münchens, Franz Kohlbrenner, der Herausgeber des „Münchener Intelligenzblattes". Die Maler Hans Mülich (Altdorfer Schüler, berühmt sind seine Illustrationen zu Orlando di Lassos Bußpsalmen), Niklas Prugger (Porträt des Kurfürsten Maximilian I.), Franz Joachim Baich (Wallfahrtsorte im Bürgersaal), der Erzgießer Dionys Frey (Mausoleum für Ludwig den Bayern in der Frauenkirche), die Hofbaumeister Johann Baptist Gunezrhainer (Damenstift-München, heute wiederhergestellt, Seligenthal-Landshut, Karmelitenkirche-Reisach) und Franz von Cuvillée der Ältere (Residenztheater, Amalienburg-Nymphenburg), Bildhauer Andreas Faistenberger (Mariä-Verkündigung-Relief am Hochaltar des Münchner Bürgersaals). Nicht zu vergessen seien die Primadonna, Rosa Bavarese—Rosa Maria Schwarzmann, eine weibliche Kasperlgestalt, und der Vater von Robespierre, der als Emigrant in München seinen Unterhalt als Sprachlehrer verdient hatte; er war in der Schäfflerstraße gestorben. Schließlich sei noch an die hier bestattete unglückliche Fanny Ickstatt erinnert, die sich am 11. Januar 1785 als Siebzehnjährige aus Liebeskummer vom nördlichen Turm der Frauenkirche gestürzt hatte. Daneben hatten aber auch das Heilig-Geist-Spital beim heutigen Dreifaltigkeits-Platz und die vielen Klöster innerhalb der Stadtmauern Friedhöfe, in denen Laien ebenfalls beigesetzt wurden.

Berühmt war der Friedhof der Franziskaner am heutigen Max-Joseph-Platz mit den Grüften des altbayerischen Ur- und Hochadels und den Grabfeldern der sogenannten „Teutschen Congregation der Herren und Bürger Münchens". Die Adelsgeschlechter der Schwarzenberg, Kurz, Haslang, Hegnenberg-Dux, Löw, Hohenzollern-Sigmaringen, Seinsheim, Haimhausen, Porzia, Leiblfing, Fugger, Preysing, Maxlrain, Taufkirchen, Fraunhofen, Lerchenfeld, Muggenthal, Pelkoven, Hörwarth, Lösch, Törring-Jettenbach, Pienzenau, Gumppenberg, Waldeck, Seiboldsdorf, Hundt, Ortenburg, Fraunberg, Rechberg, Thürheim, Montfort, Ridler, Schrenk, Pütrich, Pötschner u. a. harren hier der Auferstehung. Hier waren auch die Gräber des Kanzlers Leonhard von Eck, der in der Gegenreformation eine große Rolle gespielt, des Hofmeisters des Herzogs Ferdinand von Wartenberg, Wilhelm von Lew, des weltberühmten niederländischen klassischen Tondichters Orlando di Lasso (Kirchenmusik und Motetten), des Hofbaumeisters Joseph von Effner (Schlösser in Nymphenburg und Schleißheim-Neubau). Auch der bei den Franziskanern selbst in der Kirche Bestatteten sei hier gedacht: William von Occam, englischer Philosoph (Nominalist), der Berater des Kaisers Ludwig des Bayern in dessen Streit mit den Päpsten in Avignon. Ebenso war der heute völlig vergessene, bis zur Säkularisation wegen seiner Wundertaten hochverehrte Franziskanerbruder Marquard Weißmaler hier bestattet.

Bei den Theatinern hatten in der St.-Kajetan-Kirche die Wittelsbacher ihre Grablegen (außerdem in der Frauenkirche, bei St. Michael und König Ludwig I. in St. Bonifaz), ferner die Grafen von Arco und Toerring-Jettenbach, von Thürheim, Holnstein und der berühmte Bekämpfer des Hexenwahns, der Theatiner Ferdinand Sterzinger. Im anschließenden Friedhof befanden sich die Gräber der Italienischen Kolonie, in der Gelehrte und Künstler aus dem Süden, die in München wirkten, zusammengeschlossen waren. Erinnert sei nur an den Komponisten Ercola Barnabei.

Auch in den kleinen Kloster- und Nebenkirchen wurden manch Berühmte beigesetzt. In der Studienkirche (Karmelitenkirche an der Karmeliterstraße) der Historiker und Archivar Johann von Adlzreiter, der angebliche Verfasser der „Annales Boicae Gentis". Bei den Karmelitinnen, in der Dreifaltigkeitskirche, die Grafen von Rechberg und Toerring-Seefeld. Bei den Kapuzinern, wo sich heute der Wittelsbacher Brunnen erhebt, Reichsgraf Claudius von Saint Germain und die Bischöfe Julius Basilius Ferron von Lisieux und Franz Bonal von Clermont, Emigranten der Französischen Revolution. In der Johann-Nepomuk-Kirche an der Sendlinger Straße (erbaut von den Gebrüdern Asam) sind noch heute die Familiengrüfte der Grafen von Zech und der Barone von Koffler. Außerhalb der Stadt lagen die Leprosenfriedhöfe am Gasteig und in Schwabing.

Geschichte des Südlichen Friedhofes

Da all diese Friedhöfe innerhalb der Stadtmauern lagen, konnten sie nicht erweitert werden. So reichten schon 1563 in München die vorhandenen Gottesäcker nicht mehr aus, als eine grausame Pest die Stadt heimsuchte. Man mußte deshalb vor dem Sendlinger Tor einen neuen Friedhof — wegen seiner

Lage außerhalb der Stadt, der Fertere, der Äußere Freithof genannt — anlegen. An dieser Stelle mag sich schon eine Begräbnisstätte für Arme, Fremde und Unbekannte befunden haben. Bereits an Ostern 1563 wurde dieser Gottesacker, noch vor der regelrechten Verbriefung der Grundstücksübereignungen, feierlich eingeweiht. Es ist dies die Geburtsstunde des Südlichen Friedhofes.

1578 stiftete Herzog Albrecht V. von Bayern eine Salvatorkirche auf diesem Friedhof. Als juristische Person erwarb diese Kirche im Laufe der Zeit Ewiggelder und Grundstücke, die zur Erweiterung des Freithofes und deren Finanzierung dienten. Im Dreißigjährigen Krieg mußten aus Landes-Defensionsgründen Kirche, Mesnerhaus, Totenkerker und Friedhofsmauer weichen. Der Feind durfte sich hier nicht verschanzen! Die Gottesdienste fanden in der Zwischenzeit in der Kapelle der Lateinischen Kongregation statt, die sich an Stelle des Denkmals für die Opfer der Sendlinger Mordweihnacht von 1705 (in der Sektion 6) befunden hatte. Erst 1674, also fast ein halbes Jahrhundert später, konnte als Ersatz für die abgebrochene Salvatorkirche das Stephanskirchlein eingeweiht werden. Im Zweiten Weltkrieg schwer getroffen, wurde dieses einfache und doch sehr geschmackvolle Gotteshaus im frühbarocken Stil wiederhergestellt.

Obwohl sich niemand bis dahin im Äußeren Friedhof beerdigen lassen wollte, der von Rang und Stand war, waren doch im Verlauf der folgenden drei Jahrhunderte immer wieder Erweiterungen nötig, so auch noch 1783.

Durch kurfürstliche „Gnädigste Spezialreskripte" vom 29. Juli und 23. August 1788 (Staatsarchiv für Oberbayern, RA 368/3148) wurde die Bestattung innerhalb der Stadtmauern streng untersagt. Alle Gräber im Stadtbereich wurden schonungslos aufgehoben, die Gebeine auf Karren verladen und fuderweise in den „Ferteren Gottesacker" gebracht, wo sie in Massengruben beigesetzt wurden. Nach Ausweis eines Grabbuches beim Stadtarchiv München sind „an der linken Mauer in die Plätze 3 bis 12 mehrere Fuder Menschenknochen aus der Metropolitankirche dahier versenkt worden". Gleiches Schicksal dürften auch die letzten menschlichen Überreste der anderen Stadtfriedhöfe erfahren haben.

Nur sehr unwillig fügten sich die Münchner dem Verbot des Landesfürsten. Beim Staatsarchiv für Oberbayern befindet sich ein großes Aktenbündel (GL 2706) mit abgewiesenen Vorstellungen um Erhaltung alter Familiengrüfte. Heute können wir nicht umhin, darüber nur zu lächeln, wenn wir in diesen Akten lesen, wie ängstlich damals unsere Behörden waren. Gegen die gesundheitsschädigende Wirkung der Friedhofsluft ließen sie scharfriechende Kräuter auf den Grabhügeln anbauen. Ihre Furcht war dabei so groß, daß sie im Leichenhaus an der Thalkirchner Straße Alarmanlagen installieren ließen, die jede Bewegung der Leiche anzeigen sollten, um ja niemand als scheintot zu bestatten. Wie ängstlich waren diese doch sonst so selbstbewußten Aufgeklärten!

Südlich des Friedhofes, etwa beim Durchgang von der Thalkirchner Straße zum Glockenbach, schloß sich ein eigenes und abgeschlossenes Soldaten-Gräberfeld an, das aber 1818 einer Erweiterung des Friedhofs weichen mußte. Bei einer neuerlichen Vergrößerung erhielt 1830 der jetzige alte Teil nach den Plänen des Baurats Gustav Vorherr seinen sarkophagähnlichen südlichen Abschluß mit Arkaden, Leichenhaus und Verwaltungsgebäuden. Gar bald reichte auch dieser Umfang nicht mehr aus. 1844 wurde unter Friedrich Gärtner am Südrand ein quadratförmiger Neuer Teil angelegt, ganz nach italienischem Vorbild. Wer Pate dabei gestanden hat, steht nicht fest. Man könnte an den Campo Santo der Misericordia-Bruderschaft in Florenz oder an den zu Pisa denken.

Entlastet wurde schließlich der Münchner „Centralfriedhof" 1868 durch die Anlage des Nördlichen Friedhofes an der Arcisstraße (heute: „Alter Nördlicher Friedhof") nach Plänen von Oberbaurat Arnold von Zenetti.

Vor dem Zweiten Weltkrieg betrug die Fläche des Südlichen Friedhofes im Alten Teil 19,9 Tagwerk (nicht ganz 7 ha), mit 13 066 Gräbern und 95 Grüften und 8,8 Tagwerk (etwa 3 ha) mit 5022 Gräbern und 175 Grüften im Neuen Teil.

Der Zweite Weltkrieg hinterließ ein großes Trümmerfeld auf dem Gottesacker an der Thalkirchner Straße. In den Jahren des Wiederaufbaues hat sich die Landeshauptstadt ihres ehrwürdigen Kleinodes angenommen. Die schwersten Wunden sind geheilt. Die neue Anlage nach den Plänen von Professor Hans Döllgast (1954–1955) wirkt sogar leichter, freundlicher und geschmackvoller als die düsteren und finsteren Bauten aus dem vorigen Jahrhundert.

Wie die bayerische Landeshauptstadt, so verlor auch der

Südliche Friedhof nach 1800 den Charakter der ausschließlichen Katholizität. Aus dem konfessionsgebundenen Gottesacker wurde trotz vieler Widerstände seitens der kirchlichen Behörden und der strenggläubigen Bevölkerung ein simultaner Zentralfriedhof. Das Grab des ersten Protestanten, dem Bayerns Hauptstadt das Bürgerrecht verlieh, des Weinwirts Johann Balthasar Michel aus Mannheim, besteht heute noch (3 — 12 — 34).

Die Israeliten hatten ursprünglich beim Maßmannplatz ihre Begräbnisstätte. Es hatte ja viele Handelsleute und sogenannte Hofschutzjuden in München gegeben. 1816 wurde der Ältere Israelitische Friedhof an der äußeren Thalkirchner Straße, unterhalb von Neuhofen, der Vorgänger des Neuen, von Hans Grässel, an der Ungererstraße, errichtet.

Allein der Südliche Friedhof hat in seinem ältesten Teil das Gepräge einer kirchlichen Einrichtung bis zur Gegenwart behaupten können. Anläßlich der Erbauung eines Benefiziatenhauses stieß 1898 die Kirchenverwaltung von St. Peter auf den Widerstand der Stadt München, die das Friedhofsgelände samt St.-Stephans-Platz als ihr Eigen beanspruchte. Nach einem langwierigen Rechtsstreit, zu dem der berühmte Kirchenhistoriker Dr. Max Fastlinger die historischen Gutachten erbrachte, wurden der Kirchenverwaltung St. Peter das Benefiziatenhaus, Kirche und die ersten vier Sektionen, etwa der Umfang vom Jahre 1600, rechtsmäßig zugesprochen.

Einführung zur Beschreibung der Grabstätten

Die Beschreibung der Grabstätten erfolgt nach den Grabbüchern, die diese örtlich (an der Stephanskirche, an der Mauer rechts — bei der Thalkirchner Straße —, Mauer links — bei der Pestalozzistraße —, in den alten und neuen Arkaden und in den einzelnen insgesamt 42 Sektionen) erfassen. Die Signatur laut Grabbuch ist jeweils angegeben. Zur leichteren Orientierung wurden die hier beschriebenen Grabstätten mit einer laufenden Nummer versehen, an Hand deren sich das betreffende Grab, selbst wenn es heute nicht mehr besteht, ohne Schwierigkeit finden läßt. Es wurde genau überprüft, ob der Grabstein noch besteht und die Schrift noch leserlich ist.

Der Vermerk über den Erhaltungszustand (eingeebnet, Schrift schlecht leserlich u. ä.) ist am Rand links unter der Grabsignatur angegeben. Der Stern * vor dem Nachnamen bedeutet, daß nach der hier beschriebenen Person eine Straße in München benannt ist, der Stern in Klammern (*), daß nach seiner Familie oder nach einem anderen Mitglied aus dieser eine Straße in München ihren Namen trägt. Ein hochgestelltes + nach dem Nachnamen gibt an, daß der betreffende Ehrenbürger der Landeshauptstadt München, ein hochgestelltes °, daß er Träger der Goldenen Bürgermedaille der bayerischen Landeshauptstadt gewesen ist. Neben dem Nach- und Vornamen sind gegebenenfalls auch akademische Titel und Adelsprädikate angegeben. Der Ortsname in Klammern hinter dem Geburtsjahr gibt den Geburtsort an. Ein Vergleich zeigt, daß mehr als die Hälfte der berühmten Toten des Südlichen Friedhofes nicht aus München selbst kommen. Von der Angabe des Sterbeortes wurde abgesehen, weil die meisten in München gestorben sind oder hier ihren Wohnsitz hatten. Nach Berufs- und Titelangabe folgen nach Möglichkeit biographische Angaben, Schilderung der Leistungen und der wichtigsten Werke (HHww); da die Reihenfolge derselben chronologisch ist, wurde von der Bekanntgabe der Erscheinungsjahre Abstand genommen. Zum Schluß folgen Literatur- und Quellenangaben, die helfen sollen, über den Betreffenden sich noch eingehender zu orientieren. Die Angabe der häufiger benützten Nachschlagwerke erfolgt, z. T. mit Abkürzungen, in alphabetischer, die der Fachliteratur daran anschließend in chronologischer Reihenfolge. (NDB: 2, 5 z. B. bedeutet Neue Deutsche Biographie, 2. Band, Seite 5; ist die Zahl eingeklammert, z. B. NDB [2, 5], so behandelt die zitierte Quelle vornehmlich einen Verwandten des betreffenden Toten, der selbst nur nebenbei erwähnt wird.)

Dem Auffinden von bestimmten Grabstätten helfen die Personen- und Berufsgruppen-Register am Schluß.

Abkürzungen und Literatur-Übersicht

ADB:	Allgemeine Deutsche Biographie, München und Leipzig, 1875—1910, 55 Bände mit 56. = Registerband (1912); 1. Ziffer = Band, 2. = Seite
Al:	August Alckens, Die Gedenktafeln der Stadt München, München 1935
AM:	Artistisches München im Jahre 1834, 1835; herausgegeben von Adolf von Schaden
B:	Bild, Abbildung
BAkdW:	Bayerische Akademie der Wissenschaften
Bd., Bde.:	Band, Bände
—	Wolfgang Johannes Beckh, Maler in München, München 1964
BJDN:	Biographisches Jahrbuch und Deutscher Nekrolog, herausgegeben von Anton Bettelheim, Leipzig 1897—1917, 18 Bände
BL:	Das Bayerland. 1. Ziffer = Jahrgang, 2. = Seite
BLÄ:	Biographisches Lexikon der hervorragenden Ärzte aller Zeiten und Völker, herausgegeben von Haberling-Habörter-Vierordt, 2. Aufl., Leipzig 1929—1934, 5 Bände
Bo:	Klemens Bolz, Verzeichnis der in den städt. Friedhöfen Münchens beerdigten berühmten und verdienten Verstorbenen, München 1928, mit acht Nachträgen, 1929—1938
Brockhaus:	Brockhaus-Konversationslexikon; in Klammern: Erscheinungsjahr
DBJ:	Deutsches Biographisches Jahrbuch, Leipzig 1925 bis 1930, 5 Bände
Doe:	Michael Doeberl, Entwicklungsgeschichte Bayerns, Band III, München 1928
Doe (II):	Michael Doeberl, Entwicklungsgeschichte Bayerns, Band II, 3. Aufl., München 1928
Ei:	Robert Eitner, Biographisch-bibliographisches Quellenlexikon der Musiker und Musikgelehrten christlicher Zeitrechnung bis zur Mitte des 19. Jahrhunderts, 2. Aufl., Graz 1959—1960, 11 Bände

GG: Geist und Gestalt, Biographische Beiträge zur Geschichte der Bayerischen Akademie der Wissenschaften, vornehmlich im 2. Jahrhundert ihres Bestehens, München 1959, 3 Bände

GM: Gelehrtes München im Jahre 1834; 1834: herausgegeben von Adolf von Schaden

Herder: Herders Konversations-Lexikon, 3. Aufl., Freiburg/Breisgau 1902—1907, 8 Bände und Ergänzungsband (1910)

— Joseph Hormayr, Taschenbuch für vaterländische Geschichte, Neue Folge, 2. Jg., 1831

HJ: Hundert Jahre technische Erfindungen und Schöpfungen in Bayern. Jahrhundertschrift des Polytechnischen Vereins in Bayern, München—Berlin 1922

Hw, HHww: Hauptwerk, Hauptwerke

— Das Katholische Deutschland, Augsburg 1933 ff., 3 Bände

— Kirchliches Handlexikon, herausgegeben von Michael Buchberger, Freiburg/Breisgau 1907 und 1912, 2 Bände

LThK: Lexikon für Theologie und Kirche, 2. Aufl., herausgegeben von Michael Buchberger, Freiburg/Breisgau 1957—1964, bisher 9 Bände

Ma: Conrad Matschoss, Männer der Technik, Berlin 1925

— Alfred von Mensi-Klarbach, Alt-Münchner Theater-Erinnerungen, München 1924

— Hans Joachim Moser, Musik-Lexikon, 4. Aufl., Hamburg 1953

Na: Georg Kaspar Nagler, Neues Allgemeines Künstler-Lexikon, 25 Bände, 1835—1852

NDB: Neue Deutsche Biographie, Berlin 1953—1961, bisher 5 Bände

NND: Neuer Nekrolog der Deutschen, herausgegeben von Friedrich August Schmidt, 1823—1852, 30 Jahrgänge

— P. Winfrid Freiherr von Pölnitz, Bayerns Pantheon, Ein Gang durch den Münchner Südlichen Friedhof; in: Unterhaltungsbeilage der Münch-

	ner Neuesten Nachrichten „Die Heimat", Nr. 9, München 1928
Ra:	Karl Graf von Rambaldi, Die Münchener Straßennamen und ihre Erklärung, München 1894
–	Hugo Riemann–Alfred Einstein, Musik-Lexikon, 11. Aufl., Berlin 1929
Schä:	Walter Schärl, Die Zusammensetzung der bayerischen Beamtenschaft von 1806–1918, Kallmünz/Oberpfalz 1955
Schr:	Ludwig Schrott, Biedermeier in München, München 1963
St:	Pleickard Stumpf, Denkwürdige Bayern, Kurze Beschreibung verstorbener berühmter Männer, München 1865
TB:	Ulrich Thieme–Felix Becker, Allgemeines Lexikon der bildenden Künstler von der Antike bis zur Gegenwart, Leipzig 1907–1950, 37 Bände
Trautm:	Karl Trautmann, Kulturbilder aus Alt-München, München 1923–1930, 5 Bände
UH:	Universal-Handbuch von München, herausgegeben von V. Müller, München 1845
W, Ww:	Werk, Werke
WI:	Wer ist's? Unsere Zeitgenossen, herausgegeben von Hermann A. L. Degener, 7. Aufl., Leipzig 1914
Wo:	Georg Jacob Wolf, Ein Jahrhundert München, 3. Aufl., Leipzig 1935
Wu:	Constantin von Wurzbach, Biographisches Lexikon des Kaiserthums Österreich, 60 Bände, Wien 1856–1890
Ze:	Max Zenger, Geschichte der Münchner Oper, München 1923
–	Wilhelm Zils, Geistiges und Künstlerisches München in Selbstbiographien, München 1913

An der St.-Stephanskirche

*Boos Roman Anton, 1730(Roßhaupten b. Füssen/Schw.)–1810, Bildhauer, Hofstatuar und Akademieprofessor; B. lernte erst beim Bildhauer A. Sturm in Füssen, dann bei seinem späteren Schwiegervater J. B. Straub (siehe dort!) in München, besuchte dann die Augsburger Kunstakademie (bei Verhelst) und schloß seine Studien auf der Akademie in Wien ab; in München niedergelassen, erhielt er für den kurfürstlichen Hof und für Kirchen und Klöster viele Aufträge; daneben war er auch Akademieprofessor; sein bedeutendster Schüler war K. Eberhard (siehe dort!); HHww: Marmorstatuen der Fassade der Münchner Theatinerkirche (hl. Kajetan, hl. Maximilian, Kurfürst Ferdinand Maria und Kurfürstin Adelheid, Holzfiguren (Herzog Ludwig der Strenge und Kaiser Ludwig der Bayer) in Klosterkirche Fürstenfeld, 7 Götterstatuen im Schloßpark von Nymphenburg, ehemalige Kanzel der Münchner Frauenkirche, Holzfiguren (Taten des Herkules, nach Zeichnungen von P. von Candid), ehemals in den Hofgartenarkaden; B. stand noch unter dem Einfluß Berninis, er wirkte im besseren Barockstil und im Übergang zum Klassizismus.

1 Stephanskirche W-Seite lks. v. Kreuz

ADB: 3, 139; NDB: 2, 452; Ra: Nr. 95; TB: 4, 333; Trautm: 5, 93 (mit B); Die Kunst, 15. Bd., 1907; R. Johnen; in: Jahrbuch der Süddeutschen Kunst, NF, Bd. 12, 1937/38; H. Dussler, Lebensbilder aus dem bayerischen Schwaben, 1961.

*Straub Johann Baptist, 1704(Wiesensteig/Wttbg.)–1784, Hofbildhauer; Sohn eines Bildhauers, lernte er die Anfangsgründe bei seinem Vater, 1722/26 bei dem Hofbildhauer G. Luidl in München und schließlich ab 1728 bei J. Gunst und vor allem bei G. R. Donner und Ch. Mader in Wien; wo er mit Fischer von Erlach und Bibiena bekannt wurde; dann zog er wieder nach München, wo er Gehilfe von A. Faistenberger wurde und nach dessen Tod (1735) dessen Werkstatt kurze Zeit übernahm; 1736 „erwirbt er sich selbst durch die Fertigung einer sieben Schuh hohen Venus samt dreyen Genien zu den Springbrunnen in das itzige Grafkönigsfeld'sche Haus" (Erzbischöfliches Palais an der Kardinal-Faulhaber-Straße) den Titel eines Hofbildhauers und die Gunst Karl

2 Stephanskirche W-Seite re. v. Kreuz

Albrechts; vom Schicksal wenig begünstigt — er lebte stets in sehr bescheidenen Verhältnissen, 1748 stirbt seine erste Frau, fünf Kinder folgen ihr in jungen Jahren, aus der zweiten Ehe bleiben von zehn Kindern nur drei Mädchen, von denen eines, Maria Theresia Amalia, seinen Schüler R. A. Boos (siehe dort!) heiratet —, besaß St. ausgesprochene Führertalente (zahlreiche Schüler: u. a. G. I. Günther, Boos, Messerschmidt) und war tief gläubig, was am besten die Inschrift auf der Madonna seines Hauses bezeugt: Causa nostrae laetitiae (Ursache unserer Freude); HHww: Altaraufbauten, Tabernakel und Figuren in den Klosterkirchen von Schäftlarn, Fürstenzell, Ettal, Andechs, St. Anna, München, St. Michael, München, Berg am Laim, Tegernsee, Ursulinen in Landshut, Englische Fräulein in München-Nymphenburg, Grafrath, Polling, St. Georg in München-Bogenhausen, Altomünster, Figuren im Nymphenburger Schloßpark, im Treppenhaus des Törring-Palais; neben G. I. Günther ist St. der Hauptmeister der Plastik Münchens und Altbayerns im 18. Jahrhundert.

LThK: 9, 1108; Na: 20, 12; TB: 32, 162; Trautm: 5, 93 (mit B); G. Giedion-Welcker, Bayerische Rokokoplastik: J. B. St. und seine Stellung in Landschaft und Zeit, 1922; A. Feulner, Bayerisches Rokoko; K. Wolff, 1923; O. Fischer, Schwäbische Lebensbilder, 3. Bd., 1942, 525; J. Maxon; in: Reg. of the Mus of Art 1, 1951, 2; G. Woeckel, in: Berliner Museen, Neue Folge, 6. Bd., 1956, 34; R. Klessmann; in: Zeitschrift für Kunstwissenschaft, 10. Bd., 1956, 73; G. Scherl; in: Archiv für Sippenforschung, 29. Bd., 1963, 143; G. Scherl, J. B. St. — Der Altmeister des süddeutschen Rokoko; in: Der Zwiebelturm, 19. Jg., 6. H., 1964, 124.

3 Stephanskirche N-Seite

**Merz* Georg, 1793(Bichl bei Bad Tölz/Obb.)—1867, Hofoptiker und Leiter des Optischen Instituts in Benediktbeuern (seit 1859 in München); Benediktinerzögling in Benediktbeuern, trat M. 1808 als Lehrling in J. von Utzschneiders (siehe dort!) Fabrik daselbst ein, wurde bald Amanuensis J. von Fraunhofers (siehe dort!) und 1826 Geschäftsführer des Unternehmens; 1839 übernahm er die Optische Anstalt selbst (mit Mahler bis 1854); er vollendete das von Fraunhofer, begonnene Königsberger Heliometer; HHww: Fernrohre für die Sternwarten von Berlin, Bonn, Kiew, Washington, Cambridge, Kapstadt, Oxford, Greenwich, Mexiko, Lissabon, Moskau, Madrid, Rom u. a.; M. erwarb Auszeichnungen aus aller Welt und war auch humanitär und karitativ sehr vorbildlich.

ADB: 21, 480; AM: 73; BL: 1898, 344; 1899, 559; UH: 116. 1815–1915, Hundert Jahre technische Erfindungen und Schöpfungen in Bayern, 1922; Deutsche Optische Wochenschrift, 15. Jg., 1929.

**Merz* Sigmund, von, Ritter, 1824(München)–1908, Optiker; Sohn und Schüler des Georg M. (siehe dort!), war er Leiter des Optischen Instituts Merz und Hersteller von großen Mikroskopen; HHww: Teleskope für Sternwarten in der Schweiz, in Holland, Italien, Österreich und Rußland und alle deutschen Universitäten; die Durchschnitts-Jahresproduktion belief sich dabei auf 200 Instrumente; M. verschaffte der deutschen Optik internationalen Ruf.

4 Stephanskirche N-Seite

Bo: 5, 30; HJ: 238.

**Hübner* Lorenz, Dr. theol., 1753(Donauwörth/Schw.)–1807, katholischer Geistlicher und Publizist; ursprünglich Jesuit, studierte er in Ingolstadt, lehrte zuerst in Burghausen und übernahm 1779 die Schriftleitung der „Münchener Staatszeitung", daneben gab er die „Münchener Gelehrtenbeiträge" heraus, leitete seit 1784 in Salzburg die „Oberteutsche Staatszeitung" und seit 1791 das „Räsonnierende Magazin des Wichtigsten aus der Zeitgeschichte"; 1799 ließ sich H. als Publizist in München nieder, er war auch als Topograph und Dramatiker bedeutend; HHww: Semiramis (Schauspiel), Hainz von Stein (Drama), Beschreibung der kurbaierischen Haupt- und Residenzstadt München und ihrer Umgebungen usw., 2 Bde., Beschreibung der Haupt- und Residenzstadt Salzburg, 2 Bde., Beschreibung des Erzstiftes und Reichsfürstentums Salzburg, 3 Bde.; „Der geistliche Rat H. eiferte gegen den Obskurantismus, gegen das Mönchtum, gegen Aberglauben, gegen Kapellenbau, gegen die Schaustellungen in der Karwoche, gegen die kostspieligen ‚Totensuppen' auf dem Lande, gegen die ‚neueste Judenverfolgung zur Schande der Menschheit', kurz, machte Propaganda für die aufgeklärte Staatsverwaltung Montgelas'" (Doeberl).

5 Stephanskirche N-Seite Tafel fehlt

BL: 1890, 442, 1899, 615; Bo: 5, 22; Doe (II): 503; Ra: Nr. 284; Wu: 9, 397; K. A. Baader, Das gelehrte Baiern oder Lexikon aller Schriftsteller usw., 1. Bd., 1804, 536; J. Hormayr, Taschenbuch, 1831,

358; J. Wismayr, 1855; L. H. Steinbacher, Dissertation, München 1924; E. Erxleben, Münchner Zeitungsverleger von der Aufklärung bis zum Revolutionsjahr 1848, Dissertation, Würzburg 1942 (m. B.).

Mauer rechts (an der Thalkirchner Straße)

6 M r 15/16 *Albert* Franz Joseph, 1728—1789, Weingastgeb und Mitglied des äußeren Rats von München; in seinem Gasthof zum Schwarzen Adler an der Weinstraße verkehrten nach As. eigenen Angaben (Eingabe an den Kurfürsten von Bayern aus dem Jahre 1767) „in verschiedenen Caracteur stehende Gäste, als Cavaliers, Officiers, Churfürstliche Rhäte, Secretarie so ander distinquierte Persohnen"; A. war als äußerer Stadtrat an verschiedenartigen gemeinnützigen Unternehmen beteiligt, er errichtete eine deutsche Schule außerhalb der Stadt, war mit einer der Stifter der „Mildtätigen Gesellschaft" und des Armenhauses in Allach, förderte die Feiertagsschule — begründet von F. X. Kefer (siehe dort!) — durch Zuwendungen, kultivierte den nordwestlichen von der Stadt gelegenen Platz „Ödweg" vor dem Karlstor und machte sich auch durch Hebung der Seidenzucht verdient.

BL: 1898, 305; Ra: Nr. 12; J. Hormayr, Taschenbuch, 1831, 435; Staatsarchiv für Oberbayern, GL 2639/156—158, GL 2739/772 und GL 2825/1387; E. Valentin, Mozarts „Weinwirt Albert". Skizzen zu einem Porträt; in: Festschrift Karl Gustav Fellerer, Regensburg 1962, S. 549 ff.; R. Münster, Zwei verlorene Münchener Mozart-Stätten, Das Haus des Grafen Salern und Alberts Gasthof zum Schwarzen Adler; in: Mitteilungen der Internationalen Stiftung Mozarteum, Salzburg 1966, S. 11 ff.

7 M r 15/16 (*)*Albert* Josef, 1825(München)—1886, Hofphotograph; ein Enkel des Weingastgebs und äußeren Stadtrats von München Franz A. (siehe dort!) begann er, unterstützt von J. B. Obernetter (siehe dort!) mit photographischen Reproduktionen von Kupferstichen und Handzeichnungen; seine Bedeutung liegt in der Erfindung einer Art des Lichtdrucks, die nach ihm Albertotypie bzw. Albertypie bezeichnet wird.

ADB: 45, 701; HJ: 139 und 292; NDB: 1, 137; G. Schultz, Die chemische Industrie Bayerns zu Anfang des XIX. und zu Anfang des XX. Jahrhunderts, 1906, 215; 100 Jahre Bruckmann, 1958; E. Stenger, Die Photographie in Bayern 1839—1860, 1939.

8 M r 15/16 (*)*Albert* Eugen, Dr. phil., 1856(Augsburg)—1929, Chemiker und Kunstanstaltsbesitzer; er verlegte sich wie sein Vater

Josef A. (siehe dort!), dessen Schüler er war, besonders auf das Gebiet der Photographie und des Drucks und begründete 1882 die nach ihm benannte Kunst- und Verlagsanstalt München-Schwabing (seit 1901 mit einer Zweigniederlassung in Berlin); A. vervollkommnete die Heliogravüren (= Kupferlichtdruck) und erfand ein Reliefklischee, das in Höhen und Tiefen den Tonarten des Druckbildes entspricht, sowie die Kollodiumemulsion, das „Albertogalvano" und die Citochromie; seine isochromatische Photographie bildet die Grundlage des Dreifarben(= Raster-)drucks.

Bo: 6, 1; HJ: 294; NDB: 1, 136; WI: 11; G. Schultz, Die chemische Industrie Bayerns zu Anfang des XIX. und zu Anfang des XX. Jahrhunderts, 1906, 215; 50 Jahre Reproduktionstechnik 1876 bis 1926, 1926.

Gautsch Josef, 1860(München)—1933, Wachsfabrikant; Wachsherstellung ist in der Altmünchner Familie G. seit 1731 nachweisbar; neben seiner beruflichen Tätigkeit war G. Handelsrichter, Vorsitzender der Sektion 8 der Berufsgenossenschaft der chemischen Industrie, Vizepräsident der Münchner Industrie- und Handelskammer und Ausschußmitglied und lange Zeit Präsident des Polytechnischen Vereins in Bayern; G. hat sich um die berufliche Ausbildung der Industrie und des Handels in München verdient gemacht; die Wachsfabrik ist weit über München hinaus bekannt. 9 M r 75

Al: 54; Bo: 6, 35; Das Katholische Deutschland, 1. Bd., 1933, 947.

**Miller*° Ferdinand, von, Ritter, 1813(Fürstenfeldbruck)—1887, Erzgießer („Erzgießerei-Inspektor"); er entstammt einer Uhrmacherfamilie und lernte in München bei seinem Onkel Johann Stiglmaier zunächst das Goldschmiedehandwerk, studierte an den Kunstakademien in München und Paris und wurde 1844 Direktor der königlichen Erzgießerei in München, der er zu Weltruhm verhalf; M. schuf gegen 180 große Gußwerke, darunter die Bavaria in München, die Tore des Kapitols in Washington, das Goethe- und Schiller-Denkmal in Weimar, die Germania für das Niederwalddenkmal u. a.; er war auch Erfinder eines Verfahrens der Vergoldung großer Erzfiguren und neuer Gußformen; seiner Anregung als Gemeindebevollmächtigter — er war auch seit 1869 Mitglied des 10 M r 80 bayerischen Landtags und von 1874–1881 Zentrumsabgeordneter im deutschen Reichstag – war auch das Zustandekommen der deutschen Kunst- und Industrieausstellung von 1876 in München zu verdanken; weil er das Baugelände für die St.-Benno-Pfarrkirche in München unentgeltlich zur Verfügung stellte, wurde der angrenzende Platz nach ihm benannt; seine berühmten Söhne – auf dem Bronzerelief des Grabmals zu Füßen der Madonna kniend – Oskar, der Elektroingenieur und Gründer des „Deutschen Museums", und der Erzgießer Ferdinand der Jüngere – liegen im Friedhof beim Winthir-Kirchlein in München-Neuhausen.

ADB: 52, 401; Al: 13; BL: 1901, 571 (mit B), 1907, 444, 1913/14, 551 (mit B), 1932, 449 (mit BB); Ma: 176; Ra: Nr. 167; Schr: 191 und 407; TB: 24, 562; UH: 162; Wo: 304; Zeitschrift des Bayer. Kunstgewerbevereins 1887; F. v. Miller, 1904; C. Matschoss, 1913; F. Feldigl, Ein deutscher Meister, 2. Aufl., 1926; A. Fingerle, München, Heimat und Großstadt, 1965, 32; A. Alckens, Münchner Forscher und Erfinder des 19. Jahrhunderts, 1965, 137 (mit BB).

11 (*)*Radlkofer* Ludwig, Dr. med. et phil., von, 1829(München)–1927, Botaniker, Geheimer Hofrat und Universitäts-
M r 89 professor; Sohn des magistratischen Rechtsrats Dr. jur. Jakob R. – ebenfalls hier bestattet –, der sich um die Bienenzucht verdient machte und nach dem eine Münchner Straße benannt ist, studierte R. in seiner Vaterstadt Medizin und Botanik, habilitierte sich 1856 und wurde 1859 Universitätsprofessor, 1875 Mitglied der BAkdW, und 1891 Direktor des Botanischen Museums und Staatsherbariums zu München; er ist der Begründer der anatomisch-systematischen botanischen Methode, auch beendete er den Akademikerstreit über die Befruchtung der Phanerogamen (= Blütenpflanzen); HHww: Befruchtung der Phanerogamen, Befruchtungsprozeß im Pflanzenreiche, Über das Verhalten der Parthenogenesis (= Fortpflanzung durch Entwicklung unbefruchteter Keimzellen) zu den anderen Fortpflanzungsarten, Über die Kristalle proteinartiger Körper, Über die Methode in dem botanischen System, insbesondere anatomische Methode, Monographie der Sapindaceengattung.

BL: 1910, 178 (mit B), 1918/19, 410 (mit B), 1922/24, 205 (mit B); GG: 148; Herder: 7, 286; Das Katholische Deutschland, 2. Bd., 1933 ff., 3759; WI: 1322; Jahrbuch der Bayerischen Akademie der Wissenschaften, 1927; K. v. Goebel, Hundert Forscher in Briefen, 1941.

*Sutner Georg Karl, von, 1763(München)–1837, Ministerialrat, Staatsrat, Reichsrat der Krone Bayern, Bürgermeister von München und Historiker; er studierte in Ingolstadt (Licentiat der Rechte) und wurde nach kurzer Praxis zu Dachau 1786 innerer Rat, 1792 städtischer Archivar und Notar, 1797 Stadtsyndikus und 1804 Bürgermeister von München; 1805 wurde S. landschaftlicher Oberaufschlagseinnehmer, bis er 1807 in den bayerischen Staatsdienst trat; 1810 hatte er einen Spezialauftrag bei der Übernahme Salzburgs und des Innviertels an Bayern, 1812 wurde er Mitglied der BAkdW, historische Klasse, 1814 Vorstand der Staatsschuldentilgungskommission (als Nachfolger J. von Utzschneiders – siehe dort!), 1817 Ministerialrat im Finanzministerium und 1819 Staatsrat; S. ist es gelungen, die Staatsschuld auf dem Administrativweg um neun Millionen zu vermindern, indem er die Organisation vereinfachte, das Personal verringerte und den Zinsfuß reduzierte; er hat sich auch als Historiker betätigt; HHww: München während des Dreißigjährigen Krieges, Die Verfassung der älteren städtischen Gewerbs-Polizey in München von ihrem Entstehen bis zum XVI. Jahrhundert; König Ludwig I. äußerte sich auf die Mitteilung von Ss. Tod: „Ob dieser Verlust ersetzt werden kann?" 12 M r 99

ADB: 37, 201; J. Hormayr, Taschenbuch, 1831, 440; NND: 15, 139; Schä: Nr. 245; Wo: 148 (Gedicht von S.); J. A. Mussinan, Denkrede auf G. K. v. S., 1837; Allgemeines Staatsarchiv München, MF 46, MF 37 479.

*Pfistermeister Franz Seraph, von, Ritter, 1820(Amberg)–1912, Kabinettssekretär und Staatsrat; Sohn eines Lehrers, studierte er Philosophie, dann Rechte; durch einen wichtigen Prozeß, den er als junger Fiskaladjunkt für den Fiskus gewann, wurde König Max II. auf ihn aufmerksam, der ihn in das Hofsekretariat berief und ihn 1849 zu seinem Sekretär ernannte; als Kabinettssekretär vermittelte Pf. den Verkehr zwischen König und Ministern; dasselbe Amt übte er auch unter Ludwig II., 1864 zum Staatsrat im o. Dienst befördert, aus; wegen seiner Opposition zu Richard Wagner, den er selbst im königlichen Auftrag von Stuttgart nach München geholt hatte, wurde Pf. 1866 entlassen, wobei ihm der erbliche Adel verliehen wurde; regelmäßig hat er 17 Jahre hindurch den Finanzminister während des Urlaubs vertreten, auch 13 M r 123 wurde ihm häufig die Stellvertretung des Justiz- und Außenministers übertragen; 1895 trat er in den Ruhestand; Pf. zeichnete sich durch Takt, Pflichttreue und Geschick als Kabinettssekretär aus, er war einer der ersten, der Ludwig II. dem Einfluß R. Wagners zu entziehen versuchte.

BL: 1910, 251, 1911/12, 489 (mit B), 1932, 45; Doe: 180; Schä: Nr. 360; Ze: 346 und 455; G. v. Böhm, Ludwig II. König von Bayern, 1924 (mit B); L. Lenk, 1962.

14 M r 129 (*)*Voltz* Johann Friedrich, 1817(Nördlingen)–1886, Landschafts- und Tiermaler und Akademieprofessor; Sohn des Nördlinger Malers, Zeichners und Kupferstechers Johann Michael V., studierte bei seinem Vater und auf der Münchner Kunstakademie bei Adam; Reisen durch Mitteleuropa und Italien, Belgien und Holland vervollkommneten seine Kenntnisse; nach München zurückgekehrt, vertrat er mit Stange, Schleich, Morgenstern und Spitzweg auf der Grundlage seiner an den alten Meistern gemachten Studien die koloristische Richtung seines Fachs; seit Endc der 40er Jahre war V. führend als deutscher Tiermaler, namentlich gesucht in seinen Viehweide-Szenen; HHww: Die Viehherde im Walde, Menagerie, Kühe an der Tränke, Kühe mit Hirt-Heimtrieb der Herde.

ADB: 40, 276; Na: 20, 530; TB: 34, 537; UH: 184; Nagler, Monogrammisten, 2. Bd., 911, 5. Bd., 194; Münchener Propyläen, 1869, 301.

15 M r 134/135 **Pasch* Franz Karl, 1809(München)–1850, Kaufmann und Gemeindebevollmächtigter in München; P. erhielt 1845 die Genehmigung zur Erbauung einer Getreidehalle und Bildung einer Aktiengesellschaft; er wird als Wohltäter der Stadt München verehrt, die sein Grab pflegt, weil er, da er keine Kinder hatte, sie zum Universalerben bestimmt und u. a. auch sein Wohnhaus am Rindermarkt 9 vermacht hat.

Al: 56; Staatsarchiv für Oberbayern, Nachl. V., AG München, 1850, 1060; RA 173/ad 480.

16 M r 136 **Gietl*+ Franz Xaver, Dr. med., von, Ritter, 1803(Höchstädt a. d. Donau/Schw.)–1888, königlicher Leibarzt und Universitätsprofessor; nach Studien zu Landshut, Würzburg und Mün-

chen wurde G. Leibarzt des späteren Königs Max II., Professor für innere Medizin und von 1848—1852 Direktor des städtischen Krankenhauses links der Isar in München; er war als Arzt und Lehrer hochangesehen und erhielt das Münchner Ehrenbürgerrecht, seine Schriften enthalten hauptsächlich Krankenhaus- und epidemiologische Berichte, z. B. über Cholera, die G. im Auftrag der Regierung in Böhmen, Mähren und Schlesien zu beobachten Gelegenheit hatte, und über Typhus; HHww: Fragmenta pathologica de neurogangliis, Geschichtliches zur Cholera-Epidemie in München, Britzgens Handbuch der Pastoralmedizin, Die Ursachen des enterischen Typhus in München, Die Grundzüge meiner Lehren über Cholera und Typhus; er hat sich um die Bekämpfung der Epidemien in München sehr verdient gemacht.

ADB: 49, 356; BL: 1899, 615 (mit B); BLÄ: 2, 744; Wu: 2, 551, 6, 1051; A. Fingerle, München — Heimat und Weltstadt, 1965, 30.

Brinz Alois, Dr. jur., von, 1820(Weiler/Allgäu)—1887, Jurist, 17
Universitätsprofessor und Politiker; B., Sohn eines Juristen, M r 153
in Kempten Mitschüler von H. von Lingg, studierte in München und Berlin klassische Philologie und Rechte, habilitierte sich 1850 in München, war Universitätsprofessor in Erlangen, wo er „Kritische Blätter zivilistischen Inhalts in zwanglosen Heften" 1852/53 herausgab, und seit 1857 Professor in Prag, wo er sich politisch betätigte (liberales Mitglied des böhmischen Landtags und des österreichischen Abgeordnetenhauses) und den Verein zum Schutze deutscher Interessen im Ausland (einen Vorläufer des Volksbunds für das Deutschtum im Ausland) begründete; 1859 hielt er auf dem Waldsteinplatz in Prag eine große Rede auf Schiller; eine Berufung nach Wien (1865) wurde von der Regierung nicht bestätigt; er ging dann 1866 nach Tübingen, bis er 1871 in München die Professur für römisches Zivilrecht erhielt; Berufungen nach Wien, Heidelberg und Berlin lehnte B. ab; HHww: Notamina ad usum fructum, Die Lehre von der Kompensation, Arbor actionum; Lehrbuch der Pandekten (2 Bde., 2. Aufl., 1873/94, 4 Bde.), Zum Recht der bonae fidei possessio, Über die Zeit im Rechte, Über den Einlassungszwang im römischen Recht; als ungemein fruchtbarer und bahnbrechender juristischer Schriftsteller verleugnete B. seinen scharf kritischen Standpunkt nirgends.

ADB: 47, 241; BL: 1932, 216; GG: 150; Das Katholische Deutschland, 1. Bd., 1933, 256; NDB: 2, 617; A. Exner, Erinnerungen an A. B., 1888.

18
M r 166/167
Munsch Josef, 1832 (Linz/Österreich)—1896, Historien-, Genremaler und Illustrator; M. arbeitete anfangs als Vergolder im Geschäft seines Vaters, dann bei seinem Onkel, dem Magistratsrat J. von Radspieler in München, studierte aber dann auf der Münchener Kunstakademie bei Ph. von Foltz (siehe dort!); mit einem Konkurrenzbild „Konradin und dessen Freunde" trat er 1856 in die Öffentlichkeit; echt akademisch behandelte historische Bilder empfahlen den jungen Künstler für die Ausführung von Fresken für das alte Bayerische National(heute Völkerkunde)-Museum an der Maximilianstraße (Pilgerzug des Grafen Eckehart von Scheyern nach Palästina, Die Peißenberger Bauern beim Aufstand und Wilhelm V. als Armenvater); am beliebtesten sind Ms. Genrebilder (wahrsagende Zigeunerin, Brautzug — mit architektonischem Motiv aus der alten Münchner Peterskirche —, Die Würfelspieler, In der Bibliothek); berühmt wurde er vor allem durch die Illustrationen auf heiteren Tanzkarten zu den Faschingsfesten und Maiausflügen „Jung-Münchens" und der „Tafelrunde"; Holzschnitt und Photographie haben seine meisten Bilder und Illustrationen vervielfältigt.

ADB: 52, 541; BJDN: 1, 54; Biographisches Lexikon des Landes Österreich ob der Enns, 1931; TB: 25, 276; Wu: 19, 461; F. von Bötticher, 2. Bd., 114; L. von Kobell, Ludwig II., 1898.

19
M r 185
Tafel fehlt
**Mannhardt* Johann, 1798 (Pürstling b. Schliersee/Obb.)—1878, Mechaniker, Uhrmacher und technischer Erfinder; M. erlernte das Uhrmacherhandwerk, baute 1826 für den Kirchturm von Egern am Tegernsee eine Uhr mit Triebwerk von ganz abweichender Konstruktion und übersiedelte 1844 nach München, wo er eine neue Plombiermaschine und Ölmühle sowie die eisernen Oberlichtdachstühle für die Münchner Pinakothek konstruierte, auch baute M. Bohr-, Hobel- und Räderschneidmaschinen, Drehbänke, Torfpressen, Hechelmaschinen, Kraftstühle u. a., die wie seine Werkzeuge, verbesserten Schraubstöcke u. a. weite Verbreitung fanden; namentlich lieferte er Turmuhren für fast alle europäische Staaten und

Amerika, seine freie Hemmung bewährte sich vorzüglich, und für den Rathausbau in Berlin baute er ein Werk mit freier Pendelbewegung und nur zwei Rädern; er stellte auch eine Uhr her, die zugleich mit der Schärfe eines Thermometers arbeitet und schon bei 2° Temperaturunterschied den 100. Teil einer Linie als Schwingungsdifferenz abzulesen gestattet; seine Verbesserungen bezeichnen den Beginn einer neuen Periode für die genaue Zeitmessung.

ADB: 20, 200; HJ: 183 und 240; Ma: 167; UH: 119; Gallerie denkwürdiger Persönlichkeiten der Gegenwart, Sp. 105, Tafel 100.

(*)*Aretin* Johann Christoph, von, Freiherr, 1772 (Ingolstadt) 20
—1824, Oberbibliothekar der Münchner Hofbibliothek und M r 192
Präsident des Appellationsgerichts des Regenkreises und Politiker; er studierte in Heidelberg und Göttingen; die Stufen seiner beruflichen Laufbahn zeichnen sich so ab: Generallandesdirektionsrat (1799), Vizepräsident der BAkdW (1801), Kustos an der Hofbibliothek und Mitglied der Kommission zur Erfassung der Bibliotheken der säkularisierten Klöster (1803), Direktor des Appellationsgerichts Neuburg a. d. Don. (1811), Präsident des Appellationsgerichts des Regenkreises in Amberg (1819); A. hat sich auch als Dichter hervorgetan; HHww: Staatsrecht der konstitutionellen Monarchie: Zwei Kantaten, Lied eines bayer. Grenadiers, Litteratur der bayerischen Geschichte, Von den ältesten Denkmälern der Buchdruckerkunst in Bayern, Geschichte der Juden in Bayern, Sachsen und Preußen, Alemannia, Über die Verfassungsurkunde Bayerns, Ludwig der Bayer (Schauspiel); Begründer der freisinnigen Landtagszeitung; A. hat sich durch die Eingliederung der Klosterbibliotheken in die heutige Bayerische Staatsbibliothek ausgezeichnet und zählt auch zu den Kämpfern gegen die Nordlichter — wie F. W. von Thiersch (siehe dort!) — in Bayern.

ADB: 1, 518; BL: 1932, 396 (mit B); Bo: 3, 2; J. Hormayr, Taschenbuch, 1831, 446; NDB: 1, 348; Schä: Nr. 375; Schr: 27; Wo: 68; Milkau, Festschrift, 1921; Gelbe Blätter, 3. Bd., 1926; E. Walch, Dissertation, München 1927; derselbe, Geistesleben der Montgelas-Zeit, in: Oberbayerisches Archiv, 67. Bd., 1930, 108; A. Alckens, Münchner Forscher und Erfinder des 19. Jahrhunderts, 1965, 46.

21 M r 192 (*)*Aretin* Johann Georg, von, Freiherr, 1770(Ingolstadt)–1845, Hofkammerrat, Landesdirektionsrat und Generalkommissär des Eisackkreises; nach Studien in Heidelberg begann A. als Administrator des Donaumoosgerichts 1793 seine berufliche Laufbahn, später war er Direktor der Landesdirektion in Bamberg (1799), 1806 Straßen- und Wasserbauinspektor in Tirol, als Generalkommissär des Eisackkreises wurde er 1809 von den Österreichern gefangen; zuletzt beschäftigte sich A. auf seinen Gütern wissenschaftlich (Nationalökonomie); HHww: Aktenmäßige Donaumooskulturgeschichte, Jahrbücher der Landwirtschaft in Baiern (zusammen mit M. von Schönleutner herausgegeben), Über die Streitkräfte Baierns, Wie kann die Oberpfalz durch Landwirtschaft in den besten Wohlstand gebracht werden?, Der Genius von Bayern unter Maxim. IV., Über Bergfälle, Zeitbedürfnisse mit besonderer Rücksicht auf Bayern, Die grundherrlichen Rechte in Bayern, Zur Feyer des Jubelfestes Max Joseph I., 1824; während seiner Tätigkeit beim Donaumoosgericht Schrobenhausen hat A. sich große Verdienste um die Mooskultur erworben.

ADB: 1, 519; Bo: 4, 1; J. Hormayr, Taschenbuch, 1831, 412; GM: 2; K. Goedeke, Grundriß zur Geschichte der deutschen Dichtung, 12. Bd., 1929; NDB: 1, 348; NND: 23, 1103; Schä: Nr. 280; Wo: 68.

22 M r 195 **Sepp* Johann Nepomuk, Dr. phil., 1816(Bad Tölz/Obb.)–1909, Historiker, Universitätsprofessor und Politiker; nach seinen philosophisch-historischen Studien zu München unternahm S. eine Reise nach Syrien, Palästina und Ägypten und erhielt 1846 die Professur für Geschichte an der Münchner Universität (wurde aber 1847 im Zusammenhang mit der Lola-Montez-Affäre abgesetzt und aus der Hauptstadt verbannt); 1848 wurde er in das Frankfurter Parlament, 1850 in die bayerische Abgeordnetenkammer gewählt; seinen Lehrstuhl erhielt er 1850 wieder, mußte ihn aber 1867 wegen persönlicher Streitigkeiten abermals räumen; 1868 wurde er in das Zollparlament und wiederholt in die 2. Kammer gewählt, in der er 1870/71 ein begeisterter Vertreter der deutschnationalen Sache war; eine im Auftrag von Bismarcks 1874 unternommene Reise beschrieb er in der „Meerfahrt nach Tyrus zur Ausgrabung der Kathedrale von Tyrus mit Barbarossas Grab"; HHww: Beiträge zur Geschichte des bayerischen Ober-

landes, Bayern und die neue Ära, Ludwig Augustus, König von Bayern, Altbayerisches Sagenschatz, Religionsgeschichte von Oberbayern; S. vertritt in seinen gelehrten und anregenden Werken manche willkürlichen Anschauungen, der Universalinteressierte verstand nicht immer sein ausgedehntes Wissen in Ordnung zu halten, weshalb er von Spöttern die „umgestürzte Bücherkiste" genannt wurde.

BJDN: 14, 205; BL: 1909, 484 (mit B), 1917/18, 42 (mit B); Bo: 3, 29; Brockhaus (1903): 14, 862; Herder: 7, 1584; W. Goetz, Historiker in meiner Zeit, 1957.

(*)*Merz* Ludwig, Dr. phil., 1817(Benediktbeuern/Obb.)—1858, 23
Optiker, Geograph und Universitätsprofessor; Sohn des Opti- M r 195
kers Georg M. (siehe dort!), studierte er in Freising und München (Mitschüler von Haneberg, J. N. Sepp [siehe dort] und Strodl), habilitierte sich für Physikalische Geographie, Geschichte der Entdeckungsreisen und Allgemeine Erdkunde und wurde Professor in München (anläßlich der Lola-Montez-Unruhen 1847 abgesetzt); hierauf wurde M. Mitarbeiter der optischen Firma Merz und Söhne, die zahlreiche ausländische Sternwarten mit ihren großen Fernrohren belieferte; 1846 rief er den Vinzenz-Verein (zur Unterstützung der Armen) in München ins Leben, und 1848 gründete er zusammen mit Guido Goerres (siehe dort!) den „Verein für konstitutionelle Monarchie und kirchliche Freiheit"; als Schöpfer des Gesellenhauses in München wurde er „Bayerns Kolping" genannt; M. war auch publizistisch tätig; HHww: Über Analogie von Licht und Wärme, Die neue Verbesserung am Microscope, Optik, besonders für Augenärzte, Allgemeine Erdkunde, Gewerbestand und Proletariat, Blick auf unser gesamtes Schulwesen, Über die Linderung des herrschenden Notstandes, Das Buch der Erde, herausgegeben von J. N. Sepp (siehe dort!), mit dessen Schwester Anna Barbara M. verheiratet war.

ADB: 21, 484; BL: 1898, 344, 1967, 36; J. N. Sepp, L. M., Ein Lebensbild, 1860; Historisch-politische Blätter, 159. Bd., 1917; Sonntagsbeilage der Augsburger Postzeitung, Nr. 11, 1933.

(*)*Oefele* Edmund, von, Freiherr, 1843(Ziegetsdorf bei Regens- 24
burg)—1902, Historiker und Reichsarchivdirektor; er, ein Ur- M r 204
enkel des Kulturhistorikers Andreas Felix von Oe., studierte in Regensburg und München und wurde nach dem juristischen

Staatskonkurs als Praktikant im königlichen Allgemeinen Reichsarchiv angenommen; nach verschiedenen Stellungen in den Kreis-(heute Staats-)archiven Würzburg, Bamberg und München war Oe. von 1895—1902 Direktor des Reichsarchivs in München; er hat sich durch reiche Publikationen aus der bayerischen Geschichte einen Namen in der staatlichen Archivverwaltung Bayerns gemacht, war Mitglied der BAkdW und von 1879—1892 Redakteur des „Oberbayerisches Archiv"; HHww: Annales Altahenses maiores (zusammen mit W. von Giesebrecht herausgegeben), Geschichte der Grafen von Andechs, Regensburger Chronik des Leonhard Widmann, Ausgabe der bis dahin ungedruckten Topographie Ph. Appians (im Oberbayerischen Archiv, Bd. 39, 1880, zum 700jährigen Jubiläum der Wittelsbacher), Urkunden des Bistums Würzburg (45. Band der „Monumenta Boica").

Archivalische Zeitschrift, Neue Folge, 11. Bd., 1904, 294; Schä: Nr. 371; Verhandlungen des historischen Vereins von Oberpfalz und Regensburg, 55. Bd., 1903; Sitzungsberichte der Bayerischen Akademie der Wissenschaften, Philosophisch-philologische Klasse, 1903.

25 M r 213 *_Schlichtegroll_ Adolf Heinrich Friedrich, von, 1765(Waltershausen bei Gotha/Thüringen)—1822, Archäologe, Numismatiker und biographischer Schriftsteller; nach Studien zu Göttingen wirkte er anfangs als Jurist, Philologe und Theologe (Gymnasiallehrer in Gotha), dann in der Hofbibliothek und im Münzkabinett zu Gotha, wobei er sich durch die Rettung der Sammlung in den Napoleonischen Kriegen verdient machte; sein Freund F. H. von Jacobi (siehe dort!) gewann ihn schließlich für München, wo er Direktor und Generalsekretär der BAkdW, später auch Direktor der Hofbibliothek wurde; er war Mitbegründer des Polytechnischen Vereins und rief den „Neuen Nekrolog der Deutschen" ins Leben; seine Schriften sind hauptsächlich numismatischer (= münzkundlicher) Natur; Schs. liegt vor allem darin, daß er alle damaligen naturwissenschaftlichen Sammlungen und Institute in München organisierte und Erfindungen förderte; HHww: Über den Schild des Herkules, Dactyliotheca Stoschiana, Historia Numothecae Gothanae.

ADB: 31, 484; BL: 1898, 378, 1932, 149 und 400 (mit B); Doe (II): 520; GG: 62; Gerber, Neues Lexikon der Tonkünstler, 4. Bd.,

76; NND: 1, 1; J. Hormayr, Taschenbuch, 1831, 442; Schr: 27 und 315; C. Weiller, Zum Gedächtnis an A. H. Fr. von Sch., 1823; Fr. Jacobs, Personalien, 179 und 526.

**Kobell* Franz, Dr. nat., von, Ritter, 1803(München)–1882, 26
Mineraloge, Universitätsprofessor und Dialektdichter; nach M r 216
Studien in Landshut (Rechte) und der Mineralogie in München (bei J. N. von Fuchs – siehe dort!) sowie einem Praktikum an der mineralogischen Staatssammlung in München wurde K. Professor der Mineralogie und Konservator der mineralogischen Staatssammlung; als Mineraloge ist K. einer der vorzüglichsten Vertreter der eigentlichen mineralogischen und kristallographischen Zweige der Anorganologie (= Lehre von den leblosen Wesen) und Erfinder der Galvanographie (zusammen mit Graf von Pocci); der Nachwelt bekannt ist er vor allem durch seine Gedichte in pfälzischer (sein Vater kam unter Karl Theodor von Mannheim nach Bayern) und oberbayerischer Mundart, die ganz natürlich, humorvoll, zart und phantasievoll sind; HHww: Charakteristik der Mineralien, Tafeln zur Bestimmung der Mineralien mittelst chemischer Versuche, Galvanographie, Lehrbuch der Mineralogie, Geschichte der Mineralogie, Erinnerungen an meine Freunde in Altengland, Triphylin, Gedichte in oberbayerischer Mundart, Gedichte in pfälzischer Mundart, hochdeutsche Gedichte, Der Hausl vo' Finsterwald, Oberbaierische Lieder mit ihren Singweisen, Erinnerungen in Gedichten und Liedern.

ADB: 16, 789; Al: 45; BL: 1899, 544, 1926, 663 (mit B), 1932, 641 (mit BB); GM: 49; HJ: 139; Ra: Nr. 344; Schr: 353; Wo: 253 (mit B); K. Haushofer, 1884; L. von Kobell, 1884; K. Th. von Heigel, 1892; L. von Kobell, Unter den vier ersten Königen Bayerns, 2 Bde., 1894; A. Dreyer; in: Oberbayerisches Archiv, 52. Bd., 1904 bis 1907, 1 (mit B); Münchener Propyläen, 14. Jg., 1916–1917; Archiv für Buchgewerbe und Gebrauchsgraphik, 67. Jg., 1930; Münchner Neueste Nachrichten, 85. Jg., 1932, Nr. 292; W. Prandtl, Deutsche Chemiker der ersten Hälfte des 19. Jh., 1956; A. Alckens, Münchner Forscher und Erfinder des 19. Jahrhunderts, 1965, 53, 79 und 172.

(*)*Kobell* Franz, 1749(Mannheim)–1822, Hofmaler, Zeichner 27
und Radierer; Bruder des Ferdinand K. (siehe dort!), wirkte er M r 216
zunächst in Mainz als Kaufmann, wandte er sich aber dann

wie sein Bruder der Malerei zu, indem er, von seinem Bruder gefördert, auf der Mannheimer und Münchner Kunstakademie studierte; mit einem kurfürstlichen Stipendium ausgestattet, weilte K. von 1776—1785 in Italien, wo er sich als Landschafter und Architekturzeichner betätigte; nach München zurückgekehrt, war er seit 1785 Hofmaler; K. hat wenig gemalt, lieferte aber gegen 20 000 landschaftliche und architektonische Federzeichnungen und Radierungen; er war nach einem Urteil Goethes einer der ersten deutschen Landschafter der achtziger Jahre; HHww:

ADB: 16, 355; Schr: 85; TB: 21, 52.

28 M r 216 (*)*Kobell* Egid, von, Ritter, 1772(Mannheim)—1847, Staatsrat und Generalsekretär des Staatsrats; seine berufliche Laufbahn begann K. 1789 als Geheimer Kanzlist und Sekretär der kurfürstlichen Geheimen Kanzlei in Mannheim; 1799 wurde er Geheimer Konferenzsekretär und Geheimer Sekretär im Justizministerium in München, 1808 Generalsekretär des Geheimen Rats, 1817 Wirklicher Staatsrat und Generalsekretär des Staatsrats; während dieses Amts kam er 1835 in einem Spezialauftrag nach Griechenland, wo er Gesandter in provisorischer Eigenschaft war; K. war auch an der Ausarbeitung des Entwurfs für die bayerische Verfassung von 1818 beteiligt; seine Briefe an König Ludwig I. aus Griechenland sind eine seltene Quelle über die damaligen Zustände in Hellas und die Einstellung des griechischen Volks zu den Bayern.

ADB: 16, 349; BL: 1932, 692; Schä: Nr. 109; Schr: 46 und 117; E. Ringseis, Erinnerungen des J. N. von Ringseis, 4 Bde., 1886 bis 1891; L. v. Kobell, Unter den vier ersten Königen Bayerns, 1894; K. A. v. Müller, Pfälzer in Bayern, 1956.

29 M r 216 (*)*Kobell* Ferdinand, 1740(Mannheim)—1799, Hofmaler, Radierer, Kupferstecher, Akademieprofessor und Galeriedirektor; er studierte in Heidelberg Rechte und war eine Zeitlang kurpfälzischer Hofkammersekretär; seit 1762 lernte er, vom Kurfürsten Karl Theodor gefördert, in Mannheim und Paris die Malkunst, 1769 wurde er zum kurfürstlichen Hofmaler und Akademieprofessor in Mannheim ernannt, bis er 1793, nach München mit der Regierung übergesiedelt, Galeriedirektor wurde; K. ist besonders durch seine vielen Radierungen bekannt,

in denen er stimmungsvolle Stoffe schlicht und tüchtig zu behandeln wußte; Frauenholz gab eine Sammlung von Ks. Stichen (Oeuvres complètes de Ferdinand K. etc.) heraus, F. Kugler 78 Blätter; ein Verzeichnis der Arbeiten Ks. lieferte St. von Stengel (Nürnberg 1822); er ist der „erste deutsche Meister, der die landschaftliche Radierung bezüglich der äußeren Elemente der Darstellung zu einer vollendeten Durchbildung gebracht hat" (ADB: 16, 350); K. war auch ein warmherziger deutscher Patriot.

ADB: 16, 350; TB: 21, 50; J. A. Beringer, 1909; H. Höhn, Studien zur Entwicklung der Münchner Landschaftsmalerei, 1909; Ausstellungskatalog, Mannheim-Schloßmuseum, 1950; D. Schweizer, Die Graphik von F. K., Dissertation, Tübingen 1962.

**Rosipal* Karl, 1844(München)—1924, Kaufmann und Spani- 30
scher Konsul; der 26jährige Kaufmann ist schon so kapital- M r 236
kräftig, das Maillot-Schlößchen mit dem Tierpark am Rand des Englischen Gartens an der Königinstraße zu kaufen; er bewohnt bis ins hohe Greisenalter das Schloß und genießt den ersten Münchner Tierpark, das langgestreckte Appartement für Raubtiere und eine Ritterburg für lichtscheues Vogelgetier; K. A. von Müller erzählt von R., der seine stadtbekannte Liebe im Theater hatte und in einem feschen Gefährt täglich von seinem verschwiegenen Schlößchen in die Stadt fuhr; nicht mit Recht gilt R. als der Stifter des Glockenspiels am Turm des neuen Münchner Rathauses; er hat nämlich die größte Glocke (1,25 m Durchmesser und 1300 kg Gewicht) für das 1910 nach belgisch-holländischem Vorbild geschaffene Glockenspiel gestiftet und dazu mußte die Stadt noch beisteuern, weil die Mittel des Großkaufmanns bereits erschöpft waren; 1933/34 wurde das gestiftete Geld an die Familie R. zurückbezahlt; R. entstammt einer angesehenen Münchner Kaufmannsfamilie — ein Möbelgeschäft trägt heute noch den Namen „Rosipal-Haus" —, seine Vorfahren wurden vom König mit Verdienstorden ausgezeichnet, Karl Michael R. erhielt 1835 das Privileg zur Anfertigung einer in Frankreich erfundenen Maschine zur schnelleren Fabrikation von Ziegelsteinen.

Al: 61; BL: 1911, 227; Manuskript bei der Hausverwaltung des Münchner Rathauses; K. A. von Müller, Aus Gärten der Vergangenheit, 1951, 116, 485; Allianz Wiederaufbau 1945—1955, 1955, 21; A. Alckens, Münchner Forscher und Erfinder des 19. Jahrhunderts, 1965, 107; L. v. Buechel, Vom Rindermarkt zur Leopoldstraße, 1966; Staatsarchiv für Oberbayern, RA 1265/415 und RA 1345/32.

31
M r 241 *Himbsel* Johann Ulrich, 1787(Neukirchen bei Sulzbach/Oberpfalz)—1860, Architekt und Baurat; er war Schüler K. von Fischers (siehe dort!), mit dem er 1806 studienhalber nach Paris reiste, wo er im Katasterbüro, im Büro des Generalbauinspektors Moline und in der Akademie der bildenden Künste zeichnete; nach einem längeren Studienaufenthalt in Italien gab er 1813/15 die Zeichnungen „Magazin der Baukunst, besonders für Deutsche", heraus; 1816 wurde H.; nach einer weiteren Studienreise nach Frankreich und England (1825) erbaute er anfangs (1820—1829) repräsentative Schulhäuser in München, führte 1840 den Bau einer Eisenbahn von München nach Augsburg aus, setzte 1851 das erste Dampfschiff auf dem Starnberger See in Betrieb und errichtete 1854 aus Privatmitteln die Bahnlinie München—Starnberg; H. zählt mit zu den großen Technikern seiner Zeit, wie Reichenbach, Utzschneider, Maffei u. a. (siehe dort!).

AM: 46; BL: 1913/14, 845; HJ: 162; Na: 6, 547; Ra: Nr. 265; Schr: 213 und 223; St: 430; TB: 17, 108; UH: 142; Neue Münchner Zeitung, Abendblatt vom 27. IV. 1860; Wiener Zeitung, 1860, April, 1822; A. Alckens, Münchner Forscher und Erfinder des 19. Jahrhunderts, 1965, 174.

32
M r 264 (*)*Toerring* Josef August, von, Graf, 1753(München)—1826, Staatsminister, Präsident des Staatsrats und Verfasser von Ritterdramen; er stammt aus der Linie Jettenbach—Cronsfeld—Guttenzell und studierte in Ingolstadt Rechte und Philosophie, um 1773 in München als wirklicher Hofkammerrat und kurfürstlicher Kämmerer in den bayerischen Staatsdienst einzutreten; 1779 wurde T. Oberlandesregierungsrat, nahm 1785 unter Karl Theodor seine Entlassung, trat aber 1789 wieder in den Staatsdienst; 1817 wurde er Staatsminister und Präsident des Staatsrats im Rang eines Staatsministers; T., seit 1775 auch Mitglied der BAkdW, stand in regem Briefwechsel mit Gelehrten und Schriftstellern und ist bekannt als Verfasser von Ritterdramen; HHww: Kaspar der Thorringer, Agnes Bernauerin; Ts. Dramen, wenn auch heute völlig veraltet und

von geringem ästhetischen Wert, waren seiner Zeit anregend für die Dichter Simrock, Hebbel und Otto Ludwig.

ADB: 38, 458; Bo: 3, 32; NND: 4, 850; Schä: fehlt hier! Wo: 43; F. Nicolai, Beschreibung einer Reise etc., 1785; Dem Andenken S. E. des Grafen J. A. v. T., 1826.

Kirchmayer (Kirchmaier) Friedrich, 1813(München)–1871, Hofbildhauer; K. erhielt seine erste Anleitung bei seinem Vater Josef K., besuchte die Münchner Akademie und arbeitete unter L. M. von Schwanthaler (siehe dort!), 1839 ging er nach St. Petersburg (= Leningrad), um unter Le Maire die Statuen des Giebelfelds für die Isaakkirche auszuführen, weilte 1842–1844 in Rom und Neapel und ließ sich dann bleibend in München nieder; HHww: Reliefs „David und Abigail" und „Kaiser Max auf der Martinswand", Gruppe einer Bacchantin mit einer jungen Frau, zahlreiche Statuen für das alte Bayerische National-(heute Völkerkunde-)Museum an der Maximilianstraße (sitzende allegorische Kolossalfiguren auf der Stirnseite der Fassade), viele Einzelstatuen aus der klassischen Mythe und dem modernen Genre (Heimkehrender Odysseus, Knabe mit dem Fisch, Genien für Garten- und Brunnenschmuck) sowie Madonnen und Heiligenfiguren. 33 M r 290

ADB: 16, 15; Na: 7, 465; TB: 20, 355.

Kirchmayer Josef, 1773(Rockerfing/Ndb.)–1845, Hofbildhauer und Maler; K. lernte bei seinem Vater, einem Bilder- und Kirchenmaler, kam 1790 nach Passau und bald darauf zu dem Maler Bergler, der ihn im Zeichnen und Modellieren unterrichtete und mit dem damaligen Fürstbischof Leopold von Thun bekannt machte, der ihn nach Wien mitnahm, wo er sieben Jahre verweilte und mehrere Büsten schuf; in Wien kam K. mit den bayerischen Gesandten, Freiherrn von Grafenreuth und Herrn von Mieg, in Berührung, die ihn an den nachmaligen König Max I. empfahlen; nach einem längeren Aufenthalt in Italien (Rom, Neapel u. a.) ließ sich K. 1806 in München nieder, wo er mehrere Büsten in Carraramarmor für die Walhalla bei Regensburg und viele Grabdenkmäler (für Kurfürst Wenzeslaus von Trier zu Markt Oberdorf/Allgäu und mehrere im Südlichen Friedhof), eine Kolossalbüste Max' I. für die Stadt Amberg und Porträtbüsten (Minister 34 M r 290 von Hompesch, Herzog von Leuchtenberg u. a.) schuf; auch lieferte K. allerlei Statuen, darunter eine damals vielgerühmte Psyche und eine Minerva.

ADB: 16, 17; AM: 49; Na: 7, 465; TB: 20, 356.

35 M r 309 *Winter* Peter, von, 1754(Mannheim)—1825, Komponist und Hofkapellmeister; er wurde schon mit 10 Jahren ins Hoforchester seiner Heimatstadt aufgenommen, war in der Komposition Schüler von Abbé Vogler und kam nach kurzem Wirken am Mannheimer Hoftheater mit Kurfürst Karl Theodor nach München, wo er 1788 Hofkapellmeister wurde und sich durch ausgedehnte Studien- und Konzertreisen nach Wien (Unterricht bei Salieri) und Prag, durch Frankreich, England und Italien weiterbildete; W. ist Schöpfer zahlreicher Opern und Singspiele (Das unterbrochene Osterfest, Maria von Montalban, Kantate „Timoteo") und vor allem kirchlicher Stücke (26 Messen, darunter zwei Pastoralmessen, drei Tedeum, drei Stabat Mater, ein Magnificat und sieben Tantum Ergo; für die evangelische Hofkirche verfaßte er sieben Kantaten und das Oratorium „Der sterbende Jesus"); in der Periode zwischen Mozarts Tod und Beethovens „Fidelio" war W. im Fach der ernsten Oper unstreitig der erste deutsche Komponist (Max Diez), er, ein sehr fruchtbares, aber vielfach nicht besonders reiches Talent, wußte die deutsche Gesangsweise glücklich mit der italienischen Schule zu verschmelzen.

ADB: 43, 470; Ei: 9, 274; Gerber, Lexikon der Tonkünstler, 42. Bd., 819; Gerber, Neues Lexikon der Tonkünstler, 4. Bd., 587 und 844; H. J. Moser, Musiklexikon, 4. Aufl., 1953, 1433; H. Riemann—A. Einstein, Musik-Lexikon, 11. Aufl., 1929, 2035; NND: 3, 1019; Schr: 36 und 39; St: 298; Ze: 8—516 (passim); Der Zwiebelturm, 1954, 213.

36 M r 321 *Streber* Franz Xaver, Dr. phil., 1806(Deutenkofen bei Landshut/Ndb.)—1864; Numismatiker und Universitätsprofessor; ein Neffe des bekannten Numismatikers (Münzforschers) Franz Ignaz von St. (siehe dort!) gründlich philosophisch und theologisch vorgeschult und infolge der Veröffentlichung eines kritischen Kataloges über 18 000 griechische Münzen und eines Lexicon numismaticum-iconographicum mit meisterhaften eigenhändigen Zeichnungen von etwa 6000 griechi-

schen Münzen der Wissenschaft bekannt geworden, wurde St. 1830 Adjunkt und 1841 Konservator (als Nachfolger seines Oheims) des Königlichen Münzkabinetts; ein Jahr zuvor war er zum Professor der Archäologie an der Münchner Universität berufen worden; von St. stammen zahlreiche Abhandlungen aus dem Gebiet der griechischen, keltischen und mittelalterlichen Münzkunde; Hw: Abhandlungen der Münchner Akademie über Regenbogenschüsseln und mittelalterliche Münzfunde Süddeutschlands; St. war „einer der letzten Vertreter des alten katholischen Münchens" (P. Weiß), geschätzter Lehrer, ein Vater der dürftigen Studenten und Gründer und erster Vorsitzender des „Vereins für konstitutionelle Monarchie und religiöse Freiheit" (1848/56).

ADB: 36, 553; Bo: 3, 30; Schr: 266; Wetzer und Welte's Kirchenlexikon, 2. Aufl., 11. Bd., 1899, 914; W. A. Strodl, 1866; Jahresbericht des Historischen Vereins von und für Oberbayern, 1864.

Görres Johann Joseph, Dr. phil., von, 1776(Koblenz)–1848, 37
Historiker, Publizist, Laientheologe und Universitätsprofes- M r 343
sor; G. ist die große symbolische Gestalt der „Katholischen Bewegung" Deutschlands im 19. Jahrhundert, weil er den Weg von der Aufklärung zu erneuter tiefer Gläubigkeit in stetem Ringen mit sich selbst repräsentiert und in den Auseinandersetzungen der wiedererstandenen Kirchlichkeit mit dem modernen Staat, namentlich z. Z. des „Kölner Ereignisses", wegweisende Gedanken formulierte; von aufgeklärten Weltgeistlichen im Koblenzer Gymnasium unterrichtet, bildete G. sich autodidaktisch in den Naturwissenschaften und der Medizin weiter; während der Französischen Revolution, für die er anfangs begeistert war, brach er mit dem ererbten Glauben und verspottete er kirchliche Einrichtungen (Das Rothe Blatt, Rübezahl); erst während seiner Tätigkeit als Lehrer der Naturwissenschaften in Koblenz (–1814) vollzog sich eine innere Wandlung; lange rückte er, J. G. Herder folgend, die Wiederentdeckung des Mythischen in den Mittelpunkt seines Denkens, ein zweijähriger Aufenthalt in Heidelberg als Privatdozent brachte ihn mit der jüngeren Romantik in enge Verbindung und führte ihn auch auf die christlichen Traditionen zurück; die volle Rückwendung zur Kirche erfolgte aber erst, als die preußische Reaktion ihn wegen des Buchs „Teutschland und die Revolution" auswies und er in Straßburg als Flücht-

ling leben mußte, wo ihn die Ideen der kirchlichen Restauration und der elsässischen Bewegung berührten; im Kampf gegen den Liberalismus entfaltete er seine Fähigkeiten, als er 1826 von König Ludwig I. nach München als Professor der Allgemeinen und Literatur-Geschichte berufen wurde; hier bildete G. den Mittelpunkt eines Kreises bedeutender und geistig wie künstlerisch regsamer Katholiken, die das öffentliche Leben beeinflußten und späteren Zusammenschlüssen, wie den Katholikentagen und dem Zentrum (katholische Partei), vorarbeiteten; wie ein Patriarch verehrt und von Besuchern aus aller Welt, z. B. von Ch.-R.-F. Montalembert, H. F. R. de Lamenais, F. von Eckstein u. a., aufgesucht, redigierte er mit seinem Sohn Guido (siehe dort!) seit 1838 die „Historisch-politische Blätter", nachdem zuerst die Münchner Zeitschrift „Eos" das Sprachrohr von G. und seinem Kreis gewesen war; das Kölner Ereignis wurde Anlaß zum „Athanasius" (1837), in dem das Problem Staat und Kirche aufrüttelnd behandelt wurde; die „Wallfahrt nach Trier" (1845) setzte sich mit Liberalismus und Deutschkatholizismus auseinander, 1836 bis 1842 erschien die „Christliche Mystik" (4 Bde.), die große Summe seines Wissens und Denkens, die den Widerstreit der Theologie und der modernen Naturwissenschaft durch eine leiblich-geistige Harmonielehre zu überwinden trachtete und eine Lebensphilosophie entwickelte; G. wirkte auch in organisatorischer (Görres-Gesellschaft) und politischer Hinsicht (gemäßigter Konservatismus) nach.

Gesamtausgabe von M. Görres: 1. Abtl. 6 Bde. 1854–1860, 2. Abtl. 3 Bde. 1858–1874; historisch-kritische Neuausgabe, herausgegeben von W. Schellberg–A. Dyroff, fortges. von L. Just, 1926 ff., bisher 16 Bde. (unvollendet).

ADB: 9, 378; W. Andrees–W. von Scholz, Die Großen Deutschen, 3. Bd., 61; BL: 1926, 640 (mit B), 1932, 246; GG: 107; GM: 38; LThK: 4, 1058; Ra: Nr. 215; Schr: 130 und 267; St: 404; Wo: 372; J. N. Sepp, 1848; H. Grauert, G. in Straßburg, 1910; H. Schnütgen, Das Elsaß und die Erneuerung des kath. Lebens in Deutschland von 1818–1848, 1913; H. Grauert, Graf J. de Maistre und J. G. vor 100 Jahren, 1922; R. Reisse, Die weltanschauliche Entwicklung des jungen G., 1926; K. A. von Müller, G. in Straßburg, 1819–1820, 1926; S. Merkle, Zu Gs. theol. Arbeit am „Katholik", 1926; A. Schorn, Gs. relig. Entwicklung, Dissertation, Köln 1929; Gelbe Blätter, 6. Jg., 1929/30; A. Renner, Dissertation, 1930; A. Dempf, G. spricht zu unserer Zeit, 1933; R. Stein, 25 Jahre G.-Schrifttum,

1911–1936, 1939; V. Walter, Die christl. Mystik von J. G. in ihrem Zusammenhang mit der wissenschaftlichen Romantik, 1957; G. Bürke, Vom Mythos zur Mystik, 1958; Staatslexikon der Görres-Gesellschaft, 3. Bd., 1957 ff., 1003–1006.

(*)*Görres* Guido, Dr. phil., 1805(Koblenz)–1852, Philologe, Schriftsteller und Dichter; vielseitig begabt und gebildet, teilte er mit seinem Vater Joseph G. die Neigung zu politisch-publizistischer Wirksamkeit; den „Historisch-politischen Blättern" widmete er seine beste Kraft, engverbunden mit der Münchner Spätromantik und ihren Künstlern, wie W. von Kaulbach (siehe dort!) und Franz Graf von Pocci, mit dem er den „Festkalender in Bildern und Liedern" (3 Bde., 1835–39) und das „Deutsche Hausbuch" (1846/48) herausgab; seine Dichtungen, besonders die „Marienlieder" (1843, 3. Aufl. 1853) (darin: „Maria, Maienkönigin", „Es blüht der Blumen eine") und die „Geistlichen Lieder" (1845), sind vom späten C. M. von Brentano beeinflußt, der ihm die Herausgabe seiner Märchen anvertraute; G. war auch ein bedeutender Sprachforscher, der aber seine Tätigkeit auf diesem Gebiet nicht weiter entfalten konnte, seine Übersetzung der „Nachfolge Christi" wird heute noch sehr geschätzt; er blieb sein ganzes Leben lang als Mitarbeiter seines so berühmten Vaters, den er nur wenige Jahre überlebte, in dessen Schatten. 38 M r 343

ADB: 9, 738; LThK: 4, 1060; Schr: 353 und 416; Wetzer–Welte, Kirchenlexikon, 5. Bd., 1888, 792; Wo: 300 und 352; Historisch-politische Blätter, 30. Bd., 1852; E. Ringseis, Erinnerungen des J. N. von Ringseis, 3. Bd., 1891; J. Meyers, 1896; Historisch-politische Blätter, 135. Bd., 1905, 136. Bd., 1906; L. Just, 1952; Der Zwiebelturm, 7. Jg., 1952, 284.

**Rüthling* Bernhard, 1834(Meiningen/Thüringen)–1881, Hofschauspieler; aus einer alten Schauspielerfamilie entstammend und Sohn eines Schauspielers, fand R. in Bromberg sein erstes Engagement, kam dann nach Memel und wanderte nach dem Brand des dortigen Theaters hin und her, bis er in seiner Heimatstadt unterkam; der 25jährige trat dann in Augsburg als Sänger auf (Gouverneur im Don Juan und Eremit im Freischütz); 1863 trat R. in das Münchner Schauspiel ein, dem er als einer seiner schönsten Zierden angehörte, bis ihn eine Krankheit früh aus seinem Wirkungskreis entriß; durch seine 39 M r Sp. 14

Rollen des Arkas hat R. die Gunst König Ludwigs II. gewonnen; seine Hauptrollen in München waren Posa, Karl Moor, Egmont, Uriel Acosta und Essex; Einfachheit und Kraft, Naturwahrheit und Herzenswärme waren die Eigenschaften, die die Helden und ersten Liebhaber in Rs. Darstellung auszeichneten; er hatte wohl das größte Leichenbegängnis, das der Südliche Friedhof erlebte, über 10 000 gingen hinter seinem Sarg, und E. von Possart (siehe dort!) hielt die Grabrede.

ADB: 30, 49; Süddeutsche Presse vom 23. IV. 1881; Münchner Neueste Nachrichten und Allgemeine Zeitung vom 23. und 24. IV. 1881; Die Gegenwart, Nr. 19 vom 7. V. 1881; A. von Mensi-Klarbach, Alt-Münchner Theater-Erinnerungen, 1924, 35; D. Hildebrandt, Der Schauspieler B. R. und das Münchener Hoftheater, Dissertation, München 1956; Nationaltheater München, Festschrift 1963, 127 (mit B).

40 *_Nußbaum_[+] Johann Nepomuk, Dr. med., von, Ritter, 1829
M r Sp. 15 (München—Haidhausen)—1890, Chirurg, Generalstabsarzt und Universitätsprofessor; schon als Gymnasiast in seiner Vaterstadt behandelte N. kleine chirurgische Fälle seiner Mitschüler (Schnittwunden, Zahngeschwüre, böse Finger, Abszesse u. a.); nach Studien in seiner Heimatstadt, in Paris, Berlin und Würzburg habilitierte er sich 1857 in München für Chirurgie und Augenheilkunde, errichtete ein großes Privatkrankenhaus mit einem orthopädischen Institut und erhielt 1860 die Professur der Chirurgie und Augenheilkunde; im Deutsch-Französischen Krieg war er zunächst Oberstabsarzt im Stab von General Von der Tann und wurde dann zum Generalstabsarzt befördert; einen Ruf nach Zürich lehnte er aus Liebe zur Heimat ab; N. hat sich als Direktor der chirurgischen Abteilung des Krankenhauses links der Isar durch Einführung der Listerschen Wundbehandlung, mit der der „Spitalbrand" bekämpft wurde, verdient gemacht, seine ganz besonderen Verdienste liegen aber auf dem Gebiet der Kriegschirurgie, auf seine Anregung geht einigermaßen die Blutübertragung zurück; er war ein geschickter Operateur und wegen verschiedener chirurgischer Erfindungen seiner Zeit weit voraus; persönlich war er eine volkstümliche Erscheinung Altmünchens, der mittellose Kranke nicht nur kostenlos behandelte, sondern auch unterstützte, ein bekenntnistreuer Katholik in der Zeit des Kulturkampfes und ein deutschnationaler Patriot: (sein einziger Bruder Franz [1826—1843] war Jesuit in Amerika).

ADB: 52, 667; BL: 1892, 516 (mit B), 1898, 345, 1926, 663 (mit B), 1933, 620 (mit B); BLÄ: 4, 394; Ra: Nr. 460; Münchner Medizinische Wochenschrift, 1890; Lebensbilder hervorragender Katholiken, 7. Bd., 1912; Deutsche Zeitschrift für Chirurgie, 220. Bd., 1929; Katholische Männer, 1934; A. Fingerle, München – Heimat und Weltstadt, 1965, 30.

(*)*Dahn* Ludwig, 1843(München)–1898, Hofschauspieler; er, ein Bruder des berühmten Historikers und Schriftstellers Felix D., war in München Schüler F. Dingelstedts; 1861 wurde D. für das zweite Liebhaberfach an der Münchner Hofbühne engagiert; nach erfolgreichem Wirken am Berliner Schauspielhaus (1865) und später am kaiserlichen Deutschen Hoftheater in St. Petersburg (= Leningrad), wo er sich ein Halsleiden zuzog, kehrte er 1878 als „gesetzter Liebhaber" nach München zurück; Hauptrollen: Schiller in Laubes „Karlsschüler", Bugslaff in Paul Heyses „Hans Lange", Mortimer und Gringoire; von Dingelstedt, Laube, Putlitz u. a. wurde der Brakenburg im Egmont als seine beste Rolle bezeichnet; D. hatte eine gute Figur und ein klassisches Profil. 41 M r Sp. 21

BJDN: 3, 101; Bo: 8, 8; NDB: (3, 482); A. von Mensi-Klarbach, Alt-Münchner Theater-Erinnerungen, 1924 (74).

Mauer links (an Pestalozzistraße–Glockenbach)

(*)*Stürzer* Josef, Dr. jur., von, 1776(Hemau/Opf.)–1837, Universitätsprofessor und Staatsrat; nach Studium der Rechte in Ingolstadt verlief Sts. berufliche Laufbahn folgendermaßen: 1799 Privatdozent der Rechte für die albertinischen Stipendiaten in Ingolstadt, 1800 Privatdozent der Rechte in Landshut, 1802 Universitätsprofessor in Landshut, 1804 Hofgerichtsrat in Bamberg, 1807 Oberster Justizrat in Bamberg, 1808 Oberappellationsgerichtsrat in München und 1832 Ministerialrat im Staatsministerium der Justiz; St. hatte wesentlichen Anteil an der Ausarbeitung der bayerischen Verfassung von 1818. 42 M l 12

Bo: 4, 34; GM: 124; Schä: Nr. 761; Die Kgl. Bayer. Staatsminister der Justiz, 1931, 1090.

43 M l 86 *Maurer* Georg Ludwig, Dr. jur., von, Ritter, 1790(Erpolzheim bei Bad Dürkheim/Rheinl.-Pfalz)—1872, Rechtshistoriker, Universitätsprofessor, Ministerverweser und Staatsrat; nach Studium zu Heidelberg und Paris trat M. in den bayerischen Staatsdienst und war als Substitut, später als Appellationsrat und Staatsrat an den Gerichten der Pfalz tätig; 1826 wurde M. Professor der deutschen Rechtsgeschichte und des deutschen Privatrechts an der Universität München und Mitglied der BAkdW; um zu verhindern, daß M. einem Ruf nach Göttingen folgte, ernannte ihn Ludwig I. 1829 zum Staatsrat im außerordentlichen Dienst, damit begann die Periode der staatsmännischen Wirksamkeit Ms.; seit 1831 Reichsrat der Krone Bayern, war er 1832/34 Mitglied des Regentschaftsrats für König Otto von Griechenland, zusammen mit K. von Abel (siehe dort!), wo er ein Strafgesetzbuch, eine Gerichts- und Notariatsordnung sowie Verfahrungsordnungen für Straf- und Zivilverfahren für Griechenland verfaßte; 1847 war M. Ministerverweser des Justizministeriums und des Ministeriums des Königlichen Hauses und des Äußern sowie Staatsrat; M. hat sich durch seine rechtsgeschichtlichen Forschungen sehr verdient gemacht; HHww: Geschichte des altgermanischen Rechtsverfahrens, Historische Darstellung der deutschen Gemeindeverfassung (12 Bde.).

ADB: 20, 699; BL: 1932, 676; Bo: 3, 15; GG: 85; GM: 76; J. Hormayr, Taschenbuch, 1831, 434; Schä: Nr. 36; Schr: 384, 386 und 417; Wo: 273; Jahresbericht des Historischen Vereins von und für Oberbayern, 1871/72, 185; Die Kgl. Bayer. Staatsminister der Justiz, 1931, 1060; K. Dickopf, Dissertation, München 1960.

44 M l 88 *Beisler* Hermann, von, Ritter, 1790(Bensheim an der Bergstraße)—1859, bayerischer Innenminister; nach Teilnahme an den Napoleonischen Kriegen in bayerischen Diensten studierte B. auf der damaligen Universität Aschaffenburg Rechte und stand 1811/13 als Ministerialsekretär im Dienst des Großherzogs von Frankfurt, dann nahm er an den Befreiungskriegen als Hauptmann teil; nach der Eingliederung Aschaffenburgs an Bayern stand B. in bayerischen Diensten, wobei er die Stellungen des Regierungspräsidenten von Niederbayern und des Präsidenten des Obersten Rechnungshofs errang; nach K. von Abels (siehe dort!) Sturz wurde B. provisorischer Kultus- und später Innenminister; als Abgeordneter

des Frankfurter Parlaments für den Wahlkreis Erding beantragte er eine kirchliche Repräsentativverfassung und eine Laienbeteiligung am Kirchenregiment; schon nach dem Karlsbader Kongreß machte sich B. durch sein Gutachten über die Militärverfassung des Deutschen Bunds bekannt; er geriet in den Ruf eines Revolutionärs, wozu seine antiklerikale Einstellung (er trat für die Verfassungsrechte der Protestanten ein und kam so in Konflikt mit Minister K. von Abel und Bischof H. von Hofstetter von Passau) und seine regen wirtschaftlichen Interessen viel beitrugen.

ADB: 2, 294; Bo: 4, 3; Doe: 201 und 215; NDB: 2, 21; Schä: Nr. 4; Schr: 398; Die Kgl. Bayer. Staatsminister der Justiz, 1931, 1068.

**Mitterer* Hermann Josef, 1764(Osterhofen/Ndb.)—1829, Professor der Zeichenlehre; er lernte als Singknabe im Kloster Vornbach bei Passau, in Passau und München (1784 Absolutorium) und wurde, ursprünglich zum Priesterberuf bestimmt, 1791 Zeichenlehrer am Münchner Gymnasium; 1792 begründete M. eine Feiertags-Handwerker-Zeichnungs- und Boissierschule und mit A. Senefelder (siehe dort!) die erste Lithographische Kunstanstalt; in seiner Anstalt gingen viele illustrierte Unterrichtswerke hervor, die zur Hebung des Zeichenunterrichts dienten; zusammen mit Ramis stellte M. die sogenannte Stern- oder Rollpresse her; er war auch Ehrenmitglied der Münchner Kunstakademie; M. hob die Senefeldersche Vervielfältigungsmethode von der handwerklichen Stufe zur Kunst empor. 45 M l 97

ADB: 22, 23; BL: 1893 (mit B), 1898, 305; HJ: 85; Ra: Nr. 434; TB: 24, 597; F. M. Ferchl, Geschichte der Errichtung der ersten Lithographischen Kunstanstalt bei der Feiertags-Schule für Künstler und Technik, 1862; A. Alckens, Münchner Forscher und Erfinder des 19. Jahrhunderts, 1965, 46, 48 und 169.

**Imhof* Maximus (Taufname Johann), Dr. phil., von, 1758 (Reisbach/Ndb.)—1817, katholischer Priester, Physiker und Professor; er trat 1780 bei den Augustiner-Eremiten in München ein, wo er Lektor für Philosophie, Mathematik und Physik und Professor der Theologie wurde, außerdem war I. seit 1790 am Münchner Lyzeum Mathematik- und Physikprofessor und Mitglied der BAkdW; nach Austritt aus dem 46 M l 125 „Radspieler“

Orden (mit päpstlicher Genehmigung) war er Bibliothekar an der kurfürstlichen Hofbibliothek und Kanoniker bei U. L. Frauen; später hat er als Direktor der physikalischen Klasse der BAkdW deren Sammlungen verwaltet; HHww: Positiones logicae-metaphysicae et mathematicae, Theoria electricitatis, Grundriß der öffentlichen Vorlesungen über Experimental-Naturlehre (2 Bde.), Institutiones physicae, Anfangsgründe der Chemie, Über das Schießen gegen heranziehende Donner- und Hagelwetter, Theoretisch-praktische Anweisung zur Anlegung und Erhaltung zweckmäßiger Blitzableiter; Is. Verdienste bestehen in der Verbesserung und Verbreitung des Blitzableiters, in der Zugänglichmachung der Naturkunde für die unteren Volksschichten und in der Eingliederung der in der Säkularisation erworbenen naturwissenschaftlichen Bücher in die Bayerische Staatsbibliothek.

ADB: 14, 56; BL: 1898, 304, 1899, 560; GG: 45; J. Hormayr, Taschenbuch, 1831, 374; St: 304.

47 M l 178 (*)*Ziebland* Hermann, 1853(Veitshöchheim bei Würzburg)—1896, Genremaler; dieser Großneffe des berühmten Architekten Friedrich von Z. (der in Regensburg bestattet ist) studierte an der Kunstgewerbeschule in Nürnberg (1870—1874) und dann auf der Münchner Kunstakademie, um unter W. Diez, Löfftz und Lindenschmit ein geschätzter Genremaler zu werden; er wählte harmlos heitere Szenen, die er sorgfältig ausführte; HHww: Kostümstücke, gemütliche Raucher, Zecher, Bauern und Landsknechte, lustige Gesellschaft; seine Bilder fanden auch im Ausland (u. a. auch in London) Anerkennung.

BJDN: 1, 55; Bo: 6, 76; TB: 36, 485.

48 M l 180 **Schrank* Franz von Paula, Dr. theol., von, 1747(Vornbach am Inn/Ndb.)—1835, katholischer Priester, Botaniker und Universitätsprofessor; er studierte bei den Jesuiten in Passau und wurde Mitglied der Gesellschaft Jesu, dabei wurde er in Kollegien dieses Ordens in Österreich ausgebildet; so lernte er in Ödenburg P. Sluha kennen, der in Brasilien Missionar gewesen war und Sch. für die Naturwissenschaften begeisterte, so machte er neben den theologisch-philosophischen auch mathematische und naturwissenschaftliche Studien in Raab, Tyrnau und Wien; nach Aufhebung des Jesuitenordens wurde

Sch. Priester und beschäftigte sich mit naturgeschichtlichen Arbeiten; 1776 wurde er Professor für Mathematik und Physik am Lyzeum zu Amberg, dann für Rhetorik in Burghausen, seit 1784 war Sch. Professor der Landwirtschaft (einschließlich Berg- und Forstwissenschaft, Botanik und Zoologie) in Ingolstadt; später in Landshut und seit 1809 Mitglied der BAkdW in München, wo er nach vorherigen Studienreisen durch Norditalien, den neuangelegten Botanischen Garten leitete; HHww: Fauna Boica (3 Bde.), Flora Monacensis (4 Bde. mit 400 Farbtafeln), Beiträge zur Naturgeschichte, Primitiae Florae Salisburgensis, Akademische Reise nach den südlichen Gebirgen von Baiern im Jahre 1788; insgesamt 40 selbständige Ww; dieses vielseitige Genie gilt als Bayerns größter Botaniker vor K. F. Ph. von Martius (siehe dort!).

ADB: 32, 450; BL: 1899, 568 (mit B); Bo: 2, 11; GG: 37; Wo: 123.

(*)*Lerchenfeld* Max, von, Freiherr, 1778(Ingolstadt)–1843, 49
bayerischer Finanzminister; nach Studien zu Ingolstadt (Gym- M l 196
nasium und Universität) und an der Diplomatenschule in München wurde L. 1802 Gehilfe des Freiherrn von Hertling, der als Zivilkommissär die neuerworbenen Gebiete in Schwaben für Bayern in Besitz nahm; 1803 wurde er Rat bei der Landesdirektion für Schwaben in Ulm, 1805 Direktor der dortigen Staatsrechtlichen Abteilung, wobei ihm die Regelung der Grenzverhältnisse mit Württemberg übertragen wurde; er war dann Generalkommissär in Nürnberg (1809) und in Innsbruck (1810), wo er sich bei den Tirolern durch beruhigende Politik beliebt machte; 1814 war L. Hofkommissär für die Übernahme des Großherzogtums Würzburg und von 1817 bis 1825 Finanzminister; dabei hatte er die schwierige Arbeit bei der Ordnung des Staatshaushalts; auch bei der Ausarbeitung der bayerischen Verfassung von 1818 war er führend beteiligt, von 1826–1833 Bundesabgeordneter in Frankfurt, wurde er 1833/34 wieder Finanzminister, 1835–1842 bevollmächtigter Minister in Wien und 1842 wieder Bundestagsgesandter in Frankfurt; L. setzte sich tatkräftig für die Aufrechterhaltung der bayerischen Verfassung gegenüber den Bestrebungen von Metternichs und den Karlsbader Beschlüssen durch; er war ein entschiedener Gegner des Konkordats von

1817 und erreichte, daß die „Tegernseer Erklärung" nur in abgeschwächter Form verkündet wurde.

ADB: 18, 423; BL: 1920/21, 70 (mit B), 1932, 233; Bo: 3, 12; Kirchliches Handlexikon, 2. Bd., 633; Schä: Nr. 34; Schr: 78, 91 und 242; Wo: 123; M. Freiherr von Lerchenfeld, 1887.

50
M l 210
eingeebnet

**Mannert* Konrad, 1756(Altdorf bei Nürnberg)—1834, Historiker, Geograph und Universitätsprofessor; nach Studien in seiner Heimatstadt wurde M. 1786 Lehrer und Bibliothekar am Gymnasium zu St. Ägidien in Nürnberg und 1796 Professor der Geschichte und der abendländischen Sprachen an der Universität Altdorf; 1805 kam er mit derselben Stellung nach Würzburg, 1807 nach Landshut und schließlich 1826 nach München; er hat viele historische Arbeiten verfaßt, die sich besonders durch gründliches Quellenstudium auszeichnen; HHww: Kompendium der deutschen Reichsgeschichte, Älteste Geschichte Bojariens, Kaiser Ludwig IV., Geschichte Bayerns (4 Bde.), Geschichte der alten Deutschen, besonders der Franken (2 Bde.); von seinen geographischen Arbeiten ist die mit Ukert herausgegebene Geographie der Griechen und Römer (10 Bde.) bedeutsam; M. besorgte auch eine Ausgabe der Tabula Peutingeriana; seinen „Charakter als Geschichtsschreiber bezeichnet ein tief eingewurzelter Skeptizismus und eine kalte, etwas nüchterne Anschauung, er ist Feind aller Hypothesen, aber der gründlichste Kenner des Beweisbaren und aller Beweismittel, die höchsten Verdienste hat er um die ältere Geographie".

ADB: 20, 199; NND: 12, 783; J. C. Poggendorff, Biographisch-literarisches Handwörterbuch zur Geschichte der exakten Wissenschaften, 2. Aufl., 1863, 35; G. A. Will, Nürnbergisches Gelehrten-Lexikon, fortgesetzt von Ch. C. Nopitsch, 6. Teil, 1805, 356.

51
M l 212

Hofmann Karl, 1847(München)—1870, Rechtspraktikant und berühmter Alpinist; nach Besuch des Ludwigs-Gymnasiums in München studierte er seit 1866 auf der dortigen Universität Rechte (er war dabei Mitglied und zeitweise Vorstand des Akademischen Gesangvereins; 1870 bestand H. das juristische Staatsexamen mit Auszeichnung, ließ sich beim Stadtgericht München als Rechtspraktikant vereidigen und zog dann als Leutnant in den Deutsch-Französischen Krieg; H. gilt als alpinischer Erschließer, der das Kaisergebirge und die Großglocknergruppe erforscht und den deutschen Alpenverein mitbegründet hat; als Leutnant ist er in der Schlacht bei Bazeilles am 1. September 1870 gefallen; Generalarzt J. N. von Nußbaum (siehe dort!), der ihn im Feldspital behandelte, sagte: „Noch nie habe ich einen Soldaten schöner sterben gesehen als Hofmann."

BL: 1896, 117 (mit B); Bo: 3, 8.

Hofmann Josef, Dr. med., 1815(Würzburg)—1874, Arzt und Universitätsprofessor; er studierte in München, Würzburg, Heidelberg, Berlin und nochmals in München; seit 1841 Privatdozent und seit 1853 o. Professor der Medizin; seine Tätigkeit als Lehrer und Schriftsteller wandte sich anfangs der Geburtshilfe und Gynäkologie, später der Gerichtsmedizin zu; er gründete eine geburtshilfliche Poliklinik in München nach dem Vorbild der Berliner; seit 1854 lehrte H., zum Gerichtsarzt ernannt, Staatsarzneikunde; sein Wirken wurde durch ein langwieriges Rückenmarkleiden (mit allmählicher Lähmung) gehemmt; HHww: Die physische Erziehung des weiblichen Geschlechts in den Jahren der Pubertät; Gerichtsärztlich-anthropologische Bemerkungen zum Entwurf des neuen Strafgesetzbuches für Bayern; Die gerichtsärztliche Sprache. 52 M l 212

BLÄ: 3, 118; Bo: 2, 6; Chronik der Universität München, 1873/74, 8.

Abel Karl August, von, Ritter, 1788(Wetzlar)—1859, bayerischer Innenminister und Staatsrat; nach Studien in Gießen trat A. 1809 in den bayerischen Staatsdienst (Praktikant am Landgericht Dillingen, Sekretär bei der Hofkommission zur Vollziehung des Pariser Staatsvertrags mit Württemberg, Assessor bei der Regierung des Isarkreises, Stadtkommissär in Bamberg, Regierungsrat bei der Regierung des Isarkreises, Ministerialrat im Innenministerium waren die wichtigsten Stufen seiner Laufbahn); 1832/34 war A. als Substitut des Regentschaftsrats in Griechenland, wo er zusammen mit G. L. von Maurer (siehe dort!) für liberale Institutionen wirkte, seit 1838 war A. Innenminister; von Liberalen und Protestanten bekämpft, verlor er 1846 das neugebildete Kultusministerium und 1847 das Innenministerium, als er der Lola Montez das Bürgerrecht verweigerte und sein Memorandum in die Presse 53 M l 222 Tafel fehlt kam; er wurde dann Haupt der katholischen Opposition, kehrte aber 1848 zum abgedankten König wieder zurück und beriet den jungen König Max II.; ursprünglich Protestant, wurde er durch Philipps und seine zweite Gattin Friederike von Rienecker katholischer Aktivist; Ludwigs I. „erster Staatsmann" (vom König selbst so genannt) verteidigte dessen Klosterneugründungen, erneuerte die katholische Tradition des Kurfürsten Max I. anläßlich der Kölner Wirren mit Spitze gegen Preußen, er war aber extrem in der Behinderung der evangelischen Gemeindebildung, der Konvertitenbegünstigung und der Überbetonung der monarchischen Autorität; dabei führte er trotzdem eine straffe Herrschaft über die Kirche; hinter seinen reaktionären Maßnahmen stand im Grunde Ludwig I. selbst („In Bayern regiert nicht der Minister, sondern der König", Ludwig I.).

ADB: 1, 14; BL: 1932, 690; Doe: 125; LThK: 1, 14; NDB: 1, 9; Schä: Nr. 1; Schr: 302, 305, 308 und 331; St: 442; Wo: 273; Anonymus, A. und Wallerstein, 1840; M. Strodl, Kirche und Staat in Bayern unter dem Minister A. und seinem Nachfolger, 1849; Klerusblatt 1928; H. Gollwitzer, Carl August von A. und seine Politik 1837–1847, Dissertation, München 1944 (ungedruckt); H. Rall, König Max II. und die katholische Kirche; in: Historisches Jahrbuch, 74. Bd., 1955, 739.

54 M l 233 (*)*Häberl* Simon, Dr. med., von, Ritter, 1772 (München)–1831, Obermedizinalrat und erster Direktor des Krankenhauses links der Isar in München; nach einem eingehenden Studium in Ingolstadt habilitierte er sich und gewann bald in München eine ausgedehnte Praxis, die ihn über die Grenzen seiner Heimat hinausführte; H. führte in Bayern das Institut der Physikate, die Obermedizinalschule und das Landesmedizinalkomitee in Bayern, die Zentral-Veterinärschule und die Pokkenschutzimpfung ein; auch der Entwurf zum Organischen Edikt über die Einrichtung des Gesundheitswesens (1808) stammt von ihm; H. war auch mit M. Jacobi der Herausgeber der „Jahrbücher des Sanitätswesens im Königreich Baiern"; nach Montgelas' Rücktritt erlosch auch Hs. Karriere, und er widmete sich „um so eifriger seiner ärztlichen Praxis".

ADB: 10, 269; BL: 1899, 544, 1933, 618; BLÄ: 3, 8; NND: 9, 302; Schä: Nr. 95; J. B. von Wenzl, Umriß des Lebens und der letzten Krankheitsgeschichte des Dr. Simon von H., 1833.

**Döllinger* Johannes Josef *Ignaz,* Dr. theol., von, 1799(Bam- 55
berg)—1890, katholischer Theologe, Historiker und Univer- M l 241/242
sitätsprofessor; er studierte in Würzburg und Bamberg Philosophie und Theologie, wurde 1822 Priester und nach kurzer Verwendung in der Seelsorge 1823 Professor der Kirchengeschichte und des Kirchenrechts am Lyzeum in Aschaffenburg und 1826 Universitätsprofessor in München; als Hauptvertreter der katholischen Restauration um J. J. von Goerres (siehe dort!) und F. von Baader (siehe dort!) trat er bald zu verwandten Strömungen in Westeuropa in Beziehung; neben seinen wissenschaftlichen Arbeiten widmete er sich dem publizistischen Kampf, so mit Goerres für Erzbischof Droste zu Vischering beim „Kölner Ereignis" 1838, als Mitgründer der historisch-politischen Blätter 1838 und als Landtagsabgeordneter und Mitglied des Frankfurter Parlaments; 1847/50 trat er unter persönlichen Verlusten (Amtsenthebung 1847) für die kirchliche Freiheit ein und spielte eine wesentliche Rolle bei der Würzburger Bischofsversammlung 1848 (Idee einer romtreuen Nationalkirche), bei der 3. und 4. Generalversammlung des „Katholischen Vereins" (1849/50) und der Gründung des Bonifatiusvereins 1849; nach Arbeiten aus der Kirchengeschichte (u. a. anfechtbare über die Reformation) kehrte D. wieder zur Kirchenpolitik zurück (2 Vorträge 1861 in München über die Zukunft des Kirchenstaats zogen ihm bei der Kurie, den Jesuiten und im Mainzer Erneuerungskreis Gegner zu); Überbetonung des Werdens auch in der Kirchengeschichte und seine staatskirchliche Bewertung des Syllabus 1864 führten zu Spannungen und Verdächtigungen; die unterbliebene Berufung zum 1. Vatikanischen Konzil wurde ihm letzter Anstoß, dieses als „Janus" und „Quirinus" anzugreifen; das Unfehlbarkeits-Dogma lehnte D. zugunsten letzter Entscheidungskraft der allgemeinen Kirchenversammlungen ab; die nur zögernd 1871 verhängte Exkommunikation beugte ihn nicht, doch schloß er sich nicht der mit seinem Zutun entstandenen altkatholischen Kirche an, verzichtete auf Vorlesungen und kirchliche Funktionen und verharrte trotz mancher polemischer Reden als Rektor der Münchener Universität (1872) und Präsident der BAkdW (seit 1873) in grundsätzlicher, doch begrenzter Bereitschaft zur Rückkehr; D. war kein unpriesterlich kalter Verstandesmensch, er wurde nicht das Opfer personeller Verhältnisse in Rom und München, sondern der eige-

nen wissenschaftlichen Überzeugung, die ihn im Bann des alten Konziliarismus festhielt und in verderbliche Nähe des Historismus brachte; HHw: Die Reformation (3 Bde.), Christentum und Kirche, Kirche und Kirchen, Papsttum und Kirchenstaat, Die Papstfabeln des Mittelalters, Beiträge zur politischen, kirchlichen und Culturgeschichte der 6 letzten Jahrhunderte (3 Bde.), Geschichte der Moralstreitigkeiten in der römisch-katholischen Kirche seit dem 16. Jahrhundert (2 Bde.).

ADB: 48, 1; Al: 18; BL: 1926, 633 (mit B); Doe: 545; GG: 97; LthK: 3, 475; NDB: 4, 21; Schr: 128 und 267; Wo: 430 und 478 (mit B); J. Friedrich, I. von D., 3 Bde., 1899/1901; Revue internationale de théologie, 17. Jg., 1910; F. Vigener, Drei Gestalten aus dem modernen Katholizismus, 1926, 100; Die Religion in Geschichte und Gegenwart, 2. Bd., 1927, 217; Historische Zeitschrift, 138. Bd., 1928; A. Reichhardt, Dissertation, Erlangen 1953; St. Lösch, D. und Frankreich, 1955; F. X. Kraus, Tagebücher, 1957, 797 (Register).

56
M l 249 (*)*Stieler* Josef Karl, 1781(Mainz)—1858, Porträtmaler, Hofmaler und Ehrenmitglied der Kunstakademie; schon in frühester Jugend beschäftigte er sich mit der Miniaturmalerei, lernte 1798 in Würzburg die Ölmalerei und bezog 1800 die Wiener Akademie; auf einer Studienreise nach Polen (1805) malte er in Warschau und Krakau Porträts, 1806 vervollkommnete er seine Kunst in Paris bei Gerard; 1808 bezog St. Frankfurt; nach einem längeren Studienaufenthalt wurde er 1812 nach München berufen, wo er dauernd als Porträtmaler der Fürsten und der Hautevolee wirkte; zusammen mit F. von Gaertner (siehe dort!), P. von Hess (siehe dort!), A. Albrecht (siehe dort!) und Domenico Quaglio begründete St. 1824 den „Münchener Kunstverein"; im Auftrag König Ludwigs I. schuf er 1827/47 die Münchner Schönheitsgalerie mit Mädchen und Frauen aus allen Ständen; auch die Porträts von Goethe und Schiller stammen von St., dem bedeutendsten Münchner Porträtisten des 19. Jahrhunderts.

ADB: 36, 189; AM: 158; BL: 1932, 138; Schr: 146; TB: 32, 42; UH: 179; Wo: 122 (BB aus der Schönheitsgalerie: 127—130); W. Zils, Geistiges und Künstlerisches München in Selbstbiographien, 1913, 352 (*Eugen* Stieler!); W. J. Bekh, Maler in München, 1964, 111.

Mayer Anton, 1818(München)—1877, Historiker, Dombenefiziat und II. Registrator der erzbischöflichen Kurie in München; sein Vater zählte zu den Aufhebungskommissären der Säkularisation; nach seinen philosophisch-theologischen Studien in München (bei J. A. Moehler und H. Klee — siehe dort!) wurde M. Priester und zunächst in der Seelsorge (Hohenkammer, Allgemeines Krankenhaus und Hl. Geist in München) verwendet; als Dombenefiziat befaßte er sich eingehend mit der Geschichte Münchens und des Erzbistums München und Freising; er war ein Freund des Grafen von Pocci, des Kunsthistorikers J. Sighart (siehe dort!) und des F. Trautmann (siehe dort!); HHww: Die Domkirche zu Unserer Lieben Frau in München, Statistische Beschreibung der Erzdiözese München-Freising (bis II. Bd., 7. Lieferung, fortgesetzt in 3 Bde. von G. Westermayer); Ms. Statistische Beschreibung ist heute noch ein wichtiges Nachschlagewerk über die Geschichte der Pfarreien des Erzbistums München und Freising. 57 M l 269

Jahresbericht des historischen Vereines von Oberbayern, 1876/77, 149.

Westermayer Anton, Dr. theol., 1816 (Deggendorf Ndb.)—1894, Stadtpfarrer und päpstlicher Hausprälat; 1840 zum Priester geweiht, schrieb W. schon als Domprediger von Regensburg historische Arbeiten (Die Reformation und ihre Einführung in Regensburg); 1849 wurde der Günstling I. von Döllingers (siehe dort!), vom König gefördert, in den bayerischen Landtag gewählt; seit 1850 Prediger bei St. Peter und seit 1853 Hofprediger bei St. Michael, wurde W. schließlich 1860 Stadtpfarrer bei St. Peter in München; mitten in der kirchenpolitischen Bewegung wurde er 1874 Mitglied des deutschen Reichstags (bis 1884); W. stand seit Beginn der sechziger Jahre im scharfen Kampf gegen den Liberalismus und Fortschritt; als man ihm vorwarf, er habe gesagt, den Fortschritt soll der Teufel holen, verteidigte er sich mit der Behauptung, er habe den Fortschritt, „den ohne Gott", gemeint; wegen seines Mutterwitzes war er ein beliebter Volksredner, scharf in der Polemik und streng kirchlich; seine Schriften (Bauernpredigten, die auch Stadtleute brauchen können, Passionspredigten [8 Bde.], Das Kirchenjahr [3 Bde.], Katholisch oder protestantisch?, Das Papsttum in den ersten 500 Jahren, Döllingers Stellung zur katholischen Kirche) waren für 58 M l 275 ihre Zeit bedeutend, haben aber nur geringen wissenschaftlichen Wert; W. war eine populäre Erscheinung Münchens, der u. a. auch mit J. N. von Nußbaum (siehe dort!) befreundet war.

Kirchliches Handlexikon, 2. Bd., 1912, 2699; LThK (1938): 10, 842; E. Geiß, Geschichte der Stadtpfarrei St. Peter in München, 1868, 163; J. M. Forster, Das gottselige München, 1894, 506; L. Roll, Festschrift zum 50jährigen Bestehen der Schwanthalerschule, 1923, 36 (mit B).

59 M l 275 *Geiss* Johann Franz Ernest, 1810(Haßlberg, Gemeinde Ruhpolding)—1875, Historiker, Benefiziat und Königlicher Geistlicher Rat; G. studierte in München und Freising, wurde 1835 Priester und wirkte in München als Seelsorger, im Cholera-Jahr 1837 hat er sich nachweislich mit aller Hingebung und unermüdetem Eifer seinem Beruf gewidmet; schon von Beginn seiner beruflichen Laufbahn befaßte er sich mit historischen Forschungen, er hat viele Schriften hinterlassen, die zum Großteil im „Oberbayerisches Archiv" erschienen sind; der Historische Verein von Oberbayern verwahrt unter dem Bestand „Geißiana" seinen gesamten Materialien-Nachlaß; HHww: Geschichte der Pfarrei Trostberg, Regesten ungedruckter Urkunden zur bayerischen Orts-, Familien- und Landesgeschichte, Geschichte des Klosters Frauenchiemsee, Beiträge zur Geschichte der westphälischen Gerichte in Bayern, Geschichte des Klosters Höglwörth, Die Reihenfolge der Pfarrer und Ortsvorstände Münchens, Die Reihenfolge der Gerichts- und Verwaltungsbeamten Altbayerns nach ihrem urkundlichen Vorkommen vom XIII. Jahrhundert bis zum Jahr 1803, Geschichte der Stadtpfarrei St. Peter in München; Gs. Reihenfolgen werden auch heute noch, wenn auch mit gewissen Vorbehalten, herangezogen.

Jahresbericht des historischen Vereins von und für Oberbayern, 1873/75, 189.

60 M l 275 *Bucher* Anton, 1746(München)—1817, Pädagoge und katholischer Pfarrer; nach Studium der Theologie zu Ingolstadt und Verwendung in der Seelsorge (ab 1768) wurde B., ein Freund L. von Westenrieders (siehe dort!), 1774 Mitglied der Kommission zur Reform des Volksschulwesens unter Heinrich Braun, auch Mitglied der BAkdW und Rektor des alten (Wil-

helms-)Gymnasiums in München; wegen seiner aufgeklärten Propaganda mit anderen kirchlichen Kreisen in Widerspruch, wurde B. nach seiner Amtsniederlegung Pfarrer in Engelbrechtsmünster (bei Pfaffenhofen a. d. Ilm), seit 1813 war er Benefiziat bei St. Peter, München; B. war ein Satiriker (vor allem gegen die Jesuiten eingestellt), von Jean Paul in der Vorrede zur Geschichte der Ästhetik wegen seines Witzes gerühmt; die Handschriftensammlung der Bayerischen Staatsbibliothek verwahrt in den „Nageliana" 12 Briefe Bs. an Nagel, ein Passionslied u. a., ferner (Cod. germ. 3655) Satiren Bs., die Bayerische AkdW besitzt die Handschrift der Antwort Bs. auf die Preisfrage: Warum hat Deutschland noch kein Nationaltheater? HHww: Eine Kinderlehre auf dem Lande, Ein freies Pferderennen und hernach Souper und Ball, Deliberierbüchlein oder geistlich Such verloren, Die Jesuiten in Bayern vor, in und nach ihrer Aufhebung, Die Verlassenschaft des Pfarrers Tröstergott oder Stirbt der Fuchs, so gilts den Balg.

ADB: 3, 476; GG: 41; J. Hormayr, Taschenbuch, 1831, 348; NDB: 2, 700; Altbayerische Monatsschrift, Bd. 14, 1917, 37; H. Klüglein, Dissertation, München 1922.

**Kaulbach* Wilhelm, von, 1805(Arolsen/Hessen-Nassau)— 61
1878, Historienmaler und Akademieprofessor; dieser Schüler M I 280
von Cornelius steht seinem Meister inhaltlich (symbolistische Programmalerei) und K. von Piloty (siehe dort!) koloristisch nach; manchmal ist K. unselbständig (Illustrationen zu Reineke Fuchs) und mit verletzender Ironie (ehemalige Fresken der Alten Pinakothek in München: Peter Arbues); seit 1849 war er Vorstand der Münchner Akademie; HHww: in München: Apollo unter den Musen (im ehemaligen Odeon), Amor und Psyche (im ehemaligen Herzog-Max-Palais), Zyklen zu Klopstock, Wieland, Goethe (Residenz), Außenfresken der ehemaligen Neuen Pinakothek (Entwicklung der neueren Kunst), Zerstörung Jerusalems (Ölgemälde in der Bayerischen Staatsgemäldesammlung), Seeschlacht bei Salamis (Maximilianeum, Karton in Berlin, Skizze in Stuttgart); in Berlin: Fresken im Treppenhaus des Neuen Museums, Turmbau zu Babel, Blüte Griechenlands, Zerstörung Jerusalems, Hunnenschlacht, Kreuzzüge, Reformation, viele Einzelgestalten, Tierfries; in Nürnberg: Otto III. an der Leiche Karls des Großen (Germanisches Museum); von ihm stammen auch

Illustrationen zu verschiedenen Dichtern (namentlich Goethe) und zu einem Totentanz (frivol!); K. ist einer der bedeutendsten Historienmaler des 19. Jahrhunderts.

ADB: 15, 478; AM: 48; BL: 1922, 4; Ra: Nr. 326; Schr: 283, 286, 355, 361, 385 und 418; TB: 20, 23; UH: 144; Wo: 401 (B: 233); J. Dürck-Kaulbach, Erinnerungen an Wilhelm von Kaulbach und sein Haus, 1918.

62 M l 280 (*)*Kaulbach* Hermann, von, 1846(München)—1909, Genremaler und Akademieprofessor; Sohn von Wilhelm von K. (siehe dort!) und Schüler von K. von Piloty (siehe dort!) ist Hermann von K. Schöpfer lieblicher romantischer Genrebilder; HHww: Mozarts letzte Tage, Krönung der hl. Elisabeth durch Kaiser Friedrich II., An der Grabstätte des Freundes, Unsterblichkeit, Das Ende vom Lied, Deine Seele wird ein Schmerz durchdringen; seine vielen Kindergenres (Hänsel und Gretel, Bilder aus dem Kinderleben, Güll-Illustrationen [siehe dort!]) sind inhaltlich und koloristisch reizvoll.

BJDN: 14, 200; Bo: 3, 10; TB: 20, 22; J. Dürck-Kaulbach, Erinnerungen an Wilhelm von Kaulbach und sein Haus, 1918; Das Kaulbach-Güll-Bilderbuch, 1910 (Neuausgabe als Kinderheimat", 1943).

63 M l 286 **Buhl* Ludwig, Dr. med. von, 1816(München)—1880, Physiologe und Universitätsprofessor; nach Studien in München, Wien und Paris habilitierte sich B. 1847 und wurde dann Professor der physikalischen Diagnostik, pathologischen Anatomie und Mikroskopie; zum Zweck diagnostischer Untersuchungen war B. die innere Abteilung des Allgemeinen Krankenhauses in München überlassen worden; seit 1875 war er Leiter des Pathologischen Instituts; HHww: Lungenentzündung, Tuberkulose und Schwindsucht, viele Abhandlungen über Typhus, Cholera, Leberkrankheiten und Kindbettfieber, Klinik der Geburtskunde (zusammen mit Hecker), Mitteilungen aus dem Pathologischen Institut München; mit seiner Schrift „Über die Aetiologie des Typhus" machte er auf den Zusammenhang zwischen Epidemien und den Münchener Grundwasserverhältnissen aufmerksam; B. gilt als Entdecker des konstanten Vorkommens des Pilzes in der Diphtherie und

hat zum erstenmal auf den sogenannten Milzbrand beim Menschen aufmerksam gemacht.

BL: 1899, 544; BLÄ: 1, 763; Brockhaus (1882): 3, 701; NDB: 3, 11.

Moehler Johann Adam, Dr. theol., 1796(Igersheim bei Bad 64
Mergentheim)—1838, katholischer Theologe und Universitäts- M I 288
professor; er studierte in Tübingen, wo er nach seiner Priesterweihe Privatdozent und später Professor wurde, seit 1835 war er Professor der Kirchengeschichte in München, kurz vor seinem Tod wurde er zum Domdekan von Würzburg ernannt; M. war anfangs ein etwas moderner Reformer, jedoch nicht Rationalist, ihm ging es vor allem um die Versöhnung der beiden christlichen Bekenntnisse, ohne dabei den kirchlichen Standpunkt zu verlassen; HHww: Athanasius der Große und die Kirche seiner Zeit, Symbol oder Darstellung der dogmatischen Gegensätze der Katholiken und Protestanten nach ihren öffentlichen Bekenntnisschriften (Symbolik); M. war „Theologe von überdurchschnittlichem Format, seine Symbolik, die durch den Tod nie ausgeschöpften spekulativen Fähigkeiten ihres Meisters immer neu beweisend und den Ehrentitel eines Defensor Fidei zu Recht verleihend" (S. von Pölnitz).

ADB: 22, 59; Kirchliches Handlexikon, 2. Bd., 997; LThK: 7, 529; Historisch-politische Blätter, 1. Jg., 1838; Anonym, Möhlers Grab und der Dombau zu Köln, 1843; B. Wörner, 1866; A. Knöpfler, 1896; A. Fonck, M. et l'Ecole catholique de Tubingue, 1926; St. Lösch, 1. Bd., 1928; K. Eschweiler, 1930; J. R. Geiselmann, 1930, 39; Theologische Quartalschrift, 1931; H. Königer, 1934; S. Merkle, 1939; J. R. Geiselmann, 1940, 1942, 1943, 1946, 1955, 1960 und 1961; B. D. Dupuy, Schisme et primauté chez J. A. Moehler, 1960, 197.

Brulliot Franz, 1780(Düsseldorf)—1836, Kunstschriftsteller 65
und Konservator der Münchner Kupferstichsammlung; Sohn M I 290
des nachmaligen Galerieinspektors Josef B., studierte er zunächst in seiner Heimat Düsseldorf, dann in München bei J. P. Langer an der Kunstakademie, bis er sich 1808 ausschließlich der Kupferstichkunde zuwendete, als Angestellter der Münchner Kupferstichsammlung (seit 1822 Konservator) mußte er wiederholt Deutschland, Frankreich, Holland und Italien bereisen; durch eine neue zweckmäßige Ordnung nach

Schulen und Malern, Inventarisation, Erstellung eines Realkataloges (nach A. Bartsch) und Neuerwerb von 100 000 Kupferstichen hat B. sich um diese Sammlung sehr verdient gemacht, seinen gesamten Nachlaß verschenkte sein Sohn an G. K. Nagler (siehe dort!); HHww: Dictionnaire des monogrammes, 2 Bde., Table générale des monogrammes, 3 Hefte, Catalogue raisonné des estampes du cabinet de feu M. d'Aretin, 2 Bde.; seine Monogramm-Verzeichnisse sind ein wichtiges Nachschlagewerk für den Kunstgeschichtler.

ADB: 3, 419; BL: 1898, 406; GM: 4; Na: 2, 212; NDB: 2, 668; NND: 14, 715; TB: 5, 117.

66
M l 312
Martius Karl Friedrich Philipp, Dr., von, 1794(Erlangen)—1868, Botaniker und Universitätsprofessor; M. studierte an seinem Geburtsort Medizin und beteiligte sich 1817—1820 an einer von der österreichischen und bayerischen Regierung veranstalteten Reise nach Brasilien, einer der ergebnisreichsten Expeditionen des 19. Jahrhunderts; 1826 erhielt er die Professur für Botanik in München, seit 1832 war er Direktor des Botanischen Gartens und auch Mitglied der BAkdW; HHww: Nova genera et species plantarum etc. (3 Bde.), Historia naturalis Palmarum etc., Flora brasiliensis, seu enumeratio plantarum in Brasilia provenientium; M., dessen Namen nicht nur Pflanzen und Tiere, sondern auch ein Berg — Mount Martius in Neuseeland — führen, hat dazu beigetragen, daß die beschreibende Botanik noch heute ein lebensfähiges Glied im Kreise der botanischen Disziplinen ist; Gedenktafel an Haus Karlstr. 6 1968 von den Brasilianern gestiftet.

ADB: 20, 517; BL: 1899, 596 (mit B), 1905, 498 (mit B), 1908, 192, 1926, 640 (mit B), 1932, 139; GG: 80; GM: 66; Ra: Nr. 414; Schr: 262, 265, 359 und 414; Wo: 232 und 351; L. Schrott, Bayerische Weltfahrer, 1964, 182 (mit B).

67
M l 324
eingeebnet
Klee Heinrich, Dr. theol., 1800(Münstermaifeld bei Koblenz)—1840, katholischer Theologe und Universitätsprofessor; er studierte in Mainz, wo er auch nach seiner Priesterweihe als Professor der Exegese und Kirchengeschichte (seit 1824) und der Philosophie (seit 1825) wirkte, 1829 war er Professor der Dogmatik und Exegese in Bonn, 1839 wurde er als Nachfolger J. A. Moehlers (siehe dort!) nach München berufen; K. war ein fruchtbarer Gelehrter, dabei ein scharfer Gegner

des Hermesianismus (Georg Hermes gründete den Offenbarungsglauben nicht auf die Autorität Gottes, sondern, von Kant beeinflußt, auf das Postulat der praktischen Vernunft, die Menschenwürde rein zu verwirklichen); „K. gehörte zu den Männern, welche für ihr Zeitalter wahre Stützen und Leuchten katholischer Wissenschaftlichkeit waren und die Zuversicht auf die Möglichkeit und Vereinbarkeit einer glaubensinnigen Katholizität und Kirchlichkeit mit wissenschaftlicher Tiefe beleben und stärken halfen" (Werner); HHww: De chiliasmo primorum saeculorum, Die Beichte, Kommentare zum Johannes-Evangelium und zu Paulusbriefen; System der kath. Dogmatik, Enzyklopädie der Theologie, Die Ehe, Lehrbuch der Dogmengeschichte, 2 Bde., Grundriß der kath. Moral.

ADB: 16, 69; BL: 1898, 406; The Catholic Encyclopedia, Vol. 8, 1910; Dictionnaire de Théologie Catholique, T. 8, 2., 1925; Kirchliches Handlexikon, 2. Bd., 396; LThK: 6, 324; St. Lösch, J. A. Moehler, 1. Bd., 1926; L. Lenhardt, Die erste Mainzer Theologenschule des 19. Jahrhunderts, Dissertation, Mainz 1959, 82.

**Hauber* Johann Michael, 1778(Irsee/Schwaben)—1843, katholischer Theologe und Hofkapelldirektor; nach seinen Studien zu Freising und Verwendung in der Seelsorge in der Au bei München war H. seit 1819 Hofkaplan, später Hofprediger, seit 1843 war er Stiftspropst bei St. Kajetan und Hofkapelldirektor; H. ist bekannt als Verfasser zahlreicher Erbauungsschriften, die von anderen Herausgebern später vielfach als Quelle benützt wurden, und als namhafter Musikkenner; er unterstützte die Bestrebung K. Etts (siehe dort!) zur Wiederbelebung der klassischen Vokalpolyphonie in der Kirchenmusik und sammelte einen ansehnlichen Schatz historischer Musikhandschriften; auch an der Einführung der Barmherzigen Schwestern in München und Bayern, deren erster Superior er wurde, war H. beteiligt; HHww: Kleines Gebetbuch für Katholische Christen, Vollständiges Gebetbuch, Vollständiges Lexikon für Prediger und Katecheten, 5 Bde., Der musikalische Jugendfreund.

68
M l 341
eingeebnet

ADB: 11, 37; BL: 1932, 407; Bo: 4, 13; LThK: 5, 29; Schr: 281 und 304; Schematismus von München und Freising, 1844; J. Koegel, Geschichte der St.-Kajetans-Hofkirche, 1899, 252; O. Ursprung, Restauration und Palestrina-Renaissance 1924, 25; O. Ursprung, Münchens Musikalische Vergangenheit, 1927, 241; E. K.

Scherer, Schwester Ignatia Jorth und die Einführung der Barmherzigen Schwestern in Bayern, 1932, 236.

69 M l 356 *Gedon* Lorenz, 1843(München)—1883, Bildhauer; Sohn eines Tändlers, war G. Schüler der Bildhauer J. O. Entres und M. Widnmann (siehe dort!) und wirkte dann in der Kunst der Neu-Renaissance; HHww: Pokal für den Akademischen Gesangverein, Figuren zu den Öfen im neuen Münchner Rathaus, viele Grabdenkmäler im Südlichen Friedhof (u. a. von Familie von Kaulbach), Fassaden der Schack-Galerie und des Hauses des Münchner Kunstvereins; Gs. Kunstschöpfungen werden auch heute noch als geschmackvoll geschätzt.

ADB: 49, 258; TB: 13, 319; Wo: 451 und 469.

70 M l Sp. 2/21 *Seidl*+ Gabriel, Dr. Ing., von, 1849(München)—1913, Baumeister und Akademieprofessor; S. stammt aus einer kunstfördernden Münchner Bäckerfamilie; nach Besuch der Latein- und Gewerbeschule, des Polytechnikums und der Technischen Hochschule in München (Schüler von Gottfried Neureuther) praktizierte er zunächst in der Maffeischen Maschinenfabrik; er nahm am Feldzug 1870/71 teil und betätigte sich dann hauptsächlich im Privatbau, wobei er auf die Innendekoration großen Wert legte; seine Werke sind im Stil der Neu-Romanik und der Neu-Renaissance; HHww: St.-Anna- und St.-Rupert-Pfarrkirchen, Bayerisches Nationalmuseum mit Landesamt für Denkmalspflege und Neuer Sammlung, Lenbach-Villa, Künstlerhaus, Palais Schrenck-Notzing, Ruffini-Haus; als Baumeister hat S. „um die Jahrhundertwende die Hegemonie in Händen gehabt" (S. von Pölnitz); (sein Bruder Emanuel von S., auch Baumeister, Schöpfer des Deutschen Museums, liegt im Münchner Waldfriedhof bestattet).

Al: 73; BL: 1912/13, 538 (mit B), 1913/14, 660, 1933, 231; TB: 30, 458; Trautm: 5, 69 (mit B); WI: 1574; Ze: 309; Wippermanns deutscher Geschichtskalender, 1913, 1. Bd., 299; Wo: 506; Altbayerische Monatsschrift, 12. Jg., 96; O. Doering, Zwei Münchener Baukünstler, 1924; A. Fingerle, München — Heimat und Weltstadt, 1965, 130; A. Alckens, Münchner Forscher und Erfinder des 19. Jahrhunderts, 1965, 159 und 181; H. Bößl, G. v. S.: in: Oberbayerisches Archiv, Bd. 88, 1966.

Wismayr Josef, 1767 (Freising)—1858, katholischer Geistlicher, Oberstudien- und Kirchenrat; W., ein Freund und Mitarbeiter L. Hübners (siehe dort!), wurde nach theologischen Studien in Freising und literarisch-pädagogischer Tätigkeit in Salzburg 1803 von Montgelas als General-Schulen- und Studiendirektoratsrat nach München berufen; sein Schulplan vom 28. VIII. 1804 ist ein Produkt josephinischer Aufklärung und stellt den Versuch dar, die alte Lateinschule mit der neuen Realschulgattung zu einer Einheitsschule zu verschmelzen, die auf drei Triennialkursen (Realschule, Gymnasium und Lyzeum) aufgebaut war; der Plan hatte Reformgedanken, die uns sehr modern anmuten; HHww: Grundsätze der deutschen Sprache, zwei Teile (wurde in den Schulen Bayerns und der Pfalz eingeführt), Kleine deutsche Sprachlehre für öffentliche Vorbereitungsschulen und den Privatunterricht, Blüten und Früchte, 2 Bde., Fragen und Antworten mit Gründen und Gegengründen, Lesefrüchte, Geschichtliche Merkwürdigkeiten. 71 M I Sp. 2/23 eingeebnet

Bo: 4, 35; Doe (II): 420; HJ: 86; Wu: 56, 127; O. Steinerl, J. Ws. Erziehungsplan, 1888; K. A. Schmid, Die Geschichte der Erziehung, 5. Bd., 1. T., 1901, 288; H. Held, Altbayerische Volkserziehung und Volksschule, 1. Bd., 1926, 234.

Alte Arkaden

**Ertel* Traugott Leberecht, von, 1778 (Oberforchheim bei Freiberg in Sachsen)—1858, Mechaniker und Techniker; E., in Wien und Budapest vielseitig geschult, ließ sich 1804 als Instrumentenmacher in Wien nieder, trat nach Fortbildung in Budapest 1806 in die Werkstätte von Reichenbach (siehe dort!), Utzschneider (siehe dort!) und Liebherr (siehe dort!) ein und wurde dort bald die erste Kraft; seiner Geschicklichkeit und Tätigkeit wegen nahm ihn Reichenbach nach Ausscheiden Liebherrs und Utzschneiders 1815 als Teilhaber in sein Institut auf, das E. 1821 völlig übernahm; unter ihm erfuhr das nach ihm später benannte Institut einen bedeutenden Aufschwung, so daß es immer mehr erweitert werden mußte; Es. Instrumente wurden z. B. an der Sternwarte Sydney, für Bessels ostpreußische Gradmessung und bei den 72 A A 2

Triangulationen des amerikanischen Coast and Geodetic Survey verwendet; die Triangulierung in Bayern wurde mit Es. Repetitionstheodoliten ausgeführt, ebenso später in Baden, Württemberg, Spanien und Italien; als E. „starb, beschäftigte er an die 100 Arbeiter und hinterließ eine in der Welt führende Firma".

ADB: 6, 331; AM: 27; HJ: 72 und 181; Schr: 242; St: 372; (UH): 118; Von Reichenbachs Werkstatt zum Ertel-Werk für Feinmechanik 1802–1862, 1962; A. Alckens, Münchner Forscher und Erfinder des 19. Jahrhunderts, 1965, 59, 60, 78 und 170.

73 (*)*Eichthal* Simon Aron, später Leonhard, von, Freiherr, 1787
A A 2–5 (Leimen bei Heidelberg)–1854, königlich bayerischer Hofbankier, Kämmerer und königlich griechischer Staatsrat; der jüngste Sohn des berühmten Hoffaktors und Hofagenten Aron Elias Seligmann (seit 1814 Freiherr von E.) trat 1816 mit seiner Frau Julie Mayer in St. Michael zu Berg am Laim (Stadtteil von München) zum Katholizismus über; als tüchtiger Finanzfachmann übernahm er die Leitung des väterlichen Bankhauses, wurde königlicher Hofbankier und war entscheidend an der Gründung der Bayerischen Hypotheken- und Wechselbank beteiligt, die König Ludwig I. am 18. VI. 1835 genehmigt hatte; die Errichtung erfolgte im wesentlichen nach den Prinzipien Es.; sie ist die älteste Aktien- und die größte Regionalbank Deutschlands; da E. auch an den Anleihen für Griechenland unter König Otto führend beteiligt war, wurde er Griechischer Staatsrat; für seine Verdienste als Hofbankier wurde er Ritter des Civil-Verdienstordens der Bayerischen Krone; zur Unterstützung seiner Nachkommen errichtete E. 1854 eine Familienstiftung mit einem Kapital von 200 000 fl.; beim Aussterben der Nachkommen fiel die eine Hälfte des Kapitals an das Münchner Waisenhaus, die andere an das Stadtkrankenhaus; die Stiftung fiel der Inflation zum Opfer; neben diesem bedeutenden Finanzfachmann liegen in dieser und in den angrenzenden Grüften andere Mitglieder dieser Familie.

HJ: 162; NDB: 4, 386; H. Schnee, Die Familie Seligmann-Eichthal als Hoffinanziers; in: Zeitschrift für bayerische Landesgeschichte, Bd. 25, H. 1, 1962, 163; A. Alckens, Münchner Forscher und Erfinder des 19. Jahrhunderts, 1965, 173.

Mannlich Johann Christian, von, 1740(Straßburg)—1822, Hofmaler und Generaldirektor der königlichen Galerien; er war zuerst Hofmaler der Herzöge von Pfalz-Zweibrücken und kam 1799 nach München; M. hatte seine entscheidenden künstlerischen Eindrücke in Paris, namentlich bei Boucher, empfangen und diese ohne hervorstechende persönliche Eigenart, aber handwerklich gediegen weiter kultiviert; in München kam er als ausübender Künstler fast gar nicht in Betracht, da ihn hier die oberste Leitung der staatlichen Gemäldesammlungen, die durch die Säkularisation der Klostergüter (1803) und die Überführung der Düsseldorfer Galerie (1806) ins Unübersehbare anschwollen, völlig in Beschlag nahm; Mußestunden scheint er vor allem graphischen Arbeiten, in der eben erfundenen Technik des Steindrucks, gewidmet zu haben; M. hat als Günstling Max Josephs außer der Gemäldegalerieverwaltung vorübergehend die ganze Kunstpolitik in seinen Händen gehalten; durch reiche Erfahrungen gebildet, voll warmer Anhänglichkeit an seinen Fürsten, im tiefsten aber doch skeptisch gegen Gunst und Ungunst des Hoflebens, trat M. in den Kreis der Münchner Künstler als eine Persönlichkeit, die geistig die reichste Anregung und Belehrung zu spenden hatte; sein Hauptverdienst liegt in der Organisation der heutigen Bayerischen Staatsgemäldesammlungen. Ms. Lebenserinnerungen (aus dem Französischen übersetzt von E. Stolreiter) sind eine anschauliche Quelle für die Napoleonische Zeit; Bronzefigur — liegende Frauengestalt — befindet sich jetzt im Hof des Münchner Stadtmuseums. 74 A A 10 Tafel fehlt

ADB: 20, 207; BL: 1910, 195 (mit B), 1932, 132 (mit B); Na: 9, 242; R. Oldenbourg, Münchner Malerei im neunzehnten Jahrhundert, I. Teil, 1922, 38; Schr: 37; TB: 24, 24; Wo: 38 (Lebenserinnerungen); Ze: 82 und 106; Kunstblatt, 1822, Nr. 42; A. Alckens, Münchner Forscher und Erfinder des 19. Jahrhunderts, 1965, 53.

Reichenbach Georg, von, 1772(Durlach/Baden)—1826, Salinenrat, Mechaniker und Optiker; R., in Mannheim aufgewachsen und seit 1796 in München, hat auf einer Studienreise in England Watts Dampfmaschine kennengelernt und dann im Münchner Zeughaus praktische Experimente gemacht, arbeitete zusammen mit J. Liebherr (siehe dort!), bis er sich dem Kreis um J. von Utzschneider (siehe dort!) anschloß, mit dem er das mechanisch-mathematische Institut 75 A A 11

1804 begründete; dann rief R. mit J. von Fraunhofer (siehe dort!) das Optische Institut 1809 und mit T. L. Ertel (siehe dort!) 1812 das Institut für mathematisch-astronomische Instrumente ins Leben; als königlicher Salinenrat hat R. Solenleitungen von Reichenhall nach Rosenheim und von Berchtesgaden nach Reichenhall eingerichtet; letztgenannte, 1817 vollendet, gilt als ein Meisterwerk der Mechanik in ganz Europa; andere Ww: Erfindung eines neuen Kreisteilungsprinzips, Wassersäulenmaschine in Ilsang, Wasserwerk für Trinkwasserversorgung in Augsburg, Stückbohrerei in Wien; seit 1813 war R. Mitglied der BAkdW, 1830 Direktor der Obersten Baubehörde; R., auch Erfinder der sogenannten gezogenen Geschütze, zählt zu den bedeutendsten Mechanikern und technischen Genies seiner Zeit.

ADB: 27, 656; BL: 1900, 388 (mit B), 1920/21, 299 (mit B); GG: 65; HJ: 17, 70 und 76; Ma: 220; Ra: Nr. 528; Schr: 133; St: 380; C. M. Bauernfeind, G. v. R. und seine Leistungen auf dem Gebiet der Mechanik und des Ingenieurwesens, 1883; W. Dyck, 1912; E. Kohler, G. v. R., 1933; A. Alckens, Münchner Forscher und Erfinder des 19. Jahrhunderts, 1965, 53 (mit BB); A. Fingerle, München — Heimat und Weltstadt, 1965, 59.

76
A A 12
**Fraunhofer*+ Josef, von, 1787(Straubing)—1826, Optiker, Professor, Konservator und technischer Erfinder; F. ist als 14jähriger Glasschleiferlehrling beim Einsturz eines Hauses an der Thiereckstraße 3 verunglückt; dadurch wurden J. von Utzschneider (siehe dort!), G. von Reichenbach (siehe dort!) und J. Liebherr (siehe dort!) auf das Talent des Knaben aufmerksam und F. trat in deren Institut ein; gemeinsam mit den beiden ersten gründete er 1809 ein eigenes Institut; die ersten Erfindungen dieses reinen Autodidakten waren ein Sphärometer, ein hochempfindlicher mechanischer Taster, die Herstellung völlig homogenen Flint- und Crownglases; nach Veröffentlichung der ersten genauen Bestimmung der von ihm entdeckten dunklen Linien im Sonnenspektrum (sogenannte Fraunhofersche Linien) in den Schriften der BAkdW konstruierte F. sein erstes großes Teleskop, dem die Erfindung des Heliometers zur Messung von Durchmesser und Entfernungen der Planeten folgte; kurz vor seinem frühen Tod (er starb an einem Brustleiden, das er sich vermutlich durch seine Arbeiten am Schmelzofen zugezogen hat) gelang ihm noch die

Konstruktion des für Dorpat bestimmten Riesendiopters von 9 Zoll Objektivöffnung und 160 Zoll Länge; 1823 wurde F. Mitglied der BAkdW, Professor und Konservator des Physikalischen Kabinetts; „Approximavit sidera" (= er hat die Gestirne nähergerückt) stand auf dem früheren Grabmal; F. gehörte zu den größten Optikern, sein Name hat internationalen Klang.

ADB: 7, 323; Al: 24; BL: 1899, 559 (mit B), 1932, 139, 1933, 233 (mit B), 1955, 217 (mit B), 1956, 68; GG: 76; W. Andreas–W. von Scholz, Die Großen Deutschen, 5. Bd., 1937, 232; HJ: 15 und 70; J. Hormayr, Taschenbuch, 1831, 1, 391; Ma: 80; NDB: 5, 382; NND: 4, 347; Schr: 132; Ze: 176; J. von Utzschneider, 1826; F. von Thiersch, 1852; L. Jörg, F. und seine Verdienste um die Optik, Dissertation, München 1859; Ph. von Jolly, 1865; S. Merz, 1865; Abhandlungen des Deutschen Museums, 1926; M. von Rohr, 1929; J. Zenneck, 1936; A. Fingerle, München – Heimat und Weltstadt, 1965, 30 und 59; A. Alckens, Münchner Forscher und Erfinder des 19. Jahrhunderts, 1965, 65 (mit BB).

Zu *Rhein* Maximilian Josef, von, Freiherr, Dr. jur., 1780 77
(Würzburg)–1832, bayerischer Justizminister; nach Studien A A 20
zu Mainz und Würzburg stand er anfangs im Dienst des Fürstbischofs von Würzburg, wurde großherzoglich-würzburgischer Geheimrat, bis er 1814 in bayerische Dienste übernommen wurde; er war 1817 Vizepräsident des Untermainkreises und 1826/32 Generalkommissär und Regierungspräsident dieses Kreises (heute: Unterfranken); Staatsminister der Justiz war Z. nur vom 1. Januar bis zum 21. Oktober 1832 (Todestag); „Sein bleibendes Verdienst als Justizminister aber ist es, daß er allzu weitgehende Forderungen königlicher Selbstherrlichkeit zurückwies und sich nicht darin gefiel, sie noch zu bestärken, wie es von anderen Ratgebern der Krone jener Zeit geübt wurde."; Ludwig I. nannte ihn den „treuen und redlichen Zu Rhein"; sein Sohn, Friedrich Freiherr von Zu Rhein – bestattet in Würzburg –, war nach Sturz der Regierung von Abel (siehe dort!) Ministerverweser des Staatsministeriums des Innern für Kirchen- und Schulangelegenheiten und des der Finanzen.

NND: 10, 733; Schä: Nr. 77; Die Kgl. Bayer. Staatsminister der Justiz, 1931, 229 (mit B).

78 A A 25 *Zentner*+ Georg Friedrich, von Freiherr, Dr. jur., 1752 (Straßenheim bei Heppenheim an der Bergstraße)—1835, bayerischer Justizminister und Universitätsprofessor; Z. entstammt einer angesehenen Bauernfamilie und studierte, von seinem älteren Bruder Franz, kurpfälzischem Regierungsrat in Mannheim, gefördert, in Mannheim am Jesuitenkolleg, in Heidelberg, Frankreich und Göttingen öffentliches Recht und Geschichte; er war dann kurze Zeit am Reichskammergericht tätig und wurde 1777 Professor des Staats- und Fürstenrechts sowie der Reichsgeschichte an der Universität Heidelberg; 1797 war Z. kurbayerischer Gesandter beim Rastatter Kongreß; dann wirkte er als Referendär im bayerischen Ministerialdepartement der geistlichen Gegenstände und im auswärtigen Departement; 1801 wurde Z. Mitglied der BAkdW, 1813 Vorstand des Studienwesens im Innenministerium, von 1823—1831 war Z. Staatsminister der Justiz; er war auch an der Ausarbeitung der bayerischen Verfassung von 1818 wesentlich beteiligt.

ADB: 57, 67; Doe: 108; GG: 53; J. Hormayr, Taschenbuch, 1831, 415; Ra: Nr. 723; Schä: Nr. 75; Schr: 67; Die Kgl. Bayer. Staatsminister der Justiz, 1931, 157; Dobmann, Dissertation, München 1962; A. Fingerle, München — Heimat und Weltstadt, 1965, 30.

79 A A 27 *Deutinger* Martin, Dr. theol., von, Ritter, 1789(Wartenberg bei Erding)—1854, katholischer Theologe, Historiker und Generalvikar; bei Errichtung des Erzbistums München und Freising kam D. nach Studien zu Freising und Landshut und Verwendung in der Seelsorge und beim Generalvikariat als der Jüngste ins Domkapitel; Ludwig I. ernannte ihn 1826 zum königlichen Oberkirchen- und Schulrat, Erzbischof Lothar Anselm 1836 zu seinem Generalvikar und Senior des Metropolitankapitels; 1837 wurde D. Mitglied des BAkdW, 1841 Dompropst, 1846 Direktor des Allgemeinen Geistlichen Rats und des Domkapitels; als Archivar war D. um die Rettung und Ordnung der Quellen zur Freisinger Geschichte, von denen er viele herausgab, verdient; 23 000 Bände Manuskripte und Bücher von ihm besitzt die Münchner Domkapitelbibliothek; in seiner amtlichen Tätigkeit nahm er zum Staatskirchentum Ludwigs I. eine vermittelnde Stellung ein; außeramtlich beschäftigte sich D. vor allem mit der Kirchengeschichte seiner Heimatdiözese und Altbayerns, er gab die älteren

Matrikel des Erzbistums München und Freising in 3 Bde. heraus und begründete eine Folge kirchengeschichtlicher Beiträge, die nach ihm „Deutinger-Beiträge“ genannt werden und heute noch mit Aufsätzen aus der Kirchengeschichte Altbayerns und Schwabens erscheinen; seine Forschungsergebnisse, Exzerpte und Entwürfe hat D. in einem eigenen stenographischen System, ohne von F. X. Gabelsberger beeinflußt gewesen zu sein, abgefaßt; diese an die tironischen erinnernden Zeichen machen das Studium seiner Handschriften ziemlich schwierig.

ADB: 5, 89; BL: 1898, 335; Doe: 139; Kirchliches Handlexikon, 1. Bd., 1907, 1081; LThK: 3, 264; NDB: (3, 623); Schä: Nr. 87; Schr: 300 und 307; E. Geiss; in: Jahresbericht des historischen Vereins von und für Oberbayern, 1855, 123; E. Zeller, Licht- und Lebensbilder des Clerus der Erzdiözese München-Freising, 1892; Altbayerische Monatsschrift, 3. Jg., 1901/02, 64; Sammelblatt des historischen Vereins Freising, 12. Jg., 1920, 139; B. H. Bastgen, Bayern und der Hl. Stuhl in der 1. Hälfte des 19. Jahrhunderts, 1940; P. Sieweck, L. A. von Gebsattel, 1955.

(*)*Streber* Franz Ignaz, von, 1758 (Reisbach a. d. Vils/Ndb.) 80
—1841, katholischer Theologe, Weihbischof und Numismatiker; St. war als Schüler wegen seiner ausnehmend guten Singstimme berühmt, 1774 wurde er Mitglied des Bartholomäer-Instituts zu Ingolstadt; 1780 bildete er sich unter Hofkapellmeister P. von Winter (siehe dort!) bei dem Sänger Anton Raff im Gesang aus, bei Winter, der eine auserlesene Münzsammlung besaß, erhielt er auch Anregung zu numismatischen Studien; als Günstling des Vorstands des kurfürstlichen Hausschatzes und Münzkabinetts, Kardinal von Häffelin, ordnete er in das Münchner Münzkabinett das von Mannheim ein; 1783 wurde St. Hofkaplan und Präses des Bartholomäer-Instituts, 1785 Leiter des Münzkabinetts; 1799 Direktor des Geistlichen Rats, 1803 Hofkapellmeister und ordentliches Mitglied des BAkdW, später Beirat der Kommission zur Vorbereitung des Konkordates von 1817, 1821 Domkapitular und Weihbischof, schließlich 1822 Dompropst von München und Freising; St. führte die Münchner Münzsammlung zu internationalem Ansehen, sein geistlicher Lebenswandel verschaffte ihm hohes Ansehen, als Vertrauter Ludwigs I. hat er den König bei der Wiedererrichtung säku-

(A A 27)

larisierter Klöster beeinflußt; Ww: Numismatische Abhandlungen in den Abhandlungen der BAkdW, 1807–1820.

ADB: 36, 551; BL: 1932, 144; Bo: 4, 34; GG: 96; J. Hormayr, Taschenbuch, 12. Bd., 1850, 358; Kirchliches Handlexikon, 2. Bd., 1912, 2232; LThK: 9, 1110; NND: 19, 471; Schr: 297; Wetzer und Welte's Kirchenlexikon, 2. Aufl., 11. Bd., 1899, 913; Schematismus von München und Freising, 1834; F. Streber, Rede zum Andenken an J. von St., 1843.

81 A A 27 ***Specht* Franz Anton, Dr. theol., 1847(München)–1908, katholischer, theologischer, pädagogischer und historischer Schriftsteller und Domkapitular; schon mit 40 Jahren wurde er ins Münchner Domkapitel zu Unserer Lieben Frau aufgenommen; sein Verdienst liegt in der Erforschung der Pädagogikgeschichte; HHww: Exegetischer Standpunkt des Theodor v. Mopsuestia und des Theodoret von Kyros, Geschichte des Unterrichtswesens in Deutschland bis zur Mitte des 13. Jahrhunderts (1885 preisgekrönt); Biblische Geschichte und Lehre im urkundlichen Wort (2 Bde.), Frauenkirche in München, Beiträge zur Geschichte, Topographie und Statistik des Erzbistums München und Freising, Neue Folge (4 Bde.).

Bo: 3, 30; Herder: 7, 1810; Kürschners Deutscher Literatur-Kalender, 1906, 1429.

82 A A 27 *Windischmann* Friedrich, Dr. phil. et theol., 1811(Aschaffenburg)–1861, katholischer Theologe, Orientalist, Universitätsprofessor, Generalvikar und Domkapitular; Sohn des Mainzer Philosophen und Arztes Karl Josef Hieronymus W., studierte er Philosophie und klassische Philologie in Bonn, zugleich auch orientalische Sprachen und Sanskrit und Armenisch (bei den Mechitharisten in Venedig), von 1832–1836 Theologie in Bonn und München, nach seiner Priesterweihe wurde W. erzbischöflicher Sekretär, Professor, Kanoniker bei St. Kajetan und 1839 Domkapitular (1846 Generalvikar des Erzbischofs von Reisach bis zu dessen Kreierung zum Kardinal): als solcher war er und vermöge seines Einflusses und großen Ansehens eine Stütze der Kirche in Deutschland; die Denkschrift der Freisinger Bischofskonferenz (1850) war Ws. Werk; HHww: Vindiciae, Petrinae, Kommentar zum Galaterbrief, Sankara sive de theologumenis Vedanticorum, Übersetzung des Vedanta, Traktats Balobodhani, Zoastrische Studien.

ADB: 43, 418; Kirchliches Handlexikon, 2. Bd., 2742; Schr: 293 und 303; J. Sighart, 1861; M. Strodl, 1862; F. Nève, 1863; E. Zeller, Licht- und Lebensbilder des Clerus der Erzdiözese München-Freising, 1892, 151.

**Hortig* Karl Anton (als Benediktiner Johann Nepomuk), Dr. phil., 1774(Pleystein/Opf.)–1847, Philosoph, Universitätsprofessor und Domkapitular; H. studierte in Ingolstadt Rechte, trat 1793 ins Kloster Andechs ein, wurde 1799 Kaplan in Salzburg und nach Aufhebung seines Klosters Professor in Salzburg und Amberg und schließlich in Landshut und München, zuletzt wurde er ins Münchner Domkapitel berufen; seit 1830 war H. Mitglied der BAkdW; er war bedeutend als Prediger und Erzähler (Humorist in der Art Lichtenbergs und Jean Pauls; Pseudonym: Johann Nariscus); seinen Nachlaß besitzt das Benediktinerstift St. Bonifaz, München; HHww: Predigten für alle Festtage des katholischen Kirchenjahres, Handbuch der christlichen Kirchengeschichte (2 Bde.), Gesammelte Blätter, Reisen zu Wasser und zu Land, Wunderbare Begebenheiten des Blasius Berneiter und seiner Gefährten, Kurzgefaßte Tugendlehre in Aussprüchen der Hl. Schrift, Das neuromantische Drama zu Rüberunkel. 83 A A 27

ADB: 50, 477; Kirchliches Handlexikon, 1. Bd., 2020; NND: 25 151; Schematismus von München und Freising, 1848, 174; J. G. Beilhak, Der Humorist und Satiriker Johannes Nariscus, 1851; A. Lindner, Die Schriftsteller des Benediktinerordens in Bayern, 1. Bd., 1880; E. Zeller, Licht- und Lebensbilder des Clerus der Erzdiözese München-Freising, 1892.

Sighart Joachim, Dr. phil., 1824(Altötting)–1866, katholischer Theologe, Kunsthistoriker und Domkapitular; nach seiner Priesterweihe wurde S. 1846 Repetitor und Privatdozent, seit 1850 war er Professor der Philosophie in Freising, wo er auch über Ästhetik und Kunstgeschichte las, er war auch Mitglied der BAkdW, 1866 wurde er ins Münchner Domkapitel berufen; HHww: Dom zu Freising, Geschichte der Frauenkirche in München, Die mittelalterliche Kunst in der Erzdiözese München-Freising, Geschichte der bildenden Künste in Baiern, Biographie des hl. Albertus Magnus, Lebensbild von F. Windischmann (siehe dort!), Eisenbahnbüchlein von München nach Landshut; S. hat im Priesterseminar zu Frei- 84 A A 27 sing ein Diözesanmuseum mit wertvollen romanischen und gotischen Skulpturen und Gemälden eingerichtet; dem Geist seiner Zeit entsprechend verurteilte er Barock und Rokoko, sein Kunstfanatismus führte vielfach zur Entfernung von Kunstgegenständen im „Zopfstil" und gab als Ersatz nur nüchterne, beim Volk unbeliebte, im Sinn der Neu-Romanik und Neu-Gotik (Dom zu München und Dom zu Freising, linke Seite).

ADB: 34, 263; GG: 134; Kirchliches Handlexikon, 2. Bd., 2088; Schematismus von München-Freising, 1867; Jahresbericht des Historischen Vereins von und für Oberbayern, 1867, 87; E. Zeller, Licht- und Lebensbilder des Clerus der Erzdiözese München-Freising, 1892, 189.

85 *Utzschneider* Josef, von, 1763 (Rieden am Staffelsee/Obb.)
A A 32 —1840, Techniker, Volkswirtschaftler, Generaladministrator der Salinen und 2. Bürgermeister von München; er wirkte in jungen Jahren schon als Privatsekretär der Herzogin Maria Anna am Hof zu Potsdam bei Verhandlungen zwischen Preußen und Bayern wegen der Selbständigkeit Bayerns gegenüber den Ansprüchen Österreichs; unter Karl Theodor zum Hofkammerrat ernannt, hat sich U. durch Austrocknung des Donaumooses verdient gemacht; bei Max I. stand er sehr in Ehren, Direktor der Generallandesdirektion, Geheimer Referendär in landständischen Angelegenheiten, Geheimer Finanzreferendär, Generaladministrator der Salinen, 2. Bürgermeister von München, waren die Hauptstufen seiner öffentlichen Laufbahn; er war auch Mitglied der BAkdW; als Privatmann schuf U. große industrielle Unternehmen (Ledermanufaktur, Mitarbeit an der Optischen Fabrik mit Fraunhofer und Reichenbach, Tuchherstellung, Gewinnung von Zuckerrüben; auf Us. Vorschläge geht in erster Linie die Anlage des Grundsteuer-Katasters in Bayern zurück.

ADB: 39, 420; BL: 1890, 232 (mit B), 1899, 559 (mit B), 1908, 366 (mit B), 1920/21, 299 (mit B), 1963; GG 77; HJ: 9, 70 und 86; Ma: 280; Ra: Nr. 675; Schr: 45, 78 und 132; St: 326; J. Mackenthun, Dissertation, München 1958, A. Alckens, Münchner Forscher und Erfinder des 19. Jahrhunderts, 1965, 29 (mit BB); A. Fingerle, München — Heimat und Weltstadt, 1965, 59.

Asch zu Asch auf Oberndorff Adolf, von, Freiherr, 1839 (München)—1906, Generalleutnant und bayerischer Kriegsminister; der Offizierssohn begann seine militärische Laufbahn 1859 als Unterleutnant, er wurde 1866 Bataillonsadjutant und Oberleutnant, 1870 2. Adjutant des Generals L. von der Tann und war schließlich — letzter Dienstgrad: Generalleutnant — von 1893 bis 1905 bayerischer Kriegsminister; er bearbeitete im Auftrag des Großen Generalstabs den Anteil der bayerischen Truppen am Krieg 1870/71; die Bedeutung As. liegt in der Organisation sowie in der praktischen Schulung der bayerischen Armee, deren Belange er auch gegenüber dem Parlament zu wahren verstand; fällt doch in die „Ära A." die Errichtung des 3. Armeekorps (Sitz Nürnberg) 1900, die Organisation der Feldartillerie (seit 1901 in 6 Brigaden, 16 Regimenter), die Aufstellung der ersten bayerischen Maschinen-Gewehr-Abteilung und die Bildung des ersten Detachements Jäger zu Pferd, ferner die Lösung der Frage einer einheitlichen Militär-Strafprozeßordnung sowie die Entsendung des bayerischen Kontingents nach Ostasien; er war als Truppenführer, Organisator, Verwalter und Wirtschafter gleich berühmt. 86 A A 33 „Schrenk"

BL: 1893, 117 (mit B), 1906, 281 (mit B); Bo: 3, 2; NDB: 1, 409; Schä: Nr. 381.

(*)*Schrenk* Sebastian, von, Freiherr, 1774(Hillstett bei Neunburg vorm Wald)—1848; bayerischer Kultus- und Justizminister; er entstammt einem alten Münchner Patriziergeschlecht, das schon 1279 sich im Innern Rat der Stadt nachweisen läßt; nach juristischem Studium zu Ingolstadt wurde Sch. 1796 Regierungsrat an der adeligen Bank in Straubing, 1798 Pfleger in Wetterfeld bei Cham, 1807 königlicher Landrichter in Kemnath, 1808 Hofgerichtsrat in Straubing, 1808 Appellations- bzw. 1811 Oberappellationsgerichtsrat in München; seit 1819 war Sch. Mitglied der II. Kammer des bayerischen Landtags und deren I. Präsident bis 1837, 1820 wurde er Ministerialrat im Justizministerium, 1827 Präsident des Appellationsgerichts für den Regenkreis in Amberg und von 1832 bis 1846 war Sch. Staatsminister der Justiz; als Leiter des Ministeriums des Innern für kirchliche Angelegenheiten (seit 1846) war Sch. erster bayerischer Kultusminister. 87 A A 33

ADB: 32, 488; Doe: 134; Schä: Nr. 61; Die Kgl. Bayer. Staatsminister der Justiz, 1931, 275 und 1088.

88 A A 35 *Heideck* Karl Wilhelm, von, Freiherr, 1788(Saaralben/Lothr., Frankreich)–1861, Generalleutnant, Landschaftsmaler und Radierer; als junger bayerischer Leutnant kämpfte H. 1805 für, 1810/13 in Spanien und 1814/15 als bayerischer Hauptmann gegen Napoleon; erst dann widmete er sich der Malerei als Schüler J. Chr. Mannlichs (siehe dort!), von 1826/28 war er Offizier im griechischen Befreiungsheer, 1833 organisierte er als Mitglied des griechischen Regentschaftsrats das dortige Militärwesen; den jugendlichen Max II. begleitete M. auf seinen Reisen durch Kleinasien; all seine militärischen Erlebnisse hielt er auf der Leinwand fest, dabei hat er auch viele Zeichnungen und Radierungen neben italienischen, spanischen und griechischen Landschaften sowie Genre- und Pferdebilder hinterlassen; viele seiner Werke besitzt die Maillinger Sammlung.

ADB: 11, 295; BL: 1891, 243 (mit B), 1932, 674 (mit B); J. Hormayr, Taschenbuch, 3. Jg., 1832, XXXVI (mit B); Schr: 97 und 385; TB: 16, 253; Wo: 144; Kriegsarchiv München, HS VI., 9.

89 A A 36 **Maffei*° Josef Anton, von, Ritter, 1790(München)–1870, Fabrik- und Gutsbesitzer, Großhändler und Reichsrat der Krone Bayern; anfangs betrieb M. wie sein Vater, Peter Paul M., der aus Trient kam, eine Tabakgroßhandlung in München; um Bayern auf dem Gebiet der Maschinenindustrie mit dem Ausland konkurrenzfähig zu machen, gründete er dann in der Hirschau beim Englischen Garten in München 1837 sein Eisenwerk, das, aus kleinen Anfängen heraus, eine der bedeutendsten Anstalten für den Bau von Lokomotiven in Deutschland geworden ist; M. stellte als erster in Süddeutschland Lokomotiven her; er war ein vielseitiger Mann, dem vor allem die München–Augsburger Eisenbahnlinie ihr Entstehen verdankt; M. wurde Münchner Magistratsrat, dann Landtagsabgeordneter und später Reichsrat der Krone Bayern; „einer der gediegensten und vornehmsten Industriellen des Königreichs" (J. N. von Ringseis).

BL: 1913/14, 844; HJ: 111, 128 und 277; Ma: 166; Ra: Nr. 395; Schr: 328 und 417; Ze: 190; E. Ringseis, Erinnerungen des J. N. Ringseis, 2.–4. Bd., 1886–1891; H. Marggraff, Die Königlich

Bayerischen Staatsbahnen in geschichtlicher und statistischer Beziehung, 1894; Festschrift 1937; A. Fingerle, München – Heimat und Weltstadt, 1965, 32 und 58; A. Alckens, Münchner Forscher und Erfinder des 19. Jahrhunderts, 1965, 89 (mit BB).

Schilcher Franz Sales, von, Ritter, 1766 (Pflugdorf bei Landsberg a. Lech)–1843, Forstspezialist, II. Präsident des Obersten Rechnungshofs und Staatsrat; Sohn eines Oberförsters, war Sch. seit 1790 Repetitor an der neugegründeten Forstschule in München; 1793 hat er im kurfürstlichen Auftrag drei Jahre lang ganz Deutschland, vor allem die nördlichen Gegenden, bereist, um die Forstverhältnisse zu studieren; er wurde dann Forsttaxator, 1795 Forstkommissar bei der kurfürstlichen Forstkammer in München; von nun an wurde Sch. für Finanzaufgaben verwendet, er war 1799 Generallandesdirektionsrat bei der pfalz-neuburgischen Landesdirektion, 1804 Direktor bei der Landesdirektion in Würzburg, 1806 in derselben Stellung in Bamberg, 1808 Geheimer Finanzreferendär und seit 1817 II. Präsident des Obersten Rechnungshofs; Schs. Verdienst liegt in der Organisation des bayerischen Forstwesens; in seinem Werk „Über die zweckmäßigste Methode, den Ertrag der Waldungen zu bestimmen", vertrat er auf neuer Grundlage die damals schon verlassene Methode der reinen Schlageinteilung; das Charakteristische seines Verfahrens liegt darin, daß er durch geschickte Kombination der Standorts- und Bestandesbonität die Nachteile der reinen Schlageinteilung zu vermindern suchte. 90 A A 60 Gruft zerstört

ADB: 31, 200; Schä: Nr. 233; Pfeil, Kritische Blätter für Forst- und Jagdwissenschaft, 4. Jg., 1. H., 1828, 130; Heß, Lebensbilder hervorragender Forstmänner, 1885, 315.

**Mussinan* Josef Anton, von, 1766(Viechtach/Ndb.)–1837, Oberfinanzrat und historischer Schriftsteller; nach Studien in Ingolstadt wurde M. 1789 Regierungsrat in Burghausen, 1799 war er in gleicher Stellung in Landshut, 1802 Hofgerichtsrat in Straubing (seit 1808 Appellationsrat); 1813 wechselte er, wohl um nach München zu kommen, den Beruf und wurde Oberfinanzrat bei der Ministerialsektion der Steuer und Finanzen und 1817 Finanzministerial beim Regierungsfiskalat; nach Aufhebung dieses Instituts kehrte M. zur Rechtspflege zurück und war bis zu seiner Pensionierung Direktor 91 A A 62 Gruft zerstört beim Appellationsgericht in Landshut; hierauf zog er sich in sein Gut Zellerreit bei Wasserburg zurück, um sich schriftstellerisch zu betätigen; er wurde wegen seiner Arbeiten auch Mitglied der BAkdW; HHww: Beiträge zur Geschichte des Schwedenkrieges in Bayern, Geschichte der herzoglichen niederbaierischen Linie Straubing–Holland, Geschichte der französischen Kriege in Deutschland, besonders auf baierischem Boden in den Jahren 1796, 1800, 1805 und 1809, Bayerns Gesetzgebung; er verfaßte auch einen geschichtlichen Überblick über das bayerische Staatsschuldenwesen; sein „Französischer Krieg" ist eine wichtige zeitgeschichtliche, heute noch nicht überholte, Quelle.

ADB: 23, 101; Bo: 4, 24; Schä: Nr. 218; Schr: 390; Berner, Taschenbuch, 1853, 271, 1872, 1–94; Allgemeines Staatsarchiv, MF 51.

92
A A 64
Patz Hermann Josef Michael, von, 1787(München)–1843, Advokat; er besuchte von 1798–1803 das Gymnasium, dann das Lyzeum zu München und bildete sich auf der Universität Landshut bei den Rechtsgelehrten Krüll, von Mosham, N. Th. von Goenner (siehe dort!), von Kellersberg und von Leveling aus; von 1808/09 war er am Landgericht Landshut, dann als Akzessist am Kriegsgericht in München angestellt; 1811 wurde P. in Anerkennung seiner Leistungen zum Advokaten und zum Vertreter der Stiftungen in Fällen, in denen das Finanzärar mit denselben und umgekehrt kollidiert, am Stadtgericht München ernannt; er war ein gewissenhafter Advokat, der nur einen Prozeß übernahm, wenn er überzeugt war, daß das Recht wirklich auf Seite der Partei stand, der er Beistand leisten sollte; sein ganzes väterliches Erbe, vermehrt durch Arbeit und Sparsamkeit, wollte P. dem Trappistenorden in Frankreich unter der Bedingung zuwenden, daß dieser die Torfmoore in Bayern austrockne, als sich aber die Verhandlungen zerschlugen, vermachte er dies der Witwen- und Waisenkasse der Advokaten; „Wohlan, so will ich der Vater der Witwen und Waisen werden, wohlan, ich will, soweit ich es vermag, die Lücke ausgleichen, die im Betreff meiner Amtsbrüder besteht, indem der Staat sie als seine Diener betrachtet und behandelt, aber keine Mittel findet für die gebrechlichen Alten, für die in Armut und Elend Hinterlassenen", äußerte er sich, als er 1842 294 884 fl. dem Advokaten-Witwen- und

Waisenfond testamentarisch überließ; dieser große Wohltäter verdient es gewiß, aus der Vergessenheit geweckt zu werden.

Bo: 5, 33 (nach ihm läge P. in 9 – 2 – 55 bestattet!); St: 438.

Haid Herenäus, 1784(Geisenfeld/Obb.)–1873, katholischer Priester und Schriftsteller; nach vielen Entbehrungen wurde H. 1807 Priester; er stand sehr unter dem Einfluß und in der Gunst des Bischofs Johann Michael Sailer von Regensburg, auf dessen Empfehlung er 1813 Professor in St. Gallen und 1818 Domprediger in München wurde, 1824 kam er unfreiwillig als Pfarrer nach Pondorf, 1825/27 war er Benefiziat in Jetzendorf; seit 1827 wirkte H. als Dombenefiziat in München und betätigte sich als Prediger, Katechet, Beichtvater und Schriftsteller unermüdlich; er begründete die christliche Feiertagsschule an der Münchner Frauenkirche, seine volkstümlichen Sonntagspredigten erschienen als „Die gesamte katholische Lehre" (7 Bde.), außerdem machte er sich durch eine Neuausgabe und Übersetzung der Werke des hl. Petrus Canisius verdient; H. wird der „Sailer Münchens" bezeichnet. 93 A A 71

ADB: 10, 379; Felder–Waitzenegger, Gelehrten- und Schriftsteller-Lexikon der deutschen katholischen Geistlichkeit, 1. Bd., 1887, 291; The Catholic Encyclopedia, Vol. 7, 1910; Kirchliches Handlexikon, 1. Bd., 1886; LThK: 4, 1324; E. Ringseis, Erinnerungen des J. N. Ringseis, 1. Bd., 1886, 112; H. Schiel, J. M. Sailer, Leben und Briefe, 1948; R. Padberg, Theologie und Glaube, 49. Bd., 1959, 161.

**Westenrieder* Lorenz, von, 1748(München)–1829, Priester, Pädagoge und Historiker; 1771 Priester, 1773 Lehrer der Poetik und Rhetorik am Gymnasium in Landshut, 1775/79 zu München, 1777 Mitglied der Bayerischen AkdW, 1784 Schulrat, 1786 Bücherzensurrat und Domkapitular, war W. anfangs der Aufklärung zugeneigt, kurze Zeit sogar Mitglied des Illuminatenordens; er vertrat diese Ansichten anfangs auch in seinen Schriften; später wandte er sich jedoch ganz davon ab; neben kritischen Arbeiten über die Geschichte Münchens, Bayerns und Deutschlands verfaßte W. auch pädagogische Schriften; HHww: Baierische Beiträge zur schönen und nützlichen Literatur, Geschichte von Baiern für Jugend und Volk, 94 A A 92

Geschichte der bairischen Akademie der Wissenschaften, Deutsch-lateinisches Glossarium mittelalterlicher Ausdrücke, Handbuch der baierischen Geschichte; Gesamtwerke: 39 Bde.; W. wird der „Volkslehrer seines Vaterlandes" genannt, er ist Bayerns erster großer kritischer Geschichtsschreiber.

ADB: 42, 173; Al: 84; BL: 1894, 379, 1895, 267, 1898, 404, 1899, 276, 1932, 396; J. Hormayr, Taschenbuch, 1831, 367; GG: 35; Kirchliches Handlexikon, 2. Bd., 1912, 2698; Ra: Nr. 700; Schr: 43; St: 282; Wo: 34 und 36 (B: 64); Ze: 50; H. Moser; in: Verborgene Heimat, 1956, 157; A. Alckens, Münchner Forscher und Erfinder, 1965, 19, 65 und 169.

95 A A 93 *Vogel* von Vogelstein, Karl, 1788(Wildenfels/Sachsen)—1868, sächsischer Hof- und Porträtmaler; den ersten Unterricht erhielt V. bei seinem Vater Christian Leberecht V., seit 1804 auf der Dresdener Akademie und in St. Petersburg (= Leningrad), wo er als Porträtmaler auftrat; 1813 konvertierte er in Italien zur katholischen Kirche; in Rom schuf er das Porträt Pius' VII. (sitzend), Thorwaldsens und König Ludwigs von Holland; seit 1824 war V. in Dresden als Akademieprofessor und Hofmaler, wo er das Deckengemälde des königlichen Schlosses zu Pillnitz, Porträts seines Königs und Fresken aus dem Leben Mariae für die Pillnitzer Schloßkapelle malte; wegen einer Komposition aus Dantes Göttlicher Komödie ging V. 1842 nochmals nach Rom, 1853 übersiedelte er nach München, um von dort aus eine dritte Romreise zu machen; sein reiches Portefeuille von Porträts besitzen die Dresdener Sammlungen, die ersten 300 Zeichnungen davon schenkte der Künstler dem König, um dafür den sächsischen Adel zu erhalten; in seinen letzten Jahren schuf V. Altarbilder (katholische Kirche in Leipzig, Dresdener Hofkirche, Dom zu Naumburg), eine Sammlung von Zeichnungen nach italienischen Meistern von Giotto bis Raffael (133 Stück) kam in den Besitz der Moskauer Akademie.

ADB: 40, 135; Bo: 5, 47; TB: 34, 488.

96 A A 94 *Weiller* Kajetan, Dr. phil., von, 1762(München)—1826, Priester, Philosoph und Pädagoge; W. war einige Zeit Novize in Benediktbeuern, nach kurzer Tätigkeit in der Seelsorge wurde er Hofmeister, Mitglied der BAkdW, Professor und Direktor des Münchner Wilhelms-Gymnasiums und Lyzeums, als sol-

cher wollte W. die dortige Studien-(ehemalige Karmeliten-) Kirche in einen „Tempel des geläuterten Christentums" verwandeln; seine philosophischen und pädagogischen Schriften sind ziemlich aufgeklärt; HHww: Über den nächsten Zweck der Erziehung nach kantischen Grundsätzen, Versuch eines Lehrgebäudes der Erziehungskunst, Ideen zur Geschichte der Entwicklung des religiösen Glaubens, Über die religiöse Aufgabe unserer Zeit, Was ist Christentum?; gegen die letzten Schriften mußte die kirchliche Behörde vorgehen; seine letzte Arbeit „Der Geist des ältesten Katholizismus als Grundlage für jeden späteren" steht aber wieder auf dem kirchlichen Standpunkt; W. ist ein typischer Vertreter der aufgeklärten Philosophie um 1800.

ADB: 41, 494; BL: 1898, 405; GG: 58; J. Hormayr, Taschenbuch, 1831, 396; Kirchliches Handlexikon, 2. Bd., 2677; NND: 4, 371; Festschrift zur Vierhundertjahrfeier des Wilhelms-Gymnasiums 1559–1959, 1959, 34 und 42; Staatsarchiv für Oberbayern, GL: 2824/1379.

1. Sektion

**Daxenberger* Sebastian Franz, Dr. jur., von, 1809 (München) 97
–1878, Ministerialrat und Dichter (Pseudonym Karl Fer- 1–1–8
nau); Sohn eines Münchner Kupferschmieds, studierte F. in eingeebnet
München, Berlin und Göttingen Rechte (Studienfreund des späteren Max II.!), trat dann in den bayerischen Staatsdienst, wurde 1835 Sekretär des Kronprinzen Maximilian, 1843 Regierungsrat, 1847 Oberkirchen- und Schulrat sowie Ministerialrat im Ministerium des Äußern; dieser Frankfurter Parlamentarier redigierte die königliche Proklamation vom 6. III. 1848, seit 1866 war er Staatsrat; von 1841–1847 leitete D. das von E. von Schenk (siehe dort!) begründete poetische Taschenbuch „Charitas", das mit Beiträgen von König Ludwig I., M. Diepenbrock, A. Fürstin Gallitzin, A. von Maltitz, C. F. Ph. von Martius (siehe dort!), F. Rückert, G. H. von Schubert (siehe dort!), Kronprinz Maximilian, L. Aurbacher (siehe dort!), Graf Pocci, F. W. Thiersch (siehe dort!) u. a. in München erschien; auch selbständig trat D. als Dichter in den Rahmen der Spätromantiker hervor; HHww: Ode, den Manen

der 1812 in Rußland gefallenen Bayern gewidmet, Die Sendlinger Schlacht (Gedicht), Die Schlacht bei Aydenbach, melodramatisch komponiert von E. Rottmanner, Münchener Hundertundeins, Weibliche Bildnisse, Gedichte.

ADB: 47, 628; BL: 1894, 381, 1914/15, 414; GM: 173; Schr: 140, 144, 227, 240, 248, 250, 261, 265, 348, 351, 354 und 362; Wo: 147 und 352.

98
1–1–18
eingeebnet

Zuccarini Josef Gerhard, 1797(München)–1848, Botaniker und Professor der Landwirtschaft und Forstbotanik; unter Leitung von F. P. von Schrank (siehe dort!) beschäftigte er sich anfangs im Botanischen Garten in München mit systematischen Arbeiten und durchforschte einige weniger bekannte Gegenden der bayerischen Alpen; maßgebend für seine Laufbahn war seine Zusammenarbeit mit K. F. Ph. von Martius (siehe dort!) und J. B. Spix (siehe dort!), deren Pflanzenmaterial aus der brasilianischen Expedition er bearbeitete; seit 1839 war Z. ordentliches Mitglied der BAkdW; Zs. bedeutendste literarische Leistungen in der Botanik liegen auf dem systematischen Gebiet; HHww: Charakteristik der deutschen Holzgewächse im blattlosen Zustand, Flora der Gegend um München, Mitarbeit an Philipp Siebolds „Flora japonica".

ADB: 45, 472; GM: 153; NND: 26, 178; Schr: 265; Festschrift zur Vierhundertjahrfeier des Wilhelms-Gymnasiums 1559–1959, 1959, 35.

99
1–6–5

Sendtner Otto, Dr. phil., 1814(München)–1859, Botaniker und Universitätsprofessor; er studierte in München Naturwissenschaften, namentlich Mineralogie (bei J. N. von Fuchs – siehe dort!) und Botanik (bei K. Schimper), dann wandte er sich der Medizin zu, mußte aber gesundheitlichen Rücksichten dieses Ziel aufgeben; während seiner Tätigkeit als Privatsekretär und Archivar bei einem in Schlesien begüterten Kammerherrn machte er Forschungen über die Kryptoflora des Sudetengebirges; 1841 wurde S. Konservator des Leuchtenbergschen Naturalienkabinetts in Eichstätt; die große Wendung in seiner Laufbahn erfolgte, als er mit einem Stipendium König Ludwigs I. Studienreisen nach Montenegro und dem Orient machen konnte; er beschäftigte sich dabei sehr eingehend mit der Flora der betreffenden Länder; 1854 wurde S. Professor der Botanik und Konservator des Herbariums in

München; HHww: Enumeratio plantarum in itinere Sendtneriano in Bosnia lectarum, Solanaceen, Celastrineen, De Cyphomandra, novo Solanacearum genere tropicae Americae, Die Vegetationsverhältnisse Südbayerns, Die Vegetationsverhältnisse des baierischen Waldes (unvollendet); viele botanische Namen führen am Schluß die Bezeichnung „Sendt.", die auf die Forschungen Ss., der auch „Bayerns zweiter Schrank" (siehe dort!) genannt wird, hinweist; anläßlich eines Besuchs bei seinem Freund Dr. J. N. Sepp (siehe dort!) entdeckte S. am Blomberg bei Bad Tölz ein Jodblümchen, das die Entdeckung der berühmten Heilquelle, die Tölz zum Bad- und Kurort machte, veranlaßte.

ADB: 34, 7; Bo: 5, 45; Verhandlungen des zoologisch-botanischen Vereins in Wien, 1852 und 1859.

2. Sektion

*Höchl Josef, 1777(Neumarkt a. d. Rott/Obb.)–1838, Stadtbaumeister; als Mitarbeiter von J. U. Himbsel (siehe dort!) hat H. Privatbauten außerhalb der um 1800 abgerissenen Stadtmauern geschaffen, die sich durch Zweckmäßigkeit, Räumlichkeit, Dauerhaftigkeit und äußerlicher Prunklosigkeit auszeichnen; seine solide regelmäßige Bauart wurde zum Vorbild für die Privatarchitektur der 1. Hälfte des 19. Jahrhunderts; bei den vielen Schöpfungen unter L. von Klenze (siehe dort!) und F. von Gärtner (siehe dort!) betätigte sich H. als Maurermeister; H. hat gewissermaßen die Mauern der alten Haupt- und Residenzstadt durchbrochen; er war auch ein vermögender Bauunternehmer; sein Sohn Anton H. (1820–1897) war ein bedeutender Architekturmaler. 100 2–7–1

ADB: (50, 377); Bo: 5, 20; St: 432; Anton H.: ADB: 50, 377; TB: 17, 180.

*Schlagintweit Hermann, Dr. rer. nat., von, Freiherr, 1826 (München)–1882, Geograph, Universitätsprofessor und Forschungsreisender; Sohn des Augenarztes Josef August Wilhelm Sch., studierte in München und Berlin, wo er sich 1851 für Geographie habilitierte, erforschte mit seinen Brüdern Adolf (siehe dort!) und Robert (siehe dort!) vor allem Indien 101 2–7–17 und Zentralasien, machte schon früh physikalische und geologische Forschungen in den Alpen, England und Schottland; als die ersten bestiegen die Brüder 1851 die höchste Spitze des Monte Rosa; später lehrte Sch. an der Universität Berlin Meteorologie und physikalische Geographie; durch Vermittlung von A. von Humboldt erhielt Sch. zusammen mit seinem Bruder Adolf vom König von Preußen und der Englisch-Ostindischen Compagnie den Auftrag zu einer Forschungsreise nach Indien und Ostasien; die wissenschaftliche Erforschung des Karkorum und des Kwen-lun sind die Hauptergebnisse dieser Reise; Sch. erhielt 1864 vom russischen Zaren den Titel „Sakunlünski" als Erstersteiger des Kwen-lun und wurde Mitglied der BAkdW; HHww: Untersuchungen über die physikalische Geographie der Alpen, Neue Untersuchungen über die physikalische Geographie und die Geologie der Alpen (mit Robert Sch. zusammen), Results of a scientific mission to India and High Asia (2 Bde.) mit Atlas, Reisen in Indien und Hochasien (4 Bde.).

ADB: 31, 337; Al: 67; BL: 1899, 160 (mit BB); Doe: 302; GG: 133; L. Schrott, Bayerische Weltfahrer, 1964, 249 (mit B).

102 *Schlagintweit* Adolf, Dr. rer. nat., 1829(München)—1857 (zu
2—7—17 Kaschgar ermordet), Geologe, Privatdozent und Forschungsreisender; Bruder des Hermann Sch. (siehe dort!) studierte in München und Berlin (mit seinem Bruder Hermann von A. von Humboldt gefördert), erforschte 1846/53, von Hermann und teilweise auch von Robert Sch. (siehe dort!) begleitet, die Alpen, wobei sie 1851 die höchste Spitze des Monte Rosa bestiegen, dann im Auftrag der Englisch-Ostindischen Compagnie und Friedrich Wilhelms IV. von Preußen bis 1857 Indien; seit 1853 war Sch. Privatdozent der Geologie in München; 1855 bestieg er mit Robert Sch. die indischen Riesengletscher und erreichte als erster eine Höhe von 6770 Meter; als er sich 1857 allein im Gebiet von Kaschgar aufhielt, wurde er von verbitterten und abergläubischen Einheimischen ermordet; an ihn erinnert eine Tafel am Familiengrab der Sch. Die Bayerische Graphische Sammlung besitzt mehr als 300 Bilder von seinen Forschungsreisen (Ausstellung 1938); HHww: Über die Ernährung der Pflanzen, Untersuchungen über die physikalische Geographie der Alpen (zusammen mit Adolf), Über den geologischen Bau der Alpen, Über die orographische und

geologische Struktur der Gruppe des Monte Rosa, Reports of the proceedings of the officers engaged in the magnetic survey of India (mit Hermann und Robert). „Er und seine Brüder Hermann und Robert waren die ersten deutschen Himalaya-Forscher", verkündet die Erinnerungstafel am Familiengrab der Sch.

ADB: 31, 337; Al: 67; BL: 1899, 160 (mit BB); Doe: 302; L. Schrott, Bayerische Weltfahrer, 9, 249 (mit B), 1964, 9.

**Schlagintweit* Josef August Wilhelm, Dr. med., 1792(Regen/ 103
Ndb.)–1854, Augenarzt und Chefarzt am Münchner Blinden- 2–7–17
institut; er studierte in Landshut, unternahm Studienreisen in zahlreiche Universitätsstädte, gründete 1822 in München eine Privat-Heilanstalt für Augenkranke, für deren segensreiche Tätigkeit seine 32 Jahresberichte zeugen und die nach seinem Tode vom bayerischen Staat als Ophthalmologische Universitätsklinik übernommen wurde, und war seit 1837 auch dirigierender Arzt am königlichen Blindeninstitut in München; Sch. gehört zu den ersten Opfern der Cholera-Epidemie von 1854; HHww: De cataractarum origine, Gegenwärtiger Zustand der künstlichen Pupillenbildung in Deutschland; Sch. ist der Vater der Himalaya-Forscher Adolf (siehe dort!), Hermann (siehe dort!) und Robert Sch. (1833[München]–1885, Forschungsreisender; studierte in München, beteiligte sich an den Forschungsreisen seiner Brüder in Indien und Zentralasien, wurde 1865 Professor der Geographie in Gießen und bereiste 1868 und 1880 die Vereinigten Staaten von Nordamerika; HHww: Kalifornien, Prärien, Tausend Vorträge) sowie von Emil, Dr. jur. (1835[München]–1904, Bezirksamtmann und Orientalist; er besorgte während der Reisen seiner Brüder die Korrespondenz mit Friedrich Wilhelm IV. und A. von Humboldt und zeichnete sich vor allem als Tibetforscher aus, die großen Sammlungen seiner Brüder erschloß er durch Aufstellung und Kataloge der Öffentlichkeit; HHww: Buddhism in Tibet, Die Könige von Tibet, Die Gottesurteile der Inder, Indien in Wort und Bild [2 Bde.], Die Lebensbeschreibung von Padma Sambhava [2 Bde.]) und Max (1849[München]–1935, Offizier und Forschungsreisender; er war bis 1895 bayerischer Offizier und bereiste dann den Balkan und Kleinasien; HHww: Geschichte des K. Bayer. 2. Fußartillerie-Regiments, Deutsche Kolonisationsbestrebungen in Kleinasien,

Verkehrswege und Verkehrsprojekte in Vorderasien, Kufsteins Kriegsjahre, Die Reformen im Kongostaat, Afrikanische Kolonialbahnen, Die Kolonie Belgisch-Kongo).

ADB: 31, 336; Al: 10 und 67; BL: 1899, 160 (mit BB); = Robert Sch; BL: 1912/13, 746 (mit B); BLÄ: 5, 229; Doe: 302; Das katholische Deutschland, 3. Bd., 1933 ff., 4297/8; L. Schrott, Bayerische Weltfahrer, 1964, 249 (mit B).

104
2–7–25
eingeebnet

Beierlein Johann Peter, 1802(Landshut/Ndb.)–1878, Numismatiker und Weinhändler, Sohn eines Landshuter Weinhändlers und Magistratsrates, machte B. dort seine humanistische Ausbildung bei dem späteren Anatomieprofessor Martin Münz; bei seiner kaufmännischen Lehrzeit in München beschäftigte er sich nebenbei mit bayerischer Geschichte und die Bekanntschaft mit dem Universitätsbibliothekar M. Harter (siehe dort!) und dem Johanniterordenskanzler F. Woschitka erweckte in dem jungen Mann die Freude an der Münzforschung; in seiner Freizeit arbeitete B. über die bayerische Münzgeschichte und vermehrte seine eigene Münzsammlung; er gilt als kenntnisreicher Numismatiker; HHww: Nachrichten über Franz Andreas Schega, churbair. Hofmedailleur, Regesten ungedruckter Urkunden, München betr., Medaillen auf berühmte Bayern, Die bayerischen Münzen des Hauses Wittelsbach von dem Ende des 12. bis zur Mitte des 16. Jahrhunderts 1180–1550, Münzen bayerischer Klöster, Kirchen usw., Die Medaillen und Münzen des Gesamthauses Wittelsbach, unvollendetes Manuskript (war als Festgabe zum 700jährigen Wittelsbacher Jubiläum — 1880 — gedacht).

ADB: 46, 340; Jahresbericht des historischen Vereins von und für Oberbayern, 1878, 78.

105
2–7–37

**Hanfstaengl* Franz, von, 1804(Baiernrain/Obb.)–1877, Lithograph, Photograph, Kunsthändler und Hofrat; er schloß sich schon sehr früh A. Senefelder (siehe dort!) und H. J. Mitterer (siehe dort!) an, nach Senefelders Tod begründete H. die Lithographische Anstalt, 1844 eine Anstalt für Kunstdrucke, der er nach der Erfindung durch F. von Kobell (siehe dort!) eine Anstalt für Galvanographie angliederte; 1853 gründete er ein Atelier für Photographie und bald darauf noch Lichtdruck- und Heliogravür-Ateliers; H., der es verstand, die technischen Erfindungen in den Dienst der Kunst zu bringen, machte sich vor allem durch die kunstfertige Reproduktion alter und neuer Gemälde verdient.

ADB: 10, 512; AM: 40; BL: 1904, 287 (mit B); Bo: 4, 12; HJ: 138 und 292; TB: 15, 586; UH: 135; Wo: 252 (mit B); A. Fingerle, München – Heimat und Weltstadt, 1965, 61.

**Schmeller* Johann Andreas, Dr. phil., 1785(Tirschenreuth/ 106
Opf.)–1852, Germanist, Universitätsprofessor und Biblio- 2–7–40
theksrat; aus ärmlichen Verhältnissen stammend konnte er sich ein Studium in der Jugend nicht leisten, er trat deshalb in ein Schweizer Regiment ein, das in spanischen Diensten stand, wurde 1806 Lehrer an einer in Madrid nach Pestalozzis Grundsätzen eingerichteten Probeschule und gründete, selbst ein Freund des Schweizer Pädagogen, in Basel eine Privatanstalt (1808); nach den Befreiungskriegen, an denen er als bayerischer Freiwilliger teilnahm, widmete sich Sch. vorzugsweise der Erforschung der bayerischen Mundart; HHww: Die Mundarten Bayerns, grammatisch dargestellt, und Bayerisches Wörterbuch (1827–37; 2. Aufl., v. G. Karl Frommann 1868/77; unveränderter Nachdruck der 2. Aufl. 1939, 2 Bde.); diese Arbeiten legten durch ihre strenge Methode, vor allem in bezug auf die Lautlehre, den Grund zu wissenschaftlichen Forschungen der deutschen Dialekte überhaupt und sind heute noch unentbehrliche Nachschlagewerke.

ADB: 31, 786; Al: 68; BL: 1891, 604 (mit B), 1892, 96 (mit B), 1898, 334, 1926, 660 (mit B), 1932, 388 (mit B); Doe: 29 und 303; GG: 86; GM: 107; Ra: Nr. 579; Schr: 413; St: 426; H. Föringer; in: Nachträgl. Beilage zum XVI. Jahresbericht des historischen Vereins von und für Oberbayern, 1855; L. Rockinger; in: Oberbayerisches Archiv, 43. Bd., 1886, 1; Historisches Jahrbuch, 62.–69. Bd., 1949, 431; H. Graßl; in: Verborgene Heimat, 1956, 23; W. J. Bekh, Maler in München, 1964, 114.

Auer Max Josef, 1795(München)–1878, Porzellanmaler; den 107
ersten Zeichenunterricht erhielt A. von seinem Vater Anton 2–7–41
Arnold A. und nach dessen Tod von H. J. Mitterer (siehe eingeebnet
dort!); 1823 trat A. in die Nymphenburger Porzellanmanufaktur ein, wo er mit Adler, Heinzmann, Le Feubre und Kristfeld das von seinem Vater begonnene Tafelservice vollendete; außerdem malte A. viele Teller- und Tafelbilder nach Origi-

nalen in der Alten Pinakothek, die zum Großteil in der Porzellangemäldesammlung der Bayerischen Staatsgemäldesammlung aufbewahrt sind; später war er auch als Aquarellist und Glasmaler tätig; großen Ruf erwarb sich A. durch die Vollendung und Feinheit seiner Ausführung; HHww: Kopien nach Rubens: Christus und Johannes als Kinder, Bildnis der Helene Forman, Kastor und Pollux entführen die Töchter des Königs Leukippos, nach Holbein: Bildnis des Schatzmeisters Sir Bryan Tuke, S. Barbara und Elisabeth, Lorenzo di Credi: Madonna, Raffael Santi: Bindo Altoviti.

ADB: 46, 84; Bo: 7, 8; Nagler–Meyer, Künstler-Lexikon, 1878, II, 435, TB: 2, 44; Baierische Annalen, 1834, 883.

3. Sektion

108
3–1–32
„Niedermayr"

Kefer Franz Xaver, 1763 (Axöd, Lkr. Eggenfelden/Ndb.) —1802, Pädagoge, Schulinspektor und Professor an der Militärakademie in München; um seinen Lebensunterhalt zu verdienen, übernahm er eine Hofmeisterstelle in München, wurde aber bald als Lehrer der Geographie und Repetitor der lateinischen Sprache an der kurfürstlichen Militärakademie, dem späteren Kadettenkorps, angestellt; sein Plan zu einem feiertäglichen Unterricht für Lehrlinge und Gesellen wurde 1793 von Kurfürst Karl Theodor genehmigt; ohne fremde Mittel eröffnete er in seiner Wohnung in der Sendlinger Straße beim Unterottlbräu diese Feiertagsschule für 400 Schüler; sein Mitarbeiter H. J. Mitterer (siehe dort!) gliederte dieser die von ihm begründete Zeichnungsschule an; Ks. Feiertagsschule kam später ins ehemalige Seidenhaus am Anger und schließlich ins ehemalige Hofwaisenhaus an der Kreuzstraße (1883 abgerissen); K. gehört zu den bewährtesten Pädagogen um 1800, sein Grabmal — heute rechts von der Aussegnungshalle untergebracht — verkündet mit den Worten der damaligen Zeit Ks. Bedeutung: „Tausende seiner Schüler durch Europa ehren sein Andenken in ihrem Herzen, Freunde und Mitgenossen seines Amtes durch Tränen."

BL: 1893, 573 (mit B), 1898, 405; HJ: 86; J. Hormayr, Taschenbuch, 1831, 419; Ra: Nr. 327; Feyertägliche Volks-, Industrie-Anstalten in München im Jahre 1818, 1818; Staatsarchiv für Oberbayern, GL 2825/1387.

**Schmidt* Maximilian, genannt „Waldschmidt", 1832(Eschlkam/Ndb.)–1919, Hauptmann und Schriftsteller; er besuchte seit 1848 das Münchner Polytechnikum, trat 1850 in den bayerischen Militärdienst, war Offizier im Topographischen Büro und Erzieher im Kadettenkorps und nahm mit Auszeichnung an den Feldzügen von 1866 und 1870/71 teil; 1874 trat Sch. als Hauptmann aus dem Heer und widmete sich in München der volkstümlichen Schriftstellerei; seine Erzählungen sind lebensfrisch, sie beschäftigen sich mit dem bayerischen Volksleben und – erst seit 1880 – mit Hochgebirgs- und Hochwaldslandschaften und sind kulturgeschichtlich von Interesse; HHww: Volkserzählungen aus dem Bayrischen Walde (4 Bde.), Der Schutzgeist von Oberammergau, Der Leonhardsritt, Selbstbiographie: Meine Wanderung durch 70 Jahre; Sch. war auch als Verfasser von Humoresken, Dialektgedichten und Volksstücken fruchtbar; seine gesammelten Werke erschienen in 34 Bänden als Volksausgabe (Reutlingen 1898–1903). 109 3–1–45

BL: 1902, 262 (mit B), 1911/12, 428 (mit B), 1919/20, 186 (mit B), 1932, 744; Brockhaus (1903): 14, 543; Kürschners Deutscher Literaturkalender, 1910, 1518; WI: 1286; W. Zils, Geistiges und Künstlerisches München in Selbstbiographien, 1913, 322.

Deckelmann Andreas, 1820(Nordhalben/Ofr.)–1882, Historien- und Porzellanmaler; Sohn eines Uhrmachers, lernte der 14jährige D. schon in der Schmidschen Porzellanmalerei in Bamberg, später an der Münchner Kunstakademie bei J. von Schnorr, wo er Kartons (Tod des Cheruskerfürsten Sigmar) und bei M. von Schwind (siehe dort!) Ölbilder (Macbeth und die Hexen) malte; um Mittel für eine Studienreise zu verdienen, betätigte er sich nebenbei in der Porzellanmalerei (Bildnisse der Königin Viktoria von England mit dem Prinzen Albert und anderen Mitgliedern des englischen Hauses auf einer Vase in der Porzellanmanufaktur), ferner durch Kopierung alter Meister für die Kunsthandlung von Wimmer-Humplmayr; nach einem dreijährigen Aufenthalt in Italien schuf er Ölbilder (Ludwig der Eiserne züchtigt die Raubritter) und Fresken (Episoden aus der Geschichte Ludwigs des Bayern für die historische Galerie des königlichen Wittelsbacher- 110 3–4–43 eingeebnet

Museums); später lieferte D. vorzügliche Porzellanplatten für F. Thalmayer, teils nach eigenen Kompositionen, teils nach bekannten Bildern von F. von Defregger.

Bo: 7, 24; TB: 8, 519.

111 3—12—24 *Michel* Johann Balthasar, 1755 (Mannheim)—1818, Weinhändler, Weinwirt, Pferdehändler und Münchens erster evangelischer Bürger; als M. das Anwesen an der Rosengasse Nr. 11 erwerben wollte, suchte das der Rat von München zu verhindern; nur durch unmittelbares Eingreifen des Kurfürsten wurde der Widerstand gebrochen; der Landesherr verfügte: „Nach reiflicher Überlegung und in der Gewißheit, daß das Recht auf meiner Seite ist, befehle ich hiemit meinem Stadtmagistrat, bis spätestens morgen abend 6 Uhr dem Handelsmann Michel aus Mannheim das Bürgerrecht zu erteilen, widrigenfalls ich mich genötigt sehen würde, mit strengsten Mitteln einzugreifen" (29. Juli 1801); eine besondere Flugschrift beschäftigte sich mit der „Geschichte der ersten Bürgeraufnahme eines Protestanten in München"; mit diesem Vorgang hat nicht nur Bayern, sondern auch München den Charakter der ausschließlichen Katholizität verloren; wie L. von Westenrieder (siehe dort!) berichtet, bangten die Münchner, in das von M. erworbene Haus würde der Blitz einschlagen; „Hier ruht der erste Protestant, dem Bayerns Hauptstadt das Bürgerrecht verlieh, und er war dieser Ehre wert", stand einst auf seinem Grabstein.

Geschichte der Bürgeraufnahme eines Protestanten in München, 1801; Bayerisches Regierungsblatt, 1807, 77; Doe (II): 487, 488 und 526; K. Baum, Südbayerische evangelische Diaspora, 1935; L. Turtur, Von der devotio domestica zum exercitium privatum religionis der Protestanten in München zu Beginn des 19. Jahrhunderts; in: Festgabe aus Anlaß des 75. Geburtstages von DDr. Karl Schornbaum, 1950, 131; Evangelische Diaspora in Bayern, 1951; O. Daumiller, Südbayerns evangelische Diaspora in Geschichte und Gegenwart, 1953; G. Merz, in Evangelische Diaspora München und Altbayern, 1959, 57; Evangelisches Gemeindebuch, Gesamtkirchengemeinde München, 1953; Häuserbuch der Stadt München, III. Bd., Hackenviertel, 1962, 380; A. Fingerle, München — Heimat und Weltstadt, 1965, 161.

112 3—12—52 **Pfeufer*+ Sigmund Heinrich, von, Freiherr, 1824 (Bamberg —1894, bayerischer Innenminister und Regierungspräsident

von Oberbayern; er studierte auf den Universitäten München und Heidelberg Rechtswissenschaften; seit 1850 war P. im bayerischen Staatsdienst, u. a. Sekretär im Innenministerium, Verweser und Direktor der Polizeidirektion München, Regierungspräsident der Pfalz, von 1871—1881 Staatsminister des Innern (im Ministerium Hegnenberg) und 1881—1894 Regierungspräsident von Oberbayern; P. führte eine Reihe wichtiger Reorganisationen durch, besonders soweit sie durch die neuen Reichsgesetze notwendig waren; wegen seiner Verdienste um die Landeshauptstadt wurde P. das Ehrenbürgerrecht verliehen.

BL: 1894, 189 (mit B); Schä: Nr. 49; E. von Marschalk, Hervorragende verstorbene Bamberger Juristen (Alt-Bamberg, 4. Jg.), 1900; A. Fingerle, München – Heimat und Weltstadt, 1965, 30.

(*)*Widder* Gabriel, von, Ritter, 1774(Mannheim)—1831, Generalkommissär des Isarkreises und Staatsrat; aus Mannheim kommend war W. anfangs Pflegskommissar und dann Landrichter des altbayerischen Pfleggerichts Schwaben (östlich von München); 1803 war er Generallandesdirektionsrat in München, 1806 Direktor des Guberniums in Innsbruck, 1808 war er geheimer Referendär im Finanzministerium und von 1819 bis 1831 Generalkommissär und Präsident des Isarkreises; wegen seiner Verdienste wurde W. das Großkreuz des Verdienstordens der Bayerischen Krone verliehen; bei den Münchner Studentenunruhen zu Weihnachten 1830 hat der reaktionäre Regierungspräsident das Mißtrauen des Königs gegen diese unterstützt. 113 3–12–54

Doe: 101; Schä: Nr. 343; Schr: 71.

4. Sektion

Reuther Josef, 1740—1813, bürgerlicher Kornkäufler in München; R. ist eines der über 100 Opfer des Einsturzes der Isarbrücke vom 13. IX. 1813; die heute völlig verblichene Grabinschrift mahnt in der Sprache der damaligen Zeit an eine Katastrophe: „Mein lieber Leser fasse dich, steh still / Und lies jetzt meine Trauer und Todesgeschicht. / Im Jahre acht- 114 4–1–33/34 zehnhundert und dreyzehn / Mußten die Bewohner Münchens / Der schauernden Geschichte jammervoll entgegen sehen / Wo am dunklen Abend des Septembers / Zum Schrekkensbild an dem dreyzehnten Tag / Die Isarbrücke jäh nach sechs Uhr Schlag / Mit vielen Menschen durch des Stromes Wuth / Schäußlich grausam unter Schutt und Wellen lag / Entrissen war dem Weib der Mann / Vermißt auf ewig hin ein Vater / den fünfen seiner theuren Kinder / Nun Freund und wer du immer bist / Und wenn dein Herz noch edel und gefühlvoll ist / So weine / Am diesen seltnen Mann, den edlem Baier / bei seinem Leichensteine / Und werde auch, wie er ein Mann / So tugendhaft — so gut — und dann / Dann wird auch einst dein Leichenstein / Mit Thränen von den wenig Edlern / Sicher und gewiß umflossen sein." Auch das farbige Bild vom Isarbrückeneinsturz ist nicht mehr erkennbar „bedeutsam ist das weinende Engerl über dem Grabmal" (klassizistisch).

BL: 1890, 189 (mit B); J. Meyer, Was das Münchner Kindl erzählt, 1922, 195; Wo: 94 (mit B).

115 *Giehrl* Emmy, geb. Aschenbrenner, 1837(Regensburg)—1915,
4—1—45 Bezirksamts-Assessorswitwe und Schriftstellerin; sie ist eine Tochter des — ebenfalls hier bestatteten — Finanzministers Dr. Josef Aschenbrenner, 1798(Neumarkt a. d. Rott/Obb.)—1858 (s. Schä: Nr. 3!); hervorragende Lehrer und Professoren unterrichteten sie zu Hause; nach 18jähriger Ehe schrieb sie, über ein halbes Jahrhundert durch ein Rückenmarksleiden ans Krankenbett gebunden, zahlreiche fesselnde, ethisch-religiöse, dabei aber nicht einseitig-katholische, Jugendschriften; trotz ihrer schweren Leiden hatte sie wärmste Liebe zur Jugend bewahrt; sie wurde deshalb „Tante Emmy" genannt; HHww. Neue Märchen, Kinderbüchl, Meister Fridolin, Erinnerungen an Weber, Bilderbuch für brave kleine Kinder, Kreuzesblüten, Erinnerungen an meine Kindheit, Der Kreuzweg auf dem Krankenbett, Büchl für Erstkommunikanten, Zum fünfzigsten Jahrestag meiner Krankheit, Allgemeine Sammlung der sämtlichen Jugend- und Volksschriften der Tante Emmy; Gs. Jugendschriften werden heute noch gern gelesen.

WI: 517; Prinzessin Hildegard von Bayern, 1916; M. Müller, 1917; Die christliche Schule, 10. Jg., 1919.

**Gruithuisen* Franz Paula, Dr. med., von, 1774(Haltenberg am Lech, Lkr. Schongau/Obb.)–1852, Arzt, Naturforscher, Astronom und Universitätsprofessor; er erlernte Chirurgie und nahm 1788 als Feldchirurg in der österreichischen Armee Dienste; in Landshut studierte er dann Philosophie und Medizin; 1808 wurde G. Lehrer der Naturkunde an der landärztlichen Schule in München und 1826 Professor der Astronomie an der Universität München; HHww: Über die Existenz der Empfindungen in den Köpfen und Rümpfen der Geköpften und von der Art, sich darüber zu belehren, Einführung in das Studium der Arzneikunde, Anthropologie, Organozoonomie, Über die Natur der Kometen, Mitarbeit an „Analekten für Erd- und Himmelskunde" und „Astronomisches Jahrbuch"; viel Aufsehen erregte Gs. phantastischer Aufsatz in Kastners „Archiv" über die „Entdeckung vieler deutlicher Spuren der Mondbewohner, besonders eines kolossalen Kunstgebäudes derselben"; seine astronomischen Forschungen werden heute ernster aufgenommen; auf medizinischem Gebiet besteht seine Leistung darin, daß er zuerst und lange vor Civiale ein Instrument zum Zerbröckeln der Blasensteine erfand. 116 4–2–47

ADB: 10, 6; BL: 1899, 559, 1932, 152; BLÄ: 2, 873; Biographisch-litterarisches Handwörterbuch, 1. Bd., 1863; NND: 30, 424; St: 384; M. Permaneder, Annales der Universität München, Teil 5, 455; E. Ringseis, Erinnerungen des J. N. von Ringseis, 2. Bd., 1886; S. Günther, Festrede, 1914.

(*)*Olivier* Ferdinand, von, 1785(Dessau)–1841, Landschaftsmaler und Akademieprofessor; O. lernte in Dresden und kam im Auftrag des Herzogs von Anhalt-Dessau nach Berlin und Paris, bis er sich 1811 in Wien niederließ, 1833 wurde O. als Professor der Kunstgeschichte an die Münchner Kunstakademie berufen; berühmt sind seine Landschaften, vor allem römische; HHww: Zug der Pilger, Sieben Gegenden aus Salzburg und Berchtesgaden, Hausaltar; O. betonte die künstlerische Bedeutung der figürlichen Staffage in der Landschaft, seine Landschaften zeugen von tiefem Naturstudium. 117 4–2–54 eingeebnet

ADB: 24, 308; AM: 93; Bo: 3, 20; TB: 26, 1.

Bayer Alois, 1802(Sulzbach/Opf.)–1863, Hofopernsänger und Mitglied des Münchner Hoftheaters; in seiner Kindheit schon wurde der berühmte Bariton Mittermaier auf seine Talente 118 4–3–23

aufmerksam, der seine Ausbildung förderte; König Max I. sagte, als er in Tegernsee sang: „Aber der Bub singt schön!"; seit 1823 (–1843) war er Mitglied des königlichen Theaters an der Residenz; er war ein Heldentenor im wahrsten Sinn des Wortes, ein allseitig begabter dramatischer Gesangskünstler, tragischer und romantischer Held; er schied mit einer Abschiedsvorstellung als König Lusignan in F. von Lachners (siehe dort!) „Katharina Cornaro", in welcher das Publikum mit Tränen wie von einem Bruder Abschied nahm, als innerlich gelähmter Mensch; sein Haus, der „Oberottl" an der Sendlinger Straße, war ein Zentrum des Musiklebens, wo besonders Kammermusik gepflegt wurde; Bs. Porträt wurde im Foyer des wiedereröffneten Nationaltheaters aufgestellt.

ADB: 2, 618; Bo: 6, 4; H. Riemann–A. Einstein, Musik Lexikon, 11. Aufl., 1929, 126; Schr: 200 und 202; Ze: 131–455 (passim); Theaterzeitung der staatl. Bühnen Münchens, 3. Jg., 1922; Münchner Stadtanzeiger, Nr. 36 vom 6. IX. 1963, 5.

119 *Kiliani* Max Emanuel, von, Exzellenz, 1821(Landshut)–1893,
4–4–13 General der Kavallerie; Sohn eines Reiteroffiziers, der fast alle Feldzüge von 1790–1815 mitgemacht hatte, trat K. nach Absolvierung des Kadettenkorps in München 1839 als Junker in das 1. Chevauleger-Regiment Kronprinz Maximilians ein; 1841 Unterleutnant, 1842 Leutnant, 1848 Oberleutnant, 1858 Rittmeister, 1865 Major und 1867 Oberstleutnant, wurde er Kommandant der neu errichteten Equitationsanstalt; im Kriege von 1870/71 führte er das 2. Chevauleger-Regiment, wurde 1872 Oberst und 1874 Kommandeur der 3. Kavallerie-Brigade, 1882 wurde K. Generalmajor und 1883 Divisionskommandeur (seit 1889 General der Kavallerie); 1861 und 1863 war er einer bayerischen Kommission zum Studium der Österreichischen Equitation zugeteilt, wo er die Generäle der Kavallerie Fürst Taxis und den berühmten Baron von Edelsheim kennenlernte, dessen System auf seine Anregung in Bayern eingeführt wurde; als Adjutant von der Tanns machte K. den dänischen Feldzug und den Sturm auf die Düppler Schanzen bei der Sturm-Kolonne mit; Ks. Name ist nicht nur mit der Entwicklung der bayerischen Kavallerie eng verbunden, auch bei den übrigen deutschen Heeresteilen und in Österreich ist er als einer der hervorragendsten Reiteroffiziere bekannt; die

bayerische Kavallerie verdankt K. ihre hohe technische und taktische Ausbildung.

Bo: 2, 8; Militär-Wochenblatt, Nr. 11 vom 8. II. 1893, 295; Kriegsarchiv, München, HS VI., 9 und Offiziers-Personalakt Nr. 11638.

*Diez Friedrich, 1805(Waldkirch/Baden)—1892, Hofopernsänger; er kam von Mannheim und trat 1837 in den Verband der Hofbühne in München; seine Glanzpartien lieferte D. in Raoul, Tamino und Arnold; aus gesundheitlichen Gründen mußte er leider schon nach 12jähriger erfolgreicher Tätigkeit auf die Bühne verzichten (seit 1840 in Pension). 120 4–8–57 eingeebnet

Bo: 6, 17; Ze: 255—360 (passim).

*Diez Sophie, geb. Hartmann, 1820(München)—1887, Hofopernsängerin; Frau des Hofopernsängers Friedrich D. (siehe dort!); sie war ursprünglich Chorsängerin an der Münchner Oper, wurde aber nach ihrer Ausbildung unter Lenz und F. von Lachner (siehe dort!), als sie in Cherubinis „Wasserträger" mit äußerst glücklichem Erfolg debütierte, sofort als Solistin engagiert; in dieser Eigenschaft wirkte D. als Zierde der Münchner Hofbühne von 1834—1878; sie gehört zu den gefeiertsten Liedersängerinnen. 121 4–8–57 eingeebnet

Bo: 6, 18; Ze: 257—505 (passim).

*Zenetti° Arnold, von, Ritter, 1824(München)—1891, städtischer Oberbaurat; nach Studium der Ingenieurwissenschaften und der Architektur in München trat Z. 1850 in den Dienst der Stadt München, wo er es zum Oberbaurat und zum Vorstand des Münchner Stadtbauamts brachte; Z. hat an dem baulichen Aufschwung Münchens einen wesentlichen Anteil, da er in seiner Stellung für die Verschönerung, Sanierung (ausführende Hand von M. von Pettenkofer — siehe dort!), Reinlichkeit und Feuersicherheit der Stadt energisch sorgte; besondere Verdienste erwarb er sich um das neue Münchner Wasserwerk und die Durchführung der Kanalisation; auch war Z. Mitbegründer und Kommandant der Freiwilligen Feuerwehr und organisierte das gesamte städtische Löschwesen; HHww: Münchner Schlacht- und Viehhof, Alter nördlicher Friedhof an der Arcisstraße in München, Entwurf 122 4–11–1

zum Schulhaus am Anger (moderner Renaissancestil), Pläne für den Rathausbau in München und für Brunnen und Friedhofskreuze; Zs. Name ist stets wie der M. von Pettenkofers mit den sanitären Reformen Münchens verbunden.

ADB: 45, 53; HJ: 233 und 329; Ra: Nr. 721; A. Seubert, Allgemeines Künstlerlexikon, 2. Aufl., 2. Bd., 1879, 628; 2. Morgenblatt Nr. 243 der Allgemeinen Zeitung vom 2. IX. 1891, 3; Abendblatt Nr. 244 vom 3. IX. 1891, 5; Morgenblatt Nr. 245 vom 4. IX. 1891, 3; Wasserversorgung der Stadt München, 1898; A. Fingerle, München – Heimat und Weltstadt, 1965, 32; A. Alckens, Münchner Forscher und Erfinder des 19. Jahrhunderts, 1965, 131.

123 *Fischer* Franz, von, Ritter, 1849(München)–1918, Hofkapell-
4–11–3 meister und Generalmusikdirektor; er wurde als Cellovirtuose ausgebildet, sein erstes Engagement erhielt er als Solocellist an der Oper in Budapest; von hier aus ging F., durch Hans Richter empfohlen, nach München und Bayreuth; 1875 ist er in Beziehung zu Richard Wagner getreten, 1876 wurde F. Chordirektor bei der Aufführung der Nibelungen, 1877 Hofkapellmeister in Mannheim, seit 1879 an der Hofoper in München und Leiter des Akademiekonzerts; seine größten Erfolge hatte F. als Dirigent der Wagnerschen Werke; er dirigierte den Parsival bei den Bayreuther Festspielen von 1882–1884 und 1899; F. war einer der größten Dirigenten Münchens.

H. Riemann–A. Einstein, Musik Lexikon, 11. Aufl., 1929, 511; WI: 424; Ze: 123; A. von Mensi-Klarbach, Alt-Münchner Theater-Erinnerungen, 1924, 99; Nationaltheater München, Festschrift 1963, 74 (mit B).

124 (*)*Miller* Wilhelm, Dr. rer. nat., von, 1848(München)–1899,
4–12–18 Chemiker und Professor; nach eingehenden Studien der Naturwissenschaften in München wurde M., Sohn des Erzgießers F. von Millers des Älteren (siehe dort!) und Bruder des Elektroingenieurs O. von Miller, Professor der Chemie an der Münchner Technischen Hochschule; er arbeitete vor allem auf dem Gebiet der organischen Chemie und gab (zusammen mit Kiliani) das „Lehrbuch der analytischen Chemie“ heraus (6. Aufl. 1909); M. arbeitete zum Teil mit anderen Chemikern auch über Biebricher Scharlach, Aldehydgrün und Chinin.

BL: 1899, 558, 1932, 450; Bo: 3, 16; Herder: 5, 1755; Das Katholische Deutschland, 2. Bd., 1933 ff., 3008; A. Alckens, Münchner Forscher und Erfinder des 19. Jahrhunderts, 1965, 167.

**Baader* Josef, Dr. med., von, 1763(München)–1835, Ober- 125
bergrat, Ingenieur und Geheimer Rat; dieser ältere Bruder 4–12–29
des Philosophen Fr. von Baader (siehe dort!) studierte zuerst eingeebnet
Medizin, dann Technik, von 1787/95 arbeitete er in England und wurde 1798 Direktor der Maschinen und des Bergbaus in Bayern, 1808 Geheimer Rat, später Oberbergrat und Mitglied der BAkdW; er bereiste dann 1815 Frankreich zu Studienzwecken; B. ist sehr verdient um die Anlage der ersten Eisenbahnen; er erfand auch das sogenannte „Baadersche Gebläse", das Druckwerk zu den Springbrunnen im Nymphenburger Park und schrieb viele fachkundliche Beiträge; B's Eisenbahnverbesserungen waren von grundlegender Bedeutung für die Entwicklung des Schienenwegs; HHww: Beschreibung eines neuerfundenen Gebläses, Vollständige Theorie der Saug- und Hebepumpen, Neue Vorschläge zur Verbesserung der Wasserkünste beim Bergbau und Salinenwesen, Von der neuesten Verbesserung der Eisenbahn.

ADB: 1, 725; BL: 1899, 544, 1926, 640; GG: 46; HJ: 19 und 64; J. Hormayr, Taschenbuch, 1831, 425; Das Katholische Deutschland, 1. Bd., 1933, 84; Ma: 10; NDB: 1, 476; Schr: 316 und 415; St: 333; Th. Siber, Gedächtnisrede auf J. v. B., 1836; E. Kohler, Georg von Reichenbach, 1933; A. Alckens, Münchner Forscher und Erfinder, 1965, 54, 91 und 169.

5. Sektion

Moritz Josef, 1769(Ensdorf/Opf.)–1834, Historiker, Hoch- 126
schulprofessor und Archivar; ehemaliger Benediktiner des 5–1–7
Klosters Ensdorf (Klostername Benedikt), wurde M. nach „Silverio"
Klosteraufhebung mit der Verwaltung einer aus den oberpfälzischen Klöstern in Amberg gebildeten Provinzialbibliothek betreut; seit 1824 Professor des Kirchenrechts in Dillingen, lebte er zuletzt in München als Funktionär des königlichen Allgemeinen Reichsarchivs und wurde wegen seiner historischen Abhandlungen Mitglied der BAkdW; er beschäftigte sich als Archivar mit der Edition der Kaiserurkunden

in den „Monumenta Boica“ und schrieb für die Abhandlungen der historischen Klasse der BAkdW eine Geschichte der Grafen von Sulzbach, die von der Akademie preisgekrönt wurde.

ADB: 22, 307; GM: 81; St: 277; A. Lindner, Die Schriftsteller des Benediktiner-Ordens in Bayern, 1. Bd., 1880.

127
5–1–19
eingeebnet

(*)*Neher* Michael, 1798(München)–1876, Architektur- und Genremaler und Konservator des Münchner Kunstvereins; [Bruder des Biberacher Historien- und Kirchenmalers Bernhard N. – 1806(Biberach)–1886(Stuttgart) –, der für das Münchner Isartor das 2 Meter hohe und 20 Meter lange Fresko des Siegeszugs Kaiser Ludwigs des Bayern nach der Schlacht bei Ampfing schuf (wo in den Köpfen der Magistratsherren die Porträts von ihm selbst, von Gärtner, Ringseis, den Gebrüdern Eberhardt u. a. verewigt sind], studierte er an der Münchner Kunstakademie bei Angelo Quaglio (siehe dort!), nach einem Romaufenthalt (1823–1826) machte er sich durch architektonische Darstellungen (Dome zu Magdeburg, Prag und Braunschweig in der Bayerischen Staatsgemäldesammlung) bekannt, im Schloß Hohenschwangau schuf N. Bilder nach Kompositionen von Rubens und Schwind (siehe dort!), daneben hat er auch Federzeichnungen von den Umgebungen von Rom und Neapel, Genrestücke, Kostümbilder und Landschaften hinterlassen.

ADB: 23, 388; AM: 89; Bo: 3, 18; TB: 25, 380; UH: 163; Wo: 82 und 90; F. P. Zauner, München in Kunst und Geschichte, 1914, 153.

128
5–1–20
eingeebnet

Haller Johann Nepomuk, 1792(Innsbruck)–1826, Bildhauer; nach einer ersten Ausbildung in seiner Tiroler Heimat studierte er in München an der Kunstakademie, von 1819–1823 verweilte er auf Vermittlung seines Gönners, des Königs Max. I. von Bayern, in Italien; H. wurde auch von Ludwig I. sehr gefördert; HHww: Statuen in den Nischen der Glyptothek, im Schloßpark von Nymphenburg und in der Hofloge des Münchner Nationaltheaters, Büsten zeitgenössischer Persönlichkeiten wie Fraunhofer, Westenrieder, Klenze (siehe dort!) u. a. (ehemals in den Alten Arkaden des Südlichen Friedhofes).

ADB: 10, 431; Bo: 6, 40; TB: 15, 518; Tiroler Künstlerlexikon, 1830; Wu: 7, 242.

**Spix* Johann Baptist, von, 1781 (Höchstädt a. d. Donau/Schwa- 129
ben)–1826, Naturwissenschaftler, Forschungsreisender, Hof- 5–1–21
rat und Konservator des zoologischen Museums; er studierte eingeebnet
ursprünglich in Würzburg Theologie, wandte sich jedoch bald der Medizin zu; 1808 wurde er Adjunkt der BAkdW; 1817 war S. mit K. F. Ph. von Martius (siehe dort!) zu einer naturwissenschaftlichen Expedition nach Brasilien ausersehen, von der er 1821 mit reichen Sammlungen zurückkehrte; Ww: Geschichte und Beurteilung aller Systeme in der Zoologie; Cephalogensis sive capitis ossei structura; Reise in Brasilien (mit Martius herausgegeben), Prachtwerke der auf der brasilianischen Reise neuentdeckten Tierarten.

ADB: 35, 231; BL: 1908, 192; GG: 73; J. Hormayr, Taschenbuch, 1831, 386; NND: 4, 888; L. Schrott, Bayerische Weltfahrer, 1964, 182 (mit B).

**Lindwurm* Josef, Dr. med., von, 1824 (Würzburg)–1874, 130
Arzt, Universitätsprofessor und Direktor des städtischen 5–1–38
Krankenhauses Links der Isar in München; L. studierte in Würzburg, Heidelberg, Wien, Paris, Edinburg und Dublin; 1859 wurde er Professor der speziellen Pathologie und Therapie und 1865 Krankenhausdirektor (nach dem Tod Pfeufers); einem langwierigen Brustleiden ist er erlegen; HHww: Typhus in Irland; Über Typhus-Recidive und Typhus-Infektion im Krankenhaus München Links der Isar, L. hat auch Stockes „Handbuch der Krankheiten des Herzens und der Aorta" übersetzt; er zählt zu den hervorragendsten Klinikern und Diagnostikern seiner Zeit.

BL: 1899, 605; BLÄ: 3, 794; Herder: 5, 829; Ra: Nr. 382; Chronik der Universität München für 1873/74, 7; J. Bauer, Nekrologisches deutsches Archiv für klassische Medizin, 14. Bd., 1874, 163.

Fentsch Eduard, 1814 (München)–1877, Finanzkammerdirek- 131
tor und Schriftsteller (Pseudonym Frater Hilarius); er stu- 5–1–42
dierte in München Rechte und war seit 1875 Direktor der eingeebnet
Finanzkammer in Augsburg; berühmt war F. als langjähriger Schriftleiter des Taschenbuchs für deutsche Frauen „Cornelia", Mitarbeiter der „Fliegende Blätter", der „Hauschronik" von Braun und Schneider, der von Riehl und geleiteten Sammlung „Bavaria" und des „Sammler" (Beilage zur Augsburger

Abendzeitung), auch als Folklorist, Erzähler und Jugendschriftsteller; HHww: Maipredigten, Südliche Rache, Fresko-Abenteuer in einem Akt, Lichtes und Dunkles, Aus der Tiefe, Non possumus, 3 Bde., Gedenkbuch der Jubiläumsfeier Münchens im September 1858.

ADB: 6, 621; BL: 1915/16, 113; Das Katholische Deutschland, 1. Bd., 1933, 733; Wo: 226, 407, 419 und 447.

132
5—2—1
Senefelder Alois, 1771(Prag)—1834, Vervollkommner des Steindrucks und „Inspektor der Lithographie"; er wollte eigentlich Schauspieler werden; um Notentexte billig herzustellen, kam er durch Zufall auf das Steindruckverfahren, das eigentlich von dem Kanoniker an der Münchner Frauenkirche, Simon Schmid (siehe dort!), her bereits bekannt, aber nicht verwertet worden war; S. wird also nicht ganz zu Recht der „Erfinder" der Lithographie genannt; er verkaufte die Erfindung an den Musikverleger Andreé nach Offenbach und gründete 1806 in München selbst eine chemische Steindruckerei, drei Jahre später wurde dem „königlichen Inspektor der Lithographie" die Aufsicht über die königliche Steindruckerei, die vorzüglich mit der Herstellung der Steuerkataster und Landkarten betraut war, übertragen; 1833 war S. die Erfindung geglückt, die auf Stein getragenen Ölgemälde auf Leinwand zu drucken, nachdem er bereits 1826 die Herstellung des ersten Farbendrucks ermöglicht hatte; seine Erfindung war für die Reproduktionstechnik, die in den folgenden Jahrzehnten durch die Fa. Hanfstaengl ungeheuren Aufschwung erlebte, von ausschlaggebender Bedeutung.

ADB: 34, 8; Al: 75; BL: 1898, 372, 1906, 279, 1932, 134, 1957, 473; HJ: 24; Ma: 247; Ra: Nr. 615; Schr: 315 und 415; St: 374; A. H. F. Schlichtegroll, Brief über die Erfindung des Steindrucks, O. J.; F. M. Ferchl, Geschichte der Errichtung der ersten Lithographischen Kunstanstalt bei der Feiertagsschule für Künstler und Technik in München, 1862; L. Pietsch, 1871; A. Alckens, Münchner Forscher und Erfinder des 19. Jahrhunderts, 1965, 41 (mit B); A. Fingerle, München — Heimat und Weltstadt, 1965, 61.

133
5—2—23
eingeebnet
Faustner Leonhard, 1815(München)—1884, Glas-, Architektur-, Landschaftsmaler und Vorstand der Königlichen Glasmalerei; Sohn eines Hofsattlers, besuchte F. die Münchner Kunstakademie, wurde Maler in der Königlichen Porzellan-

manufaktur und schließlich einer der bedeutendsten Glas- und Architekturmaler seiner Zeit, nach Ableben M. E. von Ainmillers (siehe dort!) wurde er Direktor der Königlichen Glasmalereianstalt; F. lieferte als Maler eine Reihe riesiger Fensterbilder, z. B. nach St. Jodok in Landshut, nach London (St. Paulskirche), Glasgow, Oxford und Köln, zuletzt das große Glasbild, das die Rheinische Eisenbahngesellschaft mit einer Darstellung des Ersten Konzils in Jerusalem in den Kölner Dom stiftete; die Bayerische Staatsgemäldesammlung besitzt sein Bild „Mädchen im Hausgang".

ADB: 48, 504; Bo: 5, 9; TB: 11, 303; UH: 128.

**Menter* Sophie, 1846(München)–1918, berühmte Klavier- 134
virtuosin; als Tochter des Cellovirtuosen Josef M. war sie 5–2–35
Schülerin von Tausig, Bülow und Liszt; 1872/86 war M. mit eingeebnet
dem Cellisten David Popper verheiratet, 1883/87 Lehrerin am St. Petersburger (= Leningrader) Konservatorium; sie wurde auch auf ausgedehnten Konzertreisen, besonders als Beethoven- und Liszt-Spielerin, ob ihrer glänzenden Technik und ihres seelenvollen Vortrags gefeiert.

Bo: 4, 23; Herder: 5, 1604; H. Riemann–A. Einstein, Musik Lexikon, 11. Aufl., 1929, 1158.

(*)*Schönchen* Ludwig, 1817(München)–1873, Journalist, Ge- 135
heimer Hausarchivar und Königlicher Rat; er studierte in 5–5–53
München Rechte und übernahm dann 1838 die Redaktion der „Steidel"
(katholischen) „Augsburger Postzeitung"; 1851 übertrug ihm der Minister Graf Reigersberg die Leitung der ministeriellen „Neue Münchener Zeitung", die er bis zur Entlassung dieses Ministers (1858) innehatte, dann wurde er akademischer Beamter („Sekretär") im Geheimen Hausarchiv, später mit dem Titel eines königlichen Rats, blieb aber dabei weiterhin publizistisch tätig; von 1864 an besorgte Sch. die 3. Auflage der Manzschen Realencyclopädie, die 1865–1873 in zwölf Bänden erschien; HHww: Geschichte der Stadt Augsburg (für den 2. Band der „Bavaria"), Bayern, seine Geschichte und sein Beruf (für letztgenannte Schrift verlieh ihm der deutsche Kaiser seinen Kronorden); Schs. Vater war der berühmte – im selben Grab liegende – Hofmusiker Karl Sch., seine Nichte

— ebenfalls hier bestattet — die gefeierte Hofschauspielerin Amalie Sch.

ADB: 32, 283; (BJDN: 10, 96); Jahresbericht des historischen Vereins von und für Oberbayern, 1871/72, 195.

136 5–11–5 *Fink* August, 1846(München)–1916, Landschaftsmaler und Akademieprofessor; er war zuerst Kaufmann, wurde dann Schüler von A. Stademann (siehe dort!), E. Schleich (siehe dort!) und seit 1872 von A. Lier (siehe dort!), später schloß er sich an J. Wenglein an; F. malte meist bayerische Herbst- und Winterlandschaften, oft in Verbindung mit Jagdszenen; seine Bilder besitzen die Bayerische Staatsgemäldesammlung, die Kunstvereinsgalerie, die städtische Kunstsammlung Nürnberg sowie der Wittelsbacher Ausgleichsfond; für die Decke des hellblauen Saals in Herrenchiemsee malte F. Jagdszenen; Fs. stimmungsvollen, meist mit Wild bevölkerten Herbst- und Winterlandschaften sind im Druck sehr verbreitet. HHww: Der Wintermorgen im Gebirge, Herbst im Karwändel (!), Isar-Auen u. a.

Bo: 6, 29; TB: 11, 573; WI: 421.

137 5–13–23 eingeebnet **Lewald* August, 1792(Königsberg/Ostpr.)–1871, Schriftsteller und Schauspieler; er studierte in Königsberg, machte den Krieg gegen Frankreich bis 1815 mit, verkehrte nachher mit Holtei und Schall, wirkte seit 1818 in Brünn und München als Schauspieler; seit 1824 war er Theaterdirektor in Nürnberg (auch Mitredakteur des „Nürnberger Korrespondenten") und Bamberg; später ging L. nach Hamburg, Paris, München und Stuttgart, wo er 1835 die Zeitschrift „Europa, Chronik der gebildeten Welt" gründete, die er später nach Karlsruhe verlegte; 1849 finden wir ihn in Stuttgart als Schriftleiter der konservativen „Deutschen Chronik" und bald hernach als Spielleiter des Hoftheaters; er wurde 1852 in München katholisch, wo er als Privatmann, Erzähler und Dramatiker von zeitgeschichtlicher Bedeutung lebte; HHww: Geschichte der Musik, Schauspiele, Die Geheimnisse des Theaters. Entwurf einer praktischen Schauspielerschule, Panorama von München (2 Bde.).

ADB: 18, 521; BL: 1912/13, 345; Bo: 3, 12; Schr: 207; A. Rosenthal, Konvertiten-Bilder aus dem 19. Jahrhundert, 1. Bd., 3. Teil, 1872; Wo: 134.

**Fröhlich* Ernst, 1810(Kempten)—1882, Landschaftsmaler und 138
Illustrator; schon als Schüler der Münchner Akademie ist er 5—15—39
von der historischen Komposition zur freien Genre-, Tier- eingeebnet
und Landschaftsmalerei übergegangen und beschäftigte sich als phantasiebegabter Humoresken- und Buchschmuckzeichner; ein leidenschaftlicher Jagdfreund, veröffentlichte er in Mannheim zunächst mehrere Folgen von „Jagderinnerungen", denen er dann eine Originalbleistiftzeichnung mit Ansicht des Marktplatzes zu Boppard/Rh. in der Berliner Nationalgalerie und 1841 eine Lithographienserie mit 79 Ansichten von Maskengruppen aus dem Mannheimer Maskenfest folgen ließ; seit 1849 ist F. in München ständiger Mitarbeiter der „Fliegende Blätter" und des „Münchener Bilderbogen"; am bedeutendsten seine „Scheibenbilder"; Fs. Volkstrachtenbilder sind kostümgeschichtlich äußerst wertvoll.

Bo: 6, 32; TB: 12, 510.

Gail Wilhelm, 1804(München)—1890, Herzog-Leuchtenber- 139
gischer Kabinettsrat und Architekturmaler; Sohn eines kur- 5—16—9
fürstlichen Galerieaufsehers und Schwager P. von Hess' (siehe eingeebnet
dort!), studierte G. an der Münchner Kunstakademie, bereiste 1825 Italien, erwarb sodann durch seine Architekturbilder (z. B. Wasserleitung in der Campagna, Klosterhof in Viterbo) und Genrestücke (Rückkehr neapolitanischer Schiffer, Zimmer eines Chirurgen in einem Kapuzinerkloster in Rom) volkstümliche Beliebtheit; 1830 verweilte G. in Frankreich, dann wieder in Italien und Spanien; auch hier war er sehr fruchtbar (Klosterkapelle mit betenden Nonnen, Löwenhof in der Alhambra, Klostergang einer spanischen Kirche); endlich heimgekehrt, wählte er daneben zahlreiche Motive aus der deutschen Umwelt; 1854 war G. Generalbevollmächtigter und Kabinettsrat des Herzog Nikolaus von Leuchtenberg.

ADB: 49, 237; AM: 36; TB: 13, 74; UH: 132.

**Spitzweg* Karl, 1808(München)—1885, Apothekerprovisor 140
und Genremaler; er war anfangs Apotheker und wandte sich 5—17—10
erst seit etwa 1835 der Malkunst zu; als Autodidakt hat er sich durch Studien und Kopien älterer Meister gebildet, wobei er vor allem in Paris von Barbizon angeregt wurde; S. gilt als Hauptmeister der Münchener Genremalerei, die Vielseitig-

keit in seinem Wesen voll sprudelnden Witzes kommt in der Schilderung kleiner Landstädte mit winzigen Gäßchen und hohen Dächern, behaglichen Philistern und poetisch trauten Stübchen und Gärten zum Ausdruck; altmeisterliche Feinheit vereinigt sich im Kolorit seiner vornehmen Kabinettstücke mit modernem Farbenempfinden; HHww in der Bayerischen Staatsgemäldesammlung: Der arme Poet, Im Dachstübchen, Die beiden Einsiedler; in der Schack-Galerie: Serenade aus dem Barbier von Sevilla, Der Abschied, Sennerinnen auf der Alm; Werke auch in Galerien von Dresden, Leipzig und Berlin; seit 1846 beteiligte sich S. auch als Illustrator bei den „Fliegende Blätter"; seine Werke erschienen seit 1886 in zwei größeren Sammlungen „Spitzweg-Mappe" und „Spitzweg-Album". Ss. Grab wird am meisten gefragt.

ADB: 35, 226; Al: 76; W. Andreas–W. von Scholz, Die Großen Deutschen, 5. Bd., 1937, 212; Ra: Nr. 360; Schr: 296, 359, 361 und 413; TB: 31, 394; Trautm: 1, 45; UH: 178; Wo: 230; R. Oldenbourg, Die Münchner Malerei im neunzehnten Jahrhundert, II. Teil (von H. Uhde-Bernays), 1922, 32–225 (passim); J. Bernhart, Das Spitzwegbuch, 1934; E. Kalkschmidt, 1945; O. Gluth, Der verhexte Spitzweg (Roman); Katalog zur 150. Geburtstags-Ausstellung 1958 der städtischen Galerie München, 1958; Weihrauch, Kunstchronik, 1958, 89; W. Spitzweg, Der unbekannte Spitzweg, 1958; H. Roth, Der Zwiebelturm, 13., 1958, 137; Gehört – Gelesen, 5, 1958, 118; Deutsche Apothekerzeitung, 98, 1958, 113; A. Roennefahrt, Die Handschriften des Malers Sp.: Die Weltkunst, 28, 1958, H. 15, 5: A. Roennefahrt, Mit Spitzweg auf Reisen, Stuttgart 1958; W. J. Bekh, Maler in München, 1964, 152.

6. Sektion

141
6–1–43
eingeebnet

Bodmer Gottlieb, 1804 (Hombrechtikon, Kt. Zürich/Schweiz) –1837, Porträtmaler und Lithograph; er stand als Porträtmaler ursprünglich sehr unter dem Einfluß J. von Stielers (siehe dort!) und wurde später Lithograph; durch seine allzustrengen technischen Handhabungen ruinierte er anfangs jedoch den Steindruck, den er vor allem zur Kopierung von Gemälden aus der Münchner Schule seiner Zeit benützte; bei einem Aufenthalt in Paris (1831) bildete sich B. noch weiter aus, so daß sein System mit unbestreitbar bestechlichem Geschick und nicht ohne malerischen Sinn ein direkter Rivale des Kupferstichs wurde; heute gilt B. als der Begründer „einer eigenen, dem Kupferstich ähnlichen Technik"; HHww: Abschied König Ottos (nach F. Foltz – siehe dort!), König Ludwig I. im Kreise seiner Familie (nach D. Monten – siehe dort!) und viele Blätter nach F. Foltz, Dietz, Lindenschmit u. a.

ADB: 3, 18; AM: 11; NDB: 2, 362; R. Oldenbourg, Die Münchner Malerei im neunzehnten Jahrhundert, I. Teil, 1922, 88; TB: 4, 169; Wo: 117.

Herz Franz, 1817(Münster/Westfalen)–1889, Hofschauspieler und Regisseur; nach einem Wander-Spiel-Leben im Rheinland fand er 1845 in Bremen Anstellung, er spielte dann in Hamburg, Regensburg, Graz und Düsseldorf und hielt es zuletzt doch von 1853–1858 am Wiesbadener Hoftheater aus, wo ihn Friedrich Dahn zu einem Gastspiel im Münchner Hoftheater einlud; seine erfolgreiche Darstellung des Mephisto, Shylock, des Präsidenten im Tartüff und des Carlos in Clavigo entschied Hs. Engagement; er hatte mit demselben Glück neben Naturburschen und komischen Rollen auch Charakterrollen gespielt; zu seinen beliebtesten Rollen zählen u. a.: Philipp II., Shylock, Butler, Argan und Harpagon; für Molières Stücke war H. wie geschaffen. 142 6–2–32 eingeebnet

Bo: 5, 18; A. von Mensi-Klarbach, Alt-Münchner Theater-Erinnerungen, 1924, 52.

**Rottmann* Karl, 1798(Handschuchsheim bei Heidelberg)–1850, Landschafts- und Hofmaler; R. malte schon mit 14 Jahren das Heidelberger Schloß, studierte an der Kunstakademie in München, bereiste die Schweiz und Italien und schuf hier im Auftrag Ludwigs I. von Bayern ein großes Gemälde von Palermo; seine Ansicht der Römischen Campagna und sein Colosseum fanden sofort allgemeine Anerkennung; in München malte R. 1830/33 die berühmten Landschafts-Fresken für die Hofgartenarkaden und ergänzte sie durch solche aus Griechenland nach Studienreisen (1834/35) in enkaustischer Technik für die Neue Pinakothek; auch die Galerien von Berlin, Leipzig, Hamburg, Darmstadt u. a. besitzen Werke von R.; seine Kunst sucht die malerische Schönheit des freien 143 6–7–34

Lichts, mehr als die bisherigen Landschaftsmaler im historischen Stil, zu berücksichtigen, wobei er jedoch am idealisierten Bühnenhintergrund festhielt.

ADB: 29, 395; AM: 130; Ra: Nr. 551; Schr: 218; St: 474; TB: 29, 100; UH: 166; L. Lange, Die griechischen Landschaftsgemälde von K. R., 1854; Heidelberger Kunstgeschichtliche Abhandlungen, 9. Bd., 1930; H. Decker, 1957; W. J. Bekh, Maler in München, 1964, 124; A. Alckens, Münchner Forscher und Erfinder des 19. Jahrhunderts, 175.

144
6–7–34

Sckell *Sckell* Friedrich Ludwig, von, 1750 (Weilburg/Hessen-Nassau) —1823, Gartenkünstler und Hofgärtenintendant; er lernte seit 1773 in England, trat 1775 in kurpfälzische Dienste (1803 Gartenbau-Intendant in Schwetzingen) und wirkte seit 1804 in München als Hofgärtenintendant; S. führte den Englischen-Garten-Stil in Deutschland ein (zu Schwetzingen, Englischer Garten, Nymphenburg u. a.); sein schriftlicher Niederschlag sind die klassischen „Beiträge zur bildenden Gartenkunst" (1818, 2. Aufl. 1825); Ss. Gärten zeichnen sich durch wirksame Gruppierung der Bäume, überraschende Licht- und Farbeneffekte, die ohne Aufwand fremdartiger Hilfsmittel und durch zweckmäßige Auswahl der Pflanzen und Verteilung von offenen und bewaldeten Flächen erzielt sind, vor den übrigen großen Parkanlagen Europas aus. S. war auch Mitglied der BAkdW.

ADB: 34, 444; BL: 1893, 246; GG: 241; J. Hormayr, Taschenbuch, 1831, 420; Ra: Nr. 623; Schr: 84; TB: 30, 397; Wo: 97, 102 und 406; A. Alckens, Münchner Forscher und Erfinder des 19. Jahrhunderts, 1965, 20, 165 und 173.

145
6–7–34
„Rottmann-Sckell"

**Zimmermann* Klemens, von, 1778 (Düsseldorf)—1869, Historienmaler und Akademieprofessor; seine erste Ausbildung erhielt Z. in seiner Vaterstadt, nach einer Studienreise durch Italien wurde er 1816 Professor an der Kunstschule in Augsburg, 1825 an der Münchner Akademie; seit 1846/65 war Z. Direktor der Zentralgemäldesammlung in München; Z. malte für P. von Cornelius Fresken in den Arkaden Hofgartens (Belehnung Ottos von Wittelsbach mit Bayern im Maximilianeum), in Glyptothek und Pinakothek, ferner anakreonische Bilder im Speisesaal des Königsbaus der Residenz; seine romantischen Bilder werden auch heute noch geschätzt.

ADB: 45, 252; AM: 178; Schr: 150 und 284; TB: 36, 506; UH: 185.

Heinleth Adolf, von, 1823(München)–1895, Generalleutnant und bayerischer Kriegsminister; seine militärische Laufbahn begann H. im Kadettenkorps, 1843 wurde er Unterleutnant bei der Infanterie, 1848 Oberleutnant, 1850 Brigadeadjutant, 1858 Hauptmann; seit 1859 im Generalstab, war H. 1870/71 Generalstabschef der 1. Bayerischen Armee unter von der Tann; er führte am 11. Oktober 1870 ein Infanterie-Regiment persönlich zum Sturm und erhielt dafür den Max-Joseph-Orden; später war er Chef des Generalstabs und General der Infanterie, von 1885–1890 bayerischer Kriegsminister. 146 6–12–1

ADB: 50, 147; G. von Altens, Handbuch für Heer und Flotte, 4. Bd., 1912; BL: 1892, 377; Bo: 3, 6; Schä: Nr. 385; Kriegsarchiv München, HS VI, 9.

Oischinger Johann Nepomuk, Dr. phil., 1817(Wittmannsberg bei Gotteszell/Ndb.)–1876, katholischer Theologe und Philosoph; von Schelling und F. von Baader (siehe dort!) angeregt, unter J. A. von Moehler (siehe dort!), H. Klee (siehe dort!) und J. von Döllinger (siehe dort!) in München theologisch ausgebildet und seit 1841 Priester, lebte er als Privatmann zurückgezogen und bedürfnislos dem Studium; O. suchte eine neue christliche Philosophie mit Ausscheidung der mittelalterlichen scholastischen Elemente zu begründen; er bekämpfte dabei die Scholastik als „Pseudoidealismus, Pseudorealismus, Pseudosynthetismus" und den antischolastischen Dualismus A. Günthers als Kryptomonismus; HHww: Grundriß zu einem neuen System der Philosophie, Philosophie und Religion, Die christliche Trinitätslehre, System der christlichen Philosophie; O. hat sich auch als Übersetzer der Kirchenväter einen Namen gemacht; seine philosophischen Bemühungen wurden von der Kirche abgelehnt. 147 6–12–7 eingeebnet

ADB: 24, 210; Kirchliches Handlexikon, 2. Bd., 1198; LThK: 7, 1123; E. Zeller, Licht- und Lebensbilder des Clerus aus der Erzdiözese München-Freising, 1892; Religion in Geschichte und Gegenwart, 4. Bd., 1930; B. Casper, Die Einheit aller Wirklichkeit, 1961, 125.

148 6–13–27 **Preger* Johann Wilhelm, Dr. phil., 1827(Schweinfurt)–1896, evangelischer Theologe, Historiker, Oberkonsistorialrat und Gymnasialprofessor; seit 1851 Studienprofessor für Religion und Geschichte in München, 1868 außerordentliches und 1875 ordentliches Mitglied der BAkdW und 1890 Oberkonsistorialrat, war P. ein verdienter, aber etwas einseitiger Erforscher der deutschen Mystik; seit 1875 Mitglied der BAkdW, seit 1890 Mitglied des Oberkonsistoriums; P. ist bekannt vor allem durch seine Schriften über die altdeutsche Mystik im 13. und 14. Jahrhundert und die Geschichte der Mystik im Mittelalter, 3 Bde.; sie repräsentieren den Vor-Denifleschen Stand der protestantischen Mystikforschung; H. S. Denifles neuen Erkenntnissen hat sich P. zeit seines Lebens verschlossen, doch sehen wir heute seine Leistung in einem günstigeren Licht als die unmittelbar im Bann Denifles stehende Forschung; andere Ww: M. Flacius Illyricus; am beliebtesten ist sein „Lehrbuch der Bayerischen Geschichte", das, neubearbeitet von Otto Kronseder, heute noch ein übersichtliches Handbuch für die bayerische Geschichte ist.

ADB: 53, 107; BJDN: 1, 444; BL: 1896, 2. Bl., 24 (mit B); Kirchliches Handlexikon, 2. Bd., 1579; LThK: 8, 719; Realenzyklopädie für protestantische Theologie und Kirche, 16. Bd., 1; G. Fischer, Entdeckung der deutschen Mystiker Eckehart, Tauler und Seuse im 19. Jahrhundert, 1931, 80, 103, 112, 116; Evang. Kirchenlexikon, 4. A., 1961, 729.

149 6–14–2 „Lanzlott" **Ast* Georg Anton Friedrich, Dr. phil., 1776(Gotha)–1841, Philosoph, Ästhetiker, Philolog und Universitätsprofessor; er studierte in Jena Theologie, Philosophie und Philologie, war Dozent in Jena und Professor in Landshut und ab 1826 in München; er ist vor allem bekannt durch seine philosophiegeschichtlichen, besonders platonischen, Studien; dieser Schüler Schellings und Hegels stand nach seiner Berufung an die Universität Landshut (1805) mit Sailer und Savigny im Lager der Aufklärungsgegner; seine „Zeitschrift für Wissenschaft und Kunst" (1808/10) war das Organ der Landshuter Romantiker; HHww: System der Kunstlehre, Grundlinien der Philosophie, Grundriß der Geschichte der Philosophie, Platons Leben und Schriften, Platon-Ausgabe mit lateinischer Übersetzung und Kommentar, Lexikon Platonicum 3 Bde. (Neudruck: Bonn 1956!).

ADB: 1, 626; Bo: 3, 3; GM: 3; LThK: 1, 957; NDB: 1, 420; J. Hermann, F. A. als Neuhumanist, Dissertation, München 1912; Ph. Funk, Von der Aufklärung zur Romantik, 1925; Staatsarchiv für Oberbayern (München), GL 2241/16 (29).

Buchner Ludwig Andreas, Dr. med., 1813(München)–1897, Pharmakologe, Universitätsprofessor und Obermedizinalrat; er studierte zu München, Paris und Gießen und stand sehr unter dem Einfluß von K. F. Ph. von Martius (siehe dort!) und J. von Liebig (siehe dort!), seit 1846 war B. außerordentliches Mitglied der BAkdW, seit 1852 Professor der Pharmazie an der Universität München; er ist Mitverfasser und Redakteur der „Neuen Pharmakopöe für Bayern" und lieferte viele Beiträge für das „Repertorium der Pharmacie"; im Obermedizinalausschuß des Bayerischen Innenministeriums hatte B. das Referat für Apothekerwesen inne; er machte sich um die Biochemie (= Lehre von den chemischen Vorgängen bei den Lebewesen) und Toxologie (= Lehre von den Vergiftungserscheinungen) sehr verdient. 150 6–16–3

ADB: 47, 329; BJDN: 2, 49; BL: 1899, 544; Bo: 6, 14; NDB: 2, 706.

Denkmal für die Opfer der Sendlinger Mordweihnacht von 1705. Hier liegen die letzten menschlichen Überreste von 500 gefallenen Oberländer Bauern. Das Denkmal wurde 1830 von König Ludwig I. von Bayern errichtet; hier stand früher die Kirche der „Größeren Lateinischen Kongregation". 151 6–16–24/27

Al: 73; J. Hormayr, Taschenbuch, 6. Jg., 1835, 44–230; A. Roth, Lieber bayrisch sterben, Oberländer Bauernaufstand 1705, 1955; über die Größere Lateinische Kongregation: M. J. Hufnagel, Münchens Congregatio Maior Latina in geschichtlicher Schau; in: Sodalenbriefe, 8. Jg., 1955, Nr. 4 und 5.

**Wagenbauer* Max Josef, 1775(Oexing bei Markt Grafing, Lkr. Ebersberg/Obb.)–1829, Landschaftsmaler, Graphiker und Inspektor der Zentralgemäldesammlung; dieser Autodidakt war seit 1811 in München Hofmaler; Werke von W., ausgesprochen klassizistischer Prägung, besitzen die Galerien von Berlin, Darmstadt, Leipzig, München und Schleißheim; seine Landschaftsbilder sind vorwiegend nur beschreibend; er bevorzugte Pastoralen; ähnlich wie J. G. von Dillis (siehe dort!) 152 6–16–37 eingeebnet und J. Dorner (siehe dort!) beginnt auch W. mit dem leichteren, gefügigen Medium der Aquarellmalerei, in der er zunächst ideale Kompositionen von herber Buntheit und recht hölzerner mythologischer Staffage hervorbrachte, die strenge Sachlichkeit verwies ihn bald auf die bildnistreue Vedute, die er schlicht und nicht ohne eine gewisse spießbürgerliche Umständlichkeit behandelte; HHww: Ausblick von Leutstetten auf Starnberger See, zwei Ausblicke auf München, Viehweide am Staffelsee, Bei Schäftlarn.

Bo: 3, 33; Doe: 60; R. Oldenbourg, Die Münchner Malerei im neunzehnten Jahrhundert, I. Teil, 1922, 58; Schr: 147; TB: 35, 22; Wo: 105.

7. Sektion

153
7–1–54 (*)*Bolgiano* Franz, 1778(Zweibrücken?)–1857, Kollegialsekretär im Bayerischen Kriegsministerium, Galeriebesitzer und Kunstsammler; dieser kunstsinnige Halbitaliener, ein Freund der Brüder Boisserée, war unter Max Joseph IV. nach München gekommen, wo er 1815 heiratete; neben seiner beruflichen Stellung im Kriegsministerium besaß B. eine eigene Galerie an der Galeriestraße 1, für die er im Laufe von 25 Jahren an die 800 Ölgemälde zeitgenössischer Meister erkauft hatte, u. a. Werke von P. von Hess (siehe dort!), Albrecht Adam (siehe dort!), H. Bürkel (siehe dort!), M. J. Wagenbauer (siehe dort!), K. Zimmermann (siehe dort!), Domenico Quaglio, K. Rottmann (siehe dort!), E. Schleich (siehe dort!), M. E. Ainmiller (siehe dort!), D. Monten (siehe dort!) und Chr. Morgenstern (siehe dort!); König Ludwig I. kaufte ihm eine große Anzahl derselben ab, die heute einen Hauptbestandteil der Neuen Pinakothek bildet; A. Lewald (siehe dort!) berichtet über ihn in seinem „Panorama von München“: „Einer der (Kunstmakler) ist Herr Bolgiano, der gute Geschäfte machen soll; ihm vorzüglich sendet Maes in Rom seine Arbeiten zum Verkaufe ein. Die liebenswürdigen Effektstücke dieses italienisierten Niederländers machen großes Aufsehen. Wird ein neues Bild von ihm ausgestellt, so kann man darauf rechnen, in den ersten acht Tagen zu keiner

ruhigen Beschauung desselben gelangen zu können, weil ein immerwährend wechselnder Haufen gaffend davor steht."

Bo: 5, 3; UH: 109; Wo: 273; A. Lewald, Panorama von München, 2. Aufl., 2. T., 1840, 41; Trauungsbuch von St. Peter, München, 1815, 194; Sterbebuch St. Ludwig, München, 1857, 186 (Mitteilung von Genealogin B. Heller, München).

(*)*Bolgiano* Karl, Dr. jur., 1816(München)–1897, Jurist, 154
Zivilprozessualist und Universitätsprofessor; nach Studien in 7–1–54
München und Heidelberg wurde er 1850 a. o. 1856 o. Professor des bayerischen Zivilprozesses und des französischen Zivilrechts- und Zivilprozeßrechts; nahe Beziehungen zu den ersten Künstlerfamilien Münchens wirkten fördernd auf seine Veranlagung und sein von der Romantik beherrschtes Fühlen und Denken; sein ausgeprägter Natursinn trieb B. zu botanischen Studien, er sammelte auch Conchylien und Schmetterlinge; von seinen Schülern wurde B. wie ein Vater verehrt; HHww: Beitrag zur Lehre vom Rückfall nach bayerischem Strafrecht, Handbuch des Reichszivilprozeßrechts auf rationellen Grundlagen mit vergleichender Darstellung des gemeinen deutschen Zivilprozesses; dieser universalgebildete Jurist war an der Anpassung des bayerischen Rechts an das deutsche Reichsrecht wesentlich beteiligt.

ADB: 47, 90; BJDN: 2, 232.

**Amsler* Samuel, 1791(Schinznach im Aargau/Schweiz)–1849, 155
Kupferstecher und Akademieprofessor; dieser Künstler war 7–2–1
seit 1810 Schüler von Oberkogler und Lips in Zürich und seit 1814 von K. E. Ch. Hess (siehe dort!) in München und wurde nach einem längeren Studienaufenthalt in Rom (1816) Professor an der Münchner Kunstakademie (1829); seine Kupferstiche (Alexanderzug nach Thorwaldsen, Grablegung und Madonnen nach Raffael, Triumph der Religion in den Künsten nach Overbeck sowie von Figuren von L. M. von Schwanthaler – siehe dort!) zeichnen sich durch Klarheit und Treue im kleinen aus.

ADB: 1, 416; AM: 9; NDB: 1, 263; TB: 1, 423; UH: 121.

(*)*Seitz* Otto, 1846(München)–1912, Historien- und Land- 156
schaftsmaler, Zeichner und Akademieprofessor; er war ein 7–5–56
Piloty-Schüler, stammt aus einer weitverzweigten Münchner

Künstlerfamilie und war schon mit 25 Jahren Akademieprofessor; von S. stammen außer mythologisch-historischen Bildern (Prometheus, Neptuns Meerfahrt, Riccios Ermordung) viele Landschaftsbilder und Illustrationen, darunter ein Totentanz (30 Blatt); dieser Romantiker hatte auch eine besondere Vorliebe für Szenen aus der englischen Geschichte sowie für Idylle und Stilleben (Waldhornblasen, Zopfdämchen, Blumenstücke und derbe Kinderporträts); S. ist ein vielseitiger und typischer Vertreter der neueren Romantik.

BJDN: 17, 86; Bo: 7, 66; TB: 30, 473.

157
7–6–44
eingeebnet

Boller Ludwig, 1862(Frankfurt am Main)—1896, Landschaftsmaler; B. erhielt seine erste Ausbildung am Städelschen Institut, ging 1883 nach Karlsruhe zu Hermann Baisch und 1886 nach München, wo er sich durch seine Landschaften alsbald einen Namen machte; die malerischen Moosgegenden Oberbayerns boten ihm reiches Studienfeld; B. betätigte sich auch bei der Ausführung großer Rundgemälde, so übernahm er 1894 den landschaftlichen Teil des für Lemberg bestimmten Panoramas „Die Schlacht bei Raclawice"; im folgenden Jahr erhielt er den Auftrag, mit einem polnischen Künstler ein Rundgemälde mit der Aussicht von der hohen Tatra darzustellen; kurz vor der Vollendung des Panoramas verunglückte B. aber durch einen Sturz vom Gerüst, dem er nach acht Tagen erlag.

ADB: 47, 92; BJDN: 1, 49; Bo: 7, 18; TB: 4, 246.

158
7–7–3

Arnold Hugo, 1842(München)—1904; A. war ursprünglich Offizier beim Bayerischen Infanterie-Leibregiment und nahm an den Kriegen von 1866 und 1870/71 teil; wegen seiner Tapferkeit erhielt er das Eiserne Kreuz und den bayerischen Militärverdienstorden; nach seiner 1887 wegen eines Kriegsleidens erfolgten Pensionierung wirkte er als Schriftsteller; er betätigte sich vorwiegend auf geschichtlichem, ethnographischem und anthropologischem Gebiet, betrieb Forschungen über römische Lagerplätze, Straßenzüge und Standquartiere in Bayern, leitete die Aufdeckung und Ausgrabung prähistorischer Gräber und Hügel, z. B. am Wörthsee, am Auerberg im Lechrain u. a., entdeckte die letzten Reste der von Heinrich dem Löwen erbauten Münchner Stadtmauer; auch die oberbayerischen Seen zogen ihn in den Kreis seiner historischen Betrachtung; er schuf so auch heitere kulturhistorische Landschaftsbilder aus der Urzeit; ziemlich spät machte A. noch Aufzeichnungen über sich selbst („Unter General von der Tann") und über alte Volksbräuche (Keferloher Pferdemarkt, Ortsnamen der Münchner Gegend, Tölzer Leonhardifahrt u. a.).

BJDN: 9, 93; Bo: 7, 7; Kürschners Deutscher Litteraturkalender, 1900.

Braun Kaspar, 1807 (Aschaffenburg)—1877, Historienmaler 159
und Xylograph; er begann seine Kunststudien 1826 in Mün- 7—10—5
chen und malte im Historienfach bis 1837, dann widmete er sich der Xylographie (= Holzschneidekunst) und gründete nach Studien bei H. Bréviére zu Paris 1839 in München zusammen mit Hofrat von Dessauer eine xylographische Kunstanstalt, in die Bréviére seinen Sohn Emile zur Lehre schickte und bei der u. a. die „Stuttgarter Volksbibel" und die „Nibelungen" erschienen; 1844 begründete B. mit dem Buchhändler Fr. Schneider die später weitbekannte Verlagsanstalt, aus der u. a. die Werke von Wilhelm Busch (vor allem „Max und Moritz"), die „Fliegende Blätter" und der „Münchner Bilderbogen" hervorgingen; er versuchte sich in allen Arten der Technik, in Freskomalerei, Steinzeichnen, Radieren und Holzzeichnen, dabei bevorzugte er romantische (Undine, Ritterturniere, brennende Burgen) und geschichtliche (Pappenheims Heldentod, Gustav Adolf bei Lützen) Stoffe; für sein Werk „Deutsche Burgen und Schlösser" waren weite Donaureisen bis nach Ungarn notwendig.

ADB: 47, 198; BL: 1894, 217, 1904, 402 (mit B), 1907, 603 (mit B), 1919/20, 171 (mit BB); Bo: 6, 11; HJ: 139; NDB: 2, 55; Schr: 359 und 417; TB: 4, 548; UH: 123; Wo: 230.

Leeb Johann, 1790 (Memmingen/Schwaben)—1863, Bildhauer; 160
er erlernte das Steinmetzhandwerk in Lindau, Winterthur, 7—10—15
Lausanne und Genf und studierte dann Bildhauerei auf der eingeebnet
Akademie in Paris; Kronprinz Ludwig (König Ludwig I.) wurde 1816 dort auf ihn aufmerksam, so kam er mit der von diesem angekauften Albanischen Kunstsammlung nach München, wo er zwei Jahre lang an Verzierungen und Modellen (nach L. von Klenzes — siehe dort! — Entwürfen) für die

Glyptothek arbeitete; nach einem längeren Studienaufenthalt, namentlich in Neapel und Rom, wo er Thorwaldsens Schüler war, schuf L. in München für Kronprinz Ludwig viele Marmorbüsten für die Walhalla; HHww: Matthäus für Grabkapelle der Königin von Württemberg in Rothenberg, Brustbilder der berühmtesten Tonkünstler für das Münchner Odeon, Reliefschmuck von zwei Sälen der Münchner Pinakothek (nach Klenze), zwei Statuen für das Giebelfeld der Münchner Glyptothek, viele Grabdenkmäler im Südlichen Friedhof, Modelle für öffentliche Brunnen in München, Unionsdenkmal und Escaladebrunnen in Genf.

ADB: 18, 118; AM: 61; Schr: 385; TB: 22, 542; UH: 157.

161
7–10–54
**Gabelsberger* Franz Xaver, 1789(München)–1849, Geheimer Ministerialsekretär und Erfinder eines Kurzschriftsystems; seine Berufslaufbahn begann G. als Gehilfe bei A. Senefelder (siehe dort!), 1809 wurde er Diurnist (= mit Tageslohn entschädigter Hilfs-Schreiber), bei der Generaladministration der Stiftungen und Kommunen, 1810 Kanzlist bei der Kreisregierung, 1823 Geheimer Ministerialsekretär, 1826 Sekretär im statistischen Büro des Ministeriums des Innern, später Vorsteher des Stenographischen Büros und erster Landtagsstenograph; seit 1817 entwickelte G. das von ihm erfundene System der Kurzschrift, 1834 gab er die „Anleitung zur deutschen Redezeichenkunst oder Stenographie" heraus (2. Aufl. 1849, Neudruck 1904), die die Grundlage des nach ihm benannten Systems bildete; seine „Stenographische Lesebibliothek" (seit 1838) schuf weiteren Lesestoff; in der Folge entstanden in ganz Deutschland Hunderte von Gabelsberger-Vereinen; ihn selbst nannte man den „deutschen Tiro" oder „Vater der Stenographie".

ADB: 8, 291; Al: 29; AM: 31; BL: 1899, 160 (mit BB), 1932, 253; Ra: Nr. 196; Schr: 320; V. Emmerig, 1925; J. G. Schwaebl, 1925; F. Weckerle, 1929.

8. Sektion

162
8–1–40
eingeebnet
Frank Michael Sigismund, 1770(Nürnberg)–1847, Porzellan- und Glasmaler; F. erlernte in Nürnberg die Porzellanmalerei und beschäftigte sich schon in jungen Jahren mit der Wieder-

entdeckung der Kunst der Glasmalerei, als deren „Wiedererfinder" er angesehen wird; nachdem 1804 die ersten noch unvollkommenen Versuche gelungen waren, überreichte er 1808 am königlichen Hof eine Probe seiner Kunst; 1806 wurde F. unter Hinterlegung seiner Erfahrungen an die königliche Porzellanmanufaktur nach München berufen, der eine eigene Abteilung für Glasmalerei angegliedert wurde, die 1827 eine selbständige, von F. geleitete, Anstalt wurde; die ersten bedeutenderen Arbeiten waren Glasgemälde für den Regensburger Dom, denen Werke für die Maria-Hilf-Pfarrkirche in München-Au erfolgten.

ADB: 7, 263; Al: 23; St: 127; TB: 12, 359.

Restallino Carlo, 1776(Domo d'Ossola/Italien)—1864, Porträt- und Miniaturmaler; schon neunjährig kam R. nach München, lernte die Anfangsgründe der Zeichen- und Malerkunst bei J. Dorner (siehe dort!) und bildete sich dann vollends bei M. Klotz (siehe dort!) aus; das Porträtmalen war sein Hauptfach; er malte u. a. Porträts von König Max I., Königin Karoline, Kronprinz Ludwig (späteren Ludwig I.), Kronprinzessin (bzw. Königin) Therese, Herzog Max in Bayern und Kronprinz Max (späteren König Max II.); von R. stammen auch Porträts von Fürsten zu Berlin, Dresden, Karlsruhe und Regensburg (Thurn und Taxis); seine letzte Arbeit war die Porträtierung der sämtlichen jüngeren Mitglieder der königlichen Familie im Auftrag König Ludwigs I.; König Max I. hatte R. zum Staatspensionär ernannt.

163
8—2—41
eingeebnet

Bo: 3, 24; TB: 28, 184; UH: 166.

Pertsch Johann Nepomuk, 1780(Buchhorn am Bodensee/Wttbg.)—1835, Baukünstler und Oberbaurat; nach seiner Ausbildung war P. zunächst in Venedig und Triest, wo er eine griechische Kirche erbaute, tätig; dann wurde er als Oberbaurat in den bayerischen Staatsdienst übernommen; in München baute P. 1820/24 die einstige Fronfeste am Unteren Anger (an Stelle der heutigen Stadtwerke und des Hochhauses), zur selben Zeit vollendete er auch die im Sinn der klassizistischen Kunst mit bemerkenswert klaren und guten Verhältnissen errichtete Prinz-Arnulf-Kaserne an der Türkenstraße; sein Glanzstück war die von 1827/33 im italienischen Renaissance-

164
8—2—56
„Mößmer"

stil geschaffene erste protestantische (St.-Matthäus-)Kirche in der Sonnenstraße, die 1938 „aus verkehrstechnischen Gründen" abgerissen wurde.

Bo: 5, 34; Schr: 121, 248 und 415; TB: 26, 449; K. Baum, Die Matthäuskirche in München, 1933; F. P. Zauner, München in Kunst und Geschichte, 1914, 185 und 339.

165
8–3–10
Thäter Julius Caesar, 1804(Dresden)—1870, Kupferstecher und Akademieprofessor; er lernte auf der Dresdener Kunstakademie bei Seiffert und wurde durch den Stich nach einer Zeichnung von P. von Cornelius (Spaziergang am Ostertag) weit bekannt; nach Mitarbeit bei Rauch in Berlin kam Th. nach München, wo er sich bei seinem Lehrer und Freund S. Amsler (siehe dort!) weiterbildete; 1834 stach er für das Prachtwerk des Grafen A. Raczynski mehrere Platten; 1842 ging er an die Kunstschule in Weimar, 1844 an die Akademie in Dresden, 1849 wurde er als Nachfolger S. Amslers nach München berufen, wo er neben der Professur später die Konservatorstelle am königlichen Kupferstichkabinett erhielt; HHww: Krimhild beim Leichnam Siegfrieds (nach Schnorr), Die Demütigung der Mailänder (nach Mücke), Die Hunnenschlacht (nach W. von Kaulbach — siehe dort!), Die Apokalyptischen Reiter (nach P. von Cornelius), Die Werke der Barmherzigkeit (nach M. von Schwind — siehe dort!); Ths. Stiche zeichnen sich bei einfacher Behandlungsweise in strengem zeichnerischen Stil durch treue Wiedergabe des Charakters der Originale aus.

ADB: 37, 655; Schr: 361; TB: 32, 576; Wo: 398 und 400.

166
8–4–55/56
**Trappentreu* Johann Baptist, 1805(München)—1883, Bierbrauer zum „Sternecker" und Wohltäter; nächst seinem Beruf war Ts. Lebensaufgabe, verschwenderisch zur Ehre Gottes und für seine Mitmenschen Gutes zu tun; die St.-Peters- und die Hl.-Geist-Pfarrkirchen zu München verdanken ihm Benefizien, zur St.-Benedikt-Kirche hat er den Baugrund gestiftet, er wollte ihr auch mit dem von ihm geschenkten Turm „den Hut aufsetzen", wegen der vielen Glocken, die er für Kirchen gestiftet — u. a. auch die große Glocke von Andechs —, wurde er als „Glockenmann" bekannt; als großer Wohltäter war sein Name bis auf den Berg Karmel, nach Jerusalem und

sogar bis nach Nord- und Südafrika wegen seiner Schenkungen für die Missionen gedrungen; T. zählt zu den populärsten und wohltätigsten Bürgern von München.

Bo: 5, 46; Ra: Nr. 662; Schr: 339.

Kindermann August, 1817(Potsdam)—1891, Hof- und Kammersänger; seine Laufbahn begann K. als Mitglied des Hoftheaterchors in Berlin (1835), 1839 wurde er zweiter Bassist am Stadttheater in Leipzig, 1846 Mitglied und 1855 Oberregisseur des Hoftheaters in München; der Baritonist war ein Freund A. Lortzings, der seinen Hans Sachs für ihn schrieb; er hatte bei den Uraufführungen des Rheingold und der Walküre den Wotan „creiert" und in Bayreuth den Titurel im Parsival gesungen. 167 8–8–46 eingeebnet

ADB: 51, 516; BL: 1911/12, 449 (mit B); H. Riemann—A. Einstein, Musik Lexikon, 11. Aufl., 1929, 881; Schr: 200; Ze: 97—509 (passim); A. von Mensi-Klarbach, Alt-Münchner Theater-Erinnerungen, 1924, 152.

Lamezan Ferdinand, von Freiherr, 1843(Landau/Rheinland-Pfalz)—1896, Deutscher Generalkonsul und Nationalökonom; L. zeichnete sich als Offizier im Krieg von 1870/71, in dem er bei Beaugency-Cravant schwer verwundet wurde, aus; nach Ausscheiden aus der Armee studierte er Rechte und Staatswissenschaften und trat 1874 in das Auswärtige Amt in Berlin ein; 1876 wurde L. Vizekonsul in Odessa, 1878 Konsul in Helsingfors, 1884 in Tiflis, 1887 in St. Petersburg (= Leningrad) und 1892 Generalkonsul in Antwerpen; er hat bei den deutsch-russischen Handelsvertragsverhandlungen als Kommissar teilgenommen; auch als Nationalökonom trat L. hervor; HHww: Die Entwicklung der deutschen Kolonie in Finnland, Die Wälder und Waldnutzungen in Finnland vom Wirtschaftsstandpunkt aus; er war ein ausgezeichneter Diplomat von reicher Begabung und umfassenden Kenntnissen, der sich in allen Stellungen bewährte. 168 8–9–52

BJDN: 1, 210; Bo: 6, 54.

**Poißl* Johann Nepomuk, von, Freiherr, 1783 (Haunkenzell, Lkr. Bogen/Ndb.)—1865, Hofmusik- und Hoftheater-Intendant; P. bildete sich bei Danzi aus und bemühte sich lange 169 8–10–24 eingeebnet vergeblich um einen Posten bei der Hofmusik, nur von Unterstützungen lebend, erst 1823 wurde er Vertreter des Hofmusikintendanten von Rumling, von 1825—1848 war er erster Hofmusik- und Hoftheaterintendant; als Singspiel- und Opernkomponist mit 14 Opern stand P. zwischen Mozart und Weber, war textlich jedoch von italienischen und französischen Vorschlägen abhängig; er schuf auch ein Oratorium (Der Erntetag), kirchenmusikalische Werke und Märsche; HHww: Die Opernprobe, Antigonus, Der Wettkampf von Olympia (von K. M. von Weber 1820 aufgeführt), Ludwigs Traum, Der Untersberg.

ADB: 26, 376; AM: 114; Bo: 4, 27; H. J. Moser, Musik Lexikon, 4. Aufl., 1953, 970; H. Riemann–A. Einstein, Musik Lexikon, 11. Aufl., 1929, 1407; Schr: 38, 81 und 200; Ze: 41–412 (passim); E. Reipschläger, Dissertation Rostock, 1911; R. Münster; in: Die Musik in Geschichte und Gegenwart, 10. Bd., 1377; Nationaltheater München, Festschrift 1963, 40 (B: 47).

170
8–10–34/35
eingeebnet

Halbreiter Ulrich, 1812(Rosenheim/Obb.)—1877, Historienmaler und Komponist; er studierte in München bei J. Schlotthauer (siehe dort!), den er 1834 auf einer italienischen Reise begleitete; dann arbeitete H. unter P. von Hess (siehe dort!) und P. von Cornelius an Freskenausführungen in München, zog mit F. von Gärtner (siehe dort!) nach Athen, um dort für König Otto den griechischen Freiheitskampf darstellen zu helfen, und kam 1843 bis nach Jerusalem; die Rückreise führte H. über Rom; sein späteres großes Rundgemälde aus dem Heiligen Land fand im Lateran Aufstellung; H. trat auch als Komponist (Bayerische Gebirgslieder — 3 Hefte — und P. Zippereres Soldaten-Gsangeln) hervor.

ADB: 10, 403; Bo: 2, 5; TB: 15, 498; A. Mayer-Pfannholz; in: 15. Sammelband des Historischen Vereins Freising, 1927, 5 (mit B).

171
8–10–41

Goenner Nikolaus Thaddäus, Dr. phil., von, 1764 (Bamberg) —1827, Jurist, Universitätsprofessor und Staatsrat; Sohn eines domkapitularischen Kastners und Rechnungsrevisors am fürstbischöflichen Vikariat zu Bamberg, studierte G. in seiner Vaterstadt und Göttingen und praktizierte beim Reichskammergericht in Wetzlar; 1792 wurde er Professor des römischen, dann auch des Staatsrechts in Bamberg; als solcher kam G. 1799 nach Ingolstadt und 1800 nach Landshut; 1811 wurde er Mitglied der Kommission zur Ausarbeitung des neuen bayerischen Gesetzbuchs in München, 1812 Direktor des Appellationsgerichts des Isarkreises, 1815 Geheimer Justizreferendar und 1817 Geheimrat sowie Staatsrat; als Anhänger der philosophisch-juristischen Schule, zu deren einflußreichsten Häuptern er gehörte, übernahm er 1826 an der Münchner Universität das Lehramt für philosophische Rechtswissenschaft; er hatte bereits das Bamberger Strafgesetzbuch durch viele Milderungen umgearbeitet, war Lehrer Ludwigs I. und Mitarbeiter bei der Herausgabe der bayerischen Staatsdienerpragmatik; HHww: Auserlesene Rechtsfälle (4 Bde.), Handbuch des deutschen gemeinen Prozesses (4 Bde.), Deutsches Staatsrecht, Archiv für die Gesetzgebung und Reform des juristischen Studiums, Kommentar über das Hypothekengesetz für Bayern (2 Bde.), (zusammen mit Schmidtlein) Jahrbücher der Gesetzgebung und Rechtspflege im Königreich Bayern (3 Bde.), Über Kultur und Verteilung der Gemeindeweiden, Der Staatsdienst; seine bedeutendste gesetzgeberische Leistung ist die auf den Grundsätzen der Publizität und Spezialität beruhende Neuordnung des bayerischen Hypothekenwesens, die durch das Hypothekengesetz und die Prioritätsordnung vom 1. Juni 1822 erfolgt ist.

ADB: 9, 367; BL: 1926, 635; Bo: 6, 36; J. Hormayr, Taschenbuch, 1831, 376; NND: 5, 403; Schä: Nr. 698; St: 337; J. H. Jäck, 1813 (3. Aufl., 1819); K. Prantl, Geschichte der Ludwig-Maximilians-Universität München, 1872, 1. Bd., 651, 2. Bd., 479, 519; Die Kgl. Bayer. Staatsminister der Justiz, 1931, 1054 und 1087; Staatsarchiv für Oberbayern, GL 2241/16 (5 und 6).

9. Sektion

**Raglovich* zum Rosenhof Clement, von, 1766(Dillingen/ 172
Schwaben)–1836, General der Infanterie, Direktor des Topo- 9–1–1
graphischen Bureaus und Reichsrat der Krone Bayern; R. begann seine soldatische Laufbahn als Secondemajor im Reichskontingent (Schwäbischer Kreis) — Regiment Fürstenberg —, zuletzt war er dort Oberst, als welcher er 1803 in die bayerische Armee übernommen wurde (1806 Generalmajor und Brigadier); er hat an allen Feldzügen von 1792–1815 teil-

genommen, wobei er viermal verwundet wurde; sein letzter militärischer Dienstgrad war als Chef der 2. Sektion des Kriegsministeriums General der Infanterie; in dieser Eigenschaft hat R. das bayerische militärische topographische Büro ins Leben gerufen, das sich um die Landesvermessung und die Herausgabe der Landkarten sehr verdient gemacht hat, für seine Leistungen wurde er von König Max I. zum lebenslänglichen Reichsrat der Krone Bayern ernannt.

ADB: 27, 165; BL: 1912/13, 342 (mit B); J. Hormayr, Taschenbuch, 3. Jg., 1832, XXIX (mit B); Schä: Nr. 461; St: 351; Wu: 24, 228; Kriegsarchiv München, HS VI, 9.

172a
9–1–619
Pschorr Joseph, 1770(Kleinhadern)–1841, s. Vorwort zur 3. Aufl. S. 11.

173
9–1–15/16
Triva Johann Nepomuk Josef Florian, von, Graf, 1755(München)–1827, General der Artillerie und bayerischer Kriegsminister; er stand seit 1766 in der bayerischen Armee, als Secondemajor im Infanterie-Regiment Pfalzgraf Max hat T. unter Rumford bei der Anlage des Englischen Gartens mitgewirkt, in den Revolutionskriegen zeichnete sich T. besonders aus, der unter König Max I. von Bayern die gesamten inneren Heeresangelegenheiten leitete; er wurde von ihm zum Chef des Geheimen Kriegsbureaus berufen, später zum Minister-Staatssekretär im Kriegswesen und 1814 zum Staatsminister der Armee befördert; nach den Befreiungskriegen organisierte T. die bayerische Armee neu, wobei er besonders gegen die damals noch übliche Soldatenmißhandlung eingeschritten ist; wegen Mißstimmigkeiten mit seinem Nachfolger von Wrede trat er 1822 in den Ruhestand; T. hat sich um das bayerische Heerwesen zu Beginn des 19. Jahrhunderts sehr verdient gemacht.

ADB: 36, 631; BL: 1892, 365; Schä: Nr. 404; A. Erhard, 1892; Kriegsarchiv München, HS VI, 9.

174
9–1–17
„Parrot"
Baumgartner° Anton, Lic. jur., 1761(München)–1831, Münchner Polizeidirektor und Baurat; er studierte auf der Universität in Ingolstadt; 1783 finden wir B. als Auditor beim Kurfürstlichen Leibregiment in München und zugleich als Assessor beim Justizdepartement im Hofkriegsrat; auf Veranlassung seines Gönners, des Grafen von Rumford, wurde B. 1790 Hofkriegsjustizrat und 1797 zusammen mit J. M. von Babo (siehe dort!) und J. F. von Lipowsky (siehe dort!) Ober-

polizeikommissär; im Zuge der Organisation der Generallandesdirektion unter König Max I. wurde B. als Stadtpolizeidirektor Vorstand der Deputation für die Polizeigeschäfte; durch seine unzähligen Polizeierlasse zur Durchführung der Säkularisation (Klosteraufhebungen, Verbot der mitternächtlichen Weihnachtsmetten, der Feiertage und Wallfahrten) machte er sich bei der Münchner Bevölkerung sehr unbeliebt, obwohl er zusammen mit Graf Rumford viel für die Armen tat; als Polizeidirektor von München hat B. auch ein „kleines Polizei-Versatzamt" errichtet und 1805 eine gedruckte Übersicht über die Münchner Polizei herausgegeben; „Hercules dürfte ein leichteres Geschäft gehabt haben, Augias Stall zu reinigen, als das Geschäft des Titl. Baumgartner ist, eine ganz in Unordnung gerathene und Jahre lang in selber erhaltene Polizey-Registratur wieder in Ordnung zu bringen" (Pro Memoria vom 30. VII. 1805); als Polizeidirektor hat er auch namhafte Amtsverschuldungen hinterlassen; später hat B. als Baukommissionsrat eine statistische Beschreibung von München verfaßt; beim Brand des Münchner Hof- und Nationaltheaters am 14. I. 1823 soll er persönlich mitgelöscht haben.

BL: 1890, 442, 1898, 321; Schr: 44; A. Fingerle, München – Heimat und Weltstadt, 1965, 32; Staatsarchiv für Oberbayern, GL 2767/1025 und 1025a, GL 2775/1071.

Métivier Johann Baptist, 1781 (Rennes/Frankreich)–1853, Bau- 175
meister und Aquarellist; aus einer Künstlerfamilie von Bild- 9–1–19
hauern und Architekten stammend, hat M. in Paris sich ausgebildet, kam 1811 nach München, wo er namhafte Aufträge erhielt, Inspektor der königlichen Baukommission, Hofbaudekorateur und 1824 königlicher Baurat wurde; M. zählte zu den modernsten Baukünstlern seiner Zeit, und nur der frühe Tod K. von Fischers (siehe dort!) sowie seine untergeordnete Stellung gegenüber F. von Gärtner (siehe dort!) und L. von Klenze (siehe dort!) haben mit Unrecht sein Andenken zurückgedrängt; auch als Innenarchitekt hat er Bedeutendes geleistet, wie seine „Architektonische Verzierungen" erkennen lassen; Ms. Frühwerke erinnern an Gärtners Romantik und Klenzes Klassizismus; HHww: Palais des Grafen Montgelas, des Baron Lotzbeck und der Baronin Bayerstorff (Almeida-Haus), Maillot-Schlößchen in Schwabing, ehemalige Synagoge an der

Frauenstraße, Thurn- und Taxis-Schloß in Regensburg, Innendekoration für ehemalige Matthäuskirche, Nationaltheater (nach 1823) und Prinz-Karl-Palais, Zeichnungen und Aquarells mit Münchner Ansichten.

ADB: 21, 518; AM: 75; Bo: 5, 30; TB: 24, 439; C. Reber, Bautechnischer Führer durch München, 1876, 272; H. Schindler, Große Bayerische Kunstgeschichte, 2. Bd., 1963, 350.

176
9–1–20
Herigoyen Emanuel Josef, von, 1746(Lissabon)–1817, Baumeister; der Portugiese H. studierte in Wien, war dann unter Fürstbischof von Dalberg in Aschaffenburg tätig, wo er die Villa Schönbusch erbaute; mit Dalberg übersiedelte er nach Regensburg; dort schuf er 1804 das Präsidialpalais (Sitz des Regierungspräsidenten der Oberpfalz), erst 1810 kam H. nach München; sein Hauptwerk in München, das Portal zum Alten Botanischen Garten, gehört zu den schönsten Leistungen des älteren, weniger prunkvollen, Klassizismus in München.

BL: 1926, 145; Bo: 5, 17; TB: 16, 465; Wo: 79 und 110; A. Schreiber und J. Poelt, Die Botanischen Staatsanstalten in München, 1964, 13.

177
9–1–42
**Ehrengut* Anton, 1840(München)–1890, Zimmermeister; diesen bürgerlichen Zimmermeister hat König Ludwig II. zur Erbauung seiner Schlösser Herrenchiemsee, Linderhof und Neuschwanstein herangezogen; E. zeigte auch seine künstlerischen Fähigkeiten bei der Erweiterung der Heilig-Geistkirche in München nach Abbruch des Spitals (1885), wo er an der Errichtung der stattlichen Fassade wesentlich beteiligt war; auch als Unternehmer hat er viele Privatbauten in München geschaffen, durch eine großzügige Stiftung zur Förderung der Kunst hat sich E. um die soziale Stellung der Münchner Künstler verdient gemacht; von seiner Freigebigkeit gegen die Kirche zeugt das heute noch an der St.-Maximilians-Kirche bestehende Ehrengut-Benefizium.

Bo: 6, 26; Ra: Nr. 137; G. A. Huhn, Geschichte des Spitals, der Kirche und der Pfarrei zum Hl. Geist in München, 1891/93; Pfarrführer der Gemeinde St. Maximilian, München, etwa 1959, 34;

Staatsarchiv für Oberbayern, Nachl. V., AG. München I., 1890, 3046.

(*)*Seidl* Anton, 1844(München)—1898, Hofbäckermeister; auch er, der Bruder der berühmten Architekten Gabriel (siehe dort!) und Emanuel von S., ist als Kunstkenner und Kunstförderer berühmt; 1799 hatte sein Großvater, Anton S. aus Großdingharting (Ldkr. Wolfratshausen), das Anwesen des „Bäckers durchs Haus" am Anger in München erworben; seit 1823 ist sein Vater im Besitz der Theatinerbäckerei, in der das Bäckergewerbe seit 1551 nachweisbar ist; nach Übernahme durch S. wurde die primitive Einrichtung rasch verbessert, die Qualität der Erzeugnisse gehoben und das „mürbe Gebäck" stadtbekannt; 1852 wurde der Grundbesitz an der Marsstraße erworben, wo S. 1889 die Fabrik, die den Grundstock zum heutigen Großbetrieb bildet, erbaute; hoher Sinn für angewandte Kunst, der in der Geschichte der Ss. große Namen einreihen konnte, hat auch diesen bürgerlichen Bäckermeister ausgezeichnet, der der „kunstsinnige Bäck" genannt wurde und Mitglied der kulturpflegenden „Gesellschaft zu den drei Schilden" (historischer Verein) war, ein Zeuge dafür, daß in Münchner Bürgersfamilien Kunst gepflegt wurde.

178
9—2—23

Trautm: 5, 69; WI: 1574; W. Zils, Geistiges und Künstlerisches München in Selbstbiographien, 1913, 330; Seidl-Festschrift, 1924; Staatsarchiv für Oberbayern, Nachl. V., AG. München I., 1898, 1380.

**Beck* Friedrich, 1809(Ebersberg)—1888, Gymnasialprofessor und Schriftsteller; er studierte in München bei F. W. von Thiersch (siehe dort!), F. von Baader (siehe dort!) und F. W. von Schelling; neben seiner schulmeisterlichen Tätigkeit nahm B. auch an der kulturpflegenden „Gesellschaft zu den drei Schilden" in München teil, von 1834—1846 war er Schriftleiter der „Münchener Politischen Zeitschrift", 1857—1858 der „Münchener Zeitung"; seit 1864 im Ruhestand, betätigte er sich als Gelehrter, Schriftsteller und Dichter im Sinne der Spätromantik; HHww: Gedichte, Telephos (Tragödie), Lehrbuch des deutschen Prosastils, Lehrbuch der Poetik, Theorie der Prosa und Poesie, Spruch- und Rätselbüchlein.

179
9—2—33
eingeebnet

ADB: 46, 296; Schr: 185 und 190.

180 9–2–55/56 „Stadtpfarrer von Heiliggeist"

Huhn Georg Adalbert, 1839(Bad Orb/Hessen-Nassau)–1903, katholischer Priester, Historiker, Publizist und päpstlicher Hausprälat; nach philosophisch-theologischen Studien in Würzburg wurde H. 1862 Priester, 1864 Stadtkaplan bei St. Agatha in Aschaffenburg, 1871 Stadtpfarrprediger in Mariahilf (München-Au) und 1883 Stadtpfarrer bei Heiliggeist in München; H. zählt zu den bedeutendsten Münchner Kanzelpredigern; vor allem bei Katholikentagen wurde er weit und breit als unerschrockener Rufer gegen die Unterdrückung der katholischen Kirche im Kulturkampf bekannt; H. hat sich auch als Verfasser von apologetischen und historischen Schriften einen Namen gemacht; HHww: Eine Ministerantwort im Lichte der Wahrheit, Robert Emmet, eine Erzählung aus der Geschichte Irlands, Geschichte des Spitals, der Kirche und Pfarrei zum Hl. Geist in München, Ausgewählte Predigten und Reden; H. ist die Erweiterung der Heilig-Geist-Pfarrkirche von 1885 zu verdanken.

BJDN: 8, 195; Kirchliches Handlexikon, 1. Bd., 2041; Schematismus von München-Freising, 1904.

181 9–3–36

**Niggl Josef*, 1778(Vogtareuth, Lkr. Rosenheim/Obb.)–1835, Optiker und Brillenfabrikant; N. ging aus dem Fraunhoferschen (siehe dort!) Institut unter der Direktion von G. Merz (siehe dort!) hervor und war nach A. Lewald (siehe dort!) als der beste Meister in Brillen und Operngläsern auf dem Kontinent bekannt; um die von ihm geschliffenen Gläser stritt man sich angeblich seinerzeit in der City von London als die eines Optikers vom ersten Rang; für Goethe fertigte er zwei Polarisationsapparate an, die dessen vollen Beifall fanden, trotzdem wohnte N. wie ein armer Brillenschleifer in einer engen Kammer in der Kreuzgasse und ist dort so dürftig, wie er gelebt hat, auch gestorben; nach seinem Tod übernahm Raimund Hellerauer die Werkstätte.

BL: 1932, 140; Bo: 5, 32; Schr: 133; A. Seitz, Der Münchner Optiker J. Niggl; in: „Centralzeitung für Optik und Mechanik", 44. Jg., 1923.

182 9–5–40/41 eingeebnet

**Quaglio* Angelo, 1829(München)–1890, Theatermaler; er lernte bei seinem Vater Simon Qu. (siehe dort!) und F. Adam (siehe dort!) in München, bei K. W. Gropius in Berlin und bei

Ch. A. Cambon in Paris; am 1. I. 1850 wurde Qu. als Hoftheatermaler der erste Gehilfe seines Vaters am Hoftheater in München; nach Studienreisen (1854/55) schuf er zusammen mit Simon Qu. (siehe dort!) 1855 Dekorationen zu „Tannhäuser", 1858 zu „Lohengrin"; seit 1860 stand er an der Spitze des Theaterdekorationswesens; die Entwürfe zu den Aufführungen Richard Wagners, die ganz im Sinne des Meisters und genau nach seinen persönlichen Angaben erfolgten, und zu den Separatvorstellungen für Ludwig II. begründeten den Weltruf der Werkstätten A. Qus.; eines seiner Glanzstücke war die Ausstattung von Brachvogels „Narziss"; außerdem stammen Dekorationen zu den Opern Mozarts, Meyerbeers, Aubers, Rossinis, Gounods usw. von ihm, der auch als Zimmerarchitekt bei der Ausstattung des Schlosses Herrenchiemsee beteiligt war; seine Entwürfe sind fast lückenlos im Münchner Theatermuseum erhalten, die Ergänzungen dazu liegen im Ludwig-II.-Museum in Herrenchiemsee.

ADB: 27, 4; BL: 1890, 263 und 371 (mit B), 1918/19, 35; TB: 27, 495; Ze: 49–487 (passim).

**Quaglio* Giuseppe (Josef), 1747 (Laino, Prov. Cosenza/Italien) 183
—1828, Architekt, Theater- und Freskenmaler; er lernte bei 9–5–40/41
Lorenzo Qu. (dem Älteren) in Wien, bereiste Italien und eingeebnet
Deutschland — überall Zeichnungen von bedeutenden Gebäuden und Landschaften fertigend — die ihm dann bei seinen Theaterausstattungen zu statten kamen; 1770 trat Qu. in kurfürstliche Dienste; er malte für die Theater in Mannheim, Frankfurt, Schwetzingen, Ludwigsburg, Speyer und — seit 1801 — in München, wo er an Stelle seines Bruders Giuglio zum Hoftheater-Architekten ernannt wurde; sein großes Talent bewies Qu. bei Festen und Aufzügen, so z. B. bei der Kaiserkrönung in Frankfurt, bei der Festdekoration der alten Reitschule in München, insbesondere der Schaubühne, die durch ihn als Maler zu einer wahren Kunstanstalt gehoben wurde; er war nicht nur Maler und Architekt, sondern auch vollkommener Meister in der Perspektive, wodurch er, sowie durch seine künstlichen Beleuchtungseffekte, große Erfolge erreichte.

ADB: 27, 5; Bo: 6, 67 (verwechselt Josef Qu. mit Simon Qu.); J. Hormayr, Taschenbuch, 1831, 354; Na: 12, 135; Schr: 37; TB: 27, 495; Ze: 49–487 (passim); J. M. Söltl, Die bildende Kunst in München, 1842, 322.

184 9–5–40/41 eingeebnet

*[*Quaglio*] Simon, 1795(München)–1878, Theaterdekorationsmaler; Schüler seines Vaters Giovanni Maria Qu. und seines Bruders Angelo (des Älteren), zeichnete er sich schon frühzeitig als Theaterdekorationsmaler aus; schon 1814 erhielt er seine Anstellung am Münchner Hoftheater; zu den bedeutendsten Leistungen zählen die Dekorationen zur Zauberflöte, zum Maskenball, zum Glöckner von Notre Dame, insbesondere zu Meyerbeers Hugenotten; er verbesserte vielfach den Bühnenmechanismus – 1839 führte er statt der Kulissendekoration die gebaute Dekoration auf der Bühne ein – und reiste 1840 zu weiteren Studien nach Frankreich; zurückgekehrt, entstanden die Dekorationen zu Guido und Ginevra und zu von Lachners (siehe dort!) Katharina Cornaro; daneben betätigte sich Qu. auch als Zeichner, Lithograph und Aquarellmaler, und durch seine Ölgemälde, in denen er viele Kathedralen und Dome (Rheims, Freiburg, Bamberg, Como u. a.), Klostergänge und Städteansichten darstellte, bewies er den Meister in der Perspektive.

ADB: 27, 8; Bo: 4, 28; Na: 12, 135; TB: 27, 497; Ze: 49–487 (passim); J. M. Söltl, Die bildende Kunst in München, 1842, 322; Nationaltheater München, Festschrift 1963, 45 und 122 (mit BB). (Quaglio Domenico, 1787[München]–1837, Architektur- und Landschaftsmaler, bekannt durch seine „Ansichten merkwürdiger Gebäude in München", liegt nicht hier, sondern im Friedhof von Füssen bestattet.)

185 9–8–24 eingeebnet

Brysakis Theodor Petros, 1814(Theben/Griechenland)–1878, griechischer Historienmaler; B. kam mit den ersten griechischen Knaben 18jährig in das von König Ludwig I. und dessen Sohn Otto gestiftete Griechische Erziehungsinstitut in München; er bildete sich unter K. von Heideck (siehe dort!), P. von Hess (siehe dort!), J. Petzl und H. von Mayr aus; seine ersten Proben der Malkunst brachte B. 1841 in den Münchner Kunstverein (Junger Grieche in den Armen eines Mädchens in einer Felsenhöhle, Der blinde Palikar, Der Verbannte).

Bo: 3, 4; TB: 5, 170.

186 9–8–52

**Ziemssen*+ Hugo, Dr. med., von, 1829 (Greifswald/Pommern) –1902, Mediziner, Universitätsprofessor und Direktor des Allgemeinen Krankenhauses. Er studierte in seiner Heimatstadt, in Berlin und Würzburg und wirkte anfangs als Privatdozent und Assistent in der Medizinischen und Poliklinik seiner Heimat; 1863 wurde er Professor der Pathologie und Therapie und Direktor der Medizinischen Klinik in Erlangen, seit 1874 wirkte Z. in gleicher Stellung in München; an dem Aufschwung der modernen Medizin hat Z. durch viele, scharfsinnige, z. T. geradezu bahnbrechende, Untersuchungen hervorragend Anteil genommen, vor allem sind seine Arbeiten über Kaltwasserbehandlung beim Abdominaltyphus, über die Anwendung der Elektrizität in der Medizin und seine lichtvolle Bearbeitung der Kehlkopf- und Speiseröhrenerkrankungen zu erwähnen; ein ganz besonderes Verdienst erwarb sich Z. um die gesamte Medizin durch sein großes „Handbuch der speciellen Pathologie und Therapie", 17 Bde., und durch sein „Handbuch der allgemeinen Therapie", 4 Bde.; als einen Teil des ersten Werks gab er zusammen mit M. Pettenkofer (siehe dort!) ein „Handbuch der Hygiene und der Gewerbekrankheiten", 3 Bde., heraus; er hat auch ein wissenschaftliches Institut für die klinische Medizin und ein Physikalisches Therapeutikum in München gegründet.

BLÄ: 5, 1040; Brockhaus (1903): 16, 968; A. Fingerle, München — Heimat und Weltstadt, 1965, 30.

Schertl Josef, 1810(Augsburg)—1869, Landschaftsmaler; humanistisch gebildet, machte sich Sch. nach seiner künstlerischen Ausbildung auf der Münchner Akademie mit anderen Künstlern auf der Laueninsel im Chiemsee heimisch; später war er von der großartigen Bergwelt bei Partenkirchen und dem Eibsee, schließlich vom Staffelsee und dem Berchtesgadener Land angezogen; (HHww: Gegend von Trostberg, Walchensee, Aus dem Allgäu u. a.); Sch. zählte zu den ersten Schilderern der Schönheit der bayerischen Alpen. 187 9—10—13 eingeebnet

ADB: 31, 130; TB: 30, 37.

Piglhein Bruno Elimar Ulrich, 1848(Hamburg)—1894, Genre- und Historienmaler; ursprünglich studierte P. in Hamburg und Dresden Bildhauerei und ging erst 1871 zur Malerei über, wo er in München Schüler von W. Diez war; mit seiner religiösen Komposition „Moritur in Deo" (Sterbender Christus von einem Engel getröstet) machte er sich bekannt; hauptsächlich lieferte P. Pastellzeichnungen, Brustbilder, Köpfe und Halb- 188 9—10—29 eingeebnet figuren von Modedamen, Gecken, Maskenfiguren und Kindern („Douze pastels"), auch Genrebilder aus dem Kinderleben; 1885 unternahm er eine Studienreise nach Palästina; die kolossale Kreuzigungsgruppe, die er als Ergebnis danach mit anderen ausführte, fiel 1892 einem Brand in Wien zum Opfer; Ps. religiöse Szenen (auch Ölgemälde) sind äußerst realistisch.

ADB: 53, 790; Bo: 3, 22; TB: 27, 35.

10. Sektion

189
10–2–3
eingeebnet

Lauth Franz Josef, Dr., 1822(Arzheim/Rhld.-Pfalz)–1895, Ägyptologe, Universitätsprofessor und Konservator der Ägyptischen Sammlungen in München; er studierte in München, war zuerst Gymnasiallehrer in Kusel und München (Wilhelms- und Maximilians-Gymnasium), bereiste (1863–1865) Ägypten und wurde dann Honorarprofessor und Konservator der Ägyptischen Sammlung, die er organisierte und wesentlich bereicherte; wegen seiner ungezügelten Phantasie sind Ls. Schriften mit Vorsicht zu benützen; HHww: Das Vollständige Universal-Alphabet, Das germanische Runen-Fudark, Erklärendes Verzeichnis der in München befindlichen Denkmäler des ägyptischen Altertums, Homer und Ägypten, Aus Ägyptens Vorzeit, Die Phönixperiode.

Brockhaus (1885): 10, 858; Herder: 5, 77; Das Katholische Deutschland, 2. Bd., 1933 ff., 2515; Chronik der Universität München für 1895/96.

190
10–2–25
eingeebnet

Gottgetreu Rudolf Wilhelm, 1821(Swinemünde, Kr. Usedom-Wollin)–1890, Architekt, Architekturhistoriker und Professor; G., ein Landsmann und Altersgenosse Theodor Fontanes, studierte zuerst in München und wurde später Schüler von A. von Voit (siehe dort!) an der Münchner Akademie; seit 1852 Professor an der Technischen Hochschule in München, baute er u. a. das (alte) Hotel zu den Vier Jahreszeiten an der Maximilianstraße und die zweite protestantische Kirche St. Markus (1873/77); daneben widmete sich G. auch baugeschichtlichen Studien; in der Architekturgeschichte spielt er eine Rolle, weil er beim Bau der Markuskirche als erster die modernen Eisenkonstruktionen mit den neugotischen Stilformen verbindet.

Bo: 7, 33; TB: 14, 421.

Ille Eduard, 1822(München)–1900, Historienmaler, Dramatiker und Akademieprofessor; I. besuchte die Kunstakademie seiner Vaterstadt unter J. Schnorr von Carolsfeld, dann M. von Schwinds (siehe dort!) Atelier, illustrierte M. Schleichs Zeitschrift „Punsch" (siehe dort!), die Münchner „Fliegende Blätter" und „Bilderbogen"; Ludwig II. verlieh ihm 1868 den Professorentitel; die Altarbilder dieses Romantikers sind weniger glücklich; I. verfaßte auch Nekrologe von Münchner Künstlern für das Oberbayerische Archiv und wirkte nebenbei als Dramatiker; HHww: Kaiser Joseph II., Mozarts Tod, Gedichte, Herzog Friedel mit der leeren Tasche, Kunst und Leben, Der Staberl und der Hanswurst. 191 10–2–32 eingeebnet

BJDN: 5, 48; TB: 18, 569.

Lier Adolf, 1826(Herrnhut/Sachsen)–1882, Landschaftsmaler; nach Studien in seiner Heimat wurde L. 1849 in München Schüler von Richard Zimmermann; Aufenthalte in Frankreich und England beeinflußten Ls. französische und englische Landschaftsmotive; seit 1865 hielt er sich dauernd in München auf, wo er später hauptsächlich landschaftliche Stimmungsbilder aus der Münchner Umgebung schuf; HHww: Kanallandschaft von Schleißheim, Landstraße bei München im Regen, Abend an der Isar, Theresienwiese mit Ruhmeshalle; L. hat einen großen Einfluß auf die neuere Richtung der Münchner Landschaftsmalerei ausgeübt. 192 10–2–49 eingeebnet

ADB: 18, 631; TB: 23, 211.

Lachner+ Franz, Dr. phil. h. c., von, 1803(Rain am Lech/Schwaben)–1890, Komponist und Generalmusikdirektor; humanistisch gebildet, wirkte L. seit 1822 als Organist in Wien, wurde später Kapellmeister am Kärtnertortheater (Schüler von Sechter, Abt Stadler und Freund Franz Schuberts), 1834 kam er als Kapellmeister nach Mannheim und 1836 als Hofkapellmeister (seit 1852 Generalmusikdirektor) nach München; Wagners Vorherrschaft löste seine bis dahin tonangebende Stellung bei Hof ab; in seinen Orchestersuiten ging L. vielfach von Bach und Händel aus, in der Kirchenmusik (Messen, Psalmen, Motetten u. a.) wegen des Adels seiner Empfindungen und Sicherheit seiner Technik (Meister des Kontrapunkts) wurde er sehr gefeiert; L. komponierte auch 193 10–6–55

Lieder, Symphonien, Opern (Die Bürgschaft, Alidia, Catarina Cornaro und Benevenuto Cellini) und Oratorien; vor R. Wagner galt L. als der „Fürst der Musik" in München.

ADB: 51, 525; Al: 48; Altbayerische Monatsschrift, 1903; Illustriertes Musik-Lexikon, 1927; H. J. Moser, Musik Lexikon, 4. Aufl., 1929, 979; Ra: Nr. 363; Ze: 7–505 (passim); L. K. Mayer, Dissertation, München 1922; Nationaltheater München, Festschrift 1963, 52 (mit B); W. J. Bekh, Maler in München, 1964, 137; A. Fingerle, München – Heimat und Weltstadt, 1965, 30.

194
10–9–26
Schachinger Gabriel, 1850(München)–1912, Porträt-, Genre- und Blumenmaler; er war Schüler K. von Pilotys (siehe dort!) in seiner Vaterstadt und weilte 1876–1878 als bayerischer Staatsstipendiat in Italien, dann wirkte er dauernd in München, wo er Porträts von Fürsten (Maximilian II., Ludwig II., Prinzregent Luitpold und Kaiser Friedrich III.), Genres (Frauenbildnisse, Trotzköpfchen), Blumenbilder und Deckengemälde, Theaterdekorationen, Prunkgemächer und Ausstellungsräume mit blendender Technik schuf.

BJDN: 17, 83; Bo: 7, 63; TB: 29, 537.

195
10–10–1
eingeebnet
**Prantl* Karl, Dr. phil., von, 1820(Landsberg a. Lech)–1888, Philologe, Philosoph, Historiker und Universitätsprofessor; P. studierte Philologie und Philosophie in München und Berlin und war seit 1843 Privatdozent, seit 1847 Professor zunächst der Philologie, später auch der Philosophie, 1872 Vorstand des Universitätsarchivs von München, 1879/80 Rector Magnificus der Münchner Universität, außerdem Mitglied der BAkdW; seine Bedeutung liegt in der Erforschung der Geschichte der Logik; wegen seiner pantheistischen Lehren wurde P. von Vertretern der christlichen Weltanschauung scharf angegriffen (zeitweilig waren ihm philosophische Vorlesungen gänzlich verboten); P. war auch ein Gegner des Unfehlbarkeitsdogmas, ohne sich jedoch den Altkatholiken anzuschließen; HHww: De Solonis legibus specialibus, Die Bedeutung der Logik, Die gegenwärtige Aufgabe der Philosophie, Übersicht der griechisch-römischen Philosophie, Geschichte der Logik im Abendlande (4 Bde.), Geschichte der Ludwig-Maximilians-Universität (2 Bde.), Aristoteles de coelo; seine Universitätsgeschichte ist eine wichtige Quelle für die bayerische Geistes- und Kulturgeschichte.

ADB: 55, 854; GG: 115; W. von Christ, Gedächtnisrede, 1889; F. Dahn, Erinnerungen, 2. Bd., 1910; G. von Hertling, Aus meinem Leben, 2. Bd., 1920.

**Beckers* Hubert Karl Philipp, Dr. phil., 1806(München)—1889, Philosoph, Hofrat und Universitätsprofessor; B. studierte in seiner Vaterstadt Philosophie bei F. W. von Thiersch (siehe dort!) und F. W. von Schelling u. a., wurde 1832 Professor der Philosophie in Dillingen (Lehrer M. Deutingers des Jüngeren — siehe dort!), 1847 in München und außerdem Mitglied der BAkdW; die Unsterblichkeitslehre beschäftigte B. am meisten; er war auch musikalisch sehr aufgeschlossen und begabt (Sammler von Chorälen und geistlichen Liedern, Dichter eines von ihm selbst vertonten „Deutschen Reichslieds"); seine Privatbibliothek und sein handschriftlicher Nachlaß sind im Besitz der Universität München, deren Rector Magnificus er 1861/62 war; HHww: Über das Wesen des Gefühls, Das geistige Doppelleben, Erläuterungen zu Schellings Abhandlungen über die Quelle der ewigen Wahrheit und Kants Ideal der reinen Vernunft, Aphorismen über Tod und Unsterblichkeit.

196
10—10—24
eingeebnet

ADB: 46, 328; GG: 119, Staatsarchiv für Oberbayern, Nachl. V., AG. München I, 1889, 666.

11. Sektion

Eberhard Konrad, 1768(Hindelang/Allgäu)—1859, Bildhauer und Akademieprofessor; Sohn und Schüler eines Bildschnitzers, studierte E. in München bei R. A. Boos (siehe dort!), kam 1806 mit Hilfe des nachmaligen Königs Ludwigs I. von Bayern nach Rom, wo er sich als Nazarener dem Kreis Overbecks anschloß; seit 1819 Akademieprofessor, weilte er von 1824/26 nochmals in Italien, blieb aber dann dauernd in München; in späteren Jahren widmete sich E. ausschließlich der religiösen Kunst, vielfach von seinem Bruder Franz E. (1767—1836) unterstützt; sein bedeutendstes plastisches Werk ist das Grabmal der frühverstorbenen Prinzessin Karoline von Bayern in der Münchner Theatinerkirche; andere Ww: Büsten in der Walhalla bei Regensburg und die Grabmonu-

197
11—1—32
eingeebnet

mente für die Bischöfe Sailer und Wittmann im Dom zu Regensburg; auch viele Altarfiguren stammen aus seiner Meisterhand.

ADB: 5, 571; AM: 25; LThK: 3, 631; Schr: 149; TB: 10, 269; UH: 125; J. A. Endres, 1925.

198
11–2–41

(*)*Kerschensteiner* Josef, Dr. med., von, Ritter, 1831(München)–1896, Mediziner, Obermedizinalrat und Medizinalreferent im Innenministerium; er studierte in seiner Heimatstadt Medizin, wurde 1858 praktischer Arzt in Mering, 1862 Bezirksarzt in Augsburg, 1873 Medizinalrat in Ansbach, 1874 zu München, bis er 1879 Obermedizinalrat und Referent im Innenministerium wurde; dieser Freund und Mitarbeiter J. N. von Nußbaums (siehe dort!) machte sich um das bayerische Medizinalwesen sehr verdient, er war auch Bibliothekar des Münchner Ärztlichen Vereins; HHww: Über öffentliche Gesundheitspflege, Reform des bayerischen Mittelschulwesens vom ärztlichen Standpunkte aus, Krankenhäuser für kleinere Städte und ländliche Kreise, Veröffentlichungen über Paracelsus, Malachias Geiger u. a.

ADB: 51, 125; BJDN: 1, 351; BLÄ: 3, 510; Bo: 5, 24; Schä: Nr. 106; Münchener Medizinische Wochenzeitschrift, 1896.

199
11–3–6
„Maendler"

**Gube* Max, 1849(Ratibor/Oberschlesien)–1904, Medailleur und Hofgraveur; G. war Schüler der Berliner und Wiener Akademie; er lieferte eine Reihe trefflicher Porträtmedaillen; HHww: Medaille auf Ludwig II. mit Revers: Gedächtniskapelle Berg am Starnberger See, auf den 80. und 81. Geburtstag des Prinzregenten Luitpold, Vermählungsmedaille des Prinzen Alphons von Bayern, Medaillen auf vier Salzburger Erzbischöfe, Mozartmedaille u. a.

Bo: 6, 39; TB: 15, 183.

200
11–4–50

Weis Josef, 1817(Waldeck/Opf.)–1895, katholischer Priester, königlicher Geistlicher Rat, päpstlicher Geheimkämmerer und Begründer sowie Präses der Marienanstalt in München; dieser Lehrerssohn hatte als junger Kaplan in Oberviechtach (Opf.) die Not zweier alter Dienstboten kennengelernt, die ihr ganzes Leben in der Großstadt redlich dienten und, nun alt geworden, keine Bleibe mehr dort hatten und in ihre

Heimatgemeinde abgeschoben wurden; als W. 1853 als Stadtpfarrprediger nach München, Hl. Geist (wo er Präses der dortigen Wallfahrerbruderschaft war und das katholische Kasino Hl. Geist begründete), kam, erinnerte er sich des traurigen Schicksals der Dienstboten und hat nach langen Mühen und Schwierigkeiten schließlich am 12. X. 1856 die Marienanstalt an der Dachauer Str. 58 in München gegründet, die heute noch besteht und die Betreuung alter Hausgehilfinnen, die Beherbergung stellenloser Mädchen, die Erziehung junger Dienstmädchen und die Vermittlung von weiblichem Hauspersonal zum Zweck hat.

Mitteilung der Oberin der Münchner Marienanstalt vom 11. 1. 1964.

Marr Heinrich, 1807(Hamburg)—1871, Genremaler; er machte 201
Studien zu Hamburg, Altona und Kopenhagen, kurz darauf 11—7—28
ging er nach München, wo er die Akademie besuchte und bald eingeebnet
auch das durch M. J. Wagenbauer (siehe dort!), P. von Hess (siehe dort!), E. Neureuther (siehe dort!) und H. Bürkel (siehe dort!) neuentdeckte Volksleben studierte und somit die Genremalerei betrieb; motivisch erinnert M. oft an Bürkel, als Humorist ist er spitzer und satyrischer als Spitzweg; er malte besonders Szenen aus dem oberbayerischen, italienischen und Tiroler Volksleben; HHww: Heimkehr von der Großhesseloher Kirchweih, Italienische Weinschenke, Tiroler Pferdehändler.

ADB: 20, 420; Bo: 5, 29; TB: 24, 136; UH: 159.

**Hauner* August, Dr. med., von, 1811(Neumarkt a. d. Rott/ 202
Obb.)—1884, Kinderarzt und Universitätsprofessor; H. stu- 11—8—57
dierte Medizin in München und Wien und übte von 1837 bis 1845 eine Privatpraxis in Thann (Ndb.) und in Murnau (Obb.) aus, dann siedelte er nach München über, wo er 1853 Honorarprofessor wurde; in München wandte sich H. vorzüglich der Kinderheilkunde zu und kam auf diesem Gebiet zu großer Wirksamkeit; bereits 1845 hatte er in München ein Privatspital für kranke Kinder und im selben Jahr nach seiner Habilitation an der Universität München den klinischen Unterricht über Kinderkrankheiten begonnen; jährlich gab er Berichte über das Kinderspital heraus, seine dort und in einer

ausgedehnten Privatpraxis gesammelten Erfahrungen veröffentlichte H. in seinen „Beiträgen zur Pädiatrik" (seit 1861); Hw: Grundzüge zur physischen Erziehung der Kinder; in der Begründung eines größeren öffentlichen Kinderspitals liegt sein Hauptverdienst; seiner aufopfernden Ausdauer gelang es, unter Beihilfe hochherziger Gönner aus allen Bevölkerungsschichten die Mittel zur Herstellung eines solchen zu gewinnen; am 15. V. 1882 wurde das sehr zweckmäßige, heute noch bestehende, Kinderspital an der Lindwurmstraße seiner Bestimmung übergeben, zwei Jahre darauf erlag er einem langen Siechtum; das Haunerische Kinderspital bleibt ein dauerndes Denkmal seines Namens.

BL: 1899, 559; BLÄ: 3, 90; Chronik der Ludwig-Maximilians-Universität München für 1883/84, 7.

203
11–12–17
Eisenhart Luise, von, geb. von Kobell, 1828(München)–1901, Schriftstellerin; die Tochter des Mineralogen und Dialektdichters F. von Kobell (siehe dort!) war schon in ihrer Kindheit in den Münchner Gelehrten- und Künstlerkreisen verkehrt und im Gefolge König Ottos mit ihrem Vater nach Griechenland gelangt; sie war mit dem Staatsrat und Juristen August von Eisenhart verheiratet und widmete sich erst in späteren Jahren der schriftstellerischen Tätigkeit; ihre Arbeiten sind vorwiegend Memoiren und ihrem Vater, ihrem väterlichen Freund I. von Döllinger (siehe dort!) und anderen Freunden gewidmet; HHww: Biographien von Fr. von Kobell und I. von Döllinger, Münchner Porträts nach dem Leben gezeichnet, Unter den vier ersten Königen Bayerns, 4 Bde.

BJDN: 6, 179; Bo: 7, 44; NDB: 4, 413; Schr: 192, 282, 311, 337, 355 und 377; Wo: 169, 256 und 269.

204
11–12–53
Liebherr Josef, 1767(Immenstadt/Allgäu)–1840, Mechaniker und Professor; er lernte in München und Konstanz und arbeitete zunächst in seiner Heimat und in München als Uhrmacher; durch einen, ohne besondere Anleitung gefertigten, Sextanten wurde L. mit G. von Reichenbach (siehe dort!) und J. von Utzschneider (siehe dort!) bekannt, die unter diesem dreifachen Namen das mathematisch-mechanische Institut in München begründeten; L. erfand ein Räderschneidzeug, das den Anstoß zu Reichenbachs neuer Kreisteilungsmethode gab,

beide stellten zusammen die erste Teilungsmaschine her; außerdem machte L. viele Erfindungen und Verbesserungen an Meßinstrumenten; nach Auseinandersetzungen mit seinen Mitarbeitern wurde L. 1828 als Professor an die polytechnische Schule in München berufen, wo er viele Modelle für physikalische Instrumente schuf, eine neue Buchdruckerpresse, ein Uhrenräderschneidzeug, eine Kniehebelpresse zum Pressen von Öl, Rübenzucker u. a. erfand; er war ein vielseitig veranlagter Autodidakt.

ADB: 18, 581; BL: 1920/21, 299; HJ: 14; NND: 18, 998; Poggendorff, Handwörterbuch, 1454; Schr: 133; A. Alckens, Münchner Forscher und Erfinder des 19. Jahrhunderts, 1965, 33–67 (passim); A. Fingerle, München – Heimat und Weltstadt, 1965, 59.

12. Sektion

Rhomberg Josef Anton, 1786(Dornbirn/Vorarlberg)–1853, Historienmaler und Professor; Nachkomme eines verarmten Adelsgeschlechtes, studierte R. an der Kunstakademie in München und hielt sich wiederholt in Wien auf; seit 1827 vom bayerischen Staat besoldet, wurde er Professor des Zeichnens an der Polytechnischen Schule in München; er war als Historienmaler, Radierer, Porträtist und Devotionalienmaler sehr beliebt; sein Lehrbuch „Vollständiger Unterricht in der Figurenzeichnung" war lang an Schulen und im Selbstunterricht im Gebrauch; Rhs. Werke glänzten durch strenge anatomische Zeichnung, schöne Farbentechnik und vorzügliche Muskelwiedergabe, seine religiösen Bilder sind bisweilen langweilig; HHww: Von seiner Geliebten belauschter Minnesänger, Ritter Latour, Hoffnung, Zitherspieler, Alpenhirte. 205 12–1–1

ADB: 28, 396; AM: 126; Na: 14, 381; TB: 28, 225; UH: 166; Festschrift zum 100jährigen Bestandsjubiläum der Fa. Frz. M. Rhomberg, Dornbirn–Wien, 1932.

Holland Hyazinth, Dr. phil., 1829(München)–1918, Institutsprofessor, Literatur- und Kunsthistoriker; Neffe des Pädagogen Benedikt von H. (siehe dort!), studierte er in München und Würzburg Philosophie, vor allem Literatur- und Kunstgeschichte (1847/51) und wurde dann Lehrer für Geschichte, 206 12–1–9

Kunst und Literatur am Ascherschen Institut und am Max-Joseph-Stift, Erzieher auch im Haus Arco und Lehrer der bayerischen Prinzessinnen Therese, Adelgunde, Maria und Mathilde; das eigentliche Feld seiner wissenschaftlichen Tätigkeit ist die Biographie, er gilt als der berufene Nekrologe der Münchner Kunst, der feinsinnige Würdiger der künstlerischen Schöpfungen eines Grafen von Pocci, Lebschée, Ludwig Richter, Schwind (siehe dort!), Spitzweg (siehe dort!) u. a.; H. war mit fast allen Größen Münchens befreundet, seine Erscheinung zählt zu den beliebtesten Vertretern des von Karl Trautmann beschriebenen „Altmünchen"; Dr. A. Dreyer hat er als 90jähriger seine reichen Erlebnisse diktiert: „Lebenserinnerungen eines 90jährigen Altmünchners."

BL: 1910/507 (mit B), 1911/12, 924 (mit B), 1916/17, 13, 1917/18, 154 (mit B), 1920/21, 438; Schr: 266 und 371; W. Zils, Geistiges und Künstlerisches München in Selbstbiographien, 1913, 178; P. Walter; in: Gelbe Blätter, 4. Jg., 1. Halbj., 1927, 50.

207 *Wiebeking* Karl Friedrich, von, Ritter, 1762(Wollin/Pom-
12—1—13 mern)—1842, Hydrotechniker, Architekt und Geograph; von seiner Jugend und Berufsausbildung ist wenig bekannt; W. wirkte von 1788/90 in Düsseldorf als Wasserbaumeister, übersiedelte als Steuerrat nach Darmstadt, wo ihm die Inspektion über die Rheinkorrektion anvertraut wurde, dann war er in Wien Hofrat und für Bauangelegenheiten tätig, bis er 1805 nach München berufen wurde, wo er als Geheimer Referendär der Generaldirektion des gesamten bayerischen Wasser-, Brücken- und Straßenbauwesens und schließlich als Generaldirektor dieser Behörde sich sehr verdient machte und zu Ehren kam; W. tat sich auch in Aufsätzen über Architektur und Malerei hervor; Ww: Schriften über die Anlage hölzerner und Konstruktion eiserner Brücken, Vorschläge zu Hafenbauten in Fiume, Triest u. a., Aufsätze über Monumente der Ägypter, Inder, Phönizier und Griechen sowie über das Staatsbauwesen in Bayern, Atlas vom schiffbaren Rhein mit seinen Nebenflüssen mit 35 hydro- und topographischen Karten, auch Schriften in französischer Sprache; W. ist vor allem deshalb berühmt, weil er den Englischen Garten kanalisierte.

ADB: 55, 659; Bo: 5, 49; GM: 138; NND: 5, 516; Ra: Nr. 702; Schr: 37 und 414; TB: 32, 522; Ze: 116.

Fernbach Franz Xaver, 1793(Waldkirch/Baden)—1851, Maler, Fachschriftsteller und Erfinder der neueren Enkaustik; F. bemalte zuerst in seiner Breisgauer Heimat Zifferblätter für Schwarzwälder Uhren, studierte seit 1816 mit Hilfe seiner Ersparnisse an der Kunstakademie in München und später an den Universitäten Landshut und Wien Mineralogie, Physik und Chemie; er war als Maler und Fachschriftsteller tätig und wurde berühmt durch die von L. von Klenze (siehe dort!) angeregte Wiederentdeckung des technischen Verfahrens der Alten in der enkaustischen Malerei, einer Art von Einbrennen bei Anwendung von Wachs, Bernstein, Terpentinöl und Kautschuk; HHww: Über Kenntnisse und Behandlung der Ölfarben, Die Ölmalerei, Lehr- und Handbuch für Künstler und Kunstfreunde, Die enkaustische Malerei. 208 12—1—17 „Steurer"

ADB: 6, 713; TB: 11, 427.

**Dresch* Georg Leonhard, Dr. jur., von, 1786 (Forchheim/Ofr.) —1836, Universitätsprofessor, Oberbibliothekar und Ministerialrat; er studierte in Würzburg und Landshut, habilitierte sich 1810 in Heidelberg und wurde Professor der Geschichte und Rechtsphilosophie in Tübingen (1816 dort auch Bibliothekar), 1822 in Landshut und 1826 in München, wo er zugleich erster Rektor der Universität nach der Verlegung nach München wurde; in München hatte er die Professur für Staatskirchen- und Bundesrecht und für Kirchengeschichte, daneben war D. Oberbibliothekar der Universität und Abgeordneter der Universität in der Kammer der Ständeversammlung; seit 1831 war dieser bedeutende Jurist und Historiker auch Ministerialrat im Außenministerium; HHww: Über die Dauer der Völkerverträge, Übersicht der allgemeinen politischen Geschichte, insbesondere Europens (3 Bde.), Lehrbuch der allgemeinen politischen Geschichte, Abhandlungen über Gegenstände des öffentlichen Rechts. 209 12—1—44 „Berüff"

ADB: 5, 395; BL: 1926, 642; Bo: 4, 7; GM: 28; J. Hormayr, Taschenbuch, 1831, 368; Schä: Nr. 583; Schr: 129; M. Spindler, Briefwechsel zwischen Ludwig I. von Bayern und Eduard von Schenk, 1930.

**Will* Anton, Dr. med., 1756(Straßburg)—1821, Medizinalrat, Begründer und erster dirigierender Professor der Tierarzneischule in Bayern; Sohn eines Regimentschirurgen, studierte W. 210 12—2—1 „Zellner" in Amberg und Ingolstadt; schon mit 21 Jahren arbeitete er unter dem Anatomen Dr. Leveling als Prosektor, Präparate von ihm gelangten nach Paris und London; nach dreijährigen Studien in Alfort wurde W. 1784 Professor der Tierarzneikunde in Ingolstadt (dieses Lehrfach hatten auch Mediziner und Juristen zu besuchen!); später auch Rat des Collegium medicum und Oberster Tierarzt von Pfalzbayern, gründete er (Dekret vom 26. III. 1790) die Tierarzneischule in Bayern, nach Ws. eigenen Angaben die „vollkommenste von ganz Europa"; seit 1810 war W. erster dirigierender Professor; W. hatte bei den Viehseuchen sehr gegen die Abneigung gegen die Veterinärwissenschaft und den populären Aberglauben zu kämpfen, statt des bisherigen Empirismus führte er die „rationelle Behandlung" ein; er war ein geübter Diagnostiker und Therapeut, kundig in der theoretischen und praktischen Hufbeschlagslehre, in der Zucht, Wart und Pflege der Haustiere und in der Landwirtschaft (Mitstifter des landwirtschaftlichen Vereins in Bayern); König Max I. von Bayern stiftete das (nicht mehr erhaltene) Denkmal; Ww: Kurzer Unterricht über Zungenkrebs, Vorbeugungsanstalten usw. gegen die Pferde-, Hornvieh- und Schweinsseuche, Nöthiger Anhang zum Unterricht über den Milzbrand, Unterricht für den bayr. Unterthan, wie selber sein Vieh für Krankheit und Seuche bewahren usw. soll, Bemerkungen der gewöhnlichen Entsteh- und Verbreitungsursachen der Viehseuchen usw., Volksunterricht bei der wahren Hornviehseuche usw.

Bo: 3, 35; Jahresberichte der K. Zentral-Veterinärschule für 1820/21 und 1848/49; C. Hahn und F. Viandt, Geschichte der K. B. Zentral-Tierarzneischule München 1790–1890, 1890, 219; mitgeteilt von Prof. Dr. J. Boessneck.

211
12–2–27
Jacobi Friedrich Heinrich, 1743 (Düsseldorf)–1819, Philosoph, Dichter und Akademiepräsident; er war zuerst Kaufmann, wurde 1772 Beamter und war 1807–1812 Präsident der BAkdW; 1760–1764 wurde J. in Genf mit J.-J. Rousseaus Denken vertraut, 1775 lernte er J. W. von Goethe persönlich kennen (beider Einfluß auf Js. philosophischen Romane „Allwills Briefsammlung" und „Woldemar"), stand mit diesem und mit J. K. Lavater, Ch. M. Wieland, M. Claudius, J. G. Hamann, J. G. von Herder in zum Teil gegenseitig fruchtbaren freundschaftlichen Beziehungen, in Verbindung auch

mit der Fürstin A. von Gallitzin und J. M. Sailer; mit seinem persönlichen Einfluß, seiner reichen Korrespondenz und seinen kritischen Schriften gegen M. Mendelssohn (wodurch er ungewollt eine Spinoza-Renaissance hervorrief), gegen J. Kant, gegen J. G. Fichte und F. W. von Schelling wurde J. neben Hamann zum Wortführer der gegen den Rationalismus der Aufklärung gerichteten Gefühls- und Glaubensphilosophie; ihre Wirkung erstreckte sich auch auf den Sturm und Drang, F. von Schiller und die Romantik, im theologischen Bereich katholischerseits bis in die Tübinger Schule, im protestantischen Bereich wurde ihr eigenes Anliegen später von F. E. v. Schleiermacher entfaltet; die Verstandeserkenntnis erfaßt nach J. nur das Nichtgöttliche, Endliche, Bedingte; ihre systematisch-geschlossene Ausbildung erweist sich notwendig als Atheismus; alle historischen und dogmatischen Fixierungen bedeuten bereits eine unvermeidbare Beschränkung und insofern Verfälschung; den Gegensatz von Verstand und Vernunft vermochte J. „mit dem Kopf ein Heide, mit dem Herzen ein Christ", nicht zu überbrücken. HHww: Über die Lehre Spinozas in Briefen an M. Mendelssohn, D. Hume über den Glauben (gegen Kant), Sendschreiben an Fichte, Über das Unternehmen des Kritizismus, die Vernunft zu Verstande zu bringen, Von den göttlichen Dingen (gegen Schelling), Werke 6 Bde.

ADB: 13, 577; BL: 1924, 248, 1932, 132; GG: 61; LThK: 5, 831; Schr: 27, 35, 115 und 131; Kuhn, J. und die Philosophie seiner Zeit, 1834; O. Bollnow, Die Lebensphilosophie F. H. Js., 1933; Ph. Weindel, 1933; Festschrift für F. Tillmann, 1950, 573; M. M. Cottier, 1954, 337; G. Fischer, J. M. Sailer und F.-H. J., 1955; Die Religion in Geschichte und Gegenwart, 3. Bd., 1958, 508.

**Schenk* Eduard, von, Dr. jur., 1788(Düsseldorf)—1841, baye- 212
rischer Innenminister, Staatsrat, Reichsrat der Krone Bayern 12—2—29
und Dichter; Sch. begann 1806 seine juristischen Studien in Landshut; im dortigen Romantikerkreis wurde er 1817 unter Einfluß J. M. Sailers katholisch; 1825 erhielt Sch. durch König Ludwig I. auf Sailers Vorschlag die neugegründete Abteilung für Kirche und Unterricht im Innenministerium, 1828 wurde er Staatsminister des Innern; unbestritten sind Schs. Verdienste um die Verlegung der Universität von Landshut nach München (1826), um die Berufung tüchtiger Kräfte (u. a. J. J.

von Görres — siehe dort! — und F. W. von Schelling), um die Erneuerung der Bayerischen Akademie der Wissenschaften, um die Errichtung der Walhalla bei Regensburg, um die Wiedereinführung von Klöstern, um die Errichtung des Lyzeums in Freising und um die Förderung der beiden christlichen Bekenntnisse; den engen Mitarbeiter Ludwigs I. bekämpften deshalb stürmisch die Liberalen auf dem Landtag von 1831, erst auf sein drittes Gesuch erteilte ihm der König die Entlassung; er wurde dann Regierungspräsident der Oberpfalz, Reichsrat und 1838 Staatsrat; mit den Bischöfen Sailer, Wittmann und Schwäbl war Sch. befreundet; seine romantischen Schauspiele, Novellen, Dramen (Trauerspiel Belisar) und Memoiren wurden seinerzeit, vor allem vom König, geschätzt, haben aber nur zeitgeschichtliche Bedeutung.

ADB: 31, 37; BL: 1918/19, 36 (mit B), 1926, 638, 1932, 40; Doe: 15–17; GG: 91; J. Hormayr, Taschenbuch, 1831, 427; LThK: 9, 388; Schä: Nr. 58; Schr: 113, 151 und 160; Wo: 123; Ze: 201–411 (passim); M. Spindler, Briefwechsel zwischen Ludwig I. von Bayern und E. von Sch., 1930; P. Sattler, Die Wiederherstellung des Benediktinerordens durch Ludwig I., 1931; Die Kgl. Staatsminister der Justiz, 1931, 1089; K. W. Donner, 1931; B. Lang, Bischof Sailer und seine Zeitgenossen, 1932; J. Weyden; in: Deutsche Quellen und Studien, 10. Bd., 1933; A. Chroust, Gesandtschaftsberichte aus München, Abt. I, Bd. 2–3, 1935/36; H. Schiel, J. M. Sailer, Leben und Briefe, 2 Bde., 1948 und 1952.

213 *Niethammer* Friedrich Philipp Immanuel, Dr. phil., von, 1766
12–2–31 (Beilstein/Wttbg.)—1848, Philosoph, evangelischer Theologe, Universitätsprofessor und Oberschulrat; N. wurde nach philosophisch-theologischen Studien an der Universität Tübingen dort Professor der Philosophie und Theologie, 1804 Professor der Sittenlehre und Religionsphilosophie an der Universität und Oberpfarrer der dortigen evangelischen Gemeinde sowie später protestantischer Oberschulkommissär für Franken, 1807 Zentralschulrat im Ministerium des Innern; er war mit Schiller, Goethe, Fichte, Schelling, Hegel und Hufeland befreundet; von Montgelas wurde N. mit der Ausarbeitung eines neuen Lehrplans für Gymnasien beauftragt, seine Grundsätze, die eine Vergabelung des höheren Unterrichtes (humanistische und realistische Fächer) bei gemeinsamer Grundlage versuchen, fanden im sogenannten „Normativ“ von 1808 ihre praktische Durchführung; in der Folge bestand in Bayern der

Dualismus von Humanistischen und Realgymnasien; N. hat das bayerische Höhere-Schul-Wesen bis zur Gegenwart wesentlich bestimmt und hat auch schriftstellerisch (HHww: Von den Ansprüchen des gemeinen Menschenverstandes an die Philosophie, Versuch einer Begründung des vernunftmäßigen Offenbarungsglaubens, Bearbeitungen der Predigten Luthers) gewirkt; als Beschützer der Erweckungsbewegung sorgte er für die Berufung geeigneter Theologen an die bayerischen Universitäten.

ADB: 23, 689; BL: 1932, 132; GG: 64; Schä: Nr. 122; Schr: 33; M. Schwarzmaier; in: Schriftenreihe zur bayerischen Landesgeschichte, Bd. 25, 1937; M. Simon, Evang. Kirchengeschichte Bayerns, 1. A., 1942, 579; Unser Bayern, 7. Jg., 1958, Nr. 1; Zeitschrift für bayerische Kirchengeschichte, 27. Jg., 1958, 82; E. Hoyer, Dissertation, Frankfurt 1965.

***Docen* Bernhard Josef, 1782(Osnabrück)—1828, Germanist und Hof- und Staatsbibliothekar; er studierte in Göttingen zunächst Medizin, wandte sich dann aber der Literatur und Archäologie zu und studierte in Jena und Dresden; wegen seiner Hans-Sachs-Forschungen verweilte D. in Nürnberg und später in München, wo er Kustos der Hof- und Staatsbibliothek wurde; er entdeckte die Handschriften vom „Muspilli" und Wolframs „Titurel"; dadurch erwarb er sich einen Platz neben den Brüdern Grimm, mit denen er zeitweise in literarischer Fehde stand, von der Hagen u. a. Bahnbrechern der Germanistik; D. machte sich auch um die Eingliederung der Klosterbibliotheken und um den Handschriftenkatalog der Bayerischen Hof- und Staatsbibliothek, die seinen Nachlaß verwahrt, sehr verdient; HHww: Miscellaneen zur Geschichte der deutschen Litteratur (2 Bde.), Glossarium theotiscolatinum, Museum für altdeutsche Litteratur und Kunst, zusammen mit von der Hagen und Büsching herausgegeben (2 Bde.).

214
12—2—39
„Wieser"

ADB: 5, 278; BL: 1932, 399; K. Bader, Lexikon deutscher Bibliothekare, 1925; Bo: 4, 7; J. Hormayr, Taschenbuch, 1831, 438; NDB: 4, 8; Ph. Strauch, Zur Geschichte der deutschen Philologie, Briefe an D., 1901; Ph. Strauch, Ein Brief Therese Hubers an D.; in: Euphorion, 28. Jg., 1927.

Zenger Max, Dr. phil. h. c., 1837(München)—1911, Hofmusikdirektor, Akademieprofessor und Musikschriftsteller; dieser Autodidakt hat schon 22jährig Szenen aus Faust und

215
12—2—55
„Allfeld"

eine in Leipzig entstandene Symphonie komponiert, die von König Ludwig I. sehr gelobt wurde; sein größter Erfolg war das Oratorium „Kain" (1867, nach Byrons Mysterium); Z. wurde 1869 Musikdirektor an der Münchner Hofoper und 1872 Hofkapellmeister in Karlsruhe, dann in München Dirigent des Oratorienvereins (1878—1885) und Professor an der Akademie der Tonkunst; neben seinen musikalischen Schöpfungen (Opern: „Wieland der Schmied", „Die Foscari", „Eros und Psyche", Balletts, Lieder, Messen, zwei Tedeum und ein Stabat Mater) schrieb Z. auch Biographien über Musiker, einen „Grundriß der Musikgeschichte", „Meditationen über Sprechton, Ausdrucksweise und Leitmotiv" u. a., seine größte musikliterarische Leistung ist die „Geschichte der Münchener Oper" (aus dem Nachlaß herausgegeben von Theodor Kroyer, 1923).

BJDN: 17, 241; BL: 1908, 260 (mit B), 1911/12, 179 (mit B); Bo: 7, 73; H. J. Moser, Musik Lexikon, 4. Aufl., 1953, 1457; H. Riemann—A. Einstein, Musik Lexikon, 11. Aufl., 1929, 2077; Ze: 7—506 (passim).

216
12—3/4—3

Bastoul Louis, † 25. I. 1801, französischer General der Rheinarmee; er war in der Schlacht von Hohenlinden am 3. Dezember 1800 tödlich verwundet worden; sein Denkmal — der Obelisk fiel dem Zweiten Weltkrieg zum Opfer — hat General Moreau gestiftet, die französische Inschrift ist deshalb von historischem Interesse, weil sie die Daten nach der Zeitrechnung der Französischen Revolution bringt; in dieser Sektion befand sich bis 1818 der Soldatenfriedhof.

BL: 1896, 607 und 614, 1901, 102 (mit B vom Grabmal).

217
12—4—43
eingeebnet

Förster Ernst, Dr. phil., 1800 (Münchengosserstädt/Thüringen) —1885, Historienmaler, Kunstschriftsteller und Hofrat; F., Schwiegersohn Jean Pauls, war Mitglied der berühmten Jenaer Burschenschaft und mußte auch für die Teilnahme am Wartburgfest büßen; mit P. von Cornelius und W. von Kaulbach (siehe dort!) war er nach München übergesiedelt; ein vollendeter Zeichner und Kunstbeschreiber, holte er nach, was Ramboux von Köln in seinen artistischen Aufnahmen italienischer Fresken und sonstiger Gemälde in Italien entgangen war; als Anhänger einer neuen Kunstbewegung trat F. mit seiner Kunstgeschichte bewußt der Kunstwelt Goethes entgegen; von seiner Beziehung zu Ludwig I. zeugt ein Stoß eigenhändiger Briefe des Königs; er wurde der eigentliche Kunstschriftsteller, der für den Kronprinzen Max (II.) altitalienische Meister kopieren mußte; HHww: Beiträge zur italienischen Kunstgeschichte, Handbuch einer Reise nach Italien (als Cicerone für Kunstreisende), München, Deutschland, Denkmale der deutschen Baukunst, Bildnerei und Malerei vor Einführung des Christentums bis auf unsere Zeit, Geschichte der modernen Kunst.

ADB: 48, 655; Bo: 5, 11; TB: 12, 135; Wo: 231 und 351.

Lang Ferdinand, 1810(München)–1882, Hofschauspieler und 218
Komiker; zusammen mit Charlotte von Hagn (siehe dort!) 12–6–54/55
genoß L. den dramatischen Unterricht bei W. Urban (siehe eingeebnet
dort!); seinen ersten Erfolg erreichte er in Raimunds „Pamphila"; nach einer schweren Verwundung durch einen Meuchler (1831) wandte er sich ausschließlich komischen Rollen zu und war als „Staberl" und Originalimitator König Ludwigs I. beim Volk sehr beliebt; L. war kein gewöhnlicher Spaßmacher, sondern ein bedeutender Charakterspieler, den sein Kollege E. von Possart (siehe dort!) einen aristokratischen Künstler nannte, dem künstlerisches Maßhalten vor allem zu eigen war.

ADB: 17, 596; Ei: 6, 37; Schr: 244; Wo: 324; Ze: 88–436 (passim); Nationaltheater München, Festschrift 1963, 126 (mit B).

Lang Regina, geb. Hitzelsberger, 1789(Randersacker bei Würz- 219
burg)–1827, königliche Kammersängerin; sie wurde 1805 12–6–54/55
vom Intendanten J. M. von Babo (siehe dort!) als Sängerin eingeebnet
engagiert, später heiratete sie den Hofmusikus Theobald Lang; sie, die Mutter des Komikers Ferdinand L. (siehe dort!), war eine der gefeiertsten Kammersängerinnen (Sopran); sie sang die Bravourpartie der Telaira in P. Voglers „Castor und Pollux" und hatte als Benjamin C. M. von Weber begeistert; Meyerbeer versuchte sie vergebens für Paris zu gewinnen; seit 1811 beschränkte sich L. auf ihre Tätigkeit als Hofsängerin.

ADB: 17, 596; Bo: 5, 27; Ei: (6, 37); Gerber, Neues Lexikon der Tonkunst, 2. Bd., 693, 4. Bd., 803; Germania, 1806, 94; H. Riemann–A. Einstein, Musik Lexikon, 11. Aufl., 1929, 764; Ze: 85 bis 511 (passim).

220 12–10–5 *Böhm* Theobald, 1794(München)–1881, Hofmusiker, Komponist und Flötenvirtuose; ursprünglich Goldschmied; Schüler des Soloflötisten der Münchner Hofkapelle Johann Nepomuk Capeller; durch das nach ihm benannte „System Böhm" änderte B. den Bau der Flöte von Grund aus um und schuf ein Instrument von größerer Fülle und Tonstärke: die „Böhm-Flöte"; sein wissenschaftlicher Beirat war E. Schafhäutl (siehe dort!); dieser Kammermusiker des königlichen Hoforchesters erfand auch eine praktische Klappentechnik für die Flöte; das „System Böhm" wird heute noch bei allen Holzblasinstrumenten angewendet; B. galt seinerzeit als der beste Flötist Deutschlands (Fétis) und wirkte seit 1818 an der Münchner Hofkapelle, war auch im Ausland, vor allem in London, erfolgreich; er vereinigte in hohem Maße künstlerische wie auch handwerkliche Fähigkeiten.

Brockhaus (1882): 3, 245; Herder: 1, 699; HJ: 120; H. J. Moser, Musik Lexikon, 4. Aufl., 1953, 133; NDB: 2, 384; H. Riemann–A. Einstein, Musik-Lexikon, 11. Aufl., 1929, 193; „Bayerische Geschlechtertafel", II = Beilage zur Zeitschrift des bayerischen Landesvereins für Familienkunde (mit Bs. Lebenslauf und Ahnentafel).

221 12–11–13 *Dyck* Hermann, 1812(Würzburg)–1874, Maler, Radierer und Zeichenlehrer; nach Studien in seiner Heimatstadt wandte er sich der bildenden Kunst zu, indem er zunächst architektonische Veduten, die mit hübscher historischer Staffage versehen wurden, produzierte; diese Versuche fanden größeren Beifall und nährten seine Lust am Zeichnen; die Münchner „Fliegende Blätter" hatten in den 40er Jahren in ihm einen tüchtigen Mitarbeiter; in der Folgezeit trat D. auch mit Ölbildern mit genrehaften Szenen auf; HHww: Deputation, Das Maleratelier, die Schreibstube; später hatte D. eine Lehrstelle an der Handwerksschule (heute: Münchner Kunstgewerbeschule) in München inne, als Radierer gab er mehrere Blätter und Hefte „Deutsche Sprichwörter und Reime" heraus.

ADB: 5, 508; Bo: 6, 23; NDB: (4, 210); TB: 10, 271; UH: 125.

222 12–11–46 *Edlinger* Josef Georg, 1741(Graz)–1819, Hofporträtmaler; er versuchte in frühester Kindheit bereits sich mit den ver-

schiedensten Techniken der Malerei, wobei ihm ein Mönch, dann ein Dorfmaler in seiner steirischen Heimat Anleitung erteilten, erst mit 33 Jahren kam E. nach München, trat in die Akademie ein und bildete sich außerdem nach Demarée, 1781 erhielt er die Stelle eines Hofmalers in München; er malte im Stil Rembrandts und verstand in hell-dunklen und geistreichen Schatteneffekten Außerordentliches zu erzielen, dabei war er so tätig, daß ein berühmter Sammler, der Buchhändler Strobel, von ihm über 200 Porträts besaß, und so bescheiden, daß der Kurfürst ihn mit dem Ausspruch „er kann mehr, als er weiß" treffend beurteilte; eine Sammlung denkwürdiger Männer, gemalt von E., Zeichnungen von Jahn, erschien 1821.

ADB: 5, 648; Al: 20; BL: 1929, 730 (?); NDB: 4, 316; Ra: Nr. 153 (hier: *Johann* Georg Ettlinger); Trautm: 1, 142; TB: 10, 343; Wu: 3, 430; H. Beenken, Das 19. Jahrhundert in der deutschen Kunst, 1944, 140; W. J. Bekh, Maler in München, 1964, 54.

(*)*Morawitzky* Theodor Heinrich, von, Graf, 1735 (München) 223
—1810, bayerischer Justiz- und Finanzminister; nach Studien 12—12—
in Frankfurt am Main, Amberg und Ingolstadt wurde M. 26/27
Kämmerer und Hofrat, 1766 Revisions- und oberster Justizrat, seit 1765 Mitglied der BAkdW, 1793 Vertreter Bayerns auf dem Friedenskongreß in Rastatt; bei der Neuorganisation unter Montgelas wurde er 1799 Geheimer Staats- und Konferenzminister und Leiter des Geistlichen Departements (was heute dem Rang eines Kultusministers entspräche); als solcher erwirkte M. sich große Verdienste um die Universität Ingolstadt, besonders um deren Verlegung nach Landshut, ab 1806 war er in München Geheimer Staats- und Konferenzminister des Departements der Justiz, später Finanzminister; er verfaßte auch Lustspiele (Die alte Bekanntschaft, Der Hausfreund) und stiftete den vom Vater von L. M. von Schwanthaler (siehe dort!) Franz Xaver Schw. geschaffenen „Harmlos" am Eingang zum Englischen Garten in München.

Cl. A. Baader, Lexikon verstorbener baierischer Schriftsteller, 1. Bd., 1824, 48; Bo: 8, 35; GG: 31; J. Hormayr, Taschenbuch, 1831, 410; Schä: Nr. 40; St: 257; Wo: 43 und 98.

224 (*)*Morawitzky* Maximilian August Eduard, von, Graf, 1798
12–12– (München)–1875; Oberst und Militärhistoriker; Sohn des
26/27 Grafen Alois Emanuel Anton von M., der am 3. Dezember 1800 bei Hohenlinden gefallen ist, trat er 1818 in die bayerische Armee ein, wurde 1838 Oberleutnant, 1845 Hauptmann im Königlichen Infanterie-Leibregiment, 1865 Major, 1867 Cornet der Leibgarde und 1872 Oberst; seit 1853 befaßte sich M. als Gehilfe Sprunners mit kriegsgeschichtlichen Arbeiten, die zum Teil im „Oberbayerisches Archiv" veröffentlicht wurden; ein Großteil derselben blieb als Manuskript unveröffentlicht.

Bo: 8, 34; Oberbayerisches Archiv, 35. Bd., 1875; Kriegsarchiv München, HS VI., 9 und Offiziers-Personalakt Nr. 68 669.

225 **Lipowsky* Felix Josef, Lic. jur., von, 1764 (Wiesensteig/Wttbg.)
12–13–27 –1842, Stadtkommandant, Kreisrat, Komponist, Archivar und Historiker; Neffe des Mitbegründers der BAkdW Anton Johann L., nach Studien zu Ingolstadt und Ablegung der juristischen Prüfung vor dem Hofrat in München (1787) Auditeur und Lehrer an der Münchner Kriegsakademie, 1791 Assessor des Hofkriegsrats, 1796 Hofkriegsrat und 1799 Landesdirektionsrat; wiederholt mit diplomatischen Sendungen betraut, war L. während der Napoleonischen Kriege Stadtkommandant von München, seit 1803 Mitglied der Säkularisationskommission (als solcher steuerte er den Vandalismus und rettete viele Handschriften und Kunstschätze), 1808 Kreisrat beim Generalkommissariat und seit 1819 ständischer Archivar; L., ein Günstling des Grafen Rumford, genoß auch das Vertrauen Montgelas'; er hat sich durch die Organisation des Münchner „Bürgermilitärs" (1806) und durch die vielen historischen Arbeiten einen Namen geschaffen; die Anregung zur Einführung des Oktoberfests geht jedoch nicht, wie vielfach behauptet wird, auf ihn zurück; HHww: Baierisches Künstler-Lexikon, Baierisches Musiklexikon, Urgeschichte Münchens, Bildnisse der Regenten Baiers, Geschichte der Jesuiten in Baiern, Baierns Kirchen- und Sittenpolizey, Geschichte der Schulen in Baiern; Geschichte der Landstände von Pfalz-Neuburg, Leben des Maximilian Joseph III.

ADB: 18, 730; BL: 1890, 87 (mit B), 1896, 607 (mit B), 1898, 336, 1910, 619; GG: 49; GM: 51; NND: 25, 1068; Ra: Nr. 384;

Schr: 15; Ze: 21, 22, 33, 39, 42 und 55; Oberbayerisches Archiv, 12. Bd., 1851, 84.

(*)*Mettenleiter* Franz Xaver (der Ältere), 1791 (München) 226
—1873, Lithograph; Schüler und Sohn des kurfürstlichen 12—13—40
„Jagd- und Kupferstechers" Johann Michael M. († 1853 in eingeebnet
Passau), entwickelte M. sich zu einem der tüchtigsten Plangraveure, so daß sein Name an erster Stelle in der Planlithographie zu nennen ist; 1813—1815 wurde er unmittelbar als Geodät bei der Landesvermessung verwendet, wobei er die Grundstücksaufnahmen auf Stein zu übertragen hatte; 1816 trat M. aus der Katasteranstalt aus, um als Großherzoglich-Hessischer Hoflithograph in Darmstadt zu wirken; als solcher gab er 1818 ein lithographisches Handbuch (Grundzüge der Lithographie) heraus; im selben Jahr trat er wieder in bayerische Dienste als Geodät und Graveur; sein Hauptwerk ist „Übersicht über die Münchener Schranne, April bis September 1817", heute in der Staatlichen Graphischen Sammlung; M. hat sich um die bayerische Landesvermessung und die Entstehung des Katasters von 1815, des „Rustikal-Dominikal-Steuerkataster wie auch Lagerbuch", verdient gemacht.

TB: 24, 442; Altbayerische Monatsschrift, Bd. 14, 1917/18, 2. Heft, 25.

13. Sektion

**Bürklein* Georg Christian Friedrich, 1813(Burk/Mfr.)—1872, 227
Baukünstler, Oberbau- und Generaldirektionsrat; nach Be- 13—1—17
endigung der Gymnasial- und Universitätsstudien kam B. nach München, wo er Schüler F. von Gärtners (siehe dort!) wurde und gänzlich mittellos sich durch Zeichenunterricht fortbrachte; seinen Meister unterstützte er bei vielen Bauten, vor allem beim Salinen- und Münzgebäude; der erste, 1847 bis 1849 erbaute, Münchner Hauptbahnhof, in dem er den romanischen Baustil den modernen Verhältnissen sehr gelungen anpaßte, war sein hervorragendstes Werk; die Leistung gefiel Max II. so sehr, daß er B. veranlaßte, einen neuen eigentlichen Baustil (Übergang von nordfranzösischer Gotik zur Renaissance) zu schaffen, den sogenannten Max-II.-Stil,

der der Maximilianstraße in München ihr Gepräge verliehen hat (mit Regierung von Oberbayern und Maximilianeum, beide von B. erbaut); berufliche Enttäuschungen — die Sinnesänderung seines Königs beim Bau des Maximilianeums — und Überarbeitung sowie familiäre Sorgen — drei Söhne standen im Krieg 1870/71 — verursachten oder förderten wohl ein Gehirnleiden, dem B. im Irrenhaus Werneck erlegen ist; er zählt zu den bekanntesten wie allerdings auch zu den seinerzeit schon meist angefochtensten Baumeistern der Ära Max' II., „sein Name erzählt von den merkwürdigen Kunstwünschen seines Fürsten Max II., dem er die ausführende Hand verlieh" (S. von Pölnitz).

ADB: 3, 624; Al: 38; BL: 1912/13, 72 (mit B); Doe: 338; NDB: 3, 1; Ra: Nr. 106; Schr: 417; TB: 5, 197; F. Pecht, Geschichte der Münchener Kunst im 19. Jahrhundert, 188, 189; H. Karlinger, München und die Kunst des 19. Jahrhunderts, 1933; H. Kreisel, 1938, 94; G. Huhn, Der Maximiliansstil; in: Festschrift 100 Jahre Maximilianeum, 1953; „Bayerische Geschlechtertafel", II. Beilage zur Zeitschrift des Bayerischen Landesvereins für Familienkunde (mit Lebenslauf und Ahnentafel); A. Alckens, Münchner Forscher und Erfinder des 19. Jahrhunderts, 1965, 173.

228 *Effner* Karl, von, 1831(München)—1884, Hofgartendirektor;
13—1—34 er stammte aus einer der ältesten Hofgärtnerfamilien Bayerns, war Schüler von J. G. Zuccarini (siehe dort!), Schubert, Kaiser und Alexander und bildete sich durch weite Reisen, u. a. in Sanssouci bei Potsdam, wo er mit dem berühmten Landschaftsgärtner Lenné bekannt wurde, in Schönbrunn bei Wien, in Prag und vor allem in England für seinen Beruf aus; auch an der 1858 unter K. F. Ph. von Martius (siehe dort!) begründeten Bayerischen Gartenbaugesellschaft war E. beteiligt; er, der Nachfolger F. L. von Sckells (siehe dort!) in der Hofgarten-Intendanz, war 1856/61 damit beschäftigt, den Steilosthang des Isarufers von der Ludwigs- bis zur Bogenhausener Brücke (beim Gasteig) in Landschaftsgärten umzuwandeln; die Ausdeutung der von Natur heroisch bestimmten Landschaft gelang ihm vorzüglich; mit E. erlebte die Sckellsche Gartenkunst nach der Jahrhundertmitte eine bewundernswerte Nachblüte; unter Ludwig II. mußte er sich dazu verstehen, in den Bergen, die der Barock verabscheut hatte, eine französisch-regelmäßige Gartenanlage zu schaffen; in der gleichzeitigen Gartenkunst

findet sich keine Andeutung davon, daß man sich aus inneren Gründen in die Richtung der französischen Gärten bewegt hätte; E. war kundig genug, um die königlichen Pläne für die Gartenprojekte bei den Schlössern Herrenchiemsee, Linderhof und Neuschwanstein musterhaft auszuführen.

ADB: 48, 267; Doe: 342, 352 und 372; NDB: 4, 39; Schr: 67; N. Lieb, München, Lebensbild einer Stadtkultur, 1952, 185 und 198.

*_Hess_ Peter, von, 1792(Düsseldorf)—1871, Schlachten- und Genremaler; Sohn des Karl Ernst Christoph H. (siehe dort!), bildete er sich in Düsseldorf und München bei seinem Vater und dem Pferdemaler Albrecht Adam (siehe dort!) künstlerisch aus, machte im bayerischen Generalstab des Fürsten von Wrede die Kriege von 1813—1815 mit, besuchte 1818 Italien, 1833 im Gefolge König Ottos Griechenland und 1839 im Auftrag des Zaren Nikolaus I. die russischen Kampffelder von 1812; stark von den Niederländern beeinflußt, war H. der bedeutendste Realist der sogenannten Münchner Schule; verschiedene seiner Gemälde befinden sich in hervorragenden Galerien und Museen, z. B. „Marketender" in der Berliner Nationalgalerie, Fresken aus dem griechischen Freiheitskampf besaß die Neue Pinakothek in München, Darstellungen von 1812 waren im Winter-Palais von St. Petersburg (= Leningrad), die Schlacht bei Leipzig im Münchner Maximilianeum; H. zeichnete sich auch durch großartige Genrebilder aus (Vor einer italienischen Locanda, St.-Leonhards-Fest in Bayern). 229 13—1—51

ADB: 12, 300; BL: 1892, 556 (mit B); J. Hormayr, Taschenbuch, 1831, 405; Schr: 97, 149 und 285; TB: 16, 586; UH: 141; Oberbayerisches Archiv, 31. Bd., 1871, 212; A. Alckens, Münchner Forscher und Erfinder des 19. Jahrhunderts, 1965, 175.

(*)_Hess_ Karl Ernst Christoph, 1755(Darmstadt)—1828, Hofkupferstecher und Akademieprofessor; er war zuerst Schwertfeger in Straßburg, dann Medailleur und Goldziseleur in Mannheim und bildete sich daneben als Kupferstecher aus; 1777 kam H. nach Düsseldorf, wo er 1782 Professor an der Kunstakademie wurde, 1787 besuchte er Italien, und 1806 siedelte er mit der nach München verlegten Düsseldorfer Akademie nach München über, wo er viele Stiche nach Rembrandt und Rubens schuf. 230 13—1—51

ADB: 12, 295; Bo: 5, 19; J. Hormayr, Taschenbuch, 1831, 404; TB: 16, 576.

231 13–1–51 (*)*Hess* Eugen, 1824(München)–1862, Genremaler und Radierer; ältester Sohn des Schlachtenmalers Peter von H. (siehe dort!), begleitete er seinen Vater 1839 auf Studienreisen durch Norddeutschland, Polen und Rußland, bildete sich in München, Frankreich und Belgien (1849/50) weiter und zeichnete sich als Genre- und Schlachtenmaler, namentlich durch romantische Jagddarstellungen, aus; HHww: Ein Ritter als Gast bei Dominikanermönchen, Gemüsemarkt in Antwerpen, Einnahme von Yorktown durch Washington, Jägers Morgengebet, Erster Unterricht im Waidwerk, Fuhrwerk vor einer Wirtschaft, Botschaft aus dem Gefecht.

ADB: 12, 277; BL: 1891, 571; Bo: 7, 39; TB: 16, 577.

232 13–2–1 ***Piloty* Ferdinand (der Ältere), 1786 (Homburg/Rheinl.-Pfalz) –1844, Lithograph; sein aus Venetien stammender Vater war mit Kurfürst Karl Theodor nach München gekommen; hier war P. Schüler von M. von Kellerhoven (siehe dort!) und J. Ch. von Mannlich (siehe dort!), er wandte sich aber dann zur Steindruckkunst, wo er zusammen mit Strixner 432 Lithographien nach Handzeichnungen alter Meister herausgab, auch veröffentlichte er im Verein mit vielen anderen namhaften Künstlern ausgewählte Meisterwerke der Königlichen Gemäldegalerien von München und Schleißheim, ein Unternehmen, das allgemeines Interesse erregte; zusammen mit Loehle kam ein Galeriewerk der Münchner Pinakothek zustande; das von ihm gemeinsam mit Loehle gegründete „Lithographische Institut Piloty und Loehle" – in dem hauptsächlich Kartenwerke und Atlanten erschienen – gehörte seinerzeit zu den ersten lithographischen Anstalten Deutschlands; Hw: Oeuvres lithographiques par Strixner, Piloty et Comp.

ADB: 26, 140; AM: 113; BL: 1932, 139; TB: 27, 46.

233 13–2–1 (*)*Piloty* Ferdinand (der Jüngere), 1828(München)–1895, Maler, Illustrator und Akademieprofessor; er bildete sich u. a. in Rom, Paris und Wien aus und stand sehr unter dem Einfluß K. Schorns (siehe dort!) und seines Bruders Karl P. (siehe dort!), mit dem er das Streben nach malerischem Effekt teilt; HHww: Fresken im Maximilianeum und Alten National-(jetzigen Völkerkundlichen)Museum an der Maximilianstraße in München, im Rathaussaal von Landsberg a. Lech (Szenen

aus der bayerischen Geschichte) und im Schloß Neuschwanstein (Sängerkrieg auf der Wartburg), Supraporten in Herrenchiemsee; ferner lieferte P. Illustrationen zu Werken von Schiller und Shakespeare.

ADB: 26, 140; TB: 27, 47.

**Schorn* Karl, 1803 (Düsseldorf)–1850, Historienmaler und Akademieprofessor; Sch. erhielt seine Ausbildung in Berlin und Paris und war in München Schüler von P. von Cornelius, seit 1847 Professor an der Münchner Kunstakademie; neben vielen Arbeiten aus der Geschichte, Mythologie und Legende nahm er an der Ausführung der Fresken in den Hofgartenarkaden in München teil und zeichnete die Kartons zu den Seitenfenstern des Regensburger Doms; eine Reise nach Italien gab Stoff zu launischen Genrebildern; sein größtes Werk ist das 1843–1845 im Auftrag König Friedrich Wilhelms IV. von Preußen ausgeführte Gemälde „Die gefangenen Wiedertäufer vor dem Bischof Franz zu Münster", das auf der Berliner Ausstellung von 1846 das größte Aufsehen erregte; für die Neue Pinakothek malte Sch. in kolossaler Dimension die Sintflut; charaktertiefe Auffassung und Sinn für Farbe waren die Grundzüge seines Talents; seine Szenen aus dem Klosterleben wirken für Katholiken oft verletzend.

234
13–2–1
„Piloty"

ADB: 32, 382; TB: 30, 265.

Goeschl Heinrich, 1839 (München)–1896, Bildhauer; humanistisch vorgebildet, studierte G. an der Münchner Kunstakademie bei M. von Widnmann (siehe dort!), bei einem Studienaufenthalt in Rom modellierte er 1870 eine Madonna in Frührenaissance des Luca della Robbia (1399–1492), die Aufsehen erregte; nach München heimgekehrt, schuf G. auf dem Gebiet der Kleinplastik eine Reihe kleiner, fein durchgebildeter Statuetten, die in durchdachter Linienführung und wunderbar-minutiöser Ausbildung allein schon genügten, Gs. Namen zu würdigen; G. war sehr bescheiden und wohltätig, sein Testament enthielt nur wohltätige Bestimmungen; der Künstler ist in geistiger Umnachtung gestorben.

235
13–2–4
eingeebnet

ADB: 49, 474; BJDN: 1, 51; Bo: 7, 31; TB: 14, 313.

236 13–2–23 (*)*Dillis* Johann Cantius, 1779(Grüngibing bei Haag, Lkr. Wasserburg/Obb.)–1856, Maler, Kupferstecher, Zeichner und Radierer; Sohn eines kurfürstlichen Revierförsters, kam D. schon zehnjährig nach München zu seinem Bruder Johann Georg von D. (siehe dort!), der ihn zum Zeichner, Landschaftsmaler und Radierer ausbildete; mit ihm bereiste er auch Italien und Frankreich, und bei dessen Gemäldetransporten leistete er fachkundige Hilfe; D. ist ein typisch romantischer Schilderer einsamer, sinniger Natur, seine Kunst stand ganz unter dem Einfluß seines Bruders; HHww: Gebirgslandschaft bei Schliersee (Zeichnung), Gegend von Grotta Ferrata, Waldgrund mit Jägern und Tieren, Gebirgslandschaft mit Bauernhof und Hornvieh (Ölbilder), Geburtshaus des Künstlers, Schloß Harlaching, Landschaft mit Kirchenruine, Seehafen nach Weirotter (Radierungen).

ADB: 5, 226; NDB: (3, 720); TB: 9, 294.

237 13–2–23 **Dillis* Johann Georg, von, 1759(Grüngibing bei Haag, Lkr. Wasserburg/Obb.)–1841, Landschaftsmaler und Zentralgaleriedirektor; er studierte in Ingolstadt Theologie und wurde 1782 Priester, später bildete er sich zum Landschafts- und Bildnismaler, u. a. bei Oefele, in München aus; 1786 war er Zeichenlehrer der Edelknaben, wo er die Bekanntschaft mit dem Grafen Rumford und anderen Adeligen sowie mit den Künstlern K. von Hess (siehe dort!), Ferdinand und Franz von Kobell (siehe dort!) machte; es entstand eine Reihe bedeutender Aquarelle aus der Umgebung von München, Kunstreisen an Rhein und Main vervollständigten seine künstlerische Entwicklung; seit 1790 war D. Galerieinspektor in München, von Reisen nach Prag, Wien und Italien stammen Landschaftsbilder; während der Napoleonischen Kriege rettete er die Gemäldesammlung nach Ansbach; er erwarb in Frankreich und Italien und aus der Sammlung der Brüder Boisserée wertvolle Stücke für die Alte Pinakothek, auch beteiligte er sich mit Mannlich (siehe dort!) an der Herbeischaffung der Gemälde aus den aufgehobenen Klöstern; von Ludwig I. sehr gefördert, führte D. die Ausscheidung, Ordnung und Neuaufstellung der Gemälde in Nürnberg, Bamberg, Würzburg und Aschaffenburg durch, seit 1822 war er Zentralgaleriedirektor; seine Landschaftsbilder sind von Rembrandt, Ruysdael u. a. Niederländern beeinflußt.

ADB: 5, 229; AM: 16; BL: 1932, 134; NDB: 3, 720; Schr: 116; TB: 9, 295; B. Speth, 1844; H. Uhde-Bernays, Münchner Landschafter im neunzehnten Jahrhundert, 1921; R. Oldenbourg, Die Münchner Malerei im neunzehnten Jahrhundert, I. Teil, 1922, 48; W. Lessing, 1951; R. Messerer; in: Oberbayerisches Archiv, 84. Bd., 1961, 7 (mit B); W. J. Bekh, Maler in München, 1964, 74; A. Alckens, Münchner Forscher und Erfinder des 19. Jahrhunderts, 1965, 20.

Huber Johann, gen. *„Finessensepperl"*, 1763 (München)—1829, Altmünchner Original aus der Biedermeierzeit; er war anfangs des 19. Jahrhunderts der populärste Mann in München, der erste Postillon d'Amour Münchens, der in allen Häusern immer Zutritt hatte; schlau war er und schien gerade das Gegenteil davon zu sein, er konnte nicht lesen und schreiben und verstand sich doch darin, selber hat er geliebt, seine beständige Liebe war die „rote Nanni", der die Buben schreiend nachliefen; der Finessensepperl bettelte nie, allein seine Mienen drückten hinlänglich aus, was er nicht sagte, und reichlich flossen ihm Gaben zu; heute gibt es keine öffentlichen Charaktere dieser Art mehr (nach Fischers Mundartwörterbuch — 2. Bd., 1504 — bedeuten Finessen „Mucken im Kopf haben"); nach Grabbuch enthält diese Grabstätte die letzten Überreste dieses Originals, jedoch wird fest behauptet, daß sein Skelett in der Anatomie ausgestellt wird, weil der kleine Mann (Abbildung bei Wo, 203) eine Rippe mehr als alle anderen Menschen hatte; W: Der aufrichtige und wohlerfahrene Finessenmann, wie er leibt und lebt, oder Leben, Thaten und Schicksale des Herrn Joseph Huber, Finessensepperls aus München, 2. A., 1818.

238
13—4—27
„Metzl"

BL: 1918/19, 75 (mit BB); Bo: 1, 2; Wo: 203 (mit B); E. Münz, Vier Jahrhunderte Münchner Sonderlinge, 1960.

Müller Karl Friedrich Moritz, gen. „Feuermüller", 1807 (Dresden)—1865, Genremaler; er studierte 1821 an der Kunstakademie seiner Heimatstadt und gewann in Zittau, wohin sein Vater als Zeichenlehrer berufen wurde, durch Porträtmalen die Mittel zur Weiterbildung; 1830 ging M. nach München, wo er zunächst für Zittau bestimmte Altarbilder ausführte und die Kunstakademie besuchte; dann malte er, einem Defregger vorgreifend, den Auszug der Tiroler unter dem

239
13—8—56
eingeebnet

Kapuziner Haspinger; sein Name bekam einen guten Klang durch die Bilder wie Szenen bei einem Brand, Andreas Hofer auf der Kelleralm, Hochzeit im Gebirge; König Ludwig I. erwarb eine Szene aus dem Tiroler Krieg und die Abfahrt von der Hochzeit für die Pinakothek; Ms. Ruf verbreitete sich bald weit über München hinaus, so besitzt die Eremitage von St. Petersburg (= Leningrad) seine Armen Kinder in der Christnacht, Philadelphia den Christabend einer armen und reichen Familie und die Christmette; auch England und Schweden haben Werke von ihm, dessen Bilder voll Licht und Feuerbeleuchtung ihm den Namen *„Feuermüller"* zuzogen.

ADB: 22, 653; Bo: 5, 31; TB: 25, 240.

240 13–9–23 **Monten* Heinrich Maria Dietrich, 1799(Düsseldorf)—1843, Schlachtenmaler; er besuchte die Akademien von Düsseldorf und München, wo er Schüler von P. von Hess (siehe dort!) war; mehrere Schlachtszenen verschafften ihm bald Ruf, ihm wurden daher von P. von Cornelius die drei Szenen aus der neueren Geschichte in den Münchner Hofgartenarkaden übertragen (Schlachten bei Belgrad und Arcis-sur Aube und Verleihung der Bayerischen Verfassung); seine Bilder sind hauptsächlich der Kriegsgeschichte entnommen (Tod Max Piccolominis, Tod Gustav Adolfs); am berühmtesten ist sein Finis Poloniae (in der Berliner Nationalgalerie); M. ist gewissenhaft in der Zeichnung, klar und lebendig, in der Komposition jedoch ohne Koloritwirkung; er hat auch lithographische Darstellungen der Uniformen des deutschen Bundesheeres gemacht.

ADB: 22, 189; AM: 84; BL: 1932, 236 (mit B); Ra: Nr. 439; Schr: Bild Nr. 7; TB: 25, 88; UH: 187; Ze: 263.

241 13–12–42 **Braun* Isabella, 1816(Jettingen/Schwaben)—1886, Jugendschriftstellerin; sie war ursprünglich Lehrerin in Neuburg a. d. Donau und mit Christoph von Schmid befreundet; 1854 ließ sie sich in München nieder, wo sie die „Jugendblätter zur christlichen Unterhaltung und Belehrung" von 1855—1885 herausgab; weite Reisen gaben ihr Stoff zu den Jugendschriften; HHww: Bilder aus der Natur (Gedichte), Bilder aus der Geschichte, Dorfgeschichten, Lieb und Treu (Novellen), Glückwunschbüchlein, Gesammelte Erzählungen, 14 Bde.

(Neuauflage 1914); B. „setzte in den Jugendblättern selbst ihr schönstes Denkmal" (S. von Pölnitz).

ADB: 47, 194; BL: 1915/16, 72 (mit B); NDB: 2, 553; Staatsarchiv für Oberbayern, Nachl. V., AG. München I, 1886, 1015.

14. Sektion

Dürck Friedrich, 1809(Leipzig)—1884, Porträt-, Genre- und 242
Kostümmaler; von seinem Onkel, dem Porträtmaler J. von 14–1–32
Stieler (siehe dort!), erhielt D. in München Unterricht und schuf Porträts der Fürstenfamilien in Stockholm, Wien und München, er hat auch Bilder der Schönheitsgalerie Ludwigs I. und Genre- sowie Kostümbilder gemalt; D., dessen Sohn Karl mit einer Tochter W. von Kaulbachs (siehe dort!) verheiratet war, gehört zu denjenigen Schülern Stielers, die sich vollkommen in dessen vornehme, aber auch kühle Manier eingelebt hatten und ihm daher auch vielfach bei seinen Arbeiten geholfen haben, zuweilen übertrifft er den Meister sogar in koloristischer Beziehung.

ADB: 48, 204; Bo: 6, 21; NDB: (4, 163); TB: 10, 59; UH: 124; J. Dürck-Kaulbach, Erinnerungen an Wilhelm Kaulbach und sein Haus, 1918.

**Englmann* Lorenz, 1811(Kirchendemenreuth/Opf.)—1881, 243
Philologe und Gymnasialprofessor; nach philosophisch-theo- 14–1–43
logischen Studien zu Freising sattelte E. zur Philologie über und wurde 1848 am Ludwigs-Gymnasium in München, 1849 am Kadettenkorps Studienlehrer und Repetitor, dann Professor in Kempten und Dillingen, seit 1860 war E. am Münchner Ludwigs- und seit 1872 am Wilhelms-Gymnasium Professor; „E. gab dem Gymnasium Bayerns, des ganzen, auch des Österreichischen Südens, eine neue Kunst, die Anfänge einer Methode überhaupt, die Vorstufe der richtigen Methode, wofür heutzutage die Indiktion anerkannt ist, die Beschränkung aufs Wesentliche und Verbindliche. Schließlich wird es da keine Anstalt mehr gegeben haben, die nicht seine Bücher besitzte" (A. Patin); HHww: Grammatik der lateinischen Sprache, Gr. der griechischen Sprache, Gr. der deutschen Sprache, Formenlehre des attischen Dialekts, Mittel-

hochdeutsches Lesebuch, viele Übungsbücher, Lesebücher, Anthologien und Schulausgaben; sein moralisch und materiell erfolgreichstes Werk ist die Grammatik der deutschen Sprache.

BL: 1920/21, 423 (mit B); Das Katholische Deutschland, 1. Bd., 1933, 637; A. Patin, Bayerische Blätter für das Gymnasial-Schulwesen, 57. Bd., 1921.

244
14–1–50
Stuntz Josef Hartmann, 1792(Basel)—1859, Komponist und Hofkapellmeister; er studierte in Wien bei Salieri und in München bei P. von Winter (siehe dort!), auf Reisen in Italien hat er Opern für Mailand, Venedig und Turin geschrieben; in München wurde St. 1824 Vizekapellmeister und nach Winters Tod 1826 Hofkapellmeister und Operndirigent; er wurde aber bald, vor allem weil er im Gegensatz zur allgemeinen Gepflogenheit vom Klavier aus dirigierte, unter dem Einfluß der berühmteren Aiblinger (siehe dort!) und Lachner (siehe dort!) aus dem öffentlichen Wirken verdrängt und widmete sich dann der Komposition von Liedern für den Männerchor und von kirchlichen Stücken; HHww: 25—30 Männerchöre, Bayerischer Schützenmarsch, Messe (A), Graduale, Stabat Mater, Grabgesang, Oper La Rappressaglia; seine Lieder sind voll Frische, Leben, Kraft und Gemüt, dabei auch humorvoll; kein Fest unter Ludwig I. fand ohne Lieder von St., der als der „Festkomponist Bayerns" galt, statt.

ADB: 36, 579; AM: 170; Didaskalia, 1859, 174; Gaßner, Universallexikon der Tonkunst in einem Band, 808; H. Riemann-A. Einstein, Musik Lexikon, 11. Aufl., 1929, 1788; Schilling, Musikalisches Europa, 332; Schr: 203 und 250; Neue Wiener Musikzeitung, 1860, 44; Ze: 151—351 (passim).

245
14–2–6
Leimbach Karl, von, 1814(Aschaffenburg)—1891, Baukünstler und Oberbaudirektor; L. war Schüler F. von Gärtners (siehe dort!) und bildete sich in Italien weiter; 1853 hatte L. den durch den Bau der Maximilianstraße nötig gewordenen Umbau des Hoftheaters nach den Konstruktions- und Fassadenplänen F. von Bürkleins (siehe dort!) geleitet, dafür erhielt er vom König die Anerkennung und bekam die Bauleitung des Hof- und National- sowie auch des Residenztheaters übertragen; HHww: Wilhelms-Gymnasium an der Thierschstraße, das Gebäude der Staatsschuldentilgungskom-

mission (1866), die Reisingersche Poliklinik an der Sonnenstraße, das Hygienische Institut und Kirchen in Bad Reichenhall und Palling (Lkr. Laufen/Obb.); L. hat als Baukünstler den Max-II.-Baustil Bürkleins überwunden, er gehört zu jener zahlreichen Gruppe von Eklektikern, die für den Profanbau den Renaissancestil, für den kirchlichen Bau die Gotik bevorzugten.

TB: 22, 595; H. Dollinger, Die Baugeschichte des Wilhelms-Gymnasiums in München; in: Festschrift zur 400-Jahrfeier, 1959.

Fischer Josef Anton, 1814(Oberstdorf/Allgäu)—1859, Histo- 246
rien- und Kirchenmaler; er war ein Hirtenbub, ehe er sich der 14—2—28
Zeichnungsschule des alten Schraudolph in seiner Heimat zu- eingeebnet
wendete und dann bei J. Schlotthauer (siehe dort!) in München sich zum Maler ersten Ranges ausbilden ließ; F. gehörte zur „Künstlergesellschaft zu den drei Schilden" (mit Schwanthaler — siehe dort!, Ohlmüller — siehe dort!, Schlotthauer — siehe dort!, Graf von Pocci, den Brüdern Schraudolph — siehe dort!, Brentano und Görres — siehe dort!); 1832 war F. in Italien, um alte Meister zu kopieren, dort begeisterte er sich besonders an den Präraffaeliten und schloß sich den Nazarenern unter Overbeck an; unter P. von Hess (siehe dort!) malte F. die Maria-Hilf-Kirche in München-Au aus (Kreuztragung und Grablegung, Maria an der Goldenen Pforte, Mariae Geburt, Vermählung, Englischer Gruß, Anbetung der Weisen, Darstellung im Tempel und Flucht nach Ägypten); er malte ausschließlich religiöse Bilder, die viele heimatliche Kirchen und die Bayerische Staatsgemäldesammlung besitzen, sowie Kartons zu Glasgemälden im Kölner Dom und in der Maria-Hilf-Pfarrkirche in München-Au.

ADB: 7, 77; Bo: 5, 10; LThK: 4, 157; TB: 12, 32; Wo: 144.

Meisenbach Georg, 1841(Nürnberg)—1912, s. Vorwort zur 246a
3. Aufl. S. 11. 14—2—42
eingeebnet

Bauer Wolfgang, Dr. phil., 1828(München-Au)—1880, Alt-
philologe und Rektor des Münchner Wilhelms-Gymnasiums; 247
armer Leute Kind, studierte B. in harter Not Philologie, Ger- 14—3—3
manistik und Geschichte an der Münchner Universität, war aber eher ein Autodidakt, der selten Vorlesungen besuchte; nach einigen auswärtigen Gymnasiallehrerposten in Eichstätt und Kempten wurde er 1854 Gymnasialprofessor am Münch-

ner Ludwigs- und 1855 am Wilhelms-Gymnasium, dessen Rektor er später werden sollte; dieser eigenwillige und einsame Mensch hat sich um das höhere Schulwesen in Bayern durch Gründung des Vereins von Lehrern der bayerischen Studienanstalten (1863), des heutigen Bayerischen Philologenverbandes, und Herausgabe der Blätter für das bayerische Gymnasialwesen, der sog. „Blauen Blätter", sehr verdient gemacht; dadurch wurde die soziale Stellung der bis dahin ziemlich schlecht bezahlten Gymnasiallehrer gehoben und möglich gemacht, daß die Lehrer an den höheren Schulen Bayerns ein wissenschaftliches Niveau erreichten, das den Professoren an den Universitäten nahekommt. HHww: Kritisches und Exegetisches zu den Herakliden, zur Medea und zur Iphigenie.

Blätter für das bayerische Gymnasialschulwesen, 17. Bd., 1881; Der Sammler, 1881, 2; Mitteilung von OStDir. Dr. F. Schuh.

248
14—3—22
eingeebnet

*_Arnold_ Ferdinand, Dr. phil. h. c., 1824(Ansbach)—1901, Naturforscher, Botaniker und Oberlandesgerichtsrat; er studierte auf den Universitäten von München und Heidelberg Rechte und trat dann in den Gerichtsdienst; in seiner Freizeit beschäftigte sich A. mit Naturforschungen, so legte er eine Pflanzensammlung an und konnte Phanerogame (= Pflanzen mit aus Staub- und Fruchtblättern bestehende Blüten) bestimmen, Freundschaften mit Zuccarini (siehe dort!) und anderen Botanikern förderten seine Kenntnisse; er beschäftigte sich vor allem mit der Erforschung der Kryptogamen der Moose und Flechten (= Pflanzen ohne Blüten) und der Phanerogame; die Botanik hat As. Namen in einer Flechtengattung verewigt, außerdem tragen nicht wenige Flechten, Pilze und Moose seinen Namen.

BJDN: 6, 282; Bo: 7, 4; Staatsarchiv für Oberbayern, Nachl. V., AG. München I, 1901, 847.

249
14—8—57

*_Rockinger_ Ludwig, Dr. jur., von, Ritter, 1824 (Würzburg) —1914, Rechtshistoriker, Reichsarchivdirektor, Geheimer Hofrat und Universitätsprofessor; nach philosophisch-juristischen Studien wurde R. Praktikant beim Allgemeinen Reichsarchiv (heute: Bayerisches Hauptstaatsarchiv) in München; neben seiner Tätigkeit als Archivar (Würzburg, Geheimes Staats- und Geheimes Hausarchiv München) war er anfangs

Privatdozent der juristischen Fakultät und dann Honorarprofessor für Paläographie und bayerische Geschichte an der Universität München, seit 1868 o. Mitglied der BAkdW und von 1889–1895 Reichsarchivdirektor; er gab viele bahnbrechende Forschungsarbeiten auf dem Gebiet der Rechtsgeschichte, der Germanistik und der geschichtlichen Hilfswissenschaften heraus und bereitete die Edition des Schwabenspiegels vor; HHww: Denkmäler des bayerischen Landrechts, Über die Formelbücher vom 13. bis zum 16. Jahrhundert als rechtsgeschichtliche Quelle, Die Verwaltung der bayerischen Landesarchive, Wörterbuch zu dem Urkundenwerke der altbayerischen landständischen Freiheitsbriefe, Die Handschriftliche Grundlage der Ausgabe des kaiserlichen Land- und Lehenrechtes, Über Schreibstoffe in Bayern, An der Wiege der bayerischen Mundartgrammatik des Bayerischen Wörterbuchs, Geheimschrift bayerischer Fürsten und Staatsmänner des 16. Jahrhunderts.

GG: 140; Schä: Nr. 372; Archivalische Zeitschrift, 3. Folge, 1. Bd. (43. Bd.), 1915, 276.

**Nagler* Georg Kaspar, Dr. phil., 1801 (Obersüßbach bei Freising)–1866, Kunstschriftsteller und Antiquar; aus sehr ärm- 250
lichen Verhältnissen kommend, besuchte N. das Lyzeum in 14–10–11
München, studierte Philologie und Naturwissenschaften, wandte sich auch kurz der Theologie zu und heiratete schließlich 1827 eine Antiquarswitwe, worauf er als Bürger von München aufgenommen wurde; nach einer Dissertation „De Rhapsodis“ (1829) zu Erlangen wurde N. Mitarbeiter der von Dr. J. H. Wolf herausgegebenen „Bayerische Nationalzeitung“; angeregt durch die vorwiegend auf historische Fächer gehende Richtung der Zeit und mit besonderem Talent für kompendienhaftes und lexikographisches Zusammenfassen, legte er im Laufe der Jahre den Grund zu einem systematisch geordneten Schatz von Notizen, die er aus Bibliotheken, Archiven und Werken seines Antiquariats zusammenschrieb, dabei sammelte er auch biographische Originalmitteilungen lebender Künstler, trug aus Zeitschriften, Galeriekatalogen, aus Zunftbüchern, Urkunden und aus dem Augenschein der Kunstwerke selbst ein staunenswertes Wissen zusammen; daraus entstanden seine Werke, die heute noch zitiert werden; HHww: Neues Allgemeines Künstler-Lexikon oder Nach-

richten aus dem Leben und Werken der Maler usw. (23 Bde.), Die Monogrammisten (5 Bde.), Beiträge zur älteren Topographie von München, Acht Tage in München, Topographische Geschichte von München und seinen Vorstädten (2 Bde.).

ADB: 23, 228; Jahresbericht des historischen Vereins von und für Oberbayern, 1866, 118.

251 14–11–49 **Naue* Julius August Erdmann, Dr. phil. h. c., 1832(Köthen/Anhalt)—1907, Historienmaler und Vorgeschichtsforscher; er war Schüler von M. von Schwind (siehe dort!) und Kreling; bei seinen Gemälden bevorzugte N. Szenen aus der Kriegsgeschichte, aus der Völkerwanderung und der nordischen Götter- und Sagenwelt; schriftstellerisch beschäftigte er sich als Archäologe; HHww: (Aquarellzyklen) Germania, Roma, Alarich, (Fresken) Das Märchen vom Kaiser Heinrich I., Prinzessin Ilse, Prometheus, Kallias und Arete kehren aus der Schlacht von Salamis zurück (Schack-Galerie), Wandgemälde in der Villa-Lingg bei Lindau und im Römischen Haus zu Leipzig; Schriften: Hügelgräber zwischen Ammer- und Staffelsee, Die Bronzezeit in Oberbayern, Vorrömische Schwerter, L'epoque de Hallstatt en Bravière; seit 1889 war N. Herausgeber der Prähistorischen Blätter.

BJDN: 12, 111; Bo: 3, 17; TB: 25, 359.

252 14–11–51 (*)*Schleich* Eduard, 1813(Schloß Harbach bei Landshut/Ndb.) —1874, Landschaftsmaler und Akademieprofessor; nach Studien auf der Münchner Kunstakademie wurde er bald wegen „Talentlosigkeit" zurückgewiesen, begann aber dann ohne Anleitung Landschaften zu malen, wobei ihm Chr. Morgenstern (siehe dort!) und K. Rottmann (siehe dort!) Vorbilder waren; entscheidenden Einfluß auf Schs. Stil machten die Niederländischen Meister; er bereiste die Alpenländer, die Niederlande und Oberitalien und schuf zahlreiche Landschaftsgemälde, die stimmungsvoll besonders große Luftperspektive zum Ausdruck brachten; Sch. gilt als einer der Begründer der Münchner Landschaftsschule; HHww: Flache Gegend, Aussicht aus einer Hochalpe, Fernsicht von Dachau; St. Maria della Salute in Venedig.

ADB: 31, 393; AM: 132; Ra: Nr. 573; Schr: 359; TB: 30, 100; H. Uhde–Bernays, Münchner Landschafter im 19. Jahrhundert, 2. Bd., 1921; UH: 169; W. J. Bekh, Maler in München, 1964, 64.

**Baader* Franz Xaver, Dr. med., von, 1765(München)–1841, 253
Philosoph, Naturforscher, Oberbergrat und Professor; zuerst 14–12–13
übte B. den Arztberuf aus, in England studierte er das Bergwesen und die Philosophen Böhme, Humes und Hartley; 1814 veranlaßte seine Denkschrift an Österreichs, Preußens und Rußlands Herrscher die Entstehung der Hl. Allianz; die geistige Entwicklung des späteren Oberbergrats und Honorarprofessors zu München bestimmten auch Herder, Kant, Fichte, Schelling und Sailer, er selbst wirkte auf Schelling ein; die durchaus theistische Philosophie des scharfen Gegners des Rationalismus sucht Natur, Geist, Glauben und Wissen miteinander zu versöhnen; in seiner Gesellschaftslehre fordert B. die „Einbürgerung des Proletariats" auf Grund der alles bindenden und lösenden religiösen Idee, ein Bahnbrecher des christlich-sozialen Gedankens; obwohl er der Kirche treu bleiben wollte, brachte sein ausgesprochener Subjektivismus ihn zuweilen mit ihr in Widerstreit; System und Ausdrucksform dieses Romantikers sind oft unklar, seine Spekulation jedoch tief mit vielen Anregungen; Bs. große Bedeutung für die Geistesgeschichte ist unbestritten (Franz-von-Baader-Gesellschaft); sein Wohnsitz in Mitterschwabing wurde das „Baader-Schlößl" genannt; HHww: Fermenta cognitionis, Grundzüge der Sozietätsphilosophie, Sämtliche Werke herausgegeben von F. Hoffmann, 16 Bde.

ADB: 1, 713; Al: 11; BL: 1898, 225, 1899, 544, 1926, 640; GG: 51; LThK: 1, 1161; NDB: 1, 474; Ra: Nr. 49; Schr: 333; St: 348; Wo: 65, 68; F. Hoffmann, 1835; D. Baumgardt; Historisches Jahrbuch, 1927; E. Susini, F. v. B. et le romantisme mystique, II. und III., 1942; H. Graßl, 1953; J. Siegl, F. v. B., 1957; H. Mair, Geschichte der abendländischen Weltanschauung, 4. Bd., 1959.

**Voelderndorff* Otto, von, Freiherr, Dr. jur., 1825(Zwei- 254
brücken)–1899, Ministerialrat, Publizist, Staats- und Ge- 14–12–17
heimer Rat; nach seinem Staatskonkurs war V. seit 1854 Sekretär im Justizministerium, 1862 Handelsappellationsrat, seit 1867 Ministerialrat im Außenministerium; mit gleichgesinnten jungen Männern war er Mitglied der studentischen

Vereinigung Novathenia, an der Universität pflegte er nebenbei Fremdsprachen und schöne Literatur, dazu kam in den fünfziger Jahren ein reger Verkehr mit Doenniges und J. von Liebig (siehe dort!); V. sagt, er habe das Plaudern hier gelernt; so wurde er Schriftsteller, und seine bekannteste literarische Arbeit sind die „Harmlosen Plaudereien eines alten Münchners", humorvoll, geistreich und flüssig geschrieben und alle Gebiete, Politik, Gesetzgebung, Reisen, Selbstbekenntnisse, Literatur und Theater behandelnd; seine ziemlich antikatholische Einstellung läßt sich hier nicht verleugnen; Ästhet ist er sein Leben lang geblieben, auch in der Politik. Hw: Zivilgesetzstatistik.

ADB: 54, 758; BJDN: 4, 173; BL: 1900, 156 (mit B); Doe: 486; Schä: Nr. 673; Schr: 357 und 392; Wo: 287 und 361; die Kgl. Bayer. Staatsminister der Justiz, 1931, 1104.

15. Sektion

255
15–1–17/18
„Schmidt"

Heinlein Heinrich, 1803(Weilburg a. d. Lahn/Kreis Wiesbaden)–1885, Landschaftsmaler; nach Besuch der Münchner Kunstakademie trat H. schon 1825 mit zwei großen Tiroler Ansichten auf, die sein ungewöhnliches Talent und seine Richtung darlegten und ihn zum Ehrenmitglied der Akademien München und Wien machten; er liebte düstere Waldschluchten, Gletscher in geisterhaft wirkendem Licht; auf der internationalen Ausstellung in Wien brachte er zwei Motive aus dem oberen Lechtal und aus Ampezzo; H., der sich ursprünglich im Baufach betätigte, gilt als Landschaftsmaler im strengen romantischen Sinn.

ADB: 50, 143; AM: 44; Bo: 2, 6; Schr: 285 und 359; TB: 16, 297; UH: 136; Wo: 144.

256
15–1–19
eingeebnet

**Pranger* Georg, gen. *„Prangerl"*, 1745(?)–1820, Musiker und kurfürstlicher Hofnarr; P., von Beruf Musiker, war Lustigmacher des kurfürstlichen Hofes, sein Witz war zotig und schonungslos; er war kein Zwerg, aber auch bei weitem kein Riese, ging immer mit einem Stock in der Hand, den Münchner Gassenbuben zu fühlen bekamen, die derben Anekdoten, die von ihm noch in der Überlieferung alter Münchner leben, haben den Geist Till Eulenspiegels und P. sowie seines Gebieters (Karl Theodor) kurfürstliche Durchlaucht konnten herzlich lachen, wenn er jemanden geprellt hatte; P. könnte eine Oase der Wahrheit genannt werden, doch die Freiheit in diesem gnädigen Vorrecht gedieh bei ihm einige Male bis zur Unbeherrschtheit, der Ungnade folgte; mit dem Kurfürstentum Bayern wurde auch Ps. Herrschaft begraben; von seiner Lebensgeschichte ist nur wenig überliefert.

BL: 1918/19, 75; Ei: 8, 50; Schr: 249; Wo: 203; E. Münz, Vierjahrhunderte Münchner Sonderlinge, 1960 (mit B).

**Ohm* Georg Simon, Dr., 1789(Erlangen)—1854, Physiker und Universitätsprofessor; er war anfangs Lehrer in Köln, Berlin und Nürnberg, bis er 1841 als Professor nach München berufen und später Mitglied der BAkdW wurde; O. brachte die Erscheinungen des Elektromagnetismus und Galvanismus in mathematische Gesetze, untersuchte besonders die Widerstände in den verschiedenen Leitern, sein in der „Galvanischen Kette" entwickeltes Gesetz lehrt: Die Stärke des elektrischen Stroms ist der elektrischen Kraft direkt und dem Leitungswiderstand umgekehrt proportionell (= Ohmsches Widerstandsgesetz); sein Name ist als elektrische Einheit verewigt; HHww: Galvanische Kette, Lehrbuch der Physik, Beiträge zur Molekularphysik; O. hat auch die für die Natur des Klanges wichtige Theorie der Obertöne gefunden; Os. Denkmal befindet sich unter der neuen Überfahrt beim Institut für Hochspannungstechnik. 257 15–1–41

ADB: 24, 187; BL: 1898, 345, 1899, 596 (mit B); GG: 113; HJ: 92; Ma: 194; Ra: Nr. 469; J. Lamont, Denkrede auf die Akademiker Th. Siber und G. S. Ohm, 1855; E. Lommel, Festrede, 1889; F. Mann, 1890.

Erhard Karl Andreas, Dr. phil., 1791(Bozen)—1846, Philosoph, Schriftsteller und Universitätsprofessor; er studierte anfangs Theologie, wandte sich aber dann der Philosophie und Philologie zu, wurde Gymnasiallehrer in Landshut und 1832 Professor der Philosophie an der Universität München; er war Gelehrter, Schriftsteller und Dramatiker; als Philosoph war E. sehr von Schelling beeinflußt; HHww: Haimerann (Trauerspiel), Möron (philosophisch-ästhetische Phantasien), Wallace (Trauerspiel), Handbuch der Logik, Handbuch der Moralphilosophie, Metaphysik. 258 15–1–47 eingeebnet

ADB: 6, 196; Wu: 4, 70; C. Kabusch, Dissertation, München 1920.

259 15–1–50 *Schraudolph* Johann, von, 1808(Oberstdorf/Allgäu)–1879, Kirchen-, Historienmaler und Akademieprofessor; Schüler der Münchner Akademie, wurde Sch. nach Studien in Ravenna, Florenz, Perugia und Rom 1832 Mitarbeiter Heinrichs von Hess (siehe dort!) und 1849 Professor an der Münchner Akademie; er war an der Ausmalung der Allerheiligen-Hofkirche und an den Fresken der Basilika St. Bonifaz und – zusammen mit seinem Bruder Claudius Sch. und A. Baumann (siehe dort!) – des Kaiserdoms zu Speyer beteiligt; HHww: Fresken, Szenen aus der Urkirche und dem Leben des hl. Bernhard von Clairvaux im Dom zu Speyer, Ölbilder: Petri Fischfang und Christus heilt Kranke in der Bayerischen Staatsgemäldesammlung, Kartons für Glasfenster in Maria-Hilf in München-Au, in St. Martin in Landshut und im Regensburger Dom; seine Fresken zeigen bei aller Idealität eine heute nicht mehr genügende Monumentalität, seine Ölbilder wirken mehr durch Sorgfalt im Detail als durch überzeugende Lebendigkeit, Schs. Tüchtigkeit zeigt sich vor allem in der Darstellung ruhiger, friedlicher Stoffe, wo er Klarheit der Schilderung und Schlichtheit des Erfassens beherrscht; dieser überzeugte katholische Künstler, der typische Vertreter der Nazarener, ist Begründer und erster Vorstand des Christlichen Künstlervereins.

ADB: 32, 453; LThK: 9, 483; R. Oldenbourg, Die Münchner Malerei im neunzehnten Jahrhundert, I. Teil, 1922, 197; Ra: Nr. 587; Schr: 284; TB: 30, 278; Wo: 144.

260 15–3–55 eingeebnet *Baumann* Adolf, 1829(München)–1865, Historienmaler; er besuchte 1844–1848 die Kunstakademie in München und war Schüler von J. von Schraudolph (siehe dort!), dem er bei den Fresken im Dom von Speyer behilflich war; die Kreuzigung an der Ostseite des Münchner Isartors gehört zu seinen ersten Arbeiten; mit einem Stipendium ging B. auf drei Jahre nach Italien; auch er gehört zu den Hauptvertretern der Münchner Nazarener; HHww: vier Bilder im Nationalmuseum aus der bayerischen Geschichte, zwei Altarbilder in der Pfarrkirche von Geltolfing bei Straubing.

ADB: 2, 152; Bo: 6, 2; TB: 3, 77.

261 15–7–5 eingeebnet *Hefner* Johann *Josef* Willibald, Dr. phil., 1799(Augsburg) –1862, Gymnasialprofessor, Assistent des Königlichen Antiquariums und Mitglied der BAkdW; er studierte in Mün-

chen bei F. W. von Thiersch (siehe dort!) Philologie und Pädagogik, betrieb als Gymnasiallehrer Forschungen über die Geschichte der bayerischen Klöster (veröffentlicht im Oberbayerischen Archiv) und beschäftigte sich mit der Inventarisation der römischen Denkmäler und Funde in Bayern (Das römische Bayern in seinen Schriften und Bildmalen), außerdem ordnete er die Münzen und Antiquitäten des Königlichen Antiquariums; zum Besten der Armen hat er sich als erster Gründer der Kleinkinder-Bewahranstalten in Bayern (1833/34 zusammen mit Schulinspektor Dr. Fischer) sehr verdient gemacht; schließlich war H. auch ein gelehrter Heraldiker (Wappenkundiger); sein Sohn Otto Titan von H. (siehe dort!) hat das Siebmachersche Wappenbuch herausgegeben.

Jahresbericht des historischen Vereins von und für Oberbayern, 1861/62, 220.

(*)*Hefner* Otto Titan, Dr. phil., von, 1827(München)—1870, 262
Jurist, Heraldiker und Genealoge; Sohn des Philologen Josef 15—7—5
H. (siehe dort!), studierte er in seiner Vaterstadt am Poly- eingeebnet
technikum und zugleich an der Universität Rechte; eine gewisse innere Unruhe trieb ihn 1849 nach Amerika, von wo er aber bald wieder mit reichen Erfahrungen zurückkehrte; seine erste historische Arbeit ging über die Geschichte Albrechts IV. von Bayern, forthin wollte er sich hauptsächlich mit Heraldik und Genealogie beschäftigen; in der neuen Ausgabe von elf Bänden des Wappenbuches von Siebmacher (1853—1864) hat er sich ein unvergängliches Denkmal selbst gesetzt; er begründete eine eigene Wappenanstalt, die über ganz Europa hin bekannt war, auch genealogische Schriften gab H. heraus; HHww: Siebmachers Wappenbücher, Handbuch der theoretischen und praktischen Heraldik usw., Redaktion des „Münchener Omnibus"; Stammbuch, Altbayerische Heraldik, 2 Teile.

Jahresbericht des historischen Vereins von und für Oberbayern, 1869/70, 208.

Glink Franz Xaver, 1795(Burgau/Schwaben)—1873, Historien- 263
maler; zunächst erlernte G. das Tischlerhandwerk seines 15—11—22
Vaters, er studierte dann, durch P. von Langer entdeckt, an eingeebnet
der Kunstakademie in München, erhielt 1823 durch P. von

Cornelius ein Reisestipendium für Rom; heimgekehrt, schuf er mit anderen die Fresken für Schloß Hohenschwangau; religiöse Motive überwiegen bei ihm; viele Kirchengemälde befinden sich in Kirchen von München, in der Klosterkirche Beuerberg und auch in Amerika, seine Zeichnungen enthält die Maillinger Sammlung; HHww: Flucht der Heiligen Familie, Mariens Besuch bei Elisabeth.

ADB: 9, 237; AM: 38; Bo: 7, 30; TB: 14, 255.

264
15–13–17
**Hiltensperger* Johann Georg, 1806(Haldenwang, Lkr. Kempten/Schwaben)—1890, Historienmaler und Akademieprofessor; den ersten Zeichenunterricht erhielt H. in Kempten, 1820 trat er in die Münchner Kunstakademie als Schüler von Langers ein und arbeitete, nachdem er noch von Cornelius Schüler in Düsseldorf gewesen, an den Malereien in der Glyptothek und in der Loggia der Pinakothek nach dessen Skizzen; zwecks Dekorierung des Königsbaus schickte ihn Ludwig I. nach Pompeji; nach seiner Italienreise vollendete H. den Zyklus aus der Odyssee in acht Sälen dieses Baues, er erhielt auch den Auftrag zur Verzierung der Loggia in der Eremitage zu St. Petersburg (= Leningrad) mit Bildern aus der Geschichte der griechischen Malerei (84 Gemälde); seine Bilder sind historischen und religiösen Inhalts; HHww: 14 Darstellungen aus der Passion Christi für eine katholische Kirche in Rotterdam; Bilder im Maximilianeum, Giebelfelder des Hoftheaters, Gruppe der Rossebändiger in der Loggia der Münchner Hauptpost; H. gilt als vorzüglicher Kolorist.

AM: 45; BL: 1917/18, 185 (mit B); Brockhaus (1884): 9, 240; TB: 17, 106; UH: 142; Wo: 398.

265
15–13–50
Klotz Simon Petrus, 1776(Mannheim)—1824, Maler Lithograph und Universitätsprofessor; er bildete sich bei seinem Vater Matthias K. (siehe dort!) und dem älteren Dorner (siehe dort!) in München, dann in Wien, Dresden, Berlin, Kopenhagen und Rom aus; von 1804—1807 war er Königlicher Professor der Theorie der bildenden Künste an der Universität Landshut, trat aber dann wegen Krankheit zurück; HHww: Fresken mit Darstellungen aus der Amor- und Psyche-Mythe im ehemaligen Sommerschloß Karl Theodors in Berg am Laim, an der Decke des Treppenhauses des

königlichen Münzgebäudes; seine Ölgemälde, um 1810 entstanden, sind auf der Heinemann-Ausstellung 1920 erst aus dem Privatbesitz bekannt geworden; sie zeigen K. als den einzigen echten Klassizisten romantischer Prägung, der aus der Münchner Schule kam; er hat sich auch als Lithograph betätigt (Die Nacht, Die Mutter der Gracchen, Penelope).

Bo: 6, 48; Schr: 57; TB: 20, 548.

16. Sektion

Mauromichalis Elias, 1800(Sparta/Griechenland)—1836, griechischer Offizier (Oberst), Adjutant des Königs Otto von Griechenland und Ritter des königlich-griechischen Erlöserordens; er war Führer im griechischen Befreiungskampf und ist während eines Aufenthalts in München der Cholera-Epidemie erlegen; sein von König Ludwig I. gestiftetes und von L. von Klenze (siehe dort!) geschaffenes klassizistisches Grabmal gehört zu den künstlerischen und kulturgeschichtlichen Denkwürdigkeiten des Südlichen Friedhofs, es ist vorne mit griechischen, hinten mit lateinischen Lettern (deutscher Text) versehen; das Epigramm dürfte von Ludwig I. selbst stammen: „Spartas Berge verlassend beschirmt ich des inniggeliebten = Herrschers Leben und Ruhm sorgend mit treuem Bemühn = heldenmütiger Männer Geschlecht die ich oft zu den Waffen = Stätten geführt in des Kriegs leuchtenden Werken geübt = Doch mich schützte der männliche Mut und unendliche Kraft nicht = als von den Meinigen schreckliche Seuche mich schlug = O Heimat, O König, O Haus und unmündige Kinder = lebt wohl! Klage jedoch ziehmet nicht meinem Geschlecht." 266 16—1—1

Bo: 0, 20 (dort wird der Genannte „Kazako Mauro Michaeles" bezeichnet!); Schr: 182; vgl. BL: 1932, 673 ff.; Epigramm wurde von P. Prosper Wagner O.F.M. Cap., München, St. Anton, entziffert, nach dessen Angaben noch Nachkommen des Mauromichalis in Griechenland leben.

**Morgenstern* Christian, 1805(Hamburg)—1867, Landschaftsmaler; Sohn eines Miniaturmalers, bereiste M. als Gehilfe der Spielkartenfabrik und Kupfer- und Steindruckerei Suhr 267 16—1—5 halb Europa, lernte dann Lithographie und Holzschnitt und bildete sich in Hamburg bei Bendixen zum Landschaftsmaler aus; 1830 übersiedelte er nach München, wo er neben den üblichen Gebirgslandschaften zuerst Motive aus der Münchner Hochebene mit Betonung des Stimmungselements romantisch behandelte; er wurde dabei sehr von K. Rottmann (siehe dort!) beeinflußt; wiederholte Besuche Norddeutschlands gaben Stoff zu Bildern vom Elbestrand, der Seeküste und Helgoland; am stärksten war M. in seinen poetischen Mondscheinbildern und in Gemälden, bei denen der Schwerpunkt in der Darstellung der mehr oder minder bewegten Lüfte liegt; auch die bayerischen und Tiroler Seen und Berge boten ihm viele Motive; HHww: Seesturm, Aus dem Elsaß, Mondnacht in Partenkirchen (Bayerische Staatsgemäldesammlung), Ansicht von Villafranca, Tassos Haus in Sorrent, Küste von Capri (Schack-Galerie), Partie am Ilsenstein im Harz, Isar bei Wolfratshausen, Schiffbruch an der Norwegischen Küste; M. hat auf die Entwicklung der neueren Münchner Landschaftsmalerei einen großen Einfluß ausgeübt.

ADB: 52, 474; AM: 86; Schr: 149, 285 und 359; TB: 25, 148; UH: 162.

268
16–1–6
Odysseus Leonidas, 1824(Parnassos/Griechenland)–1836, griechischer Knabe; im Gefolge des Mauromichalis (siehe dort!) war dieser nach München gekommen und der Cholera erlegen; auch sein Grabmal, gestiftet von Ludwig I. und geschaffen von L. von Klenze (siehe dort!), im zierlichen Klassizismus, etwas kleiner als das von Mauromichalis, ist griechisch (vorne) und deutsch (hinten) beschriftet und erinnert an das traurige Schicksal eines in fremdem Land gestorbenen Kindes; den Text der Inschrift dürfte wohl Ludwig I. selbst verfaßt haben: „Hier ruht Leonidas, Sohn des Odysseus, Enkel des Andrustos, als Knabe gestorben zu München, den 8. Dezember 1836. Das Denkmal errichtete ihm ein alter Griechenfreund, Ludwig I., König von Bayern. – Würdig der Klagen war ich von treuen, guten = Männern entsprossen = welche für Thaten des Ruhms schmerzliches = Schicksal erlöst = den Großvater vertilgte der mitleidlose = Tyrann mir tötlichen Gifttrank ihm reichend = mit tückischer List = und den Erzeuger, der nie in dem = Kampf der Waffen besiegt ward = stürzten von hohem Turm feindliche = Männer

herab = aber die Mutter, die mich in Parnassos = Höhlen geboren = hat in dem zwölften Jahr hier den = Gestorbenen beweint."

Vgl. BL: 1932, 673 ff.; Epigramm wurde von P. Prosper Wagner O.F.M. Cap., München, St. Anton, entziffert.

**Aiblinger* Johann Kaspar, 1779(Wasserburg)–1867, Kom- 269
ponist und Hofkapellmeister; Benediktinerzögling von Te- 16–2–3
gernsee, in München erzogen, studierte A. in Landshut, wurde Vorne:
Kandidat in Polling und zog 1803 nach Italien; befreundet „Gablonski"
mit Simon Mayr in Bergamo und vermutlich dessen Schüler, Hinten:
gründete er 1817 in Venedig den Verein „Odeon", betätigte „Aiblinger"
sich 1819 in Mailand als Ballettkomponist und richtete dann in München die italienische Oper ein (seit 1826 Leiter der deutschen Hofmusik zu München); 1833 begleitete A. den Kronprinzen Maximilian nach Italien; als Komponist ist er sehr von Italienern und Mozart abhängig; seine undramatische Oper Roderigo e Chimene hatte keinen Erfolg, bedeutend dagegen war seine Kirchenmusik (Messen, Stabat Mater, Marienlieder); A. gilt als ein Vorkämpfer Palestrinas und Wiedererneuerer der Kirchenmusik.

ADB: 1, 163; BL: 1898, 190; Ei: 1, 66; LThK: 1, 225; H. J. Moser, Musik Lexikon, 4. Aufl., 1953, 13; Musica Sacra, 46. Bd., 1913, 50. Bd., 1917; Die Musik in Geschichte und Gegenwart, 1. Bd., 1949, 174; NDB: 1, 114; Ra: Nr. 8; H. Riemann–A. Einstein, Musik Lexikon, 11. Aufl., 1929, 17; Schr: 194; Ze: 158, 166, 183 und 192; K. Brunnhuber, 1927.

Angstwurm Theodor, von, Ritter, Exzellenz, 1826(Damenstift- 270
Osterhofen, Lkr. Vilshofen/Ndb.)–1893, Generalleutnant; 16–3–2
nach Besuch des Gymnasiums studierte A. zunächst einige Semester auf der Münchner Universität Philosophie und Rechte, betrat dann aber die militärische Laufbahn; als Unterleutnant (1850) wirkte er im Topographischen Bureau, als Oberleutnant (1859) war er Regimentsadjutant, 1866 wurde er als Hauptmann ins Hauptquartier berufen, mit dem er an den Gefechten bei Zella, Bad Kissingen, Helmstadt und Roßbrunn teilnahm, im Krieg von 1870/71 erwarb er sich als Generalstabsoffizier mehrere Orden und Belobungen und erhielt wegen seiner klugen Anordnungen und seines tapferen Ver-

haltens im Gefecht bei Villepion am 1. Dezember 1870 den Militär-Max-Josef-Orden, 1872 wurde A. Major im Generalstab und zugleich Lehrer an der Kriegsschule, 1874 Oberstleutnant, 1876 Generalstabschef des I. Armeekorps und 1877 Oberst; 1879 bekam er das 14. Infanterie-Regiment und 1883 wurde er Kommandeur der 7. Infanterie-Brigade und Generalmajor; bei seinem Abschied aus der Armee aus gesundheitlichen Rücksichten (1889) wurde ihm der Charakter eines Generalleutnants mit dem Prädikat „Exzellenz" wegen seiner großen Verdienste für die bayerische Armee verliehen; A. zählt anerkanntermaßen zu den „tapfersten, wissenschaftlich gebildetsten und verdientesten Offizieren" der alten bayerischen Armee.

Bo: 2, 1; Kriegsarchiv München, HS VI, 9 und Offiziers-Personalakt Nr. 2783.

271 **Schwind* Moritz, von, 1804(Wien)—1871, Historienmaler,
16—9—43 Zeichner und Akademieprofessor; Schüler von L. F. Schnorr von Carolsfeld in Wien, kam Sch. 1828 nach München, um bei P. von Cornelius zu studieren; nachdem er an der Ausschmükkung von Bauten Ludwigs I. mitgewirkt und zur Ausmalung von Hohenschwangau Entwürfe geliefert hatte, reiste er 1832 nach Rom, ohne dort nachhaltige Eindrücke zu gewinnen; nach München zurückgekehrt, malte er den Saal Rudolfs von Habsburg im Königsbau der Residenz aus, wirkte 1839/44 in Karlsruhe und dann kurz in Frankfurt; 1847 wurde Sch. Professor an der Münchner Akademie; er, der Hauptmeister der deutschen Spätromantik, ist in seinen Wandbildern (München—Residenz, Karlsruhe—Kunsthalle und Ständehaus, Wartburg, Wiener Opernhaus u. a.), die, obwohl nicht ganz frei von Schwächen (Hohenschwangau), koloristisch wie stimmungshaft individuelle Züge zeigen, den Nazarenern bedeutend überlegen; sein Bestes und Bleibendes aber gab Sch. in seinen Tafelbildern (zyklische Kompositionen und Einzelbilder, Stoffe meist aus deutschen Märchen, Dichtung und Volkslied), besonders in Ölbildern, in denen romantischer Zauber der Landschaft, Innigkeit und ungesuchte Schlichtheit mit viel Naturbeobachtung sich paaren; ein Großteil seiner Ölgemälde ging beim Brand des Münchner Glaspalastes (1931) zugrunde; HHww: Wandbilder: Genovefa im Tiecksaal der Münchner Residenz, Leibliche Werke der Barmherzig-

keit auf Wartburg, Fresken in der Pfarrkirche von Bad Reichenhall, Tafelbilder: Huldigung der Künstler an Maria, ehemaliger Hochaltar der Münchner Frauenkirche, St. Wolfgang (in der Schack-Galerie), Kartons zu Glasfenstern für Kirchen in Glasgow und London; Ww herausgegeben von O. Weigmann, 1906.

ADB: 33, 449; Al: 71; W. Andrees–W. von Scholtz, Die Großen Deutschen, 5. Bd., 1937, 195; BL: 1932, 465; U. Christoffel, Die romantische Zeichnung von Runge bis Sch., 1920, 111; F. Haack, Künstler-Monographien, 31. Bd., 1898; LThK: 9, 549; R. Oldenbourg, Die Münchner Malerei im neunzehnten Jahrhundert, I. Teil, 1922, 263; Ra: Nr. 602; Schr: 359; TB: 30, 386; Wo: 354; Wu: 33, 127; E. Kalkschmidt, 1943; W. J. Beckh, Maler in München, 1964, 135; A. Alckens, Münchner Forscher und Erfinder des 19. Jahrhunderts, 1965, 75.

Mayer Josef Gabriel, 1808(Gebrazhofen/Wttbg.)–1883, Bild- 272
hauer und Kunstanstaltsbesitzer; M. ging als Schreiner- 16–9–54
gehilfe auf Wanderschaft durch Süddeutschland, studierte dann an der Münchner Akademie bei J. Schlotthauer (siehe dort!) und Kl. Zimmermann (siehe dort!), gründete 1836 eine kunstgewerbliche Vorbereitungsschule, trat später in den Vorstand der staatlichen Anstalt für Erziehung und Unterricht krüppelhafter Knaben ein und rief 1858 mit Hilfe des Holzbildhauers J. Knabl (siehe dort!) eine Anstalt für Kunsterzeugnisse, die er später durch Einbeziehung der Glasmalerei zu einer Weltfirma ausbaute (Mayersche Kunstanstalt, München), ins Leben.

ADB: 21, 120; 24, 786; Bo: 6, 60; TB: 24, 448.

Mayer Ernst, 1776 (Ludwigsburg/Wttbg.)–1844, Bildhauer 273
und Professor; M. war Schüler von A. Isopi und Gehilfe von 16–9–54
L. von Klenze (siehe dort!) und Thorwaldsen; seit 1830 lehrte er als Professor am Münchner Polytechnikum; er schuf Bildwerke für die Glyptothek und das Herzog-Max-Palais (heute Herzog-Karl-Theodor-Palais, Ludwigstraße 8); HHww: Statuen der Roma und Athene über dem Hofgartenportal, Kolossalfiguren Homers und Thukydides' vor der Bayerischen Staatsbibliothek.

ADB: 21, 93; AM: 70; Bo: 6, 60; TB: 24, 470; F. P. Zauner, München in Kunst und Geschichte, 1914, 137.

274 16–10–26 eingeebnet *Brugger* Friedrich, 1815(München)–1870, Bildhauer; von L. M. von Schwanthaler (siehe dort!) auf die Antike hingewiesen, studierte B. auf der Münchner Akademie und lebte von 1841–1843 in Italien; in Rom entstanden ein Theseus und das Relief „Odysseus bei Kalypso"; nach seiner Rückkehr schuf B. mehrere Marmorbüsten für die Ruhmeshalle und einige Bronzestatuen; HHww: Bronzestatuen von Gluck, Max Emanuel und Schelling in München, Jakob Fugger in Augsburg, Ludwig dem Reichen in Landshut, Wrede in Heidelberg, Maximilian II. in Bayreuth; die Walküren für die Walhalla bei Regensburg sind Bs. Jugendwerk, seine besten Schöpfungen sind Cheiron den Achilleus unterrichtend, Ödipus und Antigone, Dädalos und Ikaros.

ADB: 3, 409; BL: 1932, 463; TB: 5, 112.

275 16–11–2 *Fallmerayer* Jakob Philipp, Dr. phil., 1790(Tschötsch bei Brixen/Südtirol)–1861, Historiker, Publizist und Universitätsprofessor, ursprünglich Brixener Domschüler und Theologiestudent zu Salzburg, sattelte F. zur philosophischen Fakultät (in Landshut) um und machte 1813 als bayerischer Leutnant die Befreiungskriege mit; erste Anerkennung fand der Landshuter Lyzealprofessor durch seine Geschichte des kaiserlichen Trapezunt; in der Folge bereiste F. wiederholt den Orient, Frankreich, Holland, Italien und Griechenland, war 1848 Mitglied des Frankfurter Parlaments, der BAkdW, vorübergehend auch als Nachfolger J. von Görres (siehe dort!) Geschichtsprofessor in München; er war ein hervorragender Länder- und Kulturschilderer sowie ein feiner Stilist (bekannt als „Fragmentist") und regelmäßiger Berichterstatter der „Allgemeinen Zeitung"; HHww: Abhandlung über die Entstehung der Neugriechen, Fragmente aus dem Orient (2 Bde.), Gesammelte Werke, herausgegeben von G. M. Thomas (3 Bde.), 1861, Schriften, herausgegeben von H. Heigl und E. Molden (2 Bde.), 1913, Fragmentistenbriefe, mitgeteilt von F. Babinger, 1925.

ADB: 6, 558; BL: 1914/15, 413 (mit B), 1919/20, 369, 1926, 661 (mit B); GG: 93; K. Goedeke, Grundriß zur Geschichte der deutschen Dichtung, 12. Bd., 1929; NDB: 5, 19; Schr: 294; St: 456; Wo: 383; F. Babinger, Fallmerayeriana, 1919; E. Sablotny, ungedruckte Dissertation, Jena 1924; P. Weitlahner, 1924; W. Krag, 1926; K. Wolfskehl, 1926; H. Wolf, 1929; H. Seidler, 1947; F. Babinger, 1959; L. Schrott, Bayerische Weltfahrer, 1964, 228 (mit B).

Schreyer Karl Alois, 1805(Landshut)—1865, Apotheker und Stadtrat; nach Studien in Landshut und München erhielt Sch. 1828 die persönliche Apothekerkonzession auf die St.-Anna-Vorstadt (Apotheke am Lehel) verliehen; sein Betrieb war so tadellos und vorbildlich, daß er jahrzehntelang bei den alljährlichen Visitationen eine eigene Belobigung erhielt; kurz vor seinem Tod wurde seine Apotheke in die Maximiliansstraße verlegt; daneben betätigte er sich als Magistratsbevollmächtigter; er hat die am rechten Isarufer von der Reichenbach- bis zur Braunauer Eisenbahn-Brücke flußaufwärts parallel der Claude-Lorrain-Straße gelegenen Anlagen „kultiviert"; die seit 1867 offiziell „Schreyer-Kulturen" bezeichnet werden. 276 16—13—2

Ra: Nr. 589; UH: 405; Staatsarchiv für Oberbayern, RA 3694/16349, RA 3696/16354 und Nachl. V., AG. München I, 1866, 103.

Kunstmann Friedrich, Dr. jur., 1811(Nürnberg)—1867, katholischer Theologe, Kirchenrechtler und Universitätsprofessor; seit 1839 war K. Religionslehrer in München, von 1842 bis 1846 Erzieher bei der Prinzessin Amalia von Brasilien in Lissabon und seit 1847 Professor des Kirchenrechts in München; K. ist bekannt als Verfasser von Arbeiten über Kirchenrecht, Missionswissenschaft, als Handschriftenforscher und Rechtshistoriker; seine Bedeutung erkennt die gegenwärtige Kirchenrechtsforschung auf dem Gebiet der äußeren Quellengeschichte an; HHww: Die Canonensammlung des Remidius von Chur, Die gemischten Ehen unter den christlichen Konfessionen Deutschlands, Grundzüge eines vergleichenden Kirchenrechts der christlichen Konfessionen. 277 16—13—4 eingeebnet

ADB: 17, 391; Das Katholische Deutschland, 2. Bd., 1933 ff., 2419; Kirchliches Handlexikon, 2. Bd., 1912, 525; LThK: 6, 691; Jahresbericht des historischen Vereins von und für Oberbayern, 1868, 81; J. F. von Schulte, Geschichte der Quellen und der Literatur des Kanonischen Rechts, 3. Bd., 1880, 397; H. Hurter, Nomenclator litterarius theologiae Catholicae, 5. Bd., 1912, 1355.

Löffler August, 1822(München)—1866, Landschaftsmaler, Radierer und Lithograph; als Schüler von H. Adam und J. Lange (siehe dort!) bildete sich L. namentlich unter K. Rottmann (siehe dort!) zum Landschaftsmaler aus; er malte anfangs Landschaften aus der Umgebung Münchens, später, nachdem 278 16 HZ 1 eingeebnet er Istrien (1844), Oberitalien (1846 und 1856) und – nach kürzerem Aufenthalt in K. Schorns (siehe dort!) Atelier in München – 1846 Syrien, Palästina, Ägypten (1849) und Griechenland (1853) bereist hatte, südliche und orientalische Landschaftsbilder im Stil Rottmanns, 1859/60 Bilder aus der Umgebung des Kochelsees; L. führte auch in J. von Liebigs (siehe dort!) Laboratorium in München einige Fresken in Stereochromtechnik (1859) und Wandbilder im Gesellschaftssaal des Bades Kochel sowie im Palais des Barons von Hirsch in Brüssel aus; eine Probe von Stereochromie (griechische Landschaft auf Ziegelplatte) befand sich im Leipziger Museum, ein Ölgemälde (Rundgemälde Jerusalems nach Studien U. Halbreiters – siehe dort! –) im Lateranpalast, weitere Werke im Museum Stuttgart und in der Bayerischen Staatsgemäldesammlung (12 Ölskizzen aus dem Orient); Aquarelle und Zeichnungen Ls. besitzen die Galerie Berlin und die Münchner Maillinger Sammlung.

ADB: 19, 101; Bo: 6, 58; TB: 23, 316.

17. Sektion

279
17–1–28
Name auf re. Seite des Grabsteins

Fischer Heinrich Karl Josef, von, 1782(Mannheim)–1820, Baukünstler, Oberbaurat und Akademieprofessor; schon 14-jährig kam F. nach München, wo er beim Hofarchitekten M. von Verschaffelt lernte, 1799 ging er nach Wien, wurde Schüler bei J. Platzer und erhielt für ein Theaterprojekt einen Preis; zum Bau eines Herrensitzes für Prälat P. de Salabert (heutiges Prinz-Karl-Palais) wurde er von Montgelas nach München, das sein großes Wirkungsfeld werden sollte, berufen; F. hat der Stadterweiterung Münchens zu Beginn des 19. Jahrhunderts ihr gerades Gesicht gegeben; die Anlage der Ludwigs- und Maximilians-Vorstadt, der Brienner Straße und des Königsplatzes ist ihm zu verdanken, dessen Vorschlägen die Stadtplanung folgte; nach Fs. Plänen entstand auch das Viertel am Karolinenplatz mit seinen acht Adelspalais, das im Briefwechsel mit Goethe unter seinem Namen erwähnt ist; sein Hauptwerk blieb das Münchner Hoftheater (1811/18), das auch nach dem Brand von 1823 selbst von einem so eigenwilligen Architekten wie L. von Klenze (siehe dort!) nach den alten Plänen wieder aufgebaut (1963 in

Fischers Stil nach der Zerstörung von 1944 wiedererrichtet) wurde; von F., nicht, wie bisher vermutet, von Klenze stammen die Pläne für das (nun wiederaufgebaute) Leuchtenberg-Palais, für die Walhalla bei Regensburg, für die Glyptothek und für die Nordseite der Münchner Residenz; F., dessen Werke mit anderen gleichzeitigen europäischen Rang haben, fand erst in jüngster Zeit anläßlich des Wiederaufbaus des Hoftheaters durch die Forschungen O. Hederers seine gerechte Würdigung.

ADB: 45, 152; BL: 1918/19, 33, 1932, 134; NDB: 5, 195; Schr: 414; TB: 12, 33; Wo: 79 und 102; Ze: 89, 158, 176 und 189; O. Hederer, Karl von F., Leben und Werk, 1960; Nationaltheater München, Festschrift 1963, 16 und 22.

Widnmann Maximilian, 1812(Eichstätt)—1895, Bildhauer und 280
Akademieprofessor; auf der Münchner Kunstakademie war W. 17—1—39
bedeutendster Schüler von Eberhard (siehe dort!) und Schwanthaler (siehe dort!); nach einem Studienaufenthalt in Rom wirkte er seit 1839 dauernd in München, wo er sehr viele Standbilder schuf; HHww: Fürstbischof Julius Echter in Würzburg, Orlando di Lasso, Schiller, Goethe, Westenrieder, Ludwig I. und Gärtner in München, Dalberg in Mannheim, Bischof Sailer in Regensburg und Fürstbischof Erthal in Bamberg, Marmorbildsäulen in den Nischen der Münchner Glyptothek; W., der zahlreiche Schüler beeinflußte, zählt zu den bedeutendsten Bildhauern Münchens.

ADB: 42, 362; BL: 1932, 463; Bo: 3, 35; TB: 35, 522; UH: 184; Wo: 398.

**Habenschaden* Sebastian, 1813(München)—1868, Land- 281
schaftsmaler und Modelleur; zuerst Porzellanmaler, besuchte 17—2—23
H. die Münchner Kunstakademie, wo er Schüler von P. von Hess (siehe dort!) und H. Bürkel (siehe dort!) war; er malte vor allem Szenen aus dem Alpenleben, altbayerische und italienische Kulturbilder, lieferte Handzeichnungen und Radierungen und modellierte Tierfiguren, vor allem für Weihnachtskrippen, Pokale und Tafelschmuck; H. ist streng korrekt in der Zeichnung, seine Farben sind schlicht und originell; von ihm stammt die „Stiftung zum besten der Künstler"; Hw: Tagesanbruch auf der Alpe.

ADB: 10, 266; BL: 1909, 315 (mit B), 1912/13, 477 (mit B); Schr: 191; TB: 15, 395; UH: 133.

282
17–9–57

**Krenkl* Franz Xaver, 1780(Landshut)–1860, Lohnkutscher, Pferdehändler und Altmünchner Original; er machte sich verdient um die Pferderennen beim Münchner Oktoberfest, die von ihm eingeführt wurden, und beliebt durch die zahlreichen derb-schelmischen Schwänke, die heute noch von ihm erzählt werden; so soll er, als er von König Ludwig I. wegen Überholung des königlichen Gespanns zur Rede gestellt wurde, ausgerufen haben: „Majestät, wer ko, der ko!"; damit hatte er eines der beliebtesten Münchner Schlagworte geprägt; einmal wies ihn im Schwaigertheater wegen Ruhestörung einer zurecht, der sich als Ministerialbeamter Fuchs vorstellte, worauf er schlagfertig entgegnete: „So? Daß Sie a Viech san, hab i mir freili glei denkt, aber für an Fuchs hätt i Eahna net ghalten!"; und noch viele andere Taten dieses Münchner Originals aus der Biedermeierzeit erzählt man von ihm.

BL: 1918/19, 76 (mit B); Schr: 15 und 349; Wo: 205; A. Alckens, F. X. K., der Rennmeister der Münchener Oktoberfestrennen (1780 bis 1860), 1964; A. Alckens, Münchner Forscher und Erfinder des 19. Jahrhunderts, 1965, 143; E. Münz, Vier Jahrhunderte Münchner Sonderlinge, 1960, 7 (mit B).

283
17–10–47
eingeebnet

Stademann Adolf, 1823(München)–1895, Landschaftsmaler; er kommt vom Forstfach, hat sich aber schon früh als Landschaftsmaler betätigt; als Motive liebte er Dorfpartien mit Regen- oder Mondscheinstimmungen, Schnee- und Winterszenen; seine Gemälde schuf er im Sinn der alten Niederländer als winterliche Küstenszenen, gefrorene Kanäle und Flußgegenden, Kleinstädte mit Festungsmauern und Windmühlen, auch Jagdgesellschaften; HHww: Mondschein an der Elbe, Wintermorgen, Ländliche Partien an der Isar und an der Amper; seine Ölgemälde, die heute sehr hoch geschätzt werden, befinden sich vielfach in Privatbesitz.

ADB: 54, 426; TB: 31, 421.

284
17–12–1/2

**Voit* August, von, 1801(Wassertrüdingen, Lkr. Dinkelsbühl/Mfr.)–1870, Baukünstler, Oberbaurat und Akademieprofessor; er studierte als Schüler von F. von Gärtner (siehe dort!) an der Münchner Kunstakademie und führte nach Reisen durch Italien und Frankreich in der bayerischen Rheinpfalz mehrere öffentliche Bauten in einem von byzantinischen und romanischen Formen gemischten Stil aus, in München schuf

V. die Entwürfe für die Neue Pinakothek und den Glaspalast, eines der ersten Werke der Eisenarchitektur in Deutschland.

ADB: 40, 220; BL: 1932, 226; Bo: 3, 33; HJ: 124; Schr: 359; TB: 34, 515; UH: 183; W. Zils, Geistiges und Künstlerisches München in Selbstbiographien, 1913, 377 (*Erwin* Voit); A. Alckens, Münchner Forscher und Erfinder des 19. Jahrhunderts, 1965, 175.

(*)*Voit* Karl, Dr. med., von, 1831(Amberg/Opf.)—1908, Physiologe, Geheimrat und Universitätsprofessor; nach Studium der Medizin in München und Würzburg und der Chemie in Göttingen kam V. 1856 als Assistent in das Physiologische Institut in München und wurde 1863 Professor der Physiologie und Konservator der physiologischen Sammlungen sowie Mitglied der BAkdW; seine erste wissenschaftliche Arbeit waren Untersuchungen über die epidemische Cholera, große Aufmerksamkeit verwandte er auf die Fragen über Stoffzersetzung und Ernährung des Tierkörpers, über den Eiweißumsatz im tierischen Organismus sowie über die Respiration und den Stoffumsatz im Körper; V. war Mitarbeiter Buhls und Pettenkofers (siehe dort!); HHww: Untersuchungen über den Einfluß des Kochsalzes, des Kaffees und der Muskelbewegungen auf den Stoffwechsel, Handbuch der Physiologie des allgemeinen Stoffwechsels und der Ernährung. 285 17—12—1/2

BJDN: 13, 3; BL: 1899, 580, 1902, 108 (mit B); BLÄ: 5, 795; Bo: 3, 33; Brockhaus (1903): 16, 377; GG: 139; HJ: 189; Wo: 478 und 485; O. Krummacher; in: Münchner Medizinische Wochenschrift, 78. Jg., 1931, 1915.

**Hauschild* Wilhelm Ernst Ferdinand Franz, 1827(Schlegel, Grafschaft Glatz)—1887, Historienmaler und Akademieprofessor; nach Ausübung des väterlichen Weberhandwerks bildete sich H. später in München bei Ph. von Foltz (siehe dort!) und namentlich bei J. Schlotthauer (siehe dort!) zum Historienmaler aus; nach kurzem Studienaufenthalt in Paris ließ er sich dauernd in München nieder; Maximilian II. zog ihn zur Ausstattung des alten National-(heute Völkerkundlichen) Museums an der Maximilianstraße heran, für das er acht Fresken schuf; bald darauf erhielt er für die historische Galerie des Maximilianeums das Ölgemälde der Kreuzigung Christi in Auftrag; er betätigte sich sodann auf dem Gebiet der religiösen Kunst mit Altarbildern für bayerische Kirchen, besonders mit den Fresken für die Gruftkirche der rumänischen Fürsten- 286 17—12—50 eingeebnet familie Stourdza am Michaelisberg bei Baden-Baden und die Schloßkapelle in Berg; später wurde H. unter Ludwig II. mit der Ausstattung der Schlösser Linderhof, Berg, Herrenchiemsee und Neuschwanstein betreut; für seine Heimatkirche Schlegel stiftete der Künstler einen von ihm selbst geschaffenen Kreuzweg.

ADB: 50, 77; Bo: 6, 41; TB: 16, 138.

287
17–12–55
eingeebnet

Beyschlag Robert, 1838(Nördlingen)–1903, Genremaler; unter Ph. von Foltz (siehe dort!) studierte B. auf der Münchner Kunstakademie; er begann mit kleinen, meist mittelalterlich kostümierten, vorwiegend lyrisch gehaltenen Bildern; unter dem Titel „Frauenlob" schuf B. eine internationale Sammlung von schönen, verschiedene Jahrhunderte repräsentierenden Frauenköpfen; auch malte er ein Fresko in der Galerie des Bayerischen Nationalmuseums „Ludwig des Kelheimers Unterhaltung mit dem Sultan"; im übrigen bevorzugte B. religiöse Motive; er gilt als Spezialist in der Kostümmalerei im Stil des Mittelalters und der Renaissance; HHww: Das Bildnis der Geliebten, Frühlingserwachen, Mutterglück, Die Dorfkokette, Orpheus die Eurydike aus der Unterwelt führend.

BJDN: 8, 74; Bo: 6, 9; NDB: (2, 209); TB: 3, 573.

288
17–12–57
eingeebnet

Klotz Joseph, 1785(München)–1830, Hoftheatermaler; er war Schüler und Gehilfe seines Vaters, des Hoftheater- und Kabinettsminiaturmalers Matthias K. (siehe dort!), dessen Nachfolger er 1821 als „Hoftheatermaler im Landschaftsfache" wurde; nach Studienreisen durch Frankreich und Norddeutschland und längeren Aufenthalten in Paris und Berlin ließ er sich in München nieder; HHww: großes Transparentgemälde von 1814, den Brand von Moskau darstellend; seine Ölgemälde besitzt die Bayerische Staatsgemäldesammlung.

Bo: 6, 46; TB: 20, 547.

289
17–13–39

**Rüdinger* Nikolaus, Dr. med., 1832(Erbes-Büdesheim bei Alzey/Rheinland-Pfalz)–1896, Anatom und Universitätsprofessor; anfangs Barbiergehilfe in Heidelberg, studierte R. zu Heidelberg und Gießen und wurde 1855 Prosektor in München; eine Zulassung als Privatdozent konnte er nicht erwirken, erst J. von Liebig (siehe dort!) verhalf ihm zur Ernennung zum Honorarprofessor in München, wo er 1880 das Ordinariat für Anatomie erhielt; dieser berühmte Anatom führte die neuerfundene Photographie als Illustrationsmittel in die Anatomie ein und erfand neue Konservierungsmethoden von Leichen für Unterrichtszwecke, u. a. Karbolinjektionen für Präpariersaalleichen; mit anderen gab R. die „Monatsschrift für Ohrenheilkunde" und die „Beiträge zur Anthropologie und Urgeschichte Münchens" heraus; HHww: Atlas des peripheren Nervensystems des menschlichen Körpers, Anatomie der menschlichen Rückenmarksnerven, Topographisch-chirurgische Anatomie des Menschen.

ADB: 53, 580; BJDN: 1, 353; BLÄ: 4, 913.

18. Sektion

(*)*Destouches* Ulrich, von, 1802(Amberg/Opf.)—1863, Stadtbibliothekar und Chronist Münchens; Sohn des Archivars und Dramatikers Josef Anton von D. (siehe dort!), studierte er zu München und begründete 1827 das „Münchner Tagblatt", das er bis 1836 leitete, und war dann als städtischer Bibliothekar mit einer Chronik Münchens beschäftigt, die sein Sohn Ernst (siehe dort!) fortsetzte; D. war auch erfolgreicher volkstümlicher Erzähler und Dramatiker; HHww: Das Grab in Sendlingen, Erzählungen und Gedichte (2 Bde.), Der Findling und die Kaiserstochter (Drama), Staberl auf der Eisenbahn, Das Oktoberfest in München, Der Schäfflertanz in München. 290 18—1—16

ADB: 5, 77; Al: 18; BL: 1903, 68 (mit B), 1916/17, 277 (mit B); K. Goedeke, Grundriß zur Geschichte der deutschen Dichtung, 12. Bd., 1929; NDB: (3, 618); Schr: 170 und 172; W. Zils, Geistiges und Künstlerisches München in Selbstbiographien, 1913, 58 *(Ernst* von Destouches!).

(*)*Destouches* Franz Seraph, von, 1772(München)—1844, Komponist, Hofkapellmeister und Universitätsprofessor; Schüler J. von Haydns und Cellist in der Kapelle des Fürsten Esterhazy in Preßburg, kehrte D. 1791 in seine Vaterstadt München zurück, wo er seine erste Oper „Die Thomasnacht" schrieb, er wurde 1797 Musikdirektor in Erlangen und 1799 Konzertmeister in Weimar (Freundschaft mit Goethe, Schiller und Herder), vertonte Herders „Anbetung am Grabe Jesu" 291 18—1—16 und komponierte Messen; 1810 wieder in München, wurde er darauf Professor der Harmonielehre in Landshut und seit 1816 Hofkapellmeister des Landgrafen zu Hessen; seinen Lebensabend verbrachte D. in München; Hw: Oper „Der Teufel und der Schneider", von seinem Neffen, Ulrich von D. (siehe dort!) gedichtet.

ADB: 5, 77; BL: 1916/17, 277 (mit B); Ei: 3, 188; NDB: 3, 168; H. Riemann–A. Einstein, Musik Lexikon, 11. Aufl., 1929, 395; Ze: 65 und 73; W. Zils, Geistiges und Künstlerisches München in Selbstbiographien, 1913, 58 (*Ernst* von Destouches!); E. von Destouches, 1904.

292 *Destouches* Ernst, von, 1843(München)–1916, Münchner
18–1–16 Stadtarchivar, Stadtmuseumskonservator und königlicher Rat; einer alten bis ins 13. Jahrhundert nachweisbaren französischen, unter Max Emanuel eingewanderten Familie entstammend, Sohn des Ulrich von D. (siehe dort!), studierte D. in seiner Vaterstadt, wurde 1863 Stadtarchivar, nach Abschluß seiner juristischen Praxis und vorübergehender Verwendung im Ministerium des Äußeren 1876 Sekretär im Geheimen Haus- und Staatsarchiv und 1887 Königlicher Rat; seit 1873 war D. Konservator des von ihm gegründeten Münchner Historischen Stadtmuseums; D. trat auch als Dichter und Fortsetzer der Münchner Stadtchronik seines Vaters hervor; HHww: Die Spitäler zu St. Max und St. Elisabeth in München, Urkundliche Beiträge zur Geschichte Münchens, Gedenkblatt auf die Säkularfeier des kgl. Hof- und Nationaltheaters zu München, Münchner Schützenwesen und Schützenfeste, Säkularbilder aus Münchens Vergangenheit, Orlando di Lasso, Die Jahrhundertfeier des Münchner Oktoberfestes.

BL: 1912/13, 114 (mit B), 1926, 256 (mit B); NDB: (3, 618); Schr: 228; WI: 304; W. Zils, Geistiges und Künstlerisches München in Selbstbiographien, 1913, 57; G. Laureau, 1909; Münchner Neueste Nachrichten, Nr. 209 und 213, 1916; Archivalische Zeitschrift, 3. Folge, 2. Bd., 1925, 302; E. Münz, 1960.

293 *Oldach*, Julius, 1804(Hamburg)–1830, Historienmaler; O.
18–1–35 erhielt den ersten Unterricht in der Historienmalerei bei Chri-
eingeebnet stoph Suhr in seiner Heimatstadt, studierte gleichzeitig mit J. C. Thäter (siehe dort!) und E. Rietschel auf der Dresdener Akademie und ging dann nach München zu P. von Cornelius, dessen besondere Zufriedenheit er durch eine Komposition

aus dem Nibelungenlied erwarb, erlag aber schon, eben im Begriff eine Reise nach Italien anzutreten, 26jährig einer Lungenentzündung in München; O. malte neben streng historischen Stoffen auch Porträts, Tierstücke und Genreszenen; sein letztes Werk: Heimkehr von Hermann und Dorothea; die meisten Werke befinden sich in der Hamburger Kunsthalle; außer seiner malerischen besaß er auch eine dichterische Begabung, womit er seine ganz an N. Lenau erinnernde Schwermut in vollendeter Form zum Ausdruck brachte; leider sind Os. Gedichte, da nicht gedruckt, verschollen.

ADB: 24, 239; TB: 25, 589.

**Enhuber* Karl, von, 1811(Hof/Ofr.)–1867, Genremaler; er 294
trat 1831 in die Münchner Kunstakademie ein und widmete 18–6–57
sich erst der Tiermalerei, dann aber der Genremalerei, deren eingeebnet
Haupt in der Münchner Schule er wurde; seine feine Beobachtungsgabe, seine treffliche Auswahl des einfachen Natürlichen aus dem Volksleben und seine Fähigkeit, Humor und Ernst gleich trefflich zu gestalten, sichern seinen Werken, die alle eine gewisse Gutmütigkeit und Harmlosigkeit zeigen, einen bleibenden Wert; der Künstler starb an dem Biß einer giftigen Fliege; HHww: Der Schuster als Wasserdoktor, Der Haferlgucker, Der Gerichtstag an einem bayerischen Gericht; die meisten Bilder besitzt die staatliche Galerie in Schleißheim.

ADB: 6, 145; Ra: Nr. 148; TB: 10, 557; UH: 127; W. J. Bekh, Maler in München, 1964, 164.

Lasaulx Peter Ernst, von, Dr. phil., 1805(Koblenz)–1861, 295
Philosoph, Philologe, Historiker, Archäologe und Universi- 18–7–1
tätsprofessor; Sohn eines Koblenzer Baumeisters und Schwiegersohn F. von Baaders (siehe dort!), studierte in Bonn und München, bereiste Italien, den Balkan und Palästina, wurde 1835 Professor der Philosophie in Würzburg, seit 1844 in München (1847–1849 wegen seines Verhaltens in der Lola-Montez-Affäre abgesetzt), Mitglied der BAkdW, Abgeordneter des Frankfurter Parlaments und 1849 des bayerischen Landtags; mit einigen seiner Schriften, z. B. „Die prophetische Kraft der menschlichen Seele in Dichtern und Denkern", kam L. nach seinem Tod auf den römischen Index; er war tiefgläubig, konservativ, aber durchaus selbständig und freimütig

in seinem Urteil; HHww: Der Untergang des Hellenismus, Die Philosophie der schönen Künste (indiziert!), Das Sühnopfer der Griechen und Römer und ihr Verhältnis zu dem einen auf Golgatha, Die prophetische Kraft der menschlichen Seele in Dichtern und Denkern.

ADB: 17, 728; GG: 112; LThK: 6, 801; Schr: 266, 286, 383 und 417; Wo: 273; H. Holland, 1861; R. Stölzle, 1904; Hochland, 1904 bis 1905; Historisch-politische Blätter, 162. Bd., 1918; St. Lösch, J. A. Moehler, 1928; Augsburger Postzeitung, Nr. 30, 1933; Zeitschrift für Kulturphilosophie, 2. Bd., 1936, 217; A. Koether, 1937.

296
18—9—25/28

Paulus Nikolaus, Dr. theol., 1853 (Krautergersheim/Elsaß) —1930, katholischer Theologe, Kirchenhistoriker, Päpstlicher Hausprälat und Universitätsprofessor; er studierte in Straßburg und wurde 1853 Hausgeistlicher bei den Niederbronner Schwestern in der Buttermelcherstraße in München (aus gesundheitlichen Gründen mußte er nämlich die Seelsorge aufgeben); den von der Universität Innsbruck verliehenen Ehrendoktor erkannte das liberale bayerische Kultusministerium nicht an, deshalb promovierte er 1896 in München; als Kirchengeschichtler beschäftigte sich P., angeregt von J. Jansen, seit 1885 vor allem mit der Reformationszeit und dem Ablaßwesen; ausgezeichnet mit Gewissenhaftigkeit und parteilos, änderte er das bisherige Lutherbild der katholischen Historiker; HHww: Kaspar Schatzgeyer; Luthers Lebensende; Johann Tetzel, der Ablaßprediger; Hexenwahn und Hexenprozeß, vornehmlich im 16. Jahrhundert; Geschichte des Ablasses im Mittelalter, 3 Bde.; Die deutschen Dominikaner im Kampf gegen Luther; Protestantische Toleranz.

LThK: 8, 235; Historisch-politische Blätter, 152. Bd., 1913; L. Pfleger; in: Historisches Jahrbuch, 50. Bd., 1930; Augsburger Postzeitung, Nr. 32, 1930; Archiv für Elsässische Kirchengeschichte, 5. Bd., 1930; Kölner Volkszeitung, Nr. 91, 1931; H. Bleienstein, 1931; J. Gedin, Die Erforschung der kirchlichen Reformationsgeschichte, 1931; J. Lortz, Die Reformation in Deutschland, 1941, 1. Bd., 197, 2. Bd., 154.

297
18—13—1

**Holzapfel* Johann Nepomuk, 1770(München-Sendling)—1849, Pädagoge und Lehrer an der Kreisgewerbeschule; er wirkte anfangs an der damaligen Waisenhausschule, später an der Dom- und zuletzt (1833—1841) an der Kreisgewerbeschule in

München; durch Herausgabe verschiedener Unterrichtsbücher, besonders für Rechnen, machte sich H. um das damalige Schulwesen in München verdient; er begründete mit F. X. Kefer (siehe dort!) die Münchner Handwerkerfeiertagsschule.

BL: 1893, 573, 1898, 405; Ra: Nr. 278; Feyertägliche Volks-, Industrie-Anstalten in München im Jahre 1818, 1818; Staatsarchiv für Oberbayern, GL 2825/1387.

Holland Benedikt, Dr. theol., von, 1775(Obermedlingen/Schwaben)–1853, katholischer Theologe, Pädagoge und Professor; zuerst Dominikaner-, dann Benediktinerzögling, seit 1792 Benediktiner in Neresheim, 1800 Professor der Theologie, Bibliothekar und Regens in Neresheim, kam H. nach der Säkularisation nach Salzburg, 1806 wurde er Professor der Philosophie und Seminardirektor in Neuburg a. d. Donau; von 1811–1824 war H. Leiter der königlichen Erziehungsanstalt des später nach ihm benannten „Hollandeum", an der Karmeliterstraße in München; er war ein hervorragender, aufgeschlossener Pädagoge und Erzieher des Herzogs Maximilian in Bayern; Hw: Was fordert der Geist der Zeit von den höheren Lehranstalten? 298 18–13–11

ADB: 12, 748; E. Zeller, Licht- und Lebensbilder des Clerus aus der Erzdiözese München-Freising, 1892; W. Zils, Geistiges und Künstlerisches München in Selbstbiographien, 1913, 178 (*Hyazinth* Holland).

**Flüggen* Gisbert, 1811(Köln)–1859, Genremaler; er war als Knabe gezwungen, als Fabrikarbeiter zu verdienen, und konnte erst später sich in Düsseldorf an der Akademie ausbilden; 1835 siedelte er nach München über; F. suchte besonders durch technisch sorgfältige Darstellungen von Äußerlichkeiten, wie Hausrat, Stoffe, seinen Gemälden, die glücklich gruppiert und von lebensvollem Ausdruck sind, besonderen Reiz zu verleihen; HHww: Die Verlobung, Der unterbrochene Ehekontrakt, Der Erbschleicher, Der unglückliche Spieler. 299 18–13–32

ADB: 7, 140; Ra: Nr. 175; TB: 12, 130; UH: 128.

(*)*Flüggen* Josef, 1842(München)–1906, Historienmaler und Hoftheater-Kostümierer; F., Sohn des Genremalers Gisbert F. (siehe dort!), bildete er sich in München bei R. von Piloty 300 18–13–32 (siehe dort!) aus, er machte Studienreisen nach Paris, London, Brüssel und Antwerpen; seit 1883 war er Vorstand des Kostümwesens an den königlichen Theatern in München; in seinen Gemälden bevorzugte er historische Stoffe; HHww: Abschied der Landgräfin Margarethe von ihren Kindern, Der Wirtin Töchterlein (nach L. Uhland), Regina Imhof, Taufe Kaiser Maximilians, Tod der hl. Elisabeth.

BJDN: 11, 107; Brockhaus (1902): 6, 829; TB: 12, 130.

301 18–13–46 *Reinherz* Konrad, 1835(Breslau)–1892, Landschaftsmaler; als Sohn eines Dekorationsmalers sollte R. eigentlich das väterliche Geschäft übernehmen; ihn trieb es aber anfangs der sechziger Jahre nach München, wo er sich bei R. Zimmermann, mit dem zusammen er viele Studienreisen machte, später bei W. Diez für die Landschaftsmalerei ausbildete; Rs. Stärke liegt vor allem in der Behandlung des Lichts; seine meisten Landschaften befinden sich in Privatbesitz; als Schwager des Baukünstlers G. von Seidl (siehe dort!) war er längere Zeit Vorstand der Münchner Künstlergenossenschaft; die Bayerische Staatsgemäldesammlung besitzt Rs. einziges öffentlich ausgestelltes Bild, wohl gar nicht sein bestes, eine düstere Landschaft mit einer mächtigen Baumgruppe (an Ruysdael erinnernd); weitere Ww: Mühle, Dorfpartie, An der Würm bei München; Die Isar bei Tölz.

ADB: 53, 661; Singer, Allgemeines Künstlerlexikon, 1901; TB: 28, 129.

302 18–14–11 **Vespermann* Klara, geb. Metzger, 1799(München-Au)–1827, Hofopernsängerin; armer Leute Kind, kam V. früh mit dem Theater in Berührung; durch ihre Stimme erregte sie die Teilnahme P. von Winters (siehe dort!), der sie als Pflegetochter annahm und für den Sängerberuf vorbereitete; 1816 trat sie zuerst als Myrrha im „Unterbrochenes Osterfest" auf die Bühne; auf weiteren Tournees errang V. durch ihre äußerst gediegene Koloraturfertigkeit in Leipzig, Dresden, Venedig, Mailand und Genua Bewunderung; 1819 wurde sie Mitglied der Münchner Hofoper; die größten Erfolge erzielte V. in Bravourstücken der Opern Rossinis; Hauptrollen: Rosine, Desdemona, Tankred, Prinzessin von Navarra, Zerline; sie war die erste Agathe der Münchner Bühne; K. M. von Weber hat ihren ausgeglichenen, quellenden Mezzosopran, ihre

Leichtigkeit in Rouladen und Passagen und ihre Mimik sehr gelobt; V. war mit dem Hofschauspieler Wilhelm V. verheiratet.

ADB: 39, 650; Allgemeines Theaterlexikon, 7. Bd., 167; BL: 1919/20, 408; Brockhaus (1834): 4, 100; Eos, 1826, 11; Gassner, Universallexikon der Tonkünstler in einem Band, 864; NND: 5, 628; G. Schilling, Encyclopädie oder Universallexikon der Tonkunst, 6. Bd., 1839, 763; Schr: 82 und 200; Ze: 131–422 (passim); F. Grandaur, Chronik des kgl. Hof- und Nationaltheaters in München, 1878 (passim); Allgemeine musicalische Zeitschrift, Jg. 1809 bis 1833; Musikalische Zeitung, 1827, 211; Nationaltheater München, Festschrift 1963, 49 (mit B).

(*)*Vespermann* Maria Katharina, geb. Sigl, genannt „Sigl-Vespermann", 1804(Passau)–1877, Hofopernsängerin; auf Tourneen wurde sie mit ihren Geschwistern bereits als „Wunderkind" vorgeführt; schon mit 10 Jahren trat sie als Sängerin in Berlin auf und konzertierte mit ihrem Bruder Ignaz, einem Cellisten, in Paris und Amsterdam; 1821 wurde V. Mitglied des Münchner Hoftheaters, an dem sie ein Jahrzehnt lang das Rollenfach des hohen Soprans vertrat; Hauptrollen: Königin der Nacht, Susanne, Elvira, Myrrha, Marzelline, Ännchen (Freischütz); Gastspiele in Wien, Nürnberg und Stuttgart verbreiteten den Ruf der einstigen Rivalin und späteren Nachfolgerin Klara in der Ehe Vs. mit Wilhelm V. als Meisterin des Ziergesangs; 1833 trat sie schon in den Ruhestand. 303 18–14–11

ADB: 39, 650; Brockhaus (1834): 4, 100; Gassner, Universallexikon der Tonkunst in einem Band, 865; Schr: 82, 200, 208 und 285; Ze: 156–420 (passim); Nationaltheater München, Festschrift 1963, 49 (mit B).

Ohlmüller Daniel Josef, 1791(Bamberg)–1839, Baumeister und Zivilbauinspektor; er studierte in München an der Kunstakademie bei K. von Fischer (siehe dort!), bereiste 1815–1820 Italien und wurde 1819 Inspektor beim Bau der Münchner Glyptothek, später auch Zivil-Bauinspektor und Mitglied des Baukunstausschusses in München; seine Kunst lehnt sich der Romanik und vor allem der Gotik an; O. verfaßte auch architektonische Aufsätze (Ideen zu Grabdenkmälern, 3 Hefte); HHww: Kirche zu Hallbergmoos bei Freising, Otto-Kapelle bei 304 18–14–22 eingeebnet

Kiefersfelden, byzantinische Kapelle in Possenhofen, Schloß Hohenschwangau (Mitarbeit), sein Meisterwerk ist die Maria-Hilf-Kirche in München-Au, in die er nach Vollendung (die er nicht mehr erlebte) übergeführt wurde (in seinem einstigen Grab ruhen Os. Angehörige).

ADB: 24, 185; AM: 92; BL: 1954, 329; Ra: Nr. 468; Schr: 219 und 417; St: 462; TB: 25, 582; Ze: 175; Jahresbericht des historischen Vereins von und für Oberbayern, 1840, 97; M. Spindler, Briefwechsel zwischen Ludwig I. und E. von Schenk, 1930.

305
18–14–25

Stumpf Pleikard Josef, 1807(Bamberg)–1877, Regierungsdirektor und Landtagsarchivar; er studierte in Nürnberg, Neuburg, Würzburg und seit 1826 auf der Universität München, wo der Rechtsstudent, einst ein fröhlicher Burschenschaftler, die Markomannia (nachmals Germania) gründete; darauf wurde St. 1832 im Archivdienst, 1837 als Aktuar, 1843 als Landtagsarchivar verwendet; St. zeigte sich besonders als historischer Schriftsteller (Das Städtchen Gemünden, Denkwürdige Bayern, Geographisch-statistisches-historisches Handbuch des Königreichs Bayern); ferner exzerpierte St. aus allen ihm erreichbaren Tagesblättern und Zeitschriften Notizen mit genauer Quellenangabe zur Zeitgeschichte; er war Mitglied der BAkdW und des Gabelsberger-Zentralvereins; seine „Denkwürdige Bayern" und sein Handbuch des Königreichs Bayern werden heute noch als Nachschlagewerke benützt.

ADB: 36, 755; Schr: 54, 122, 302, 309 und 313; Jahresbericht des historischen Vereins von Oberbayern, 1876/77, 156.

306
18–14–27

Sigl Eduard, 1810(Passau)–1882, Schauspieler, Hofopernsänger und Regisseur; ursprünglich zum Musikerberuf bestimmt, wandte sich S., angeregt durch die künstlerischen Leistungen seiner Schwester Sigl-Vespermann (siehe dort!), der Bühne zu; seit 1836 ist er Mitglied der Münchner Hofbühne; er begann seinen Erfolg als Sänger, der ihm auch die Ernennung zum Regisseur 1855 eintrug; auch am Gärtnertheater in München wirkte S. als Sänger, Schauspieler und Regisseur.

Allgemeines Theaterlexikon, 7. Bd., 167; Bo: 5, 45; Ze: 88–511 (passim); F. Grandaur, Chronik des kgl. Hof- und Nationaltheaters in München, 1878.

19. Sektion

Schöninger Leo, 1811(Weil der Stadt/Wttbg.)—1879, Genre- 307
maler und Galvanograph; er besuchte schon mit 14 Jahren 19—1—10
das Lithographische Institut der Brüder Boisserée in Stuttgart eingeebnet
und kam 1828 mit denselben nach München, wo er 1825 Malschüler der Kunstakademie wurde; Sch. vervollkommnete, zusammen mit J. A. Freymann, das um 1842 von Franz von Kobell (siehe dort!) erfundene Verfahren der Galvanographie, indem er die bis dahin verwendete Farbe durch chemische Kreide ersetzte; seine Genrebilder sind heute fast völlig in Vergessenheit geraten.

BL: 1932, 641 ff.; Bo: 5, 44; TB: 30, 230.

**Oven* Charlotte, von, geb. von Hagn, 1809(München)—1891, 308
Schauspielerin; schon als Mädchen zeigte O. bei Kinderauf- 19—4—26
führungen Begabung für die Bühne; trotz väterlichen Widerstandes erhielt sie bei der Hofschauspielerin Marianne Lang, geb. Boudet, dramatischen Unterricht; von 1826—1833 gehörte sie dem Münchner Hoftheater an; obwohl sie allgemein beliebt war, löste sie eigenmächtig ihr Verhältnis zur Hofbühne; ihren Ruf begründete O. auf der Hofbühne in Berlin; erfolgreich waren auch ihre Gastspiele in Berlin, St. Petersburg (= Leningrad), Hamburg, Leipzig und Budapest; durch ihre seltene Schönheit fand sie überall Beifall; Gustav zu Putzlitz erklärte O. für „die glänzendste Erscheinung des deutschen Lustspiels" und meinte, daß sie „vielleicht die größte deutsche Schauspielerin gewesen sei, die es vermocht hätte, sich auch in Paris eine glänzende Künstlerlaufbahn zu erringen".

ADB: 49, 776; BL: 1919/20, 407, 1932/38 (mit B); Ludwig Eisenbergers Großes Biographisches Lexikon der Deutschen Bühne im XIX. Jahrhundert, 1903, 383; Schr: 356; Ze: 218 und 236; G. zu Putzlitz, Theatererinnerungen, 1874, 1. Bd., 234; F. Grandaur, Chronik des kgl. Hof- und Nationaltheaters in München, 1878; Nationaltheater München, Festschrift 1963, 126 (mit B); W. J. Bekh, Maler in München, 1964, 111.

Kirchmair Josef, 1806(Rockerfing/Ndb.)—1846, Genre-, Glas- 309
und Porzellanmaler und Kunstgewerbler; K. studierte an der 19—6—2
Münchner Kunstakademie und war als Porzellanmaler an der eingeebnet
Nymphenburger Manufaktur tätig, wo er außer vielen Vasen

einen Teil des Prachtservices für den Kronprinzen Ludwig (I.) und ein Service für den Grafen von Schönborn dekorierte; er nahm auch an der Ausführung der Glasfenster für den Kölner und Regensburger Dom sowie für die Maria-Hilf-Kirche in München-Au und einige heimatliche Kirchen teil; als Genremaler war K. ebenfalls tätig; seine gut beobachteten, humoristisch aufgefaßten, Jagdszenen besitzen der Kunstverein Leipzig (Jäger an einem Fuchsbau, Jäger, einen Fuchs ausweidend) und die Berliner Akademie-Ausstellung (Der erlegte Hirsch); für Graf von Arco-Zinneberg schmückte K. dessen Jagdschloß Zinneberg aus (Jagdszenen auf Decke, Entwürfe zu aus Hirschgeweihen gefertigten Möbeln). (Ks. Bruder Franz K. schuf den Dachstuhl des Schlosses Hohenschwangau.)

ADB: 16, 14; Bo: 7, 43; TB: 20, 355; Wo: 139.

310
19–10–39

Pangkofer Josef Anton, Dr. phil., 1804(Riedenburg a. d. Altmühl)–1854, Schriftsteller und Philologe; er studierte in Landshut und München Philosophie; neben der Verwaltung seines Gutes Hexenacker bei Riedenburg an der Altmühl betätigte sich P. als Lyriker, Epiker, Dialektdichter, Kulturhistoriker und Folklorist; kurz vor seinem Tod begründete er die von G. K. Frommann fortgesetzte Zeitschrift „Die deutschen Mundarten"; HHww: Krystalle (Gedichte), Gedichte in hochdeutscher und altbayerischer Mundart, Walhalla und Stauf an der Donau, Jesu geheimes Leben (Epos in Legenden und Paramythien).

ADB: 25, 121; Lexikon der katholischen deutschen Dichter, 1899; Wo: 327 und 381; Die deutschen Mundarten, 1. Jg., 1854.

311
19–13–1
eingeebnet

Bruckbräu Friedrich Wilhelm, 1791(München)–1874, Zollbeamter, Dichter und Schriftsteller; er studierte in München, leitete 1817 die „Eos", 1829–1833 den „Bayerischer Beobachter", „Eichenkron" 1832/33 und das „Münchner Konversationsblatt", wurde 1833 Oberzollverwalter in Burghausen und lebte zuletzt wieder in München; er war auch der Herausgeber des „Taschenbuch für Reisende" (1855), Dichter und Übersetzer (u. a. von italienischen Operntexten); obwohl B. viele wertvolle Schriften verfaßte (HHww: Maria von Brabant, [Trauerspiel], Petrarcas Kanzonen, Sonette usw. — übersetzt — J. Thomsons Jahreszeiten, übersetzt, Jesus und die Jungfrau,

Erzählungen, Novellen und Sardellen, Allgemeines Hilfsbüchlein in Schreib- und Rechnungsgeschäften, Der bayrische Hiesel, Burg Schwaneck und Meister Schwanthaler, Geschichte der Mariensäule, Ehrenspiegel des glorreichen Hauses Wittelsbach u. a.), so war er doch einer von denen, die stets vom Skandale lebten; Schriften wie Gardinenseufzer, Papst im Unterrock, Galantes München lassen bei Nennung die Haut eines gebildeten Menschen schaudern; B., der sich gern als Opfer der Verfolgungen mächtiger Feinde darstellte, wurde wegen seiner unsauberen Schriftstellerei zeitweise von München entfernt und als Zollbeamter in entlegene Gegenden versetzt, wogegen er anfangs heftigen, aber erfolglosen, Widerstand leistete.

G. Goedeke, Grundriß zur Geschichte der deutschen Dichtung, 10. Bd., 1913; Schr: 168, 208, 224, 240 und 248; Ze: 196; H. Kapfinger, Der Eoskreis 1828–1832, Dissertation, München 1927.

(*)*Trautmann* Franz, Dr. phil. h. c., 1815(München)–1887, 312
Hofrat, Dichter und Schriftsteller; er studierte in seiner Vater- 19–13–5
stadt und begann beim dortigen Stadtgericht die juristische eingeebnet
Laufbahn, widmete sich aber später ganz der literarischen Betätigung; T. begründete seinen literarischen Ruf vor allem durch seinen „Eppelein von Gailingen" und die „Abenteuer des Herzogs Christoph von Bayern"; ihnen folgten viele Erzählungen, deren Stoffe meist der älteren Geschichte Bayerns, insbesondere Münchens, entnommen sind; sie tragen alle eine antiquierte mittelalterliche Färbung und sind gern in einem derb treuherzigen Chronikstil gehalten; in dem Roman „Die Glocken von St. Alban" usw. bewegt sich T. auf rheinischem Gebiet; er veröffentlichte auch mehrere Bände lyrischer Dichtungen, einige Dramen, das Werk „Kunst und Kunstgewerbe, vom frühesten Mittelalter bis Ende des 18. Jh." und eine Schwanthaler-Biographie „Schwanthalers Reliquien".

ADB: 38, 516; BL: 1912/13, 407 (mit B); Schr: 190, 349 und 406; Wo: 227 und 381.

Squindo Josef Emil, 1857(Nördlingen)–1882, Historienmaler; 313
als Schüler der Münchner Akademie war er der letzte Piloty- 19–13–45
Schüler; mit seinem unvollendeten Pinakothekbild „König Ludwig XVI. mit seiner Familie auf dem Weg von Versailles nach Paris am 6. Oktober 1789" bewies der früh Verstorbene,

über welch reiche blühende Palette und über welch kräftige Vorstellungsgabe er verfügte; Bilder von Squ. besitzen das Stadtgeschichtliche Museum Nördlingen, das Städtische Museum Stralsund und das Museum der Universität Würzburg.

Bo: 5, 45; TB: 31, 421.

20. Sektion

314
20–1–3
(*)*Schnorr* von Carolsfeld Karl, 1830(München)–1895, Techniker und Generaldirektor der bayerischen Staatsbahnen; nach seiner philosophischen und bautechnischen Ausbildung war Sch. von 1856–1857 technischer Gehilfe bei der k. und k. österreichischen Staatseisenbahngesellschaft, trat 1857 in bayerische Dienste und war 1860 Bauassistent und Bauführer beim Eisenbahnbau Rosenheim–Salzburg; seit 1866 Sektionsvorstand der Eisenbahnbausektion München, wurde er nach anderen Posten in der Eisenbahnbaudirektion 1886 Generaldirektor der bayerischen Staatseisenbahnen; Schs. Name ist mit dem Ausbau und der technischen Entwicklung der bayerischen Eisenbahnen eng verbunden.

Schä: Nr. 271; W. Zils, Geistiges und Künstlerisches München in Selbstbiographien, 1913, 324 (*Hans* Schnorr von Carolsfeld!); H. Marggraff, Die Königlich Bayerischen Eisenbahnen in geschichtlicher und statistischer Beziehung, 1894.

315
20–5–1
„Vogl"
**Selb* Josef, 1784(Stockach/Tirol)–1832, Porträtmaler und Lithograph; S. erhielt seine Ausbildung bei seinem älteren Bruder Karl S., einem Kirchenmaler, und später in Düsseldorf, half diesem dann bei der Ausmalung von Kirchen in seiner Tiroler Heimat und bildete sich später noch in München fort, wo er eine Anstellung bei der Steuerkatastercommission erhielt; an den Erfolgen dieser Anstalt hatte er wesentlichen Anteil; später war S. für die Fortsetzung des von Strixner und F. von Piloty (siehe dort!) begonnenen königlichen Galeriewerks tätig; einen Großteil seiner Porträts besitzt die Maillinger Sammlung.

ADB: 33, 670; TB: 30, 474; Wu: 34, 40.

(*)*Kolosseum-Künstler;* Monumentalkreuz für die im Kolosseum zu München am 17. Februar 1881 beim Brand tödlich verunglückten Künstler. Die Bildhauerschüler M. Widnmanns (siehe dort!) hatten eine Eskimogruppe installiert; unter den niederen Dächern zweier Schneehöhlen wurde Münchner Hofbräu als Tran getrunken und wurden Heringe von rußenden Ölflämmchen gebraten; auf der Heringstonne, die als Tischchen diente, war eine Talgkerze umgefallen, und das purzelnde Flämmchen streifte die Ärmelzotten eines Eskimos; ein jähes Aufleuchten ... und trotz sofortigen Löschens wurde einer beim Hinausgehen zur Flammensäule, und die, die ihm helfen wollten, starben auf die gleiche entsetzliche Weise.
Es waren folgende Künstler:

Einhart Emil, geb. 1854 (Konstanz) 316
Gehrke Adolf, geb. 1849 (Berlin) 317
Guttermann Ernst, geb. 1859 (Ulm) 318
Hößbacher Adolf, geb. 1863 (Frankfurt/Main) 319
Kraus Karl, geb. 1857 (Ulm) 320
Schnetzer Johann, geb. 1850 (Fürstenfeldbruck) 321

Christ Adam, 1856(Bamberg)–1881, Bildhauer; er war zu- 322
erst Schüler von J. Halbig (siehe dort!) und dann von M. 20–8–14
Widnmann (siehe dort!) an der Münchner Kunstakademie; HHww: Statuette eines Bannerträgers für das Standbild des hl. Otto in Bamberg, ein Städtebrunnen in Bamberg, die „Dioskuren" an der Treppe der neuen Akademie der Bildenden Künste in München (zusammen mit M. Widnmann), Barmherziger Samariter (mit 1. Preis).

Kolosseum-Künstler: Wo: 486. Christ Adam: Bo: 6, 15; TB: 6, 533.

21. Sektion

**Hauberrisser*⁺ Georg Josef, von, Ritter, Dr. techn. h. c., 1841 323
(Graz/Steiermark)–1922, Baukünstler und Akademieprofes- 21–1–7/8
sor; er studierte „Technik" in seiner Heimatstadt, in München, Berlin und Wien; anfangs beschäftigte ihn die italienische Renaissance, später die Gotik (bei Oberbaurat von Schmidt in Wien), so entstanden das neue Rathaus in München (1867

bis 1874) und Erweiterungsbau mit Turm (1900/09), die Herz-Jesu-Kirche in Graz, die Paulskirche in München (die Pfarrkirche von Engelbrechtsmünster [Lkr. Pfaffenhofen a. d. Ilm] von seinem Sohn Heinrich ausgeführt) und die Ratshäuser von Saarbrücken, Kaufbeuren und Wiesbaden; seit 1874 war H. Ehrenmitglied der Münchner Kunstakademie; die Stadt München machte ihn zu ihrem Ehrenbürger; er versuchte streng den gotischen Stil nach dem Vorbild französischer Kathedralen geschickt nachzuahmen, sein Baustil, nach des Künstlers Tod ziemlich verachtet, beginnt nun wieder beachtet zu werden.

Al: 62; BL: 1911, 364 (mit B), 1920/21, 324 (mit B); LThK: 5, 29; TB: 16, 122; W. Zils, Geistiges und Künstlerisches München in Selbstbiographien, 1913, 147; O. Doering, Zwei Münchener Baukünstler, 1924; A. Fingerle, München — Heimat und Weltstadt, 1965, 30.

324 21—1—18 *Ett* Kaspar, 1788 (Eresing, Lkr. Landsberg a. Lech)—1847, Kirchenkomponist; Benediktinerzögling und Schüler von Michael von Haydn, wurde E. 1816 Organist an der St.-Michaels-Hofkirche zu München; er erneuerte die große Kirchenmusik früherer Jahrhunderte und erregte dadurch Aufsehen in den gesamten katholischen Musikkreisen; E. komponierte Messen und andere geistliche Tonwerke und veröffentlichte „Cantica sacra in usum studiosae iuventutis", eine Kompositionslehre blieb ungedruckt; auf seinem Grabmal steht die — heute nur noch schwer leserliche — Inschrift: „Dem Wiedererwecker alter heiliger Musik, dem tiefsinnigen Harmoniker und Kontrapunktisten, dem großartigen Kirchenkompositeur etc."; weltberühmt ist sein „Attollite"; E. blieb zeit seines Lebens ein sehr bescheidener Mensch.

ADB: 6, 392; BL: 1897, 368 (mit B); LThK: 3, 1137; H. J. Moser, Musik Lexikon, 4. Aufl., 1953, 329; Die Musik in Geschichte und Gegenwart, 3. Bd., 1952, 1602; NDB: 4, 664; Ra: Nr. 155; H. Riemann—A. Einstein, Musik Lexikon, 11. Aufl., 1929, 477; Schr: 194; F. Bierling, 1906; O. Ursprung, Restauration und Palestrina-Renaissance in der katholischen Kirchenmusik der letzten zwei Jahrhunderte, 1924.

325 21—3—23 *Obernetter* Johann Baptist, 1840(München)—1887, Chemiker und Kunstanstaltsbesitzer; sein Vater, Johann O. (1800 bis 1866), war Graveur bei der Steuer-Kataster-Kommission und

zuletzt „2. Inspektor bei der Lithographischen Anstalt des königlichen Staatsrats", der sich durch Herstellung von Grenzregulierungskarten auszeichnete; O. selbst war ein berühmter Photochemiker, der ein Verfahren zum Einbrennen von Photographien auf Porzellan, Email und Glas erfand und als erster Zelloidinpapier fabrikmäßig herstellte; später wandte er sich dem Lichtdruck zu, dem er die Gestalt verlieh, die unter dem Namen „Albertotypie" (wegen der Mitarbeit mit J. Albert — siehe dort!) zur Ausführung gelangte; auch verbesserte O. die photographischen Trockenplatten und den Farbenlichtdruck; seine Reproduktionen aus der Sammlung des Bayerischen Nationalmuseums waren sehr geschätzt.

ADB: 45, 701; Bo: 3, 19; HJ: 139 und 293; G. Schultz, Die chemische Industrie Bayerns zu Anfang des XIX. und zu Anfang des XX. Jahrhunderts, 1906, 215; Allgemeines Staatsarchiv München, MF 37 118; Staatsarchiv für Oberbayern, Nachl. V., AG. München I., 1887, 837.

(*)*Destouches* Josef Anton, von, 1767(München)—1832, Historiker, Archivar und Dramatiker; nach Studien zu Ingolstadt trat D. 1788 in den bayerischen Staatsdienst und war zuletzt Regierungsrat des bayerischen Allgemeinen Reichsarchivs; wegen seiner historisch-statistisch-staatswirtschaftlichen Arbeiten wurde er Mitglied der BAkdW; D. war Dramatiker im Kreise des Grafen J. A. von Törring (siehe dort!), dessen Ritterstück „Agnes Bernauer" er in der „Rache Alberts III." ergänzte; HHww: Schauspiele, Denkmal des Kriegsschauplatzes in der Oberpfalz, Über den Verfall der Städte und Märkte, Graf Arco, Die Haupt- und Residenzstadt München und ihre Umgebungen. 326 21—5—2 eingeebnet

ADB: 5, 77; Al: 18; BL: 1916, 277 (mit B); K. Goedeke, Grundriß zur Geschichte der deutschen Dichtung, 7. Bd., 1900; W. Zils, Geistiges und Künstlerisches München in Selbstbiographien, 1913, 57 (*Ernst* von Destouches!); O. Brahm, Das deutsche Ritterdrama des 18. Jahrhunderts, 1880.

Ziegler Friedrich, Dr. jur., von, Ritter, Exzellenz, 1839(München)—1897, Kabinettssekretär, Ministerialrat und Regierungspräsident; Sohn eines Offiziers beim Infanterie-Leibregiment, studierte Z. in seiner Vaterstadt, um in den baye- 327 21—13—8

rischen Gerichts- und Verwaltungsdienst zu treten; nach Verwendung als Staatsanwalt war er schon unter Eisenhardt im Kabinettssekretariat Ludwigs II. tätig, 1877 wurde er Leiter des Kabinettssekretariats und Ministerialrat; diese Stelle versah Z. unter sehr schwierigen Verhältnissen in loyaler und uneigennütziger Weise, 1883 wurde er Ministerialrat im Kultusministerium mit dem Referat für Universitäten, Kunst u. a.; Z. stand auch unter den Nachfolger-Kandidaten des Ministerverwesers J. von Lutz (siehe dort!); seit 1886 Staatsrat, war er von 1888–1894 Regierungspräsident der Oberpfalz und dann bis zu seinem Tod Regierungspräsident von Oberbayern; Z. war ein gewissenhafter und vielseitig gebildeter Staatsbeamter, der bei der Entmündigung Ludwigs II. eine nicht unbedeutende Rolle spielte.

BL: 1897, 465 (mit B) und 468; Schä: Nr. 348; Allgemeines Staatsarchiv München, MInn Nr. 36980.

328
21–13–14
eingeebnet

**Schafhäutl* Karl Emil Franz, Dr. phil. et med., von, 1803 (Ingolstadt)–1890, Naturwissenschaftler, Musiktheoretiker, Bibliothekar, Polyhistor und Universitätsprofessor; nach Studien in Landshut wurde Sch. 1827 Skriptor an der Münchner Universitätsbibliothek, weilte 1834/41 in England, mit Verbesserung von Eisen zur Stahlbereitung beschäftigt, erfand Verbesserungen des Puddelprozesses (= Herstellung von Gußstahl und Zement) und entdeckte den Stickstoff im Eisen; in Lublin erwarb er den Dr. phil. und den Dr. med.; 1843 erhielt Sch. in München die Professur für Geognose, Bergbau und Hüttenkunde, daneben war er auch Oberbibliothekar an der Universitätsbibliothek; er verfertigte außerdem ein Fernrohr und ein Spiegelteleskop; seine Kenntnisse in Musik und Musikgeschichte veranlaßten Sch. zur Fertigung von Musikinstrumenten; ihm verdankt man die Einführung des Orgelregisters, auch eine Verbesserung des Orgelgebläses; Sch. hat die Wiederbelebung des Chorals und der klassischen Polyphonie und kirchenmusikalische Forschungen angeregt, er hat sich auch als Schriftsteller unter dem Pseudonym Pellisov betätigt; HHww: Plinganser (Trauerspiel), Südbayerns Lethaea Geognostica (mit Atlas), Der echte Gregorianische Choral, Ein Spaziergang durch die liturgische Musikgeschichte, Abt Vogler (Biographie).

ADB: 53, 729; BL: 1899, 559; HJ: 120; LThK: 1. Aufl., 9. Bd., 1937, 211; Ze: 30, 398 und 474; Historisch-politische Blätter, 167. Bd., 1921.

**Dorner* Johann Jakob (der Jüngere), 1775(München)–1852, 329
Galerieinspektor, Landschaftsmaler, Zeichner und Lithograph; 21–13–31
Sohn des gleichnamigen Hofmalers und Galeriedirektors, ra- „Drechsel-
dierte er schon 1790, unternahm eine Studienreise nach Wien, Deufstetten"
Paris und anderen Großstädten und wurde 1793 Restaurator (seit 1808 Inspektor) der Hofgalerie in München; seine ersten größeren Werke sind Ansichten von München und Landshut; D. ist Realist und beherrscht die Farbe, er ist Maler des Waldes, der Wasserfälle, des imposanten Gebirgs; viele oberbayerische Alpenlandschaften mit Stegen, Almhütten, Wasserfällen, Bergkuppeln, Steinbrüchen, Isarpartien mit dramatisch bewölktem Himmel, waldigen Flußtälern mit dekorativem Baumschlag, die an kleine Laubgobelins erinnern, stammen von seiner Hand; mit Recht gilt D., dessen Gemälde die Bayerische Staatsgemäldesammlung besitzt, als einer der Bahnbrecher für die Landschaftsmalerei des 19. Jahrhunderts.

AM: 21; BL: 1919/20, 423; Bo: 5, 7; Schr: 37 und 147; TB: 9, 48; UH: 124; Wo: 43.

**Aurbacher* Ludwig, 1784(Türkheim/Schwaben)–1847, Volks- 330
schriftsteller und Rhetorikprofessor; er war zuerst Benedik- 21–13–38
tinernovize in Ottobeuren und Wiblingen, trat aber wegen Krankheit und Berufszweifel in den Lehrberuf über; 1809 war er Professor für Deutsch am Kadettenkorps in München; daneben betätigte er sich als Volksschriftsteller ersten Rangs, im Zusammenhang mit der Spätromantik hat er alte Schwänke, Fabeln und geistliche Lieder erneuert; abgesehen von unbedeutenden dramatischen Versuchen verfaßte A. als Hauptwerk sein „Volksbüchlein", selbständige Erzählungen und pädagogische Schriften; gemütsinnig, humorvoll und dabei doch wieder von tiefem sittlichen Ernst beseelt sind seine Schriften, hervorragenden kulturgeschichtlichen Wert besitzt seine Autobiographie; HHww: Volksbüchlein, Blätter für Erziehung und Unterricht, Historie von den Lalenbürgern, Geschichte des ewigen Juden, Anthologie katholischer deutscher Gesänge.

ADB: 1, 688; BL: 1897, 448 (mit B); GM: 3; LThK: 1, 1107; NDB: 1, 456; Schr: 261; L. Radlkofer, Die sieben Schwaben und ihr Historiograph, 1895; W. Kotsch, 1914; Neuauflage von „Die Abenteuer der sieben Schwaben", 1962.

22. Sektion

331
22–4–1

Berlepsch August, von, Freiherr, 1818(Seebach bei Langensalza/Thüringen)–1877, Bienenzüchter und Zoologe; er studierte Theologie in Greifswald und München, übernahm aber noch ziemlich jung das väterliche Gut Seebach, wo er einen zahlreichen Bienenstand hielt und durch Beobachtungen die Theorien Dzierzons unterstützte und K. Th. E. von Siebold (siehe dort!), Leukart u. a. Zoologen zu bedeutungsvollen Untersuchungen über das Bienenleben veranlaßte; 1858 siedelte er nach Gotha, später nach München über, wo er zur katholischen Kirche übertrat; HHww: Die Biene und ihre Zucht in honigarmen Gegenden, Die Bienenzucht nach dem jetzigen rationellen Standpunkte (zusammen mit Vogel herausgegeben).

ADB: 2, 401; Brockhaus (1901): 2, 763; NDB: 2, 94; Ra: Nr. 76; „Deutsche Bienenwirtschaft", 3. Jg., 1952, Nr. 8, 159.

332
22–4–5

Ramberg Georg Arthur, von, Freiherr, 1819(Wien)–1875; Historienmaler und Akademieprofessor; Schüler der Dresdener Akademie unter J. Hübner, siedelte R. 1850 nach München über, wo er eine Reihe von Genrebildern vorwiegend heiteren Charakters und Illustrationen zu Schiller ausführte; 1860 wurde er Akademieprofessor in Weimar, 1866 an der Münchner Akademie; HHww: Hofhaltung Friedrichs II. in Palermo (Maximilianeum), Begegnung auf dem See, Am Strickrahmen, Einladung zur Kahnfahrt, Kompositionen zu Goethes „Hermann und Dorothea" und Voß' „Luise", die durch Zartheit und Vornehmheit der Darstellung großen Beifall fanden, auch malte er zu den Lutherzimmern der Wartburg Fresken und für die Großherzogin von Sachsen-Weimar das Märchen vom Froschkönig.

ADB: 27, 203; Ra: Nr. 523; TB: 27, 587; Wo: 259.

Müller Andreas, genannt „Komponiermüller", 1831(Rettenberg, Lkr. Sonthofen/Allgäu)–1901, Historien-, Kirchenmaler und Akademieprofessor; Schüler von M. von Schwind (siehe dort!) und W. von Kaulbach (siehe dort!), war M. nach kurzem Aufenthalt in Italien von 1875–1893 Professor für kirchliche Kunst an der Münchner Akademie (Nachfolger J. von Schraudolphs – siehe dort!); weil er besonders tüchtig in der Zeichnung war, wurde er Komponiermüller genannt; M. schuf Fresken für die Villa Carlotta am Comersee, die Kirche in Weißenhorn, die Jesuitenkirche in Heidelberg und das alte Bayerische Nationalmuseum (in der Maximilianstraße) und war auch beliebter Kartonzeichner für Glasgemälde (z. B. für die St. Martinskirche in Landshut) sowie Mitarbeiter der „Fliegende Blätter" und des „Münchner Bilderbogen". 333 22–9–15

BJDN: 6, 155; Bo: 6, 64; TB: 25, 219.

23. Sektion

**Max* Cornelius Gabriel, von, 1840(Prag)–1915, Historienmaler und Akademieprofessor; er studierte in seiner Heimatstadt, in Wien (bei Blaas) und in München (bei K. von Piloty – siehe dort!) und war von 1879–1883 Akademieprofessor; ein eigenartiger Bildnis- und Historienmaler, von Mystik und Spiritismus beeinflußt, dabei aber auch die stark sinnlichen Elemente seiner böhmischen Heimat wahrend, gilt M. als der Maler des Totenkults, der Schauer und der Grabesromantik; HHww: Schweißtuch der Veronika, Märtyrin am Kreuz, Anatomie, Vivisektor, Das enthauptete Gretchen, Christus ein Kind heilend; er illustrierte auch Ausgaben von Wieland, Schiller, Uhland und Lenau; dunkeläugige und wachsbleiche weibliche Gestalten sind typisch für ihn. 334 23–1–20

BL: 1910, 576; TB: 24, 288; WI: 1086; Die graphischen Künste, 9. Jg., 1886; Mitteilungen des Vereins für Geschichte der Deutschen in Böhmen, 27. Bd., 1889; N. Mann, 2. Aufl., 1890; Die Kunst unserer Zeit, 10. Jg., 1898; Die Religion in Geschichte und Gegenwart, 3. Bd., 1929.

**Strähuber* Alexander, 1814 (Mondsee, Land Salzburg/Österr.) –1882, Historienmaler und Akademieprofessor; er studierte in München, war Schüler und Gehilfe J. von Schnorrs und 335 23–2–15 eingeebnet schuf viele geistreiche Zeichnungen mit antiken und biblischen Motiven sowie wohlstilisierte Kartons zu Glasgemälden in und außer Deutschlands, namentlich in England; nach J. von Schraudolphs (siehe dort!) Rücktritt war St. erster Vorstand des christlichen Künstlervereins; HHww: Illustrationen zu vielen Andachts- und Gebetbüchern, zu den Pustet-Meßbüchern, zu den von G. Görres (siehe dort!) und Graf Pocci herausgegebenen Festkalendern, zur Prachtausgabe des Nibelungenlieds, Jakobs Kampf mit dem Engel, Schlacht bei Salamis, Kartons für Glasfenster des Doms zu Glasgow.

ADB: 36, 490; Bo: 5, 46; Maillinger, Bilder-Chronik, II. Teil, 3327; Na: 19, 557; Schr: 284; TB: 32, 148; Wu: 39, 210.

336
23–3–25

Quaglio Lorenz, 1793(München)–1868, Genremaler und Lithograph; eigentlich zum Theatermaler bestimmt, erhielt er, besonders in Architektur und Perspektive, von seinem Vater Giovanni Maria und seinem Bruder Angelo (dem Älteren) Unterricht, bildete sich aber auf der Münchner Kunstakademie zum Genremaler aus, der charakteristische Szenen aus dem bayerischen Hochland bevorzugte; seine Bilder wurden seinerzeit sehr geschätzt (von Fürsten gekauft), erscheinen aber heute trotz Klarheit und Heiterkeit doch in der Farbe kalt und trocken und bei aller sicheren und strengen Zeichnung etwas steif und hölzern; zur Schaffung der Fresken im Schloß Hohenschwangau — Szenen aus Lohengrin (nach Skizzen von Chr. Ruben) und aus dem Leben Karls des Großen (nach Entwürfen von M. von Schwind — siehe dort!) — wurde Qu. ganz gegen seine natürliche Begabung von seinem Bruder Domenico herangezogen; als Lithograph hat er wertvolle Beiträge für das Münchner Galeriewerk gebracht (Fra Bartolomeo, Velasquez, Pietro de Hooch, Tilborgh u. a.); HHww: Tiroler Wirtshaus mit kartenspielenden Bauern, Tiroler Schützenschießen, Almosenverteilende Dame vor dem Kirchenportal, Brautwerbung, Münchner Fischmarkt, Holzschnitzer.

ADB: 27, 7; BL: 1890, 261 (mit B); Bo: 4, 28; J. Hormayr, Taschenbuch, 1831, 383; R. Oldenbourg, Die Münchner Malerei im neunzehnten Jahrhundert, I. Teil, 1922, 122; Schr: 285; TB: 27, 495.

(*)*Hauttmann* Johann Nepomuk, 1820(München)—1903, Hofbildhauer; Bruder des Anton H., der in Florenz als Bildhauer gewirkt hatte, war er Schüler von K. Eberhard (siehe dort!) und L. M. von Schwanthaler (siehe dort!) in München; als Custos des Schwanthaler-Museums arbeitete H. für die Schlösser Linderhof und Herrenchiemsee; von ihm stammen zahlreiche Porträtbüsten — er formte noch Haupt und Hände des toten Ludwigs II. von Bayern auf der Bahre — und religiöse Skulpturen; HHww: Heiligenfiguren im Dom zu Augsburg und in der Pfarrkirche von Friedberg bei Augsburg; Kopie der kolossalen Madonna im Dom zu Kalocsa (Ungarn). 337 23—6—3/4 „Fanger"

BJDN: 8, 94; Bo: 7, 28; TB: 16, 154.

Schleich Martin, Dr. phil., 1827(München)—1881, Schriftsteller und Dramatiker; Sohn eines Forstmeisters, studierte Sch. in München Philologie, begründete 1848 die politisch-satyrische Zeitschrift „Punsch" (von dem das Exemplar gleich einem Glas englischen Punsch 36 Kreuzer kostete), die er bis 1872 leitete; Sch. war ein heftiger Gegner Bismarcks und R. Wagners; er redigierte daneben auch die Tageszeitung „Volksbötin" (Gegensatz zum „Volksboten"), verfaßte volkstümliche Dramen, als glänzender Neulatinist war Sch. sehr bekannt (Grabinschrift: „Iacet-Tacet-Placet" = hier liegt und schweigt er und das ist gut so); HHww: Nero (Trauerspiel), Pimpelhuber im Gebirg, Gesammelte Lustspiele und Volksstücke, Eine falsche Münchnerin (Lustspiel), Renaissance (Ausgewählte Dichtungen von Jakob Balde, zusammen mit Johann Schrott übertragen), Italische Apriltage (Erinnerungen an eine konfessionslose Romfahrt), Der Jude von Cäsarea (Roman); Sch. „schrieb zur Triaspolitik der Kabinette im weißblauen Punsch seine geistreichen Glossen" (S. von Pölnitz). 338 23—13—11

ADB: 31, 397; BL: 1913/14, 764, 1924, 256; Schr: 418; Wo: 328, 383 und 442; Der Sammler, Nr. 33, 1927; Beilage der Münchner Neuesten Nachrichten, 4. Jg., Nr. 34, 1931; E. Hirtz; in: Oberbayerisches Archiv, 68. Bd., 1931, 77.

(*)*Kobell* Wilhelm, von, 1766(Mannheim)—1855, Landschaftsmaler, Radierer und Akademieprofessor; Sohn und Schüler von Ferdinand K. (siehe dort!), studierte er zu Mannheim und 339 23—13—20

Düsseldorf, zog 1778 nach Rom und wurde kurfürstlicher Hofmaler, seit 1793 war er in München; anfangs Landschafter, dann Schlachtenmaler (Schlacht bei Hanau 1813), vervollkommnete sich K. in Wien und Paris; er schuf auch Porträts und Fresken (z. B. im Bankettsaal des Königsbaus in München) und zeichnete sich in Tierstücken auch als Radierer aus; seine oberbayerischen Landschaften erinnern in etwa an K. von Heideck (siehe dort!), mit dem er befreundet war; HHww: Das Treffen von Bar sur Aube, Aufbruch zur Jagd, Fuhrmann im Gespräch mit einer Bäuerin, Ansichten von München (Aquatinta-Blätter), Das Pferderennen auf der Theresienwiese.

ADB: 16, 357; AM: 57; BL: 1919/20, 423, 1957, 463; Schr: 37; TB: 21, 54; UH: 156; Wo: 25, 69, 267 und 389; Der Zwiebelturm, 1954, 208; W. J. Bekh, Maler in München, 1964, 91; Katalog zur K.-Ausstellung im Haus der Kunst, München 1966.

340
23–13–27
*_Vorherr_[1] Johann Michael Christian _Gustav_, Dr., 1778(Freudenbach/Wttbg.)–1847, Architekt und Oberbaurat; er studierte in Erlangen und Marburg Staatswissenschaft und machte seine architektonischen Studien an den Kunstakademien von Berlin und Paris; als Baupraktikant bereiste V. fast ganz Deutschland und die Schweiz, die Niederlande, Frankreich und England; 1809 wurde V., der bis dahin in Norddeutschland gewirkt hatte, als Kreisbauinspektor nach München berufen, wo er es bis zum Oberbaurat bei der Regierung von Oberbayern gebracht hat; er machte sich durch Einführung des sogenannten „Sonnenbaues", eines offenen Bausystems, das zuerst in der Münchner Sonnenstraße praktisch durchgeführt wurde (im Gegensatz zu den in der Altstadt eng aneinandergebauten Häusern), verdient; der Abschluß des alten Teils des Südlichen Friedhofs mit den ehemaligen Arkaden verdankt V. seine Gestalt (1819); auf seine Veranlassung wurde 1821 in Bayern ein eigenes Komitee für Landesverschönerung konstituiert.

ADB: 40, 303; BL: 1898, 304; GM: 132; Na: 23, 320; TB: 34, 547.

341
23–13–27
Schleiß von Löwenfeld Max Josef, Dr. med., 1809 (Sulzbach) –1897, Geheimer Obermedizinalrat und königlicher Leibarzt; nach Studien zu München wurde er Privatassistent bei

[1] Auf Grabstein steht „Vorherr", Straße ist „Vorher" benannt!

Ph. von Walther (siehe dort!) und war von 1833–1836 Assistent im Krankenhaus links der Isar in München; er machte eine Studienreise durch Deutschland, Frankreich, England, Holland und Belgien und wurde 1848 Hofstabsarzt, nach Walthers Tod Leibarzt der Könige Max II. und Ludwig II.; Sch. wirkte auch als fruchtbarer Fachschriftsteller; HHww: Skizzen zu einem Lehrbuch für eine Allgemeine pathologische Anatomie, Zur Symptomatologie und Therapie der Prostatakrankheiten, Anfangsgründe der Physik, Physikalische Briefe, Über den Ursprung der Sprache — eine physiologisch-linguistische Studie, Über die Entstehung von Epidemien, mit besonderer Rücksicht auf Cholera und Typhus.

BJDN: 2, 106; BLÄ: 5, 85; Bo: 6, 71; Schr: 96.

Krause Karl Christian Friedrich, Dr. phil., 1781(Eisenberg/ 342
Sachsen-Altenburg)—1832, Philosoph und Schriftsteller; er 23–13–46
studierte in Jena, wo er sich 1802 als Privatdozent habilitierte, eingeebnet
lebte in Rudolstadt, dann in Dresden; sein Versuch, in Berlin, wo er Vorlesungen hielt und die Berlinische Gesellschaft für deutsche Sprache stiftete, eine Anstellung zu finden, war erfolglos; ebenso blieb K. auch in Göttingen und München ohne Amt; er lebte nur ein Jahr in München; die Ansicht, daß die Menschheit auf Erden ein Teil eines höheren Geisterreiches sei, bildete den Grund seines Lehrsystems, das als die Aufgabe an die Menschheit stellte, sich zu einem organisch und harmonisch gestalteten Bund herauszubilden; wegen seiner Schriften wurde er von der Freimaurerbrüderschaft, deren Lehre er zwar förderte, ausgeschlossen; HHww: Die drei ältesten Kunsturkunden der Freimaurerbrüderschaft, Urbild der Menschheit, Abriß des Systems der Philosophie, Vorlesungen über die Grundwahrheiten der Wissenschaft; in München, wo er nur ein Jahr lebte, wollte man ihm die Aufnahme verweigern, weil aus seinem unsteten Leben in Dresden, Göttingen und Berlin vermutet wurde, daß besondere Umstände den Wohnungswechsel veranlaßt hätten, „wie man dießfalls in Erfahrung brachte, daß die Compromittierung der Freymaurer seine Entfernung aus Berlin herbeygeführt haben soll"; er selbst verteidigt sich, als unbescholtener, ruhiger Familienvater mit Frau und sieben Kindern nach München als einen Freihafen der Sicherheit und Ruhe für rein wissenschaftliche

Bestrebungen aus Alters- und Gesundheitsgründen gekommen zu sein, er kündigte die Herausgabe eines Systems der Philosophie und eines Vollständigen Wörterbuchs der deutschen Sprache an; auch seinem Sohn Dr. Karl Erasmus K., Privatdozenten der Philosophie in Göttingen, wurde wiederholt (1831, 1832, 1836, 1839 und 1844) wegen politischer und religiöser Verdächtigungen der Aufenthalt in München untersagt, nur um die Werke seines Vaters herauszugeben, wurde ihm dieser endlich 1844 gebilligt.

ADB: 17, 75; Bo: 4, 19; NND: 10, 684; Staatsarchiv für Oberbayern, RA 1158/157, RA 1480/293 und RA 1485/299.

24. Sektion

343 24–1–1 *Müller* Ludwig August, Dr. jur., von, Ritter, Exzellenz, 1846 (Dachau/Obb.)—1895, Kabinettssekretär, Polizeipräsident und bayerischer Innen- und Kultusminister; Sohn eines Beamten, besuchte M. die Volksschule in Würzburg, bestand die Reifeprüfung beim Münchner Wilhelms-Gymnasium mit Auszeichnung (goldene Medaille); seine Universitätsstudien vollendete er in München im Maximilianeum, und 1872 trat er nach dem Staatskonkurs in den bayerischen Verwaltungsdienst (Rechtspraktikant bei der Regierung von Oberbayern, Bezirksamtsassessor, Regierungsrat im Innenministerium, Vorstand des Statistischen Büros), bis er unter König Ludwig II. Kabinettssekretär, 1887 Polizeidirektor von München und 1890 als Nachfolger Lutz' (siehe dort!) Staatsminister des Innern und für Kirchenangelegenheiten wurde; als Leiter des Statistischen Amts hat er — der Vater des 1964 † Historikers, Universitätsprofessors Dr. Karl Alexander von Müller — u. a. am Zustandekommen des Flurbereinigungsgesetzes und des Landtagswahlgesetzes mitgewirkt; er spielte auch bei der Entmündigung Ludwigs II. eine Rolle, als Polizeidirektor machte er sich durch sein liebenswürdiges und leutseliges Wesen beliebt, seiner Tätigkeit als Innen- und Kultusminister ist die Gehaltsaufbesserung der Geistlichen beider Konfessionen, die Vermehrung der Professuren und Gymnasiallehrerstellen, die Reorganisation des Lehrplans der humanistischen und realistischen Bildungsanstalten und eine neue Prüfungsordnung für das Lehr-

amt u. a. zu verdanken; M. war auch schriftstellerisch tätig (juristische und staatsrechtliche Arbeiten, z. B. über Reichsrecht und Landrecht in Bayern — Hirths Annalen).

BL: 1895, 352 (mit B); Bo: 3, 17; Schä: Nr. 41; K. A. von Müller, Aus Gärten der Vergangenheit, 1951; K. A. von Müller, Unterm weißblauen Himmel, 1952; K. A. von Müller, Am Rande der Geschichte, 1958.

In demselben Grab liegen die Brasilianer-Kinder
Juri Johannes († 14. VI. 1821) und *Miranha* Isabella (22. V. 1822); K. F. Ph. von Martius (siehe dort!) und J. B. Spix (siehe dort!) brachten aus ihrer brasilianischen Expedition als lebendige Zeugen des fremden Landes dieses Pärchen nach München; Königin Karoline umgab die indianischen Kinder mit aller Sorge, Juri, dem man den Vornamen Johannes gegeben hatte, kam in die Obhut Herzog Max', Miranha, die nun der Vorname Isabella zierte, wurde der Hofpfistermeisterswitwe Kreszens Jakobi in der Prannerstraße 16 anvertraut; schon am 23. I. 1821 mußte „Eos" berichten: Die zwei Indianerkinder haben bald nach ihrer Ankunft in München durch den Einfluß des Klimas und der höchst ungünstigen Witterung sehr gelitten; Isabella wurde zuerst von Fieber und Husten befallen, während ihrer Krankheit betrug sie sich kalt und gleichgültig gegen ihre Umgebung; auch Juri, der ohne Anteilnahme das Siechtum seiner Landsmännin hinnahm, erkrankte fieberhaft; als man ihm einen Aderlaß machte, bekam er vor seinem eigenen Blut Angstzustände, er starb mit 14 Jahren fast ein Jahr vor Miranha, die auch nicht älter als 14jährig werden sollte; auch dieses Grab zeugt von dem traurigen Schicksal des Todes zweier Kinder in fremdem Lande.

344, 345
24—1—1
„Müller"

Eos: 1821 und 1822; K. Spengler, Es geschah in München, 1962, 16 (mit B).

**Babo* Josef Marius, von, 1756(Ehrenbreitstein)—1822, Professor, Hoftheaterintendant und Dramaturg; er war zuerst Geheimer Sekretär in Mannheim, dann Intendant der von Mannheim nach München übernommenen kurfürstlichen Theatergesellschaft, auch Professor der Ästhetik, 1793 Studiendirektor der Militärakademie und Bücherzensurrat in München, die Leitung des Theaters führte er daneben; B.

346
24—1—4
„Deuringer"

schrieb vorwiegend Ritterdramen im Stil Kaspar von Törrings und Komödien; HHww: Arno (Drama), Die Römer in Deutschland (Trauerspiel), Otto von Wittelsbach (Drama), Das Lustlager (Singspiel).

ADB: 1, 726; BL: 1892, 403 (mit B), 1898, 407, 1918/19, 34 (mit B); Ei: 1, 255; GG: 59; J. Hormayr, Taschenbuch, 1831, 357; NDB: 1, 481; St: 276; Wo: 73; Ze: 49—519 (passim); O. Brahm, Das deutsche Ritterdrama des 18. Jahrhunderts, 1880; P. Legband; in: Oberbayerisches Archiv, 51. Bd., 1904, 279; L. Pfeuffer, J. M. Babo als Leiter des Münchner Hoftheaters (1799—1810), 2 Teile, 1913 und Dissertation (Maschinenschrift), München 1922.

347
24—4—8
eingeebnet
Wittmann Franz Michael, Dr. phil., 1804(Finkenhammer, Lkr. Vohenstrauß/Opf.)—1857, Historiker und Reichsarchivrat; er, ein Brudersohn des heiligmäßigen Bischofs Georg Michael W. von Regensburg, studierte in Amberg, Landshut und München und trat dann in das Allgemeine Reichsarchiv in München ein; sein Verdienst besteht in der langjährigen Redaktion der „Monumenta Boica" und der „Regesta Boica"; jedes seiner Werke, auch das scheinbar unbedeutendste, trägt nach Ansicht seines Vorgesetzten, des Reichsarchivdirektors Dr. G. Th. Rudhart (siehe dort!) „den Stempel des gründlichsten Wissens und der eminenten Begabung an sich"; HHww: Bayerische Landes- und Rechts-Geschichte, Edition der ältesten Urbare und (zusammen mit K. A. Muffat — siehe dort!) Urkunden des Hochstifts Würzburg in den „Monumenta Boica" (Bd. 36a und 37), Geschichte der Grafen von Leuchtenberg, Die Herkunft der Bayern von den Markomanen, Die Burggrafen von Regensburg, Geschichte der Reformation in der Oberpfalz, Monumenta Wittelsbacensia; seine Arbeit „Das altgermanische Königtum" machte W. mit den ersten rechtshistorischen Fachkräften in Deutschland bekannt.

Jahresbericht des historischen Vereins von und für Oberbayern, 1856, 121.

348
24—10—12
Schmid Simon, 1760(München)—1840, katholischer Priester, Hofkaplan, Miterfinder des Steindrucks und Professor; veranlaßt durch einen in der Nähe des sogenannten Bennobrunnens an der Frauenkirche eingemauerten, mit aqua forte geätzten Leichenstein, machte Sch. um 1787 den Versuch, mit zerschmolzenem Wachs große Frakturbuchstaben auf Marmor

zu zeichnen und diesen dann mit Scheidewasser zu begießen, um diese erhaben zu halten und dann mit einem um die Achse beweglichen Zylinder zu schwärzen und abzudrucken; der Versuch gelang und Sch. stellte im Lauf der Zeit auf diese Weise Landkarten, Pflanzenabbildungen und andere Lernmittel für Unterrichtszwecke her; A. Senefelders (siehe dort!) Brüder, die die Münchner Militärakademie besuchten, dürften diese in Händen gehabt und ihren Bruder auf diese Vervielfältigungsmethode aufmerksam gemacht haben; Senefelder entwickelte und vervollkommnete dann die Kunst des Steindrucks; Sch. selbst, der eigentliche Erfinder der Lithographie, hat aber seine Versuche, beansprucht durch seine beruflichen Pflichten, nicht weiter ausgebaut.

ADB: 34, 21; BL: 1906, 279; Na: 17, 345; St: 374; A. H. F. Schlichtegroll, Briefe über die Erfindung des Steindrucks; A. Alckens, Münchner Forscher und Erfinder des 19. Jahrhunderts, 1965, 41.

25. Sektion

Feder Gottfried, Dr. jur., von, 1806 (Ellingen/Mittelfranken) 349
—1892, Präsident des bayerischen Verwaltungsgerichts- 25–6–1
hofs; nach seinen Studien in München trat F. 1833 unter König Otto in griechische Dienste, wurde nach kurzer Zeit Rat am Obersten Rechnungshof in Athen, 1834 Chef des Regentschaftsbüros, wo er an die Vorbereitungen zur Durchführung eines Gerichtsverfassungsgesetzes und an die Verwaltungsreform in Griechenland ging; F. schuf einen Kassationshof für Griechenland in Athen und wurde 1835 zum Rat an diesem Hof und zugleich zum Professor der durch ihn neu errichteten Universität Athen ernannt; 1843 kehrte er nach Bayern zurück, wurde 1843 Fiskalrat der Bergwerks- und Salinenadministration in München und 1848 Ministerialrat im bayerischen Innenministerium und Mitglied des Frankfurter Parlaments; bei der Gründung des Verwaltungsgerichtshofs wurde F. dessen erster Präsident; sein Name ist mit der bayerischen Verwaltung Griechenlands eng verbunden.

Bo: 2, 2; NDB: (5, 42); Schä: Nr. 352.

350 25–8–21 eingeebnet

Wymetal Wilhelm, Dr. jur., von, Ritter, 1839(Wien)–1896, Jurist und Schriftsteller; er studierte in seiner Heimatstadt Rechte, widmete sich dann aber hauptsächlich den Kunstwissenschaften und unternahm seit 1872 ausgedehnte Reisen, zumeist als Berichterstatter großer Tageszeitungen, lebte von 1882–1891 in Nordamerika und seit 1895 in München; nachdem er den Posten eines Konservators am Belvedere nicht erhielt, verließ er Wien und trieb sich als „Vagabund" oder „Wilhelm der Irrfahrer" (Pseudonym: „W. Wylt") unstet zwei Jahrzehnte herum; W. verfügte über einen gewandten Stil, übte rücksichtslose, durchaus subjektive und dennoch unparteiische Kritik; sein herber Spott grenzte infolge körperlicher Leiden später an Weltschmerz und düstere Lebensbetrachtung; er war ein Freund F. von Lenbachs („Gespräche mit Lenbach") und konnte selbst malen und Klavier spielen (Werke von Haydn, Beethoven, Schubert und vor allem Mozart); HHww: außer Feuilletons und Essays: Mein Tagebuch im Prozeß Sonzogno, Spaziergänge in Neapel, Sorrent, Pompeji usw., Maitage in Oberammergau, Aus Tizians Tagen, Der Christus-Mayr-Neue Studien aus Oberammergau.

ADB: 44, 395; BJDN: 3, 381; Münchner Neueste Nachrichten vom 17. I. 1896, Nr. 26; Staatsarchiv für Oberbayern, Nachl. V., AG. München I., 1896, 3427.

351 25–8–35

(*)*Neureuther* Eugen Napoleon, 1806(München)–1882, Historienmaler, Zeichner und Akademieprofessor; N. besuchte die Münchner Akademie und war Schüler und Gehilfe von P. von Cornelius, der ihn zu Randzeichnungen zu Goethes Balladen und Romanzen veranlaßte; dies brachte ihn in Beziehung zu Goethe, der mit dem Künstler im Briefwechsel stand; N. widmete sich dann fast ausschließlich der Illustration mit Stoffen aus der heimischen Poesie, aus Sage und Volksweise; HHww: Randzeichnungen zu den Schnaderhüpfeln, Dornröschen, Franz von Kobells (siehe dort!) bayerischen Gedichten und zum Nibelungenlied; in allen Werken ähnelt er Ludwig Richter, dessen Intimität und Gefühlswärme er teilt, den er in kompositionellen Bestrebungen oft sogar überragt; später schuf N. enkaustische Gemälde für den Königsbau und Ölgemälde mit Themen aus der deutschen Sagenwelt, jedoch war die Öltechnik seiner Kunst nicht förderlich. Ns Bruder,

der Baumeister Gottfried N., liegt im Alten Nördlichen Friedhof an der Arcisstraße (M l 11) bestattet.

ADB: 23, 552; AM: 91; BL: 1922, 4, 1932, 141; Schr: 147; TB: 25, 420; UH: 163; Wo: 231; E. W. Bredt, Das N.-Album mit den Briefen Goethes an Neureuther, München 1918. W. J. Bekh, Maler in München, 1964, 161.

Correns Erich, 1821(Köln)—1877, Porträt- und religiöser 352
Historienmaler; er studierte zuerst in Bonn und München 25—9—35
Rechte, betätigte sich aber daneben auch schon als Künstler (Mitglied und Porträtist der Münchner Gesellschaft „Alt-England", der u. a. Graf von Pocci angehörte) und ging dann ganz zur Malerei über, indem er die politische Prominenz seinerzeit und Mitglieder der königlichen Familie porträtierte, wobei er unter dem Einfluß von K. Schorn und K. von Piloty (siehe dort!) steht (König Maximilian im Kreise seiner Familie); eine Reise nach Italien bildete in ihm den religiösen Historienmaler aus (Grablegung Christi, Hl. Familie, Kain und Abel, Wallfahrt nach Kevelaer, sein letztes Werk „Versehgang" blieb unvollendet); Cs. Bilder sind zart aufgefaßt und sorgfältig durchgebildet.

ADB: 47, 520; Bo: 6, 16; NDB: (3, 368); TB: 47, 520.

Urban Wilhelm, 1795(München)—1833, Hofschauspieler; er 353
trat erstmals als „Fridolin" in dem gleichnamigen Schauspiel 25—10—40
von Holbein auf der Hofbühne seiner Vaterstadt, der er bis zu seinem frühen Tod als eines ihrer besten Mitglieder angehörte, auf; obwohl klein von Gestalt, so entzückte U. doch als jugendlicher Liebhaber durch seine lebhaften, schwarzen Augen und durch seine reine, melodische Stimme; er besaß einen entschiedenen Sinn für das Große und zeichnete sich durch künstlerischen Ernst, große Innigkeit und Feinheit der Auffassung aus; u. a. spielte er die Titelrolle in Goethes Tasso und Faust sowie den Pylades in der Iphigenie, den Bassanio in Shakespeares Kaufmann von Venedig, vor allem glänzte er als Hamlet, dessen Monolog im 3. Akt er unübertrefflich gesprochen haben soll; häufige Gastspiele in Berlin, Wien und Hamburg machten seinen Namen auch außerhalb Münchens berühmt; U. hat es auch als Dichter versucht (Dramatisches Phantasiegemälde, Das erwachte Gewissen — Musik von Lindpaintner — und freie Bearbeitung von Shakespeares Komödie der Irrungen).

ADB: 39, 351; BL: 1919/20, 406 (mit B); Schr: 45; Allgemeines Theaterlexikon, 6. Bd., 1846, 151; F. Grandaur, Chronik des kgl. Hof- und Nationaltheaters in München, 1878; C. Schäffler–C. Hartmann, Die kgl. Theater in Berlin, 1886, 26, 122 und 166.

354 25–10–40 *Urban* Julius, 1825(München)–1879, Komponist; Sohn des Hofschauspielers Wilhelm U. (siehe dort!), mußte er sich sein Studium, da sein Vater früh verstorben, schwer verdienen; vom Hofkapellmeister J. H. Stuntz (siehe dort!) sehr gefördert, trat der in der Harmonielehre sehr Versierte erstmals 24jährig mit einem großen Instrumental- und Symphoniekonzert auf, wobei er nur eigene Werke (Symphonie in C-dur, eine Kantate, zwei Lieder mit Klavierbegleitung und eine Ouvertüre) aufführte; die Texte zu seinen Kompositionen schrieb der dichterisch Veranlagte zum Großteil selbst; U. litt lange Jahre an einem schweren Verfolgungswahn und hat in der Isar den Freitod gesucht; HHww: Festmarsch zum Rubensfest (1857) mit einer Vignette von M. von Schwind (siehe dort!) versehen, Die Guerillas (Oper), Die letzten Tage von Pompeji (Oper), Der dumme Peter (komisches Singspiel), Das Schwabenmädle (Liederspiel) und Quartette, Lieder, Chöre und Tänze sowie Märchen (Schneewittchen).

ADB: 39, 346; Bo: 5, 47 (verwechselt Julius U. mit Wilhelm U., seinem Vater, dem Schauspieler); H. Riemann–A. Einstein, Musik Lexikon, 11. Aufl., 1929, 1903; Beilage zur „Allgemeine Zeitung", Nr. 354 vom 20. XII. 1879.

355 25–12–8 (*)*Pfeufer* Benno Heinrich, von, Ritter, 1804(Bamberg)–1871, bayerischer Finanzminister; er studierte in Würzburg Rechtswissenschaft und trat dann in den bayerischen Verwaltungsdienst, wo er 1832 in das bayerische Finanzministerium berufen, seit 1834 Ziviladjunkt am Landgericht Bayreuth, 1836 Assessor bei der dortigen Regierung (mit dem Referat für katholische Kirchen- und Schulangelegenheiten), 1846 Rat bei der Regierung von Niederbayern, 1847 Ministerialrat im Innenministerium, 1848 dann im neuerrichteten Handelsministerium (als Referent für Industrie, Gewerbe, Verkehr, Eisenbahn und Banken), 1859–1866 Staatsrat und Finanzminister (1864/65 zugleich auch Verweser des Staatsministeriums für Handel und öffentliche Arbeiten) war; P. machte

sich durch die Einführung der zweijährigen Finanzperiode verdient.

Schä: Nr. 48; E. Frhr. von Marschalk, Hervorragende verstorbene Bamberger Juristen; in: Alt-Bamberg, 4. Jg., 1900.

Lichtenthaler Philipp, von, 1778(Sulzbach/Oberpfalz)—1857, 356
Direktor der Bayerischen Hof- und Staatsbibliothek und Uni- 25—12—17
versitätsprofessor; nach Studium der Philosophie und evangelischen Theologie wurde L. 1811 vom Gymnasium Bamberg ans Münchner Wilhelms-Gymnasium berufen, dabei war er zugleich Prinzenerzieher am königlichen Hof; er verfuhr mit so übertriebener Strenge und Härte gegen seinen Zögling, den späteren König Max II., daß dieser während mancher Unterrichtsstunde seine Aufmerksamkeit weniger auf den Lehrgegenstand als vielmehr auf die Frage konzentrierte, wie er sich der Disziplinierung durch diesen Lehrer entziehen könnte; 1815 wurde L. Professor und Hofbibliothekar in Würzburg; 1825 nach München versetzt, war er von 1826 bis 1855 erster Direktor der Bayerischen Hof- und Staatsbibliothek; durch planvolle Ergänzung der Bestände der Bibliothek, Überführung derselben in den Neubau an der Ludwigstraße und Loslösung der Bibliothek von der BAkdW hat sich dieser Vertraute König Ludwigs I. sehr verdient gemacht; der gelehrte klassische Philologe hat auch auf Anregung seines Königs für die von diesem neubegründete Skulpturen-Sammlung den Namen „Glyptothek" neugeprägt, der zu einem internationalen terminus technicus geworden ist (z. B. Glyptothek von Kopenhagen).

BL: 1937, 387 (mit B); Bo: 2, 8; Doe: 178; Schä: Nr. 378; Schr: 365; Jahresbericht des historischen Vereins von und für Oberbayern, 1856, 102; Heigel, Zeitschrift für Bildende Kunst, Bd. 18, 1883, 221, Anm. 1.

Föringer Heinrich, von, 1802(München)—1880, Bibliothekar, 357
Hofrat und Mitbegründer des historischen Vereins von und 25—12—
für Oberbayern; Sohn eines Mesners vom Herzogspital, be- 21/22
schäftigte sich F. schon als Kind mit Geschichte, Sprachen und Musik, jeden ersparten Pfennig brachte er zum Antiquar, nach philosophisch-juristischen Studien in Landshut, Würzburg und Heidelberg und ausgedehnten Reisen wurde er 1826 Rechtspraktikant beim Landgericht München Rechts der Isar,

aber schon 1827 trat er bei der bayerischen Hof- und Staatsbibliothek ein (seit 1828 Praktikant); daneben besuchte er noch Kollegien an der Universität München (vor allem bei K. Mannert — siehe dort!, Ocken und Schelling); 50 Jahre war er Kustos (zuletzt Oberbibliothekar) an der Münchner Staatsbibliothek (in der Abteilung Jurisprudenz und Handschriften), er war auch Bibliothekar und Archivar des von ihm mitbegründeten historischen Vereins von Oberbayern und Privatbibliothekar König Ludwigs I. sowie Mitglied der BAkdW; über seine Teilnahme an der Gründung des historischen Vereins schreibt F. selbst in seinem Tagebuch: „Was will ich machen? Ich kann und will mich den Zwecken des Vereins, die so innig mit dem innersten Streben meiner Seele zusammenhängen, nicht entziehen."; HHww: Zur Jugendgeschichte Maximilians I., Der Landtag zu Ranshofen, kritische Untersuchung des Schwabenspiegels und des Rechtsbuchs Kaisers Ludwig, Erwerbung der Mark Brandenburg durch das Luxemburgische Haus; der eng mit seiner Heimat verbundene Gelehrte war Freund von J. J. von Görres (siehe dort!), Graf von Pocci, J. N. von Ringseis, J. A. Schmeller (siehe dort!) und den Brüdern Boisserée.

BL: 1932, 400 (mit B); Trautm: 1, 150 (mit B); Jahresbericht des historischen Vereins von Oberbayern, 1879/80, 127; Ch. Haeutle, 1881, E. Ringseis, Erinnerungen des J. N. Ringseis, 2.–4. Bd., 1886 bis 1891.

358
25–12–29
eingeebnet

Klotz Matthias, 1748(Straßburg)–1821, Hoftheater- und Kabinettsminiaturmaler; er war in seiner Vaterstadt Schüler von Henri Haldenwanger, ging 1766 zur Weiterbildung nach Stuttgart, 1775 wurde er auf Betreiben Lorenzo Quaglios (siehe dort!) zum „Hoftheatermaler im Landschaftsfach" in Mannheim ernannt; da seine Arbeit sich auf Dekorationen für die italienischen Opern beschränkte, blieb ihm noch Zeit zum Porträtmalen und zu Reisen, die ihn durch Deutschland und Holland führten; mit Verlegung des Mannheimer Hofstaates nach München kam K. 1778 als Theatermaler dorthin, wo er 1794 auch zum Kabinettsminiaturmaler ernannt wurde; einen Ruf an die Berliner Akademie lehnte K. ab; er war auch schriftstellerisch tätig (fachliche Schriften); von ihm sind außer einigen Zeichnungen und Aquarellen mehrere Porträts bekannt, die ihn, wie das lebensgroße Ganzfigurenbildnis des Grafen Anton Klemens von Törring, als tüchtigen, in den Bahnen J. G. Edlingers (siehe dort!) sich bewegenden, Porträtisten erweisen.

Bo: 6, 47; TB: 20, 547.

**Muffat* Franz Karl, 1797 (Sulzbach/Opf.)—1868, Baumeister und Stadtbaurat; M. hat als Junker und Leutnant die Feldzüge von 1813/15 nach Frankreich mitgemacht und wurde nach seiner Entlassung aus dem Heeresdienst 1925 als funktionierender Kreisingenieur angestellt, mit Genehmigung der Regierung des Isarkreises wurde ihm am 1. III. 1831 die Stadtbauratsstelle übertragen (die amtliche Einführung bei der Stadt erfolgte erst am 1. X. 1831); als Stadtbaurat schuf M. die meisten öffentlichen Bauten, die um die Mitte des 19. Jahrhunderts in München entstanden; sein Hauptwerk, die ehemalige 1852/53 erbaute Maximilians-Getreide-(Schrannen-)Halle an der Blumenstraße, ganz aus Eisen und Glas (wie der ziemlich gleichzeitig von A. Voit — siehe dort! — erbaute Glaspalast, der fast zur selben Zeit [1931] wie diese [1932] abgebrannt ist), war wohl eine der ersten Konstruktionen dieser Art in Deutschland und, als Wunder der Technik bezeichnet, aufsehenerregend; die Bedeutung dieses Baus ist auch daran zu erkennen, daß der König selbst und der ganze königliche Hof der Grundsteinlegung beiwohnten und dem Künstler für diese Leistung der Verdienstorden vom hl. Michael verliehen wurde; unter M. wurde der erste Kanal Münchens im Zug der hygienischen Maßnahmen M. von Pettenkofers (siehe dort!) erbaut, darin liegt das Hauptverdienst dieses Mitarbeiters A. von Zenettis (siehe dort!) und Karl Probsts; nach M. ist das 1893 von Stadtbaurat Frauenholz erbaute Elektrizitätswerk an der Zweibrückenstraße „Muffat-Werk" benannt. 359 25—13—9

O. Loesch, Chronik der Stadtentwässerung Münchens, 1950, 10; F. P. Zauner, München in Kunst und Geschichte, 1914, 69, 313; Die Kornschranne in München und der Bau der Maximilians-Getreidehalle, 1853; Staatsarchiv für Oberbayern, Nachl. V., AG. München I., 1868, 542.

**Muffat* Karl August, von, 1804 (Sulzbach/Oberpfalz)—1878, Reichsarchivrat und Historiker; Sohn eines kurfürstlichen Schloßverwalters und Bruder des Baumeisters Franz Karl M. 360 25—13—9 (siehe dort!), wurde er anfangs in seinem Studiumgang gehemmt, fand aber 1825 dennoch eine Anstellung bei der königlichen Hof- und Staatsbibliothek, deren Geschichte er zu schreiben begann; 1832 trat er ins königliche allgemeine Reichsarchiv über, wo er als Kanzlist angestellt, 1853 zum Sekretär und 1859 zum Rat befördert wurde; in den vierziger Jahren war er auch Stadtarchivar von München; bei der 700-Jahr-Feier von München 1858 hielt M. die offizielle Festrede; er ist Mitbegründer des historischen Vereins von und für Oberbayern (1837); seine wichtigsten Editionen sind das Schenkungsbuch der ehemaligen gefürsteten Propstei Berchtesgaden, die altbayerischen Salbücher des 14. Jahrhunderts und die Urkunden des Hochstifts Würzburg von 788 bis 1287 in den Quellen und Erörterungen zur bayerischen und deutschen Geschichte (1. Bd., 1856, 225—364) und in den Monumenta Boica (Bd. 36b und 37); HHww: Beschreibung und Geschichte des Schlosses Hohenschwangau, Beschreibung der prachtvollen Fronleichnamsprozession in München (anonym), Beiträge zur Lebensgeschichte des Herzogs Ludwig I. von Bayern, Das Bündnis des Adels und der Städte von Oberbayern v. J. 1315; Correspondenzen und Aktenstücke zur Geschichte der politischen Verhältnisse der Herzöge Wilhelm und Ludwig v. B. zu König Johann von Ungarn, Münchens merkwürdigste Straßen, Gebäude und Denkmale (anonym), Baugeschichte des Domes U. L. Frau in München, Beiträge zur Geschichte des bayerischen Münzwesens, Geschichte der bayerischen und pfälzischen Kur.

ADB: 22, 443; Jahresbericht des historischen Vereins von und für Oberbayern, 1878, 82; L. Rockinger, 1880; Allgemeines Staatsarchiv München, MInn Nr. 41232.

361 25—13—17 *Wirschinger* Ludwig, Dr. jur. utr., von, Ritter, 1781(Stadtamhof/Opf.)—1840, bayerischer Finanzminister; W. studierte bis 1805 in Landshut Rechte, war dann Sekretär des Fürstentums Regensburg (Bearbeiter der Statistik), 1806 wird er fürstlich-regensburgischer Landrichter zu Wörth a. d. Donau mit dem Charakter eines Oberlandesgerichtsrats, 1811 Polizeikommissär in Landshut, Ende 1811 I. Polizeikommissär in München und 1814 provisorischer Polizeidirektor in Augsburg, 1818 Stadtkommissär in Augsburg, 1823 Ministerialrat im Innenministerium, 1828 im Finanzministerium und

Vorstand der Generalzolladministration, von 1835–1840 war W. Staatsminister der Finanzen; Ws. Verdienste beruhen in seinen Bemühungen um das Zustandekommen des Deutschen Zollvereins.

Schä: Nr. 73; Jahresbericht des historischen Vereins von und für Oberbayern, 1840, 81.

Hocheder Franz von Paul, Dr. phil., 1783 (Roßdorf/Obb.) 362
–1844, Philologe, Schriftsteller und Universitätsprofessor; 25–13–24
H. studierte in Salzburg, war dann Hofmeister in Vallendar eingeebnet
am Rhein, wurde 1811 Gymnasiallehrer in München, 1819 Gymnasialdirektor in Würzburg, 1824 in München, 1842 Professor der Philologie und Ästhetik an der Münchner Universität und Mitglied der BAkdW; er war auch Erzähler (Pseudonym Emmerich Norus) und Übersetzer sowie Mitarbeiter am Stuttgarter „Morgenblatt", an der „Eos", „Aurora" u. a.; HHww: Ferienliebe (Roman), Des Horatius Brief an die Pisonen, Des Sophokles Oedip auf Kolonos, Des Horatius Episteln für Gymnasien bearbeitet.

ADB: 12, 519; Das Katholische Deutschland, 1. Bd., 1933, 1621; J. G. Meusel, Das Gelehrte Teutschland im neunzehnten Jahrhundert, 2. T., 10. Bd., 1831, 777; Fr. Steininger, 1856.

(*)*Seinsheim* August, von, Graf, 1789(München)–1869, 363
königlich bayerischer Kämmerer, Reichsrat der Krone Bayern, 25–13–25
Kunstfreund, Historienmaler und Radierer; er studierte in Landshut 1809/11 Rechte, ging aber nach dem juristischen Staatskonkurs 1813/16 auf die Münchner Kunstakademie, um bei den beiden Langer sich in Zeichnung, Komposition und Ölmalerei auszubilden, nachdem er schon als 16jähriger für seine Bilder und Porträts den Beifall J. G. Edlingers (siehe dort!) geerntet hatte; 1816 kam er anläßlich eines Aufenthalts in Rom unter den Einfluß von P. von Cornelius und Overbeck; schon dort entstand ein großer Karton zu einem Altarbild, einer Madonna mit den vierzehn Nothelfern, das in München 1820/22 in Öl ausgeführt, in der Kirche des gräflichen Landguts Grünbach (Lkr. Erding) Aufstellung fand; in Rom versuchte S. sich auch in der Freskenmalerei zu bewähren; bei der Jubelfeier für König Max I. (1824) arbeitete er zusammen mit K. von Heideck (siehe dort!), J. A. Rhom-

berg (siehe dort!), J. von Stieler (siehe dort!), L. Quaglio, P. von Hess (siehe dort!) u. a. an den Transparentbildern, die auf dem Dultplatz (heute Maximiliansplatz) in nächtlicher Illumination aufgestellt wurden; S. war auch ein selten begabter und kapitalkräftiger Kunstfreund; seine Altarbilder verschenkte er an Kirchen; auch Porträts (u. a. von Bischof J. M. Sailer) und Genres stammen von ihm; HHww: Altargemälde in Pfarrkirche Vohburg a. d. Donau und in der Otto-Kapelle bei Kiefersfelden.

ADB: 33, 649; AM: 152; BL: 1920/21, 170 (mit B), 1926, 43 und 501, 1957, 418; Bo: 4, 31; Schr: 117; TB: 30, 462; Wo: 402.

364
25–13–31
„Lentsch"

**Kellerhoven* Moritz, von, 1758(Altenrath/Niederrh.)–1830, Porträtmaler, Radierer und Akademieprofessor; wie J. G. Edlinger (siehe dort!) das Gesicht des traditionellen München in der Zeit des Kurfürsten Karl Theodor beschreibt, so bestimmt der Rheinländer K., ein Zeitgenosse von Langers und gleich ihm ein Schüler der Düsseldorfer Akademie, das Gepräge der offiziellen höfischen Kunst, beeinflußt von niederländischen Meistern; 1784 hat ihn Karl Theodor nach München als Hofmaler berufen; sein Porträtstil beherrschte die Münchner Malerei; zu seinen berühmten Ölgemälden gehörten das lebensgroße Bildnis des Kurfürsten und späteren Königs Max I. im Krönungsornat, die Porträts der Königin Karoline von Bayern, des Königs Gustav Adolf IV. von Schweden, der Königin von Schweden, des Erzherzogs Karl von Österreich u. a. auch L. von Westenrieders (siehe dort!) und der Bischöfe Gebsattel und Riegg.

ADB: 15, 584; BL: 1894, 364; Bo: 5, 23; Kirchliches Handlexikon, 2. Bd., 339; NND: 8, 854; R. Oldenbourg, Die Münchner Malerei im neunzehnten Jahrhundert, I. Teil, 1922, 37; Schr: 37; TB: 20, 117; Wo: 64.

365
25–13–36
eingeebnet

(*)*Seitz* Rudolf, von, 1842(München)–1910, Genremaler, Akademieprofessor und Konservator; er war Schüler seines Vaters Franz von S. (siehe dort!) und der Münchner Akademie, vor allem bei K. von Piloty (siehe dort!); zusammen mit Gabriel von Seidl (siehe dort!) gründete S. ein Atelier für Innendekoration, er war auch Seidls Mitarbeiter bei der Innengestaltung des Bayerischen Nationalmuseums, seit 1883 war S. Konservator am Bayerischen Nationalmuseum, seit

1888 Akademieprofessor, seit 1900 geadelt; HHww: vier mythologische Deckengemälde im nordwestlichen Eckpavillon der Münchner Residenz, Kartons zu den Glasfenstern im Sitzungssaal des neuen Münchner Rathauses, Apsisgemälde der St.-Anna-Pfarrkirche in München (Hauptwerk); Altarbilder in der Kirche des neuen Hl.-Geist-Spitals und in der Kapelle der Chirurgischen Klinik an der Nußbaumstraße, Fassadenmalereien am Deutschen Haus am Karlsplatz und am Marienplatz (hl. Onuphrius), Fresken im Rathaus zu Landshut a. d. Isar, allegorische Gemälde im Rathaussaal von Nürnberg und vier Kaiserbilder im Kaiserzimmer der Nürnberger Burg; Ss. Wirken zur Hebung des Kunstgewerbes in München war von ausschlaggebender Bedeutung.

BL: 1910, 468 und 501 (mit B); Herder: 7, 1497; TB: 30, 473.

Seitz Franz, von, 1817(München)–1883, Maler und Kunstgewerbler, artistischer Direktor des Hoftheaters und Professor; er war ein Sohn des Kupferstechers Max Josef S. und studierte auf der Münchner Akademie, je nach den Umständen war er Maler, Lithograph, Xylograph, Ziseleur, Zeichner, Modelleur, Graveur, Dekorateur, Architekt und schließlich Kostümierer, als welcher er auf Empfehlung des Prinzen Adalbert ins Hoftheater aufgenommen und 1859 engagiert wurde, seit 1868 war S. technischer Direktor des Hoftheaters, das ihm in bezug auf szenische Arrangements und Komparserie viel zu verdanken hatte; HHww: Lithographien: Judith, Fischerfamilie, Brandschatzung eines Klosters; Illustrationen zum „Theater-Katechismus" von F. Loehle, zu Franz von Kobells (siehe dort!) Gedichten in bayerischer Mundart; Zeichnungen für die „Fliegende Blätter" und „Nürnberger Trichter"; Bilder: Nächtlicher Überfall auf ein Schloß, Altertumssammler, Zeitungsleser am Kamin; Kostümierung von fast allen Tondichtungen Richard Wagners.

366
25–13–36
eingeebnet

ADB: 33, 657; Maillinger, Bilder-Chronik der Stadt München, 1876, II, 249; Na: 16, 225; Nagler, Monogrammisten, 1860, II, 884 (Nr. 2481); Ra: Nr. 610; TB: 30, 469; Wo: 419; F. Grandaur, Chronik des Hof- und Nationaltheaters in München, 1878, 159 und 205; Münchner Neueste Nachrichten vom 14. IV. 1883, Nr. 104; Sammler vom 3. V. 1883, Nr. 54; Zeitschrift des Kunstgewerbe-Vereins, 1883, 61.

26. Sektion

367 26–10–7 eingeebnet

**Pixis* Theodor, 1831(Kaiserslautern)–1907, Historienmaler und Illustrator; er war in München Schüler von Ph. von Foltz (siehe dort!) und W. von Kaulbach (siehe dort!) und schuf Fresken im alten Münchner National-(heute Völkerkundlichen)Museum an der Maximilianstraße, Genrebilder, Historien (Huß' Abschied – in der Berner Galerie), Porträts (Pettenkofer, Döllinger), beliebte Illustrationsfolgen (Bilder zu deutschen Volksliedern, zu Richard Wagner, Milton usw.); seine Erfindung zur photographischen Wiedergabe von farbigen Bildern, die sogenannte „Pixis-Patent-Malerei", ist schon längst überholt.

BJDN: 12, 132; Herder: 6, 1671; TB: 27, 124.

Neuer Teil

Neue Arkaden

368 N A 1

**Schwanthaler* Ludwig Michael, von, Dr. phil., 1802(München)–1848, Bildhauer und Akademieprofessor; er stammt aus einer Bildhauer-Familie aus dem Innviertel (das bis 1779 zu Bayern gehörte); Sohn des Bildhauers Franz Xaver Sch., besuchte er das Gymnasium und die Kunstakademie seiner Vaterstadt und übernahm nach dem frühen Tod seines Vaters dessen Geschäft; sein erstes bedeutsames Werk waren die Modelle zu durchbrochenen Silberreliefs zu einem Tafelaufsatz, ein reicher Zyklus aus der antiken Götter- und Heroenwelt; durch diese Arbeit wurde Ludwig I. auf den Künstler aufmerksam, mit dessen Unterstützung er weite Reisen nach dem Süden machte, wo er in Rom Schüler von Thorwaldsen wurde; seine Kunst war anfangs ganz im Geist der Antike (Klassizismus), später wirkte er in der Kunstauffassung der

Romantik; 1835 wurde Sch. Professor der Akademie der bildenden Künste, er war immer von einem großen Stab von Künstlern umgeben; HHww: plastische Arbeiten und Friese an der Glyptothek und an der Neuen Residenz, Giebelfelder der Walhalla bei Regensburg, Arbeiten an der Ruhmeshalle und Modell zur Bavaria; er lieferte auch viele Statuen ins Ausland; seine Arbeiten, einst mit den größten Plastikern verglichen, werden heute nur als überdurchschnittlich empfunden.

ADB: 33, 193; Al: 70; AM: 150; BL: 1898, 378, 1899, 53 (mit B); Na: 16, 96; Ra: Nr. 598; Schr: 190 und 406; St: 476; TB: 30, 357; UH: 175; Wo: 304 (mit B); Fr. Trautmann, Schwanthalers Reliquien, 1858; A. Alckens, Münchner Forscher und Erfinder des 19. Jahrhunderts, 1965, 73–180 (passim).

(*)*Schwanthaler* Franz Xaver, 1799(Ried/Oberösterreich)– 369
1854, Bildhauer und Professor; er lernte bei seinem Vater N A 1
Peter Sch., kam dann zu seinem Onkel Franz Sch. nach München und nach dessen Tod in das bald berühmte Atelier seines Vetters Ludwig Michael von Sch. (siehe dort!), wo er sein Talent bei der Ausführung der diesem übertragenen Aufträge fleißig betätigte; ebenso bewährt als Techniker wie begabt als Künstler stand er seinem jüngeren Meister als ausführende Hand, als Modelleur und Bildhauer zur Seite; daneben war Sch. 22 Jahre lang Lehrer des Modellierens an der städtischen Feiertagsschule und an der Polytechnischen Schule in München; HHww: ornamentale und figürliche Arbeiten in der neuen Residenz (Plafonds, Kamin-Schmuck), Statuen (Jörg Ganghofer als Erbauer der Münchner Frauenkirche, Ludwig I., Wallenstein, Schwanthaler) und kolossale Büsten (Kaiser Friedrich II., Karl V. und Mozart für die Walhalla) sowie eine Christus-Statue für das Kloster Weingarten in Württemberg; Ludwig Michael von Sch. nannte ihn stets seine „rechte Hand" und war ihm zeit seines Lebens zu Dank verpflichtet.

ADB: 33, 191; Bo: 5, 44; Schr: 35; TB: 30, 356; UH: 177; Fr. Trautmann, Schwanthalers Reliquien.

Kleinschrod Karl Josef, von, Freiherr, Dr. jur., 1797(Würz- 370
burg)–1866, bayerischer Justizminister, Appellationsgerichts- N A 6
präsident und Reichsrat der Krone Bayern; er studierte in

Würzburg 1813/18 Philosophie und Rechte (u. a. bei seinem Oheim, dem berühmten Strafrechtler Gallus Aloys K.), nach seinem Staatskonkurs (1821) trat er in den bayerischen Gerichtsdienst (Assessor und Rat beim Kreis- und Stadtgericht Aschaffenburg, bei den Appellationsgerichten Bamberg und Ansbach und seit 1841 Rat beim Oberappellationsgericht in München); 1848 wurde K. Ministerialrat im Justizministerium, 1848 auch Mitglied der Frankfurter Nationalversammlung, von 1849—1854 war er Justizminister, dann Präsident des Appellationsgerichts für Schwaben und Neuburg; als Staatsminister der Justiz hat K. 21 Gesetze durchgeführt, namentlich über Presse, Gerichtsverfassung, Bürgerrecht der Israeliten, Jagdausübung und Wildschadenersatz und das Forstgesetz; seine letzte Arbeit ist „Wie Bayern trotz der Ereignisse des Jahres 1866 seine bisherige staatsrechtliche Stellung dauernd bewahren könne?"; K. ist es auch mit zu verdanken, daß in Bayern (1862) Justiz und Verwaltung voneinander getrennt wurden.

ADB: 16, 111; Doe: 226; Schä: Nr. 28; Zeitschrift für Gesetzgebung und Rechtspflege, 1867; Die Kgl. Bayer. Staatsminister der Justiz, 1931, 511 und 1095.

371 *Breslau* Heinrich, Dr. med., von, 1784(Ansbach)—1851, königN A 7 licher Leibarzt und Universitätsprofessor; er studierte in Halle, Tübingen und Würzburg und diente dann als Militärarzt unter Napoleon; im russischen Feldzug verlor er durch Frost im Winter 1812 die Zehen, die er sich selbst amputierte; dann betätigte er sich in Paris wissenschaftlich, vor allem mit Forschungen über den Kriegstyphus; in bayerische Dienste getreten, wurde B. 1826 Professor an der Münchner Universität, wo er Arzneimittellehre las; B. genoß als Leibarzt des Königs Ludwig I. und auch bei der Münchner Bevölkerung großes Vertrauen, was er seinem Scharfsinn und der Kenntnis der französischen und englischen medizinischen Literatur verdankte; Hw: Materiaux pour servir à une doctrine générale sur les epidémies et les contagions, Übersetzung von L. Johnsohns Abhandlung über den Einfluß des bürgerlichen Lebens, des häufigen Sitzens und der geistigen Verfeinerung auf Gesundheit und Wohl des Menschen; am Hl. Abend 1823 empfing dieser jüdische Konvertit in der Münchner Frauenkirche die Taufe.

BLÄ: 1, 693; C. Prantl, Geschichte der Ludwig-Maximilians-Universität in Ingolstadt, Landshut und München zur Feier eines 400jährigen Jubiläums, Bd. 1, 1872, 531.

Hermann Friedrich Benedikt Wilhelm, Dr. iur., von, 1796 (Dinkelsbühl)—1868, Nationalökonom, Staatsrat und Universitätsprofessor; er wurde anfangs als Gehilfe in einer Rechnungskanzlei verwendet, erwarb sich später in Erlangen humanistische Bildung, trieb dort und in Würzburg mathematische und kameralistische Studien, leitete 1817 in Nürnberg eine Privatanstalt, wurde 1821 Gymnasiallehrer für Mathematik und Physik in Erlangen, wo er sich habilitierte; seit 1827 Universitätsprofessor zu München, wurde H. 1835 Mitglied der BAkdW, 1845 Ministerialrat, 1850 Vorstand des Statistischen Bureaus, 1852 Vertreter Bayerns auf der Wiener Zollkonferenz und 1855 Staatsrat; er ist der Gründer der Großdeutschen Partei und war Mitglied des Großdeutschen Verfassungsausschusses, ein hervorragender Statistiker, gemäßigter Schutzzöllner, scharfsinniger Denker (deduktive Methode), zeichnete sich auch durch klare Begriffsentwicklung (Preis, Kosten usw.) aus; dieser bedeutende Schüler von Adam Smith hat die Entstehung des deutschen Zollvereins gefördert; HHww: Industrieausstellung zu Paris 1839, Staatswirtschaftliche Untersuchungen, Beiträge zur Statistik des Königreichs Baiern, Lehrbuch der Algebra und Arithmetik. 372 N A 11

ADB: 12, 170; BL: 1920/21, 308 (mit B); GG: 98; Herder: 4, 375; Schr: 385.

**Halbig* Johann, von, 1814(Donnersdorf, Lkr. Gerolzhofen/Ufr.)—1882, Bildhauer, Professor an der Akademie der Bildenden Künste und an der Münchner Polytechnischen Schule; nach Studien in München und einem längeren Aufenthalt in Italien modellierte er seit 1835 eine Reihe dekorativer Bildwerke; HHww: 18 Figuren für die Befreiungshalle in Kelheim, Bronzestatue König Maximilians II. und marmorner Kolossallöwe, beide am Hafen von Lindau, Bronzestatue Fraunhofers in München, Kreuzigungsgruppe in Oberammergau, großes Kreuz in der Mitte des neuen Teils des Südlichen Friedhofs; auch Werke in New York, Budapest und Bad Cannstatt, das Radetzky-Denkmal in Prag; H. pflegte L. M. von Schwan- 373 N A 14 thalers (siehe dort!) Art, aber realistischer und teilweise handwerksmäßig.

ADB: 49, 780; BL: 1913/14, 849 (mit B), 1932, 463; TB: 15, 496; UH: 134, Anonyme Biographie, 1879; A. Alckens, Münchner Forscher und Erfinder des 19. Jahrhunderts, 1965, 64, 134 und 172.

374 N A 22 (*)*Knorr* Ludwig, Dr. rer. nat., 1859(München)–1921, Chemiker und Universitätsprofessor; er stammt aus der bekannten Münchner Großkaufmannsfamilie Knorr-Sabbadini und war Schwiegersohn des Historienmalers K. von Piloty (siehe dort!); nach Studien zu München, Heidelberg und Erlangen wurde K. 1888 Universitätsprofessor der Chemie in Würzburg und 1889 zu Jena sowie Direktor des dortigen Universitätslaboratoriums; K. lieferte Synthesen von Chinolin- und Pyrrolderivaten und entdeckte 1884 durch synthetische Versuche mit dem Acetessigester die Pyrazolverbindungen, unter denen das Antipyrin von großer Bedeutung ist; hervorzuheben sind seine „Studien über Tautomerie" und seine Forschungen zur Aufklärung der Konstitution der „Morphiumalkaloide"; die Forschungen und Entdeckungen Ks. sind auch noch für die heutige Pharmazie eine wichtige Grundlage.

BL: 1899, 558; Bo: 4, 17; WI: 863.

375 N A 23b *Keller* Albert, von, 1844(Gais/Schweiz)–1920, Genre- und Porträtmaler und Akademieprofessor; K. studierte anfangs in München Rechte, kam aber unter F. von Lenbach, L. von Hagn und A. von Ramberg (siehe dort!) auf die Kunstakademie; sie bestimmten seine Richtung wesentlich, durch Ramberg ergaben sich Beziehungen zu Leibl und dessen Freunden, dann näherte sich K. auch dem gefeierten Piloty-Schüler Makart; im Herbst 1869 begann er in seinem Münchner Atelier mit kleinen Interieurdarstellungen aus eleganten Gesellschaftsräumen mit Bildnissen aristokratischer Damen, Gartenbildern und Parkszenen; durch lange anatomische Studien vorbereitet, schuf K. 1885 die Auferweckung des Töchterleins von Jairi; seine Bilder sind von raffinierter sensibler Farbengebung, inhaltlich am besten die Gruppen- und Einzelbilder aus der mondänen Gesellschaft (Dinner, Souper, Badeleben in Wyk, Gattin des Künstlers), sein eigenartiger Hang zum Okkultismus (Schlaftänzerin Madeleine, Hexenschlaf)

geht oft an die Grenze des Frivolen (Kreuzigung, Märtyrin, Einladung); andere WW: Audienz bei Ludwig XV., Chopin, Urteil des Paris, römisches Frauenbad (sie wurden zum Großteil in Photogravuren überliefert).

BL: 1919/20, 412; Bo: 6, 44; TB: 20, 92; W. Zils, Geistiges und Künstlerisches München in Selbstbiographien, 1913, 191; Ostini–Berlepsch–Vallendas–J. Popp–H. Rosenhagen, 1912.

Sager Michael, von, 1825 (Holzhäusl bei Vilsbiburg/Ndb.) 376
—1898, Techniker, Ingenieur und Oberbaurat; zuerst Tuch- N A 26
schererlehrling, kam er unter großen Mühsalen zum Studium, trat in den Staatsdienst, machte sich jedoch später selbständig und war dann, gefördert von Cramer-Klett, wesentlich beteiligt an der Errichtung der Eisenbahnlinien München–Simbach und München–Treuchtlingen; in Österreich-Ungarn baute H. Eisenbahnstrecken von insgesamt 1050 Kilometern, u. a. die Pustertalbahn von Franzensfeste (Fortezza)–Innichen (S. Candido)–Lienz, Neumarkt–Ried–Braunau, Temesvar–Orsova, in Nordböhmen und bei Wien; auch am Bau des Kaiser-Wilhelm-Kanals war er beteiligt; in dem von S. erworbenen Klostergut Wessobrunn richtete er eine Musterökonomie ein; S. zählt zu den universalsten technischen Genies des 19. Jahrhunderts, daneben war er auch ein großzügiger Wohltäter und Mäzen.

BJDN: 3, 183; Bo: 8, 37; H. Marggraff, Die Königlich Bayerischen Staatsbahnen in geschichtlicher und statistischer Beziehung, 1894; J. N. Sepp, Ein bayerischer Lesseps, 1898 (Augsburger Postzeitung, Nr. 8); E. Faber, Denkschrift zu dem technischen Entwurf einer neuen Donau-Main-Wasserstraße von Kelheim nach Aschaffenburg, 1903.

**Knabl* Josef, 1819(Fließ am Inn/Tirol)–1881, Bildhauer, 377
Akademieprofessor und Ehrenmitglied der Akademien von N A 47
Düsseldorf und Wien; K. hat als Tiroler Hirtenbub aus eigenem Antrieb geschnitzt, hat später bei Renn in Imst und in München bei K. Eberhard (siehe dort!), J. D. Entres und A. Sickenberger (siehe dort!) gelernt; seine Kunst fußt ganz im Geist des Mittelalters und zeichnet sich durch Natürlichkeit und religiöse Innigkeit des Ausdrucks aus; HHww: Krönung Mariens auf dem Hochaltar der 1868 neugotisierten Münchner Frauenkirche, Taufe Christi in der Deutschordens-

kirche zu Bad Mergentheim, Anna Selbdritt im Dom zu Eichstätt (1858 bei der Münchner Kunstausstellung preisgekrönt), Figuren in vielen bayerischen neugotisierten und neugotischen Kirchen und in der St.-Johannes-Pfarrkirche in Haidhausen-München; Ks. Werke sind im Geiste der seit der Mitte des vorigen Jahrhunderts so beliebten Neugotik, die der Gegenwart süßlich-unnatürlich gilt.

ADB: 16, 260; The Catholic Encyclopedia, Vol., 8, 1910; Das Katholische Deutschland, 2. Bd., 1933 ff., 2195; Doe: 347; Kirchliches Handlexikon, 2. Bd., 417; LThK: 6, 356; TB: 20, 559; Wu: 12, 133.

378 N A 86 *Hirt* Johann, 1836(Fürth/Bay.)—1897, Bildhauer und Akademieprofessor; er ist Schüler M. Widnmanns (siehe dort!) und beschäftigte sich meist mit Dekorativarbeiten, darunter umfänglichen Arbeiten für die Schlösser Linderhof, Herrenchiemsee und Neuschwanstein und mit Statuetten und Gruppen aus der deutschen Heldensage, dem deutschen Märchen und der griechischen Mythologie; HHww: Eurydice, Andromeda, Tag-und-Nacht-Gruppe, sämtliche in Privatbesitz, Quellennymphe in der Münchner Glyptothek und Kriegerdenkmal zu Fürth in Bayern.

ADB: 50, 372; TB: 17, 144.

379 N A 95 (*)*Schmederer* Max, 1854(München)—1917, Bankier, Kommerzienrat und Begründer der Krippensammlung des Münchner Bayerischen Nationalmuseums; als Sohn des Mitbesitzers der Paulaner-Brauerei in München wurde Sch. 1871 Lehrling beim Bankhaus Pichler in München, das er nach seiner Rückkehr aus Amerika 1882 selbst übernahm; nach Umwandlung des Unternehmens in die Pfälzische Hypothekenbank zog er sich ins Privatleben 1897 zurück; bereits in der Altmünchner Brauerfamilie Sch. wurde die bildende Kunst gefördert und gepflegt; Schs. Vorliebe galt vor allem den kunstvollen Krippen, von denen er im Laufe der Zeit eine Menge erstanden hat; durch Vermächtnis derselben an das Bayerische Nationalmuseum wurde der Grundstock für die weltberühmte Krippensammlung dieses Museums gelegt (vor allem neapolitanische Kunstwerke).

BL: 1902, 268 (mit B), 1904, 188 (mit B), 1917/18, 135 (mit B); Mitteilung von +Oberkonservator Dr. W. Döderlein vom 13. I.

1964; W. Zils, Geistiges und Künstlerisches München in Selbstbiographien, 1913, 142 (unter Georg Hager); K. Trautmann-Th. Dombart, Geschichte der Familie Schmederer, 1915.

*_Redwitz_ Oskar, von, Freiherr, 1823 (Lichtenau bei Ansbach) —1891, Jurist, Professor, Kämmerer und Dichter; er studierte in Erlangen und München Rechte, unter dem Einfluß W. Molitors entstand sein lyrisch-episches Gedicht „Amaranth", das durch Verherrlichung des christlichen Mittelalters besonders in katholischen Kreisen begeisterten Widerhall erweckte; nachdem R. dem Juristenberuf keine Neigung abgewinnen konnte, studierte er 1850 bei K. Simrock deutsche Philologie; Leo Graf Thun berief ihn 1851 als Professor für deutsche Literatur nach Wien; seit 1861 lebte er als liberaler Landtagsabgeordneter (1858—1862) in München, Meran und Aschaffenburg, seit 1872 auf dem Schillerhof bei Meran; er endete als Morphinist in einer Heilanstalt; den Bruch mit seiner religiösen Jugend hielt er aufrecht; eine Geschichte seiner Entwicklung gab er in dem Roman „Hermann Stark"; ohne dauernden Erfolg versuchte sich R. in allen Dichtungsgattungen; HHww: Gedichte, Thomas Morus (Historisches Trauerspiel), Philippine Welser, Mit einem Königsherzen, Hymen (Roman), Glück (Roman). 380 N A 97

ADB: 53, 249; BL: 1891, 555 (mit B); Wo: 351 und 381; Frankfurter zeitgemäße Broschüren, 1897; Euphorion, 3. Erg.-Heft, 1897; Lebensläufe aus Franken, 5. Bd., 1936.

*_Rheinberger_ Josef Gabriel, Dr. phil. h. c., von, 1839 (Vaduz/Liechtenstein)—1901, Komponist, Akademieprofessor und Hofkapellmeister; er studierte in München und war seit 1859 Lehrer der Musiktheorie, später Repetitor an der Münchner Hofoper, Professor und Inspektor der Musikschule, seit 1877 auch Hofkapellmeister (1899 verlieh ihm die Universität München den Dr. phil. h. c.); als Komponist stand R. unter dem Einfluß von Mendelssohn und Schumann; er war ein vorzüglicher Lehrer des Orgelspiels, der Komposition und des Kontrapunkts, seine Kunst galt vor allem kirchlichen Zwekken; R. ist der Hauptvertreter der Münchner neuromantischen Schule; HHww: Symbolisches Tongemälde „Wallenstein"; Opern „Die sieben Raben" und „Türmers Töchterlein"; Kinderoperette „Das Zauberwort"; Oratorium „Christopho- 381 N A 101 Tafel fehlt rus"; 14 Orgelsonaten, zahlreiche — liturgisch gut verwertbare — Messen; insgesamt über 100 Werke; seine Schöpfungen sind Ausdruck hoher Begabung und gediegener künstlerischer Bildung nach der klassischen Richtung hin; Rs. Werke werden heute noch gerne gehört; die Särge von ihm und seiner Gattin, der Dichterin Franziska Hoffnaaß (siehe dort!) wurden nach Zerstörung der Gruft in Rs. Heimat überführt.

BJDN: 6, 409; BL: 1902, 166 (mit B); Bo: 2, 6; Lexikon für Theologie und Kirche, 8. Bd., 1936, 862; LThK: 8, 1274; H. Moser, Musik Lexikon, 4. Aufl., 1953, 1040; H. Riemann–A. Einstein, Musik Lexikon, 11. Aufl., 1929, 1503; Ze: 330, 482, 498; Gregorianische Rundschau, 1903, 38; R. Molitor, 1904; Kirchmusikalisches Jahrbuch, 22. Jg., 1909, 17; Sammlung Kirchenmusik, 14.–15. Bd., 1916; Th. Kroyer, 1916; H. Grace, 1925; Die Musik in Geschichte und Gegenwart, 11. Bd., 1960, 377.

382
N A 101
Tafel fehlt

(*)*Rheinberger* Franziska, geb. Jägerhuber, 1832(Maxlrain, Lkr. Bad Aibling/Obb.)–1892, Lyrikerin, Erzählerin und Übersetzerin; aus einer angesehenen Familie (Besitzer des Schlosses Maxlrain) stammend, genoß R. eine gediegene höhere Schulbildung; sie beschäftigte sich besonders mit Sprachen, schöner Literatur und Musikgeschichte; unter dem Pseudonym Fanny oder Franziska von Hoffnaaß gab die Gattin des Hofkapellmeisters J. von Rh. (siehe dort!) Gedichte und Erzählungen heraus; sie führte seine Korrespondenz und dolmetschte, wenn Besuche kamen, übersetzte italienische Dichtungen, Hymnen, Motetten, für F. von Lachner (siehe dort!) das Textbuch der „Barden" von Le Sueur und beschäftigte sich mit fremdsprachigen Volksliedern, sie war überhaupt vielseitig begabt; in Rhs. Tagebüchern finden sich witzige Randbemerkungen, Karikaturen, in denen sie ihrer Laune die Zügel schießen ließ; HHww: Dichtungen, Jenseits des Brenners, Maria Felicia Orsini, Am Quell der Wahrheit und des Lebens (Gedichte).

Das Katholische Deutschland, 3. Bd., 1933 ff., 3930; Th. Kroyer, Joseph Rheinberger, 1916, 67, 70 und 155; Staatsarchiv für Oberbayern, Nachl. V., AG. München I., 1893, 5.

383
N A 105

Reitzenstein Franziska, von, Freifrau, 1834(Schloß Härtenstein/Schwaben)–1896, Schriftstellerin (Pseudonym Nemmersdorf Franz); „in ihrer Jugend war sie eine vielgepriesene Schönheit, später eine imposante Erscheinung, endlich aber nur noch eine Ruine aus längst vergangenen Tagen" (H. Holland); R. studierte Geschichte, Philosophie und Anthropologie, machte weite Reisen in Italien, besuchte besonders intensiv Rom und Venedig und verkehrte nur in aristokratischen Kreisen; sie war seinerzeit eine der gefeiertsten und fruchtbarsten Romanschreiberinnen; HHww: Unter den Ruinen, Moderne Gesellschaft, La Stella, Doge und Papst, Allein in der Welt, Unter den Waffen, Verworfene und die Reine, Dämonisches Weib, Gentleman, Masken des Glückes, Ehestandsdrama in Venedig, Gebt Raum; in ihrem Roman verbindet R. Sentimentalität und Realismus.

ADB: 53, 300; BJDN: 1, 256; Kürschners Litteratur Kalender, 1896.

Dollmann Karl Georg Heinrich, von, 1830(Ansbach)–1895, 384
Baukünstler und Oberhofbaudirektor; er wurde von seinem N A 112
Lehrer L. von Klenze (siehe dort!), mit dessen Nichte er verheiratet war, beim Bau der Befreiungshalle verwendet; 1864/66 führte er die griechisch-russische Kapelle (Mausoleum des Fürsten Sturdza) in Baden-Baden aus; 1866/67 erbaute er im Auftrag Ludwigs I. die Hl.-Kreuz-Pfarrkirche in München-Giesing (neugotisch); als Hofarchitekt Ludwigs II. schuf D. die Schlösser Linderhof (Stil Ludwigs XV.), Herrenchiemsee (Stil Ludwigs XIV.) und Neuschwanstein (mittelalterlicher Burgenstil); seine einfache kopiengetreue Bauweise wird heute noch geschätzt.

ADB: 48, 19; NDB: 4, 63; TB: 9, 395.

Christen-Ziegler Klara, 1844(München)–1909, Hofschau- 385
spielerin; sie betrat 18jährig trotz Widerstands ihrer Eltern N A 121
die Theaterlaufbahn in Ulm, und mit der „Jungfrau von Orleans" begann 1862 in Bamberg ihre Karriere; mit 22 Jahren heiratete Z. ihren Lehrer, den Hofschauspieler Adolf Christen (1811–1883) – ebenfalls hier bestattet; später wirkte sie am neuerstandenen Gärtnertheater in München und an der Leipziger Hofbühne, von 1868 bis 1874 war Z. gefeiertes Mitglied der Münchner Hofbühne; Hauptrollen: Sappho, Iphigenie auf Tauris, Medea, Klytemnästra, Jungfrau von Orleans; wegen eines schweren Leidens mußte sie ihren Vertrag mit der Hofbühne lösen; Z. zeichnete sich aus durch die klingende Pracht ihres Organs, die Macht ihrer Persönlichkeit, ihre wunder-

volle Sprachtechnik und die Plastik ihrer Bewegungen, sie gehört zu den größten deutschen Tragödinnen, hat aber auch im Lustspiel großen Ruf erlangt; bei ihrem Tod hinterließ sie ihr Haus und Vermögen den deutschen Bühnenkünstlern zur Errichtung eines Theatermuseums; in ihrem Testament schrieb Z.: „Mein Leben war der Kunst geweiht und mit einer bedeutungsvollen Tat will ich es beschließen. Ich habe mit meiner Stiftung den Zweck im Auge, unserer Kunst eine Heimstätte zu gründen, welche unserem Stande zur Ehre gereichen soll."

BJDN: 14, 82; BL: 1910, 512 und 527 (mit BB), 1911, 57, 1918/19, 37 (mit B); Ze: 506; A. von Mensi-Klarbach, Alt-Münchner Theater-Erinnerungen, 1924, 59; Nationaltheater München, Festschrift 1963, 127 (mit B); Ehrentafel im neuen Münchner Theatermuseum an der Galeriestraße.

386 N A 146 Tafel fehlt

Baur Karl Albert, von, 1851(München)—1907, Landschaftsmaler; ausgebildet in der Münchner Akademie unter Löfftz und W. Diez, pflegte B. später ausschließlich die Landschaftsmalerei, wobei sein Freund L. Willroider maßgebend auf ihn einwirkte; sein ernstes, vornehmes Kunstschaffen kommt am klarsten in seinen meisterhaften Zeichnungen zum Ausdruck, die bei liebevoller Detailbehandlung doch eine großzügige Naturauffassung verraten; auf häufigen Studienreisen nach Südtirol, Norditalien (Gardasee) und Istrien geht er zunächst den herben, großen Linien und Formen der südlichen Landschaft nach, später weicht die in diesen Studien erreichte monumentale Wucht einer mehr intimen Auffassung, wie sie dem lieblichen Charakter der deutschen Landschaft (Altmühltal, Main, Odenwald, Pegnitz) entspricht; B. war von 1885 bis 1896 Schriftführer und von 1903—1906 Präsident der Münchner Künstlergenossenschaft und kurz vor seinem Tod Präsident der Allgemeinen deutschen Kunstgenossenschaft; viele Zeichnungen von ihm sind in der staatlichen Graphischen Sammlung, ein Ölbild (Altmühltal) in der Bayerischen Gemäldesammlung.

Bo: 7, 9; TB: 3, 91.

387 N A 153

Krazeisen Karl, 1794(Castellaun, Kr. Simmern/Rheinland-Pfalz)—1878, General, Maler und Zeichner; im Münchner

Kadettenkorps erzogen, trat er 1812 als Offizier in die bayerische Armee und nahm an den Befreiungskämpfen teil; die Freundschaft mit K. von Heideck (siehe dort!), den er auf seinen Reisen begleitete, regte seine künstlerischen Neigungen und Fähigkeiten an; er malte und zeichnete Landschaften und Genrebilder, zeichnete Porträts und aquarellierte Uniformbilder; im Auftrag des Zaren Alexander I. fertigte K. Aquarelle bayerischer Gardekürassier- und Grenadieruniformen, im Auftrag des Großfürsten-Thronfolgers 18 kolorierte Zeichnungen von Uniformen der bayerischen Armee an; W: Bildnisse ausgezeichneter Griechen und Philhellenen nebst einigen Ansichten und Trachten; K. gehört zu den besten Uniformenzeichnern.

Bo: 6, 53; TB: 21, 476; Kriegsarchiv München, HS VI., 9.

**Ainmiller* Max Emanuel, 1805(München)—1870, Glasmaler und Inspektor der königlichen bayerischen Glasmalerei; unter F. von Gärtner (siehe dort!) widmete sich A. dem Studium der Architektur und Ornamentik und wurde dann durch seinen Lehrer, der die Umgestaltung der Porzellanmanufaktur übernommen hatte, veranlaßt, der Anstalt als Dekorateur beizutreten; seine Neigung trieb ihn zur Beschäftigung mit der durch M. S. Frank (siehe dort!) wiedererweckten Glasmalerei, der er internationale Geltung verschaffte; HHww: Glasgemälde in den Domen von Köln, Regensburg und Glasgow und in der Maria-Hilf-Kirche in München-Au; A., der „Wiederhersteller der Glasmalerei", steht auf dem Standpunkt der modernen Schule deutscher Kirchenmalerei und hat auch als Architekturmaler Anerkennenswertes geleistet. 388 N A 158

ADB: 1, 166; AM: 8; BL: 1907, 309 (mit B); NDB: 1, 118; Ra: Nr. 9; Schr: 281 und 283; TB: 1, 153; UH: 121.

(*)*Sickinger* Anselm, 1807 (Oringen/Hohenzollern-Hechingen) —1873, Bildhauer und Architekt; anfangs wirkte dieser Schüler von Entres an den Kapitälen im Thronsaal der Münchner Residenz und in der Basilika St. Bonifaz, er lieferte auch einen Teil des dekorativen Schmucks für die Ludwigskirche und die Bayerische Staatsbibliothek; seine Holzskulpturen und Altäre im neugotischen Stil tragen subjektiven Charakter, sind steif und herb, wegen des wuchernden Spiels der Orna- 389 N A 163 mentik wird diese Kunst, deren Hauptvertreter S. ist, „Schreiner-Gotik" genannt; zahlreich sind seine Figuren und Altäre in Münchner und bayerischen Kirchen; HHww: St. Afra im Dom zu Augsburg, ehemalige Kanzel und Bäckeraltar in der regotisierten Münchner Frauenkirche, Altäre in St. Jodok in Landshut; Ss. Kunst wird heute als Entartung der Neugotik empfunden.

ADB: 34, 160; TB: 30, 588; UH: 178.

390 N A 166 Tafel fehlt

**Armansperg* Josef Ludwig, von, Graf, 1787 (Kötzting/Ndb.) —1853, bayerischer Finanz-, Innen- und Außenminister, Staatsrat und Reichsrat der Krone Bayern; er studierte in Landshut und war seit 1808 im bayerischen Staatsdienst; A. vertrat Bayern auf dem Wiener Kongreß, 1825 wurde er Staatsrat, von 1826/31 war A. Staatsminister der Finanzen und zugleich von 1826/28 des Innern und von 1828/31 des königlichen Hauses und des Äußern; wegen seiner liberalen Einstellung — er widersetzte sich entschieden gegen die Wiedererrichtung der säkularisierten Klöster — wurde 1831 gestürzt; von 1832/37 war A. Präsident der Regentschaft für König Otto und Erzkanzler von Griechenland und 1836 Reichsverweser; A., der zu den bedeutendsten Staatsmännern unter Ludwig I. zählt, hat durch seine Sparmaßnahmen den bayerischen Staatshaushalt wieder saniert, weshalb er von Spöttern „Sparmannsberg" genannt wurde.

ADB: 1, 532; BL: 1904, 177 (mit B), 1918/19, 233 (mit B), 1926, 639, 1932, 678; Bo: 3, 2; Doe: 16; NDB: 1, 353; Schä: Nr. 2; Schr: 123; J. M. Soeltl, Ludwig I. und L. Graf von A., 1886; R. von Armansperg, Joseph Ludwig Graf A., Ein Beitrag zur Regierungsgeschichte Ludwigs I. von Bayern, Dissertation (ungedruckt), München 1949.

391 N A 167

**Walther* Philipp Franz, Dr. med., von, 1782 (Burrweiler, Kanton Edenkoben/Rheinland-Pfalz)—1849, königlicher Leibarzt und Universitätsprofessor; nach Studien in Wien wirkte W. als Arzt und Lehrer in Bamberg, Landshut und Bonn; in Bonn operierte er die erblindete Witwe Friedrich Schillers; von dort berief den berühmten Wund- und Augenarzt Ludwig I. nach München zu seinem Leibarzt; er war auch ein Universitätsprofessor, der von seinen Schülern sehr verehrt wurde, Leiter der chirurgischen und Augenklinik in München und Mitglied der BAkdW; W. zählt zu den bedeutendsten Münchener Medizinern des 19. Jahrhunderts und wird als der „Reformator der Chirurgie" bezeichnet.

ADB: 41, 121; BL: 1899, 615 (mit B); BLÄ: 5, 838; GG: 68; GM: 136; Ra: Nr. 686; Schr: 29; St: 416; Deutsche Medizinische Wochenschrift, 32. Bd., 1906, 687; J. Hirschberg, Deutsche Augenärzte, 1911, 205; W. Koerting, Ph. F. v. W., in: Bayer. Ärzteblatt, 1963.

**Klenze*\+ Leo, von, Ritter, 1784 (Bockenem bei Hildesheim) —1864, Baukünstler, Hofbauintendant, Oberbaurat, Kämmerer, Geheimrat und Vorstand der Obersten Baubehörde im Innenministerium; K., der in Braunschweig und Berlin, wo er mit Schinkel bekannt wurde, studierte, machte eingehende archäologische Studien in Griechenland und war Hofarchitekt des Königs Jérôme von Westfalen in Kassel; durch Vermittlung des Kronprinzen Ludwig wurde er 1815 nach München berufen; er wirkte hauptsächlich im klassizistischen Stil; HHww: Glyptothek, Hofgartenarkaden, ehemaliges Kriegsministerium, Odeon, Leuchtenberg-Palais, Alte Pinakothek, Neue Residenz und Saalbau, Allerheiligen-Hofkirche, Herzog-Max-Palais, Schloß Biederstein, Obelisk, Neue Hauptpost (nördlicher Teil), Ruhmeshalle, Propyläen, Monopteros in München, Walhalla bei Regensburg, Eremitage, Zarenpalast und St.-Isaakskirche in St. Petersburg (= Leningrad) und Bauten in Athen; literarische Ww: Über das Hinwegnehmen plastischer Kunstwerke aus Griechenland, Reisen in Italien, Die Walhalla in artistischer und technischer Beziehung, Das kaiserliche Museum der schönen Künste in St. Petersburg, Die schönsten Überbleibsel der griechischen Ornamentik, Das deutsche Befreiungsdenkmal; K. zählt zu den berühmtesten Baumeistern des 19. Jahrhunderts und Münchens überhaupt. 392 N A 171

ADB: 16, 162; AM: 50; BL: 1890, 416 (mit B), 1897, 101 (mit B), 1906, 9—79 (passim, mit B), 1932, 695, 1955, 37; Doe: 37 u. a.; GG: 82; Ra: Nr. 340; Schä: Nr. 248; Schr: 86, 91, 116, 125, 218, 400 und 414; St: 424; TB: 20, 478; UH: 153; Wo: 131 und 283 (mit B); Ze: 157; R. Wiegmann, 1839; Deutsche Künstler des 19. Jahrhunderts, 4. Bd., 1895; H. Beenken, Dissertation (Maschinenschrift), München 1918; A. Steeger, 1927; L. Kiener, Dissertation, München 1922; A. Steeger, 1927; O. Hederer, Vortrag zum 100. Todestag im Bayerischen Rundfunk am 26. 1. 1964; O. Hederer, L. v. K., Persönlichkeit und Werk, 1964; A. Alckens, Münchner Forscher und

Erfinder des 19. Jahrhunderts, 1965, 49–180 (passim); A. Fingerle, München, Heimat und Weltstadt, 1965, 30.

393 N A 175 *Gärtner* Friedrich, von, 1792(Koblenz)–1847, Baukünstler, Akademieprofessor, Oberbaurat und Generalinspektor der architektonischen und plastischen Kunstdenkmäler in Bayern sowie Direktor der Akademie der Bildenden Künste; Sohn eines Hofbauintendanten, studierte G. in München und Paris, bereiste 1814/18 Italien, 1820 Holland und England und wurde dann Professor der Architektur in München, 1822 künstlerischer Leiter der Münchner Porzellanmanufaktur und der Glasmalerei-Anstalt; die Schöpfungen dieses Schülers von K. von Fischer (siehe dort!) sind vor allem Ausdruck byzantinisch-mittelalterlicher Baukunst und der Renaissance; HHww: in München: Ludwigskirche, Bayerische Staatsbibliothek, Blindeninstitut, Georgianum, Max-Joseph-Stift, Universität, Feldherrnhalle, Siegestor, Monumentalbrunnen vor der Universität, Wittelsbacher Palais; Pläne zur Befreiungshalle bei Kelheim, zum Kurhaus in Bad Brückenau und zur Residenz in Athen; G. prägte München für künftige Geschlechter den Stempel seines von barocker Kultur beeinflußten romantischen Geistes auf; dieser im Rahmen christlich-abendländischer Konzeption schaffende Künstler wurde im Lauf der Zeit immer mehr von seinem Kollegen L. von Klenze (siehe dort!) verdrängt, und ein merkwürdiges Schicksal hat diese im Leben so verfeindeten Männer im Tode so nahegerückt (G. liegt fast unmittelbar neben Klenze bestattet).

ADB: 8, 380; AM: 35; BL: 1893, 149 (mit B), 1932, 388 und 695; GM: 33; Ra: Nr. 198; Schr: 219, 281 und 415; St: 465; TB: 13, 41; UH: 129; Wo: 358; Ze: 136; H. Moninger, 1882; G. F. Seidel, 1886; Der Sammler, Nr. 146, 1892; K. Eggert, Die Hauptwerke F. von Gs., Dissertation, München 1963; A. Alckens, Münchner Forscher und Erfinder des 19. Jahrhunderts, 1965, 91, 97 und 167.

27. Sektion

394 27–1–17 eingeebnet *Piloty* Karl, von, 1826(München)–1886, Historienmaler und Akademieprofessor; Sohn und Schüler von Ferdinand von P. (siehe dort!), arbeitete er auf der Münchner Kunstakademie

nach seines Vaters Tod 1843/49 an dem Galeriewerk von Piloty und Löhle und wurde dann Schüler seines Schwagers K. Schorn (siehe dort!); nach Aufenthalten in Antwerpen und Paris wandte P. sich bei Bearbeitung historischer Motive ganz dem koloristischen Realismus zu; seit 1874 war er Akademieprofessor; HHww: Die Amme, Gründung der katholischen Liga (im Maximilianeum), Seni an der Leiche Wallensteins (Bayerische Staatsgemäldesammlung), Kolossalgeschichtsbild „Monachia" (im neuen Münchner Rathaus); P. kopierte schon früh Gemälde von Rubens und neigte überhaupt einer Nachahmung klassischer Kunst zu, die ihn zu voller Beherrschung der Farben führte, sein Realismus feierte im Geschichtsbild Triumphe, namentlich in der naturgetreuen Behandlung des Stofflichen, das Pathetische steigert er nicht selten zum Theatralischen; P. ist der Begründer der neuen Münchner realistischen Schule (Makart, Lenbach, Defregger, Grützner u. a.).

ADB: 26, 140; R. Oldenbourg, Die Münchner Malerei im neunzehnten Jahrhundert, II. Teil, 1922, 3—298 (passim); TB: 27, 47; Wo: 398 und 400.

**Adam* Albrecht, 1786(Nördlingen)—1862, Tier- und Schlach- 395
tenmaler; er war ursprünglich Konditor und machte als Stall- 27—1—25
meister den Feldzug von 1809, als Hofmaler des Herzogs von Leuchtenberg den von 1812 in Rußland und 1848/49 den italienischen unter Radetzky mit; für Ludwig I. arbeitete A. u. a. an der Ausschmückung des Festsaalbaues der Münchner Residenz; er hat besonders das Pferdeleben studiert; in diesem Genre war er zweifelsohne der bedeutendste Maler seiner Zeit; weit verbreitet und berühmt waren seine Pferdeporträts, weshalb dieser Albrecht zum Unterschied von den anderen als der Pferdemaler bezeichnet wird; mit der bayerischen Armee stand er durch seine Schlachtenbilder in enger Beziehung; HHww: Pferde- und Schlachtenbilder im Tegernseer Schloß, in der Bayerischen Staatsgemäldesammlung, in St. Petersburg (= Leningrad), Wien, Mecklenburg und Holstein, lithographisches Prachtwerk über Rußland (Voyage pitt. usw.); A. hat auch eine Selbstbiographie verfaßt.

ADB: 1, 44; AM: 1; BL: 1953, 235; NDB: 1, 50; R. Oldenbourg, Die Münchner Malerei im neunzehnten Jahrhundert, I. Teil, 1922, 114; Ra: Nr. 5; Schr: 355 und 391; TB: 1, 57; UH: 120; Wo: 80; Aus dem Leben eines Schlachtenmalers (Selbstbiographie, herausgegeben von H. Holland), 1886; Soldan, Die Künstlerfamilie Adam, 1890; L. Schrott, Bayerische Weltfahrer, 1964, 164; A. Alckens, Münchner Forscher und Erfinder des 19. Jahrhunderts, 1965, 179.

396 27–1–25 (*)*Adam* Benno, 1812(München)–1892, Tiermaler; Sohn und Schüler von Albrecht A. (siehe dort!), hat dieser sich fast ausschließlich der Tiermalerei zugewandt und vor allem, nachdem er anfangs Bilder seines Vaters lithographiert hatte, Jagdtiere dargestellt; er hat das Tierleben von der gemütlichen Seite aus geschildert; seine Genrebilder (u. a. Am Comersee) hatte er in der Manier seines Vaters begonnen, später merkt man aber deutlich bei ihm die Sinnesänderung der jüngeren Generation; HHww: Kühe am Brunnen, Hund an der Kette, Viehmarkt im bayerischen Gebirge, Illustrationen zu land- und forstwirtschaftlichen Büchern.

ADB: 45, 688; Bo: 5, 1; Nagler–Meyer, Künstler-Lexikon, 1872, I. Bg.; NDB: (1, 52); R. Oldenbourg, Die Münchner Malerei im neunzehnten Jahrhundert, I. Teil, 1922, 140; TB: 1, 59. (Siehe auch unter *Albrecht* Adam!)

397 27–1–25 (*)*Adam* Eugen, 1817(München)–1880, Schlachten-, Jagd- und Genremaler; auch er war Schüler seines Vaters Albrecht A., mit dem er zusammen am italienischen Feldzug unter Radetzky teilgenommen hatte, später stand er auch noch auf dem Schlachtfeld, nämlich 1859 in Norditalien und 1870/71 in Frankreich; auch hatte er auf ethnographischen Studienreisen, namentlich in Ungarn, Kroatien und Dalmatien, 1843/45 Stoffe zu Gemälden gesammelt; von diesen Erlebnissen lieferte A. Schlachtenbilder, daneben auch Jagd- und volkstümliche Szenen; als Schlachtenmaler ist er berühmt geworden; HHww: Brand von Orleans, Husaren-Attacke, Requisition aus dem italienischen Feldzug, Verwundeter Soldat mit seinem Hund auf dem Schlachtfeld, Schloß zu St. Cloud, Ein Schiffzug am Inn, Der Ungar im Frieden, Herrschaftliche Equipage, Die Kirche von Bicocca bei Novara, Jahrmarktszene aus Kroatien.

ADB: 45, 689; BL: 1891, 116 (mit B); Nagler–Meyer, Künstler-Lexikon, 1872, 72; NDB: 1, 52; TB: 1, 60. (Siehe auch unter *Albrecht* Adam!)

(*)*Adam* Franz, 1815(Mailand)—1886, Pferde- und Schlachten- 398
maler; auch er bildete sich bei seinem Vater Albrecht A. (siehe 27—1—25
dort!), auf der Kunstakademie in München, besonders aber auf weiten Studienreisen quer durch Deutschland, Italien, Österreich und Ungarn für sein künstlerisches Schaffen aus; er blieb der treueste Mitarbeiter seines Vaters, dessen Bilder er auf Stein zeichnete („Voyage pittoresque" 1827/33) und unter dessen Einfluß seine ersten Pferde- und Schlachtenbilder entstanden, erst in den vierziger Jahren machte er sich aber von den Rezepten seines Vaters frei; Franz A. gehört zu den vorzüglichsten malerischen Talenten der Münchner Schule überhaupt; in seinen offiziellen Schlachtenbildern wird die malerische Form von den stofflichen Interessen und Ansprüchen naturgemäß stark in den Hintergrund gedrängt, dagegen zeigen kleinere, geschichtlich und monumental weniger verpflichtende Arbeiten (wie Szene aus dem österreichisch-italienischen Krieg) eine Reife der malerischen Erscheinung, die zielbewußt nach der Richtung weist, in der für die folgenden Jahrzehnte die Probleme der Münchner Malerei lagen; HHww: Reiterporträt des Herzogs Philipp von Württemberg, Rückzug von Solferino, Der letzte Tropfen Wein, Vor dem Ausritt, Aus dem deutschen Kriege, Erstürmung des Eisenbahndamms bei Orleans, Ungarischer Pferdemarkt.

ADB: 45, 693; Nagler, Monogrammisten, 1863, 3. Bd., 741 (Nr. 1773); Nagler—Meyer, Künstler-Lexikon, 1872, I., 72; NDB: 1, 52; R. Oldenbourg, Die Münchner Malerei im neunzehnten Jahrhundert, I. Teil, 1922, 140; TB: 1, 61. (Siehe auch unter *Albrecht* Adam!)

Kotsch Theodor, 1818(Hannover)—1884, Landschaftsmaler; er 399
hatte sich am Polytechnikum zu Hannover als Zeichner vor- 27—3—21
gebildet, war aber im übrigen Autodidakt, als er 1819 zu eingeebnet
A. Zimmermann nach München kam; K. ist einer der ersten Münchner Landschafter, die in Oberbayern Studien machten (er hielt sich meistens in Eberfing bei Weilheim auf) und lieferte Waldlandschaften in Morgen- und Abendstimmung; nach seinem Erfolg mit einem „Abend in Südtirol" kehrte K. nach Hannover zurück; 1855 übersiedelte er nach Karlsruhe; aus dieser Zeit stammen Regenstein im Harz, Klostergarten in Maulbronn; 1870 kam K. wieder nach München, wo er Stimmungslandschaften mit oberbayerischen Seen, Waldwege und Baumgruppen malte; er ist ein typischer Vertreter der

besten Münchner Landschaftsmalerei um 1870, besonders seine Zeichnungen erweisen seine Fähigkeit zu romantisch bewegter Darstellung.

ADB: 51, 351; Bo: 6, 50; R. Oldenbourg, Die Münchner Malerei im neunzehnten Jahrhundert, II. Teil, 1922, 38; TB: 21, 352.

400 *Graf* Anna, 1822—1857, Expeditorswitwe und Putzmacherin,
401 Graf Ida, 1840—1857, deren Tochter, und Graf Rosa, 1840
402 —1857, ebenfalls Tochter der Anna G.; alle drei sind Opfer
27—11—2/4 der Pulverexplosion, die sich am 15. September 1857 hinter dem Karlstor, etwa beim heutigen Hotel Fahrig ereignete; dieser Grabstein mahnt an eine Katastrophe, bei der sechs Personen ums Leben kamen; am Dienstag, dem 15. September 1857, 10.30 Uhr, wurde das Haus des Eisenhändlers Oskar Rosenlehner durch das dort aufbewahrte Pulver in die Luft gesprengt; von den Hausbewohnern fanden die zwölfjährige Schwester des Hauseigentümers, Anna Rosenlehner, Julius Carstens, ein Kunstmaler aus Lindholm in Schleswig, 32 Jahre alt, die genannten Anna und Ida R. — letztgenannte war die Braut Carstens — und Benedikt Weichselbaum, Lohndiener beim Oberpollinger, den Tod; Maria G., eine weitere, 25jährige Tochter der Anna G., kam zusammen mit ihrer später den Verletzungen erlegenen Schwester Ida und der Katharina Späth, einer Dienstmagd beim Eisenhändler Rosenlehner, ins Allgemeine Krankenhaus in München; den Knall der Explosion soll man bis in Landshut gehört haben.

BL: 1907, 593 (mit B) und 599.

403 *Echter* Michael, 1812(München)—1879, Kirchen- und Histo-
27—12—2 rienmaler; Sohn eines Hoftischlers und späteren Schloßverwalters in Bamberg, war E. zuerst Chorknabe an der St.-Michaels-Hofkirche und studierte dann an der Münchner Kunstakademie als Schüler und Mitarbeiter von J. von Schnorr, begleitete W. von Kaulbach (siehe dort!) auf einer Kunstreise durch Österreich und Sachsen nach Berlin, wo er lange blieb; nach seiner Rückkehr (1858) schuf E. vier große historische Wandgemälde für das alte Bayerische National-(heute Völkerkundliches Museum an der Maximilianstraße) und andere Bilder für König Max II., z. B. Schlacht auf dem Lechfeld (im Maximilianeum); für Ludwig II. malte er dreißig Fresken

zu R. Wagners „Ring der Nibelungen", ferner Gemälde für den alten Münchner Hauptbahnhof; E. zeichnete sich auch als Porträtist aus, er ist Spätromantiker in der Art M. von Schwinds (siehe dort!).

ADB: 48, 250; R. Oldenbourg, Die Münchner Malerei im neunzehnten Jahrhundert, I. Teil, 1922, 186 und 215; TB: 10, 314; Nationaltheater München, Festschrift 1963, 63, 64, 66, 69, 70 und 71 (mit BB).

28. Sektion

Graf Karl, Dr. med., von, 1801(München)—1883, Obermedizinalrat; nach humanistischen Studien in seiner Heimat München studierte G. in Landshut Naturwissenschaften und Medizin und wurde Assistent am Allgemeinen Krankenhaus in München, später wurde er Leibarzt der Königin Karoline und Mitglied des Obermedizinalausschusses; dieser scharfe Beobachter und kenntnisreiche Arzt beschäftigte sich vornehmlich mit Volkskrankheiten, Cholera und Typhus, die München seinerzeit sehr heimsuchten und schrieb darüber in den medizinischen Fachzeitschriften; G. war ein scharfer Beobachter, reich an medizinischen Kenntnissen und allseitiger Bildung, der großes Vertrauen bei den Münchnern genoß; der beliebte Arzt war Gründer der ärztlichen Kreisvereine, der Ärztekammer und des Pensionsvereins für Witwen und Waisen bayerischer Ärzte sowie Mitbegründer des Münchner ärztlichen Vereins, der sich vor allem für die sozialen Belange der Mediziner einsetzt. HHww: Versuch einer Darstellung des Choleramorbus, Über das im Jahre 1840/41 in München herrschende Schleim-Fieber (febris typhosa). 404 28—1—16

BL: 1898, 360; BLÄ 2, 823.

Muhr Julius, 1819(Pleß/Oberschlesien)—1865, Genre-, Porträt- und Historienmaler; M. kam vermögenslos nach München, um sich mit Stationsbildern usw. fortzubringen, bis W. von Kaulbach (siehe dort!) seine Befähigung erkannte, der ihn von 1847—1855 bei den Berliner Wandgemälden beschäftigte; anläßlich seines Aufenthalts in Rom befreundete M. sich 1858 mit F. Overbeck, nach München 1863 zurück- 405 28—3—27 „Krämer" gekehrt, malte er Porträts u. a. von Ludwig II. und Overbeck; er vertiefte sich im Geiste seines Freundes in christliche Anschauungen und schuf hauptsächlich religiöse und historische Gemälde; HHww: St. Martin für Bernried, Predigt in der Sixtina, Siesta der Camaldulenser, Die Ruhe der Nonnen, Gastmahl der Johanna von Aragon, Adelheid und der Bischof von Bamberg beim Schachspiel, Hiob von seinen Freunden getröstet.

ADB: 22, 484; Bo: 5, 32; R. Oldenbourg, Die Münchner Malerei im neunzehnten Jahrhundert, I. Teil, 1922, 215; TB: 25, 257.

406 28–8–26 *Anschütz* Hermann, 1802(Koblenz)–1880, Historien-, Kirchenmaler und Akademieprofessor; er studierte in Dresden hauptsächlich Bildnis- und Historienmalerei, ging 1822 zu P. von Cornelius nach Düsseldorf und mit diesem 1826 nach München, wo er 1827 das Deckengemälde für den ehemaligen Odeonssaal (Das Urteil des Midas) schuf; 1830–1831 in Neapel, war hierauf an der Ausschmückung der Münchner Residenz beteiligt; unter den Altargemälden des kindlichfrommen Meisters ragt die Himmelfahrt Mariens in Furth im Wald hervor; seine religiöse Kunst ist stark von F. Overbeck beeinflußt; andere Ww: Madonna mit den Patronen der vier Waffengattungen in der katholischen Garnisonskirche in Koblenz, Kirchengemälde in Rio de Janeiro und in Irland.

ADB: 46, 16; AM: 10, BL: 1907, 603 und 614; Bo: 5, 2; NDB: 1, 308; TB: 1, 537; UH: 122.

407 28–10–18 *Bernatz* Johann Martin, 1802(Speyer)–1878, Architekturmaler; nach Besuch der Bauschule in Wien kam B. 1829 nach München; auf vielen Wanderungen durch Niederbayern, Württemberg und die Rheinpfalz machte er Aufnahmen von Kirchen, Klöstern und Römerbauten, die er zu vielen Ölbildern und Aquarellen verarbeitete und sich durch gewissenhafte Treue und Sorgfalt der Durchbildung auszeichnen; 1836/37 zog B. mit Dr. G. H. von Schubert (siehe dort!) über Konstantinopel nach Ägypten und zeichnete dabei alle merkwürdigen Bauwerke und Ansichten ab, die er z. T. als Bilder aus dem heiligen Lande, nach der Natur gezeichnet (40 Blätter), herausgab; später beteiligte er sich im Auftrag der englisch-indischen Regierung an einer wissenschaftlichen Expedition

nach Abessinien; als Produkt davon entstanden „Scènes in Ethiopia" in Steindruck; diese Arbeit verschaffte B. Autorität, so daß in der nächsten Folge kein Reisebuch ohne Bs. Illustrationen war; für König Friedrich Wilhelm IV. von Preußen malte B., der seit 1846 in München blieb, eine kostbare Sammlung der merkwürdigsten Skizzen zur Länder- und Völkerkunde.

ADB: 46, 390; Bo: 6, 6; TB: 3, 448; UH: 122.

Petz Johann, Dr. jur., 1856(München)–1930, Historiker und 408
Geheimer Archivrat; Sohn eines Bildhauers, studierte P. in 28–11–22
seiner Heimatstadt Rechte, daneben aber auch Geschichte und trat ins Allgemeine Reichsarchiv in München als Praktikant ein; lebenslängliche Freundschaft verband ihn mit seinen Kollegen K. Th. von Heigel und H. von Grauert (siehe dort!), aus dieser Zusammenarbeit gaben sie auch mit dem späteren Kreisarchivar von Speyer, Mayerhofer, den bekannten Falkensteiner Kodex heraus; Forschungen über Ludwig den Bayern führten P. an das Vatikanische Archiv in Rom; nach seiner Staatsprüfung war er Sekretär an den Kreis-(heute Staats-) Archiven in Nürnberg, München und Bamberg, dann Kreisarchivar in Bamberg und später in Nürnberg (wo er zusammen mit Stadtarchivdirektor E. Mummenhoff die Bearbeitung des Nürnberger Urkundenbuchs übernahm); 1896 wurde P. Reichsarchivassessor, 1900 Reichsarchivrat und 1917 Geheimer Archivrat am Allgemeinen Reichsarchiv in München; außer den genannten Arbeiten und einem handgeschriebenen Stadtrecht von Weißenburg i. B. hat P., ein peinlich gewissenhafter Forscher, dessen Sicherheit im Lösen paläographischer Schwierigkeiten bis in sein hohes Alter bewundernswert blieb, trotz verschiedenartiger und mannigfacher Arbeiten, nichts Wesentliches mehr veröffentlicht.

Archivalische Zeitschrift, 3. Folge, 7. Bd., 1931, 289.

29. Sektion

Buchner Johann Andreas, Dr., 1783(München)–1854, Phar- 409
mazeut, Chemiker und Universitätsprofessor; er bildete sich 29–1–21
seit 1805 in Erfurt unter Trommsdorff aus und war 1809–1818

Oberapotheker der Zentralstiftungsapotheke in München, dann Professor der Pharmazie in Landshut (seit 1826 in München), außerdem Mitglied der BAkdW; 1815 übernahm er das von Gehlen begonnene Repertorium für Pharmacie, das er bis zu seinem Tod fortsetzte; in diesem sind seine wertvollen analytisch-chemischen und pharmazeutischen Arbeiten insgesamt enthalten; HHww: Erster Entwurf eines Systems der chemischen Wissenschaft für „Inbegriff der Pharmacie": die Abschnitte Toxikologie, Pharmacie, Physik und Chemie; Lehrbuch der analytischen Chemie und Stöchiometrie; B. war einer der tüchtigsten Förderer eines wissenschaftlichen Pharmaziestudiums und erwarb sich um das Apothekerwesen in ganz Deutschland unbestreitbare Verdienste.

ADB: 3, 487; BL: 1899, 544; GG: 78; HJ: 143; NDB: 2, 706; Schr: 319; J. E. Herberger; in: Jahrbuch für practische Pharmacie, 2. Jg., 1839, 1; Staatsarchiv für Oberbayern, RA 3694/16348.

410 *Schneemann* Karl, Dr. med. et phil., 1812(Bamberg)—1850,
29—1—28 Arzt und Universitätsprofessor; er studierte in Würzburg und München, habilitierte sich in München nach langen Reisen durch Frankreich und Italien als Privatdozent für innere Medizin; als solcher ging sein Bestreben dahin, eine Poliklinik, wie sie schon unter Reisinger in Landshut bestanden hatte, in München ins Leben zu rufen, dabei wurde er von dem berühmten Chirurgen Ph. F. von Walther (siehe dort!) unterstützt; am 1. XII. 1843 wurde die Universitäts-Poliklinik zu München durch königliche Entschließung gegründet und Sch. zur Leitung derselben bestimmt; 1848 wurde er o. Professor; ein Mann, mit vielen Kenntnissen und entschiedenem Lehrtalent ausgerüstet, sah er sich in der Poliklinik bald von einem größeren Kreis lernbegieriger Schüler umgeben, leider erlag er schon 38jährig einer Tuberkulose-Erkrankung; HHww: De metrorrhagia, Übersetzung von B. Panizzas über die Verrichtungen der Nerven, Tractatus de contagiorum venereorum differentia, Entstehen und Wirken der Poliklinik. (Die Büste stammt von J. Halbig — siehe dort!)

BL: 1899, 583; BLÄ: 5, 106; NND: 25, 931 und 28, 236; Schr: 179 (?); C. Prantl, Geschichte der Ludwig-Maximilians-Universität usw., 2. Bd., 1872, 531.

Fortner Andreas, 1809(Prag)—1862, Bildhauer, Ziseleur und Goldschmied; als Sohn eines Silberarbeiters, in diesem Gewerbe, dann in Prag zu einem strengen Zeichner erzogen, kam 1840 nach München, um sich als Maler weiterzubilden; seine Erfolge als Ziseleur und Goldschmied bewogen ihn aber, sich dieser Kunst zu widmen; F. tat sich als Meister der Goldschmiedekunst hervor, indem er mit seinen Arbeiten in oxydiertem Silber die edelsten Renaissanceformen und fast die Kunst der Antike erreichte; er erprobte als Ritter von Schwanthalers Tafelrunde auf der Humpenburg Schwaneck seine Meisterschaft zuerst an einem figurenreichen Tafelaufsatz zur Vermählung Max' II. und fertigte phantasiereichsten Waffenschmuck und Geschmeide, womit schon im Mittelalter die bayerischen Meister die Höfe und Burgen, besonders Paris, bereicherten; ein paar prächtige Tierstücke in Bronze erschienen 1847 auf der Kunstausstellung in Prag, die geschmackvollsten Vasen, Schalen und Gefäße, Schwerter und Hirschfänger auf der Allgemeinen Industrieausstellung zu München 1854; das prächtigste aber war der Ehrendegen für den Feldmarschall Prinz Karl zu dessen Kriegerjubiläum; bei Erledigung eines Auftrags von Metallschmuck an Lüstern, Arm- und Wandleuchtern u. dgl. in St. Petersburg (= Leningrad) überraschte diesen vielseitigen Künstler der Tod.

411
29—2—5
„Schmid"

ADB: 7, 193; Bo: 5, 12.

Harter Alois (Klostername Maurus), Dr. phil., 1777(Aichach/Obb.)—1852, Bibliothekar; nach Studien zu Augsburg trat H. 1796 ins Benediktinerkloster Scheyern ein (Priester seit 1801), wo er Unterbibliothekar war; nach der Säkularisation machte er sich um die Einrichtung der Universitätsbibliothek in Landshut, besonders durch Aufstellen der Inkunabeln, verdient; er wurde 1804 Skriptor, dann Kustos der Universitätsbibliothek, verbesserte seine beruflichen Kenntnisse durch Studienreisen, auf denen er die wichtigsten deutschen Bibliotheken kennenlernte; bei Übersiedlung der Universitätsbibliothek nach München (1826) wurde H. deren eigentlicher Leiter (bis 1849); seinen wissenschaftlichen Ruf krönte er mit der Auffindung und Herausgabe des Gronowischen Briefwechsels (J. Fr. Gronovii Epistolae XXXVII ad filium suum Jacobum); H. hat auch eine Autograph-Sammlung berühmter Zeitgenossen angelegt.

412
29—2—14
„Heiß"

ADB: 10, 650; A. Lindner, Die Schriftsteller des Benediktinerordens in Bayern, 1. Bd., 1880; Lexikon deutscher Bibliothekare, 1925.

413 29—2—15 eingeebnet *Siber* Thaddäus, Dr. phil., 1774 (Schrobenhausen/Obb.)—1854, Mathematiker, Physiker, Geistlicher Rat und Universitätsprofessor; S. war zunächst Benediktiner im Kloster Scheyern und wurde nach kurzer Beschäftigung in der Seelsorge und im Gymnasium zu Ingolstadt 1801 Professor der Physik und Mathematik am Lyzeum in Freising, später in Passau, bis er 1810 Professor der Chemie, Physik und Mathematik am Lyzeum in München wurde; als die Universität 1826 nach München verlegt wurde, erhielt er eine Professur der Physik; seine reiche Forschungstätigkeit läßt sich am besten aus seinen Veröffentlichungen erkennen; HHww: Anfangsgründe der Physik und angewandten Mathematik, Anfangsgründe der Algebra, Geometrie und Trigonometrie, Anfangsgründe der höheren Mathematik, Grundlinien der Experimentalphysik; auf den meisten seiner Kompendien fußen die im 19. Jahrhundert erschienenen Schulbücher für Mathematik, Physik und Chemie; S. machte auch viele Beobachtungen meteorologischer Natur, die in Kastners Archiv für Chemie und Meteorologie und im Gelehrtenanzeiger der Münchner Akademie veröffentlicht sind.

ADB: 34, 134; BL: 1899, 559; GM: 111; Poggendorffs biographisch-litterarisches Handwörterbuch, 2. Bd., 922; Schr: 318; St: 276; J. Lamont, Denkrede auf die Akademiker Th. Siber und G. S. Ohm, 1855; M. Rottmanner, T. Ss. Selbstbiographie bis zum Jahre 1803, 1896; M. Rottmanner, Mein Lernen und Lehren, 1927.

414 29—12—3 *Gleich* Lorenz, Dr. med., um 1799 (Geburtsort unbekannt) —1865, Arzt und Naturheilkundiger; er studierte in Landshut, wo er sich als Arzt des Naturheilverfahrens niederließ, später wurde er bayerischer Bataillonsarzt; als Schüler von Oertel und Freund von Prießnitz und Schroth hat G. als erster in Bayern das Naturheilverfahrensystem ausgebaut; HHww: Nur kein Wasser, Über die Notwendigkeit einer gänzlichen Umgestaltung der sogenannten Heilwissenschaft, Heilresultate der Naturheilanstalten in Brunnthal und Lehel, Grundwesen der Naturheilkunde, Gegen den Tabaksgenuß, Das Naturheilverfahren ohne Medizin im schneidenden Gegensatz zum Heil-

verfahren mit Medizin, Die Doktorbäuerin in Deisenhofen A. Hohenester und das Naturheilverfahren.

ADB: 9, 226; BLÄ: nicht aufgeführt, ebenso nicht bei H. E. Sigerist, Große Ärzte, 1959.

**Härtinger* Martin, Dr. med., 1814(Ingolstadt)–1896, Hof- 415
opernsänger und Professor; er war in München Schüler des 29–12–23
berühmten A. Bayer (siehe dort!) und wirkte auf Empfehlung F. von Lachners (siehe dort!) anfangs im Hoftheater zu Mannheim; 1838 promovierte er zum Dr. med. mit der Arbeit „Die menschliche Stimme"; 1842 trat H. erstmals in einem Gastspiel in München auf; 1843 wurde er, vom Grafen von Yrsch berufen, Mitglied der Münchner Hofoper; dieser berühmte Tenor zählt, wie N. Schechner (siehe dort!) unter den Frauen, zu den bedeutendsten Erscheinungen unter den Männern der Münchner Oper; als Fidelio (1851) riß er durch „erschütternd wahres Spiel und seinen von Gefühl überströmenden Gesang alles zur Bewunderung und Rührung hin", „abgesehen von dem trefflichen Gesang" zeigte H. „in der ganzen Auffassung des Orest den Mann von klassischer Bildung"; wegen eines chronischen Katarrhs des Kehlkopfs und der Stimmritze trat H. schon 1855, von Fr. von Dingelstedt schlecht behandelt, in den Ruhestand; zuletzt sang er beim Mozartfest 1855 in Salzburg; er wirkte dann als begehrter Lehrer für Sologesang an der Münchner Musikschule; u. a. war er Lehrer von K. Bausewein (siehe dort!); Hauptrollen: Blondel, Idomeneus, Jacob, Eleazar (Die Jüdin), Marcel, Cecil (Raoul), Stradella, Gennaro, Mozart (Der Schauspieldirektor), Fidelio, Orest.

Ze: 27–446 (passim, besonders 300, 325, 359 und 381); K. A. von Mensi-Klarbach, Alt-Münchner Theater-Erinnerungen, 1924, 137; H. Riemann–A. Einstein, Musik Lexikon, 11. Aufl., 1929, 691.

Foltz Ludwig, 1809(Bingen)–1867, Architekt und Professor 416
am Polytechnikum; in Straßburg und Mainz als Architekt und 29–13–
Bildhauer ausgebildet, studierte F. seit 1830 in München bei 10/11
L. M. von Schwanthaler (siehe dort!) u. a., wandte sich aber dann ausschließlich der Architektur zu; er schuf viele neugotische Bauten und die Restauration (Regotisierung) der Münchner Frauenkirche und des ehemaligen Residenztheaters

in München waren die — heute ziemlich umstrittenen — Hauptleistungen dieses ausgesprochenen Romantikers; in seiner Formenbehandlung blieb F. immer derb und klobig, dagegen verbindet er bei seinen kunstgewerblichen Arbeiten, zu denen er großes Geschick besaß, viel gesunden Humor, Phantasie und richtiges Stilgefühl (dekorative Figuren an Öfen, Kaminen und Möbeln); andere Ww: Schloß für Baron Künsberg in Oberfranken, gotische Restauration der Schlösser Taxis in Schwaben, Brannenburg am Inn, Donndorf in Oberfranken und Stepperg bei Neuburg a. d. Donau.

ADB: 7, 149; BL: 1919/20, 193 (mit B); TB: 12, 156.

417 29–13–10/11 *Foltz* Philipp, von, 1805(Bingen)–1877, Historienmaler, Zentralgemäldegaleriedirektor und Akademieprofessor; Sohn eines Malers und Bruder des Architekten und Bildhauers Ludwig F. (siehe dort!) war er nach humanistischer Ausbildung Schüler von P. von Cornelius in München, er beteiligte sich an den Fresken im Münchner Hofgarten und entwickelte sich immer selbständiger, beeinflußt von E. N. Neureuther (siehe dort!), in der Richtung der Spätromantik, malte viele Bilder aus dem Bauernleben, aber auch religiöse Gemälde; von 1837/39 weilte F. in Italien; später wirkte er als Professor an der Kunstakademie in München, seit 1865 Direktor der Pinakothek; sein bedeutendstes Werk ist der Kniefall Barbarossas vor Heinrich dem Löwen im Maximilianeum; andere Ww: Aus dem Münchner Volksleben, Messe auf der Alm, Begegnung Max' II. mit seiner Gemahlin auf der Jagd.

ADB: 7, 150; R. Oldenbourg, Die Münchner Malerei im neunzehnten Jahrhundert, I. Teil, 1922, 254; Schr: 191; TB: 12, 157; UH: 128; Wo: 366; J. N. Sepp, Ludwig Augustus, 1904, 558.

418 29–13–14 eingeebnet **Rudhart* Georg Thomas, Dr. jur., von, 1792(Weismain/Ofr.)–1860, Reichsarchivdirektor und Universitätsprofessor; Rs. Vater war Bambergisch-fürstbischöflicher Polizeikommissär, sein Bruder wurde Professor für Rechtsgeschichte; er selbst studierte zu Erlangen und Landshut Rechte, nahm an den Befreiungskriegen teil und blieb bis 1822 in der Armee; hierauf unternahm R. weite Reisen durch Europa und wurde Lyzealprofessor der Geschichte in Bamberg; 1827 kurz studienhalber in Göttingen, erhielt er 1829 neben der alten Professur eine solche für klassische Philologie und Altertums-

kunde; seit 1847 war R. Professor der Geschichte in München, seit 1849 Reichsarchivdirektor daselbst; er gehörte zu den ersten von König Max II. ernannten Mitgliedern der am 20. VIII. 1858 gegründeten Historischen Kommission; HHww: Herausgabe von Taschenbuch für vaterländische Geschichte (1850 ff.) und Quellen und Erörterungen zur baierischen und deutschen Geschichte (1856 ff.), Über den Unterschied zwischen Kelten und Germanen, Thomas Morus, Älteste Geschichte Baierns, Lorenz Westenrieder.

ADB: 29, 457; Schä: Nr. 373; Jahresbericht des historischen Vereins von und für Oberbayern, 1860, 138.

30. Sektion

**Seuffert* Johann Adam, Dr. jur., von, 1794(Würzburg)—1857, 419
Rechtsgelehrter und Universitätsprofessor; S. studierte in seiner Heimatstadt und machte den Feldzug von 1814 nach Frankreich mit, habilitierte sich darauf für Geschichte und Staatswissenschaften in Göttingen, 1817 wurde er Professor der Geschichte, Pandekten und bayerischen Zivilrechts in Würzburg, seit 1831 Vertreter der Universitäten im bayerischen Landtag und zweiter Präsident der Ständeversammlung, 1832 Appellationsgerichtsassessor bzw. -rat in Straubing, 1834 in Ansbach und 1838 in Eichstätt, mußte er dann aber aus gesundheitlichen Gründen 1839 vom Staatsdienst ausscheiden; er zog nach München und betätigte sich hauptsächlich fachschriftstellerisch; HHww: Begründung der „Blätter für Rechtsanwendung" und des „Archiv für die Entscheidungen der obersten Gerichte in den deutschen Staaten", Praktisches Pandektenrecht (3 Bde.), Kommentar über die bayerische Gerichtsordnung (4 Bde.); auch als (liberaler) Politiker war S. unter dem Pseudonym Justus Steinbühl literarisch tätig. 30—1—21/22

ADB: 34, 58; St: 344.

Schaller Ludwig, 1804(Wien)—1865, Bildhauer; Sch., Sohn 420
eines Historienmalers, war zuerst Novize bei den Piaristen, studierte alsdann an der Akademie in Wien, zog mit seinem Freund M. von Schwind (siehe dort!) 1828 nach München 30—2—14

und arbeitete mit L. M. von Schwanthaler (siehe dort!) an der Ausschmückung der Münchner Pinakothek, ebenso am neuen Königsbau (für Königin Therese), schuf viele Statuetten und größere Standbilder, u. a. für das Neue Museum in Budapest, die Ruhmeshalle und die Bayerische Staatsbibliothek in München sowie Prometheus und Pheidias für die Münchner Glyptothek, schließlich das Herder-Denkmal in Weimar (das 1918 eingeschmolzen wurde), wo er deshalb das dortige Ehrenbürgerrecht erwarb; Sch. zählt zu den bedeutendsten Schwanthaler-Schülern.

ADB: 30, 563; TB: 29, 576; UH: 167; Wu: 29, 102.

421
30–13–7
Wagner Alexander (Sandor), von, 1838(Budapest)–1919, Historienmaler und Akademieprofessor; er studierte auf der Münchner Kunstakademie bei K. von Piloty (siehe dort!) und war dort seit 1869 Professor; von ihm stammen dramatische Tierbilder, lebendige Schilderungen aus dem spanischen Volksleben (Stiergefechte) und aus seiner ungarischen Heimat (ungarische Csikós); historischen Motivs sind seine Fresken für das alte Bayerische National-(heute Völkerkundliches) Museum an der Maximilianstraße (Gustav Adolfs Einzug in Aschaffenburg, Vermählung Ottos von Bayern) und im Redoutengebäude zu Budapest; W. war auch ein tüchtiger Illustrator.

BL: 1918/19, 209 (mit B); Bo: 3, 34; Herder: 8, 1337; R. Oldenbourg, Die Münchner Malerei im neunzehnten Jahrhundert, II. Teil, 1922, 92, 191, 275 und 298; TB: 35, 285.

422
30–13–11
(*)*Jolly* Philipp Gustav, Dr., von, 1809(Mannheim)–1884, Physiker, Geheimrat und Universitätsprofessor; nach mathematisch-physischen Studien in Heidelberg, Wien und Berlin habilitierte sich J. 1834 in Heidelberg, wo er Professor wurde, 1854 wurde er als solcher nach München berufen; J. verbesserte die Meßmethoden der endosmotischen (= Inbegriff aller Erscheinungen an zwei durch eine poröse Scheidewand getrennten ungleichartigen Flüssigkeiten) Erscheinungen, der Schwankungen in der Atmosphäre, der Ausdehnung von Gasen, vervollkommnete die wissenschaftlichen Waagen und Luftthermometer, konstruierte die Quecksilberluftpumpe, bestimmte die Abnahme der Schwerkraft bei Entfernung von

der Erdoberfläche, die Dichtigkeit und Masse der Erde; HHww: Prinzip der Mechanik, Physik der Molekularkräfte, Anleitung zur Differential- und Integralrechnung; J. gilt als einer der bedeutendsten Physiker seiner Zeit.

ADB: 55, 807; Doe: 291, 324 und 361; Wo: 362.

Maurer Konrad, Dr. jur., von, 1823(Frankenthal/Rheinland-Pfalz)—1902, Rechtshistoriker, Geheimrat und Universitätsprofessor; sein Vater war der berühmte Rechtshistoriker und Ministerverweser Georg Ludwig von M. (siehe dort!); er studierte in München, Leipzig und Berlin, wandte sich 1844 der juristischen Praxis zu und wurde 1847 Professor des deutschen Privat- und Staatsrechts in München, seit 1865 Mitglied der BAkdW; HHww: Bekehrung des norwegischen Stammes zum Christentum (2 Bde.), Island von seiner Entdeckung bis zum Untergang des Freistaates, Zur politischen Geschichte Islands, Isländische Volkssagen der Gegenwart; M. ist ein hervorragender Kenner und Forscher der germanischen und skandinavischen Kultur- und Rechtsgeschichte.

423
30—13—16
eingeebnet

BL: 1903, 71 (mit B), 1926, 640; Bo: 3, 15; Brockhaus (1885): 11, 534; GG: 138; Herder: 5, 1477; Beilage der Allgemeinen Zeitung, 1902, 249; K. von Amira, 1903.

Oberkamp Karl August, von, Freiherr, 1788(München)—1850, Diplomat und Geheimer Rat; O. war nach Studien in Landshut, wo er im dortigen Kreis der Romantiker verkehrte, bayerischer Gesandter am badischen Hof in Karlsruhe und (seit 1826) auch bayerischer Geschäftsträger am kurhessischen Hof in Kassel, später auch in Wiesbaden und Frankfurt und Legationsrat in Wien und von 1843/47 bayerischer Bundestagsgesandter in Frankfurt; im April 1847 wurde O. wegen seiner Zugehörigkeit zu den katholischen Kreisen, die den Lola-Montez-Skandal bekämpften, in den Ruhestand versetzt; er wurde von Freiherrn von Stein hochgeschätzt, und Ringseis, zu dessen Freundeskreis er zählte, bezeichnet ihn als „einen der vielseitig gelehrtesten Laien".

424
30—13—27
eingeebnet

Bo: 4, 25; NND: 28, 1017 (Nr. 897); Schä: Nr. 627; E. Ringseis, Erinnerungen des J. N. Ringseis, 2.—4. Bd., 1886—1891.

31. Sektion

425 31–1–22 *Dennerlein* Thomas, 1847(Mitterteich/Oberpfalz)–1903, Bildhauer und Akademieprofessor; Sohn eines Lehrers, besuchte D. die Münchner Kunstakademie, war Schüler und Mitarbeiter von G. von Neureuther, bereiste nach seiner Teilnahme am Kriege 1870/71 wiederholt Italien und wirkte dann als begehrter Bildhauer; HHww: Karl-Stieler-Denkmal in Tegernsee, Athena-Statue an der Akademie der Bildenden Künste, allegorische Figuren des Handels und des Bergbaues auf dem ehemaligen Hauptbahnhofgebäude und plastische Ausstattung vieler öffentlicher und privater Bauten in München (Deutsche Bank, Parcushaus, Wappenaufsatz auf Kriegsschule).

BJDN: 8, 76; Bo: 6, 17; TB: 9, 77.

426 31–1–28 **Perfall Karl* Theodor Emanuel, von, Freiherr, 1824(München)–1907, Komponist und Generalintendant der bayerischen Hoftheater; aus altfreiherrlichem Hause stammend; studierte P. in seiner Vaterstadt Rechte, dann in Leipzig Musik, wurde Dirigent der Münchner Liedertafel, gründete 1854 hier den Oratorienverein, rückte 1864 zum Intendanten der Hofmusik und 1867 zum Direktor der Königlichen Musikschule (späteren Akademie der Tonkunst) auf; gleichzeitig übernahm er die Intendanz der Hoftheater, seit 1872 Generalintendant und Exzellenz; seine Ämter behielt P. bis 1893 bei und machte so die ganze musikalische Entwicklung in München von R. Wagners Aufstieg an, den er freilich bekämpfte, führend mit; er komponierte Lieder, Märchenspiele, Chöre und Opern (Sakuntala, Das Konterfei, Raimondin = Melusine und Junker Heinz) und lieferte theaterhistorische Schriften (Fünfundzwanzig Jahre Münchner Hoftheater-Geschichte, Ein Beitrag zur Geschichte des kgl. Theaters in München, Die Entwicklung der modernen Theater).

BJDN: 12, 68; BL: 1904, 234 (mit B), 1932, 476; H. Riemann–A. Einstein, Musik Lexikon, 11. Aufl., 1929, 1366; Wo: 345 und 350; Ze: 67–502 (passim); A. von Mensi-Klarbach, Alt-Münchner Theater-Erinnerungen, 1924, 16; Nationaltheater München, Festschrift 1963, 61 (67: B).

427 31–1–30 **Possart* Ernst, von, Ritter, Dr. phil., 1841(Berlin)–1921, Schauspieler und Generalintendant der Münchner Hoftheater;

er trat als Lehrling in eine Berliner Buchhandlung ein, wo er den Schauspieler W. Kaiser kennenlernte, der seine Ausbildung ermöglichte; seine ersten Engagements erhielt er in Breslau, 1862 in Bern und 1863 in Hamburg; seit 1864 war P. Charakterspieler am Münchner Hoftheater, 1872 dort Regisseur, 1878 Schauspieldirektor und von 1895–1905 Generalintendant; durch „Gesamtgastspiele" (Musteraufführungen mit bedeutenden Schauspielern deutscher Bühnen) machte er sich 1880 bekannt; damit wurde P. der Begründer einer Tradition, die mit dem alljährlichen Münchner Festspielsommer immer stärkere Bedeutung gewann; 1901 gründete er das Prinzregententheater (für Wagner-Opern), seit 1905 gastierte P., ein stark rhetorisch-pathetischer Schauspieler, als Rezitator; er inszenierte die Mozartschen Opern neu, führte im Münchner Residenztheater eine drehbare Bühne ein, sein letztes Werk war die Neuinszenierung von K. M. von Webers Freischütz; daneben schrieb P. auch Fachschriften (Der Lehrgang des Schauspielers, Die Kunst des Sprechens, Erstrebtes und Erlebtes, Erinnerungen — Selbstbiographie); Hauptrollen: Franz Moor, Nathan, Marinelli, Antonio, Geßler, Mephisto, Manfred.

BL: 1911/12, 23 (mit B), 1918/19, 48 (mit B), 1920/21, 276 (mit B), 1954, 409; L. Eisenberg, Großes biographisches Lexikon der deutschen Bühne im XIX. Jahrhundert, 1903, 789; WI: 1298; Wo: 71; Ze: 68, 500 und 503; A. von Mensi-Klarbach, Alt-Münchner Theater-Erinnerungen, 1924, 21; Nationaltheater München, Festschrift 1963, 61 (77: B).

(*)*Possart* Anna, von, geb. Deinet, 1843 (Frankfurt/Main) 428
—1919, Kammersängerin und Mitglied der Münchner Hof- 31–1–30
oper; Schülerin von Elise Seebach, begann sie ihre Laufbahn als Koloratursängerin in Wiesbaden, wurde dann in Bremen engagiert und gastierte schließlich am Münchner Hoftheater als „Isabella" in „Robert", „Leonore" in „Troubadour" und „Königin der Nacht"; infolge günstiger Beurteilung ihrer gesangstechnischen Leistungen wurde sie engagiert und vertrat bis zu ihrer Pensionierung am 1. VIII. 1878 mit bestem Erfolg das Koloraturfach an der Münchner Hofbühne, zu deren beliebtesten Mitgliedern die Künstlerin zählte; ihr Gatte schreibt in seinen Memoiren „Erstrebtes und Erlebtes usw.", wie er ihr zum erstenmal begegnete: „Donnerwetter, ist das

ein schönes Mädchen, Herr Kern! Und die gehört auch zum Hoftheater?"; 1868 heiratete sie Ernst von P. (siehe dort!); Hauptrollen: Brangäne, Isabella, Königin der Nacht, Regimentstochter, Venus, Ines (Afrikanerin), Susanne, Konstanze.

L. Eisenberg, Großes biographisches Lexikon der deutschen Bühne im XIX. Jahrhundert, 1903, 790; Ze: 445, 481 und 487; E. von Possart, Erstrebtes und Erlebtes. Erinnerungen aus meiner Bühnentätigkeit, 3. Aufl., 1916, 182, 229, 231 und 244; A. von Mensi-Klarbach, Alt-Münchner Theater-Erinnerungen, 1924, 21.

429 *_Pettenkofer_+ Max Dr. med., von, 1818(Lichtenheim bei Neu-
31—1—34 burg a. d. Donau)—1901, Mediziner, Hygieniker, Obermedizinalrat und Universitätsprofessor; P. studierte in München, war zuerst Apotheker, dann Schauspieler, bildete sich jedoch schließlich in München, Würzburg und Gießen (u. a. bei J. von Liebig — siehe dort!) weiter aus, arbeitete als Technologe am Münzamt, wurde 1853 Professor der med. Chemie und 1865 (erster) Professor der Hygiene in München; P. ist der Begründer der experimentellen Hygiene in Mitteleuropa; die ersten Beobachtungen stellte er an der Luft in Wohnräumen, dem Gaswechsel und der Folgen der Bekleidung beim Menschen fest; die Cholera veranlaßte ihn zur Erforschung des Grundwassers; größtenteils ist die moderne Kanalisation unserer Städte auf P. zurückzuführen; er hat sich somit nicht nur um München, sondern um ganz Mitteleuropa verdient gemacht; München verdankt außerdem P. seine großartige Wasserversorgung aus dem Taubenberg; nebenbei beschäftigte sich P. auch mit der Erhaltung und Wiederauffrischung alter Ölgemälde, zu deren Behandlung er das sogenannte Pettenkofersche Regenerationsverfahren erfand; Mitherausgeber des „Archiv für Hygiene"; HHww: Über den Luftwechsel in Wohngebäuden, Cholera-Regulative, Das Kanal- oder Sielsystem in München, Boden und Grundwasser in ihren Beziehungen zu Cholera und Typhus.

BJDN: 6, 3; BL: 1899, 615 (mit B), 1926, 663 (mit B), 1933, 634 (mit B); BLÄ: 4, 576; GG: 123; HJ: 187, 303, 328; Schr: 319; H. E. Sigrist, Große Ärzte, 1959, 357; Deutsche Vierteljahrschrift für öffentliche Gesundheitspflege, 25. Bd., 1893; Wasserversorgung der Stadt München, 1898; E. Erismann, 1901; C. von Voit, 1902; R. Emmerich, 1915; O. Neustätter, 1925; H. E. Sigrist, 1933; W. Rimpau, 1935; K. Kißkalt, 1948; A. Fingerle, München — Heimat und Weltstadt, 1965, 30 und 32; A. Alckens, Münchner Forscher und Erfinder des 19. Jahrhunderts, 1965, 125 (mit B).

**Bausewein* Kaspar, 1838(Aub/Unterfranken)–1903, Hof- 430
opern- und Kammersänger; er sollte Schneider wie sein Vater 31–2–34
werden, wollte aber nicht; im Lehrerseminar zu Würzburg eingeebnet
erkannte man seine musikalischen Fähigkeiten, so kam er nach München, wo F. von Lachner (siehe dort!) von seinem Baß so überrascht war, daß er ihn sofort dem Intendanten des Hoftheaters empfahl; B. kam in den Opernchor, er wollte aber Solosänger werden und ging deshalb zu dem berühmten Tenor Dr. Härtinger (siehe dort!); 1858 wurde B. für die Münchner Oper engagiert; der Sarastro war seine erste Solorolle; musikalisch durch und durch, beherrschte er das ganze seriöse und Buffobaßfach, war Meister im Kontrapunkt, spielte Gitarre und blieb dabei als das nützlichste Mitglied der Oper mit einer geringen Gage zufrieden; B. war der erste Pogner in den Meistersingern, der erste Fafner in Rheingold, der erste Hunding in der Walküre; bei den anstrengenden Wagner-Aufführungen zog er sich eine Stimmbändererkrankung zu; mit Fra Diavolo nahm B. 1900 von der Bühne für immer Abschied; durch seinen zündenden Humor und seine geistvolle Gestaltungsweise konnte er alle fesseln.

BJDN: 8, 233; Ze: 424, 432, 440, 447, 502 und 507; A. von Mensi-Klarbach, Alt-Münchner Theater-Erinnerungen, 1924, 137; Nationaltheater München, Festschrift 1963, 75 (mit B).

**Dandler* Anna, 1862(Stuttgart)–1930, Hof- und Kammer- 431
schauspielerin; sie, die Tochter eines Chorführers am Stutt- 31–9–4
garter Hoftheater, sollte Sängerin werden; kaum 15jährig, wurde auf dieses Talent Clara Ziegler (siehe dort!) aufmerksam, die es E. von Possart (siehe dort!) bekannt machte; da D. das Probesprechen vortrefflich gelang, konnte sie fürs Münchner Hoftheater verpflichtet werden; große Rollen vermittelte ihr sodann ihr Kollege und Regisseur Keppler; sie durfte die Luise, Julia, Käthchen und Gretchen, überhaupt die unzähligen ersten Liebhaberinnen des modernen und des Konversationsstücks, später ernste und heitere Mütterrollen spielen; andere Rollen: Galotti, Pepa in Maus, Leonie in Damenkrieg, Herzogin von Bligny im Hüttenbesitzer, Magda in der Heimat; D. war nicht nur sehr schön, sondern auch

überaus liebenswürdig und von entzückender Natürlichkeit in allen ihren Rollen; später trat diese sprechende Zeugin der Glanzzeit des Münchner Hofschauspiels nur mehr selten auf; persönlich war D. eine gläubige praktizierende Katholikin.

Das Katholische Deutschland, 1. Bd., 1933, 392; L. Eisenberg, Großes biographisches Lexikon der deutschen Bühne, 1903; F. Moehl; in: Bayerische Staatszeitung, 1930, Nr. 217; A. von Mensi-Klarbach, Alt-Münchner Theater-Erinnerungen, 1924, 230.

32. Sektion

432 *Seydel* Max, Dr. jur., von, 1846(Germersheim/Rheinland-
32–1–21 Pfalz)–1901, Jurist, Staatsrechtler und Universitätsprofessor; Sohn eines hohen bayerischen Offiziers, besuchte S. das Gymnasium in München, wo er eine besondere Eignung für alte Sprachen und eine starke Vorliebe für die Antike zeigte; seine juristischen Studien machte er in Würzburg und München (1869 Promotion in Würzburg mit Arbeit über Senatus consultum Macedonianum); seine berufliche Laufbahn verlief folgendermaßen: 1872 Hilfsarbeiter im Staatsministerium für Kirchen- und Schulangelegenheiten, von 1873–1881 Lehrer des Staatsrechts an der Kriegsakademie, daneben Assessor im Ministerium und dann bei der Regierung von Oberbayern und seit 1879 Vorstand des Statistischen Büros, 1880 Regierungsrat; einen Ruf an die Universität Dorpat lehnte S. ab, dafür wurde er 1881 zum Nachfolger von Pözls als Professor des Verfassungs- und Verwaltungsrechts in die Münchner juristische Fakultät berufen; das Verfassungsrecht des deutschen Reichs von 1871 behandelte er unter starker Betonung föderalistischer Gedanken; HHww: Kommentar zur Verfassungsurkunde für das Deutsche Reich, Bayerisches Staatsrecht, 7 Bde., 2. Aufl., 1896, 4 Bde., Das Staatsrecht des Königreichs Bayern, Grundzüge einer allgemeinen Staatslehre; S. war auch dichterisch tätig (unter dem Pseudonym Max Schlierbach), der Gedichte und eine Lukrez-Übersetzung verfaßte; er gilt heute noch als eine Autorität auf dem Gebiet des Bayerischen Staatsrechts.

BJDN: 6, 390; Herder: 7, 1572; R. Piloty, Nachruf auf M. von Seydel, 1901; in: Blätter für administrative Praxis.

Fischbach Johann, 1797 (Grafenegg bei Krems/Österreich) —1871, Landschaftsmaler; F. trat 1818 in die Wiener Akademie ein und errang bereits 1821 den ersten Preis für eine Landschaft; nach einer längeren Studienreise durch Deutschland und die Schweiz (1825) wurde er Direktor der Paarschen Kupferstichsammlung in Wien; 1840 verzog er nach Salzburg, von wo aus seine berühmten Landschaften vom Watzmann, Untersberg und von Schweizer Gletschern, aber auch Tierstücke und Genreszenen, entstanden; hier schuf F. auch im Auftrag des landwirtschaftlichen Komitees die Typen der österreichischen Zuchtstierrassen und die Ansichten von Salzburg und Oberösterreich; seit 1860 hielt er sich in München auf; hier lieferte er in Kohlenzeichnungen seine Ww: „Die Bäume Deutschlands" und „Wald und Hain"; von F. besitzen Gemälde die Bayerische Staatsgemäldesammlung, das Museum Leipzig, die moderne Galerie in Wien u. a.; in seinen Genres ähnelt F. sehr der Art Waldmüllers; Hw: Untersberg im ersten Schnee. 433 32–3–30

ADB: 7, 47; Bo: 6, 30; R. Oldenbourg, Die Münchner Malerei im neunzehnten Jahrhundert, I. Teil, 1922, 136; II. Teil, 1922, 38; TB: 12, 12; Wu: 4, 236.

Oberländer Adam Adolf, 1845(Regensburg)—1923, Genremaler, Illustrator und Akademieprofessor; er war von 1861 bis 1866 Schüler von K. von Piloty (siehe dort!) an der Münchner Kunstakademie; Jahrzehnte hindurch war O. einer der besten Humoristen und Karikaturisten von Empfindungskraft und großer Mannigfaltigkeit der künstlerischen Mittel; als Mitarbeiter der „Fliegende Blätter" verhalf er diesen zu einem beachtlichen Aufschwung; Os. Besonderheit, Tier als menschlich-handelnde Wesen auftreten zu lassen, hat weit und breit Schule gemacht; HHww: Oberländer-Album, 1879 bis 1901 (12 Bde.), Ölgemälde in Dresden (Siesta), Hamburg (Humor und Schwerfälligkeit), München (Resignation) und Berlin (Noahs Schenke, Himmelwiese); seine Handzeichnungen besitzen München und Berlin. 434 32–4–2

BL: 1913/14, 224 (mit B), 1922/24, 79 (mit B); TB: 25, 548; H. Eßwein, Moderne Illustratoren, Nr. 5, 1905; W. Hausenstein, Ganymed, Jahrbuch für die Kunst, 5. Bd., 1925, 209; W. Hausenstein, Liebe zu München, 1958, 217.

435 32–4–4 *Lange* Julius, 1817(Darmstadt)–1878, Landschafts- und Hofmaler; nach erstem Unterricht in Darmstadt bezog er 1834 die Kunstakademie in München, dann in Düsseldorf; 1840 lernte er K. Rottmann (siehe dort!) kennen; nach weiten Studienreisen durch die Schweiz, Süddeutschland und Oberitalien, wo er Ehrenmitglied der Akademien Mailand und Venedig wurde, blieb er dauernd in München; L. hatte im bayerischen Hochland sein Arbeitsfeld erkannt, er malte fast nur solche Partien; er gilt als ein Entdecker der Alpenschönheit; die große deutsche Landschaftsschule hatte ihn zum Mitarbeiter; HHww: Ein Dorf im Walde, Partenkirchen, Zugspitze von Oberau gesehen, Partie bei Dachau, Teil des Gosau-Sees im Salzkammergut; seine Kunst vertritt die ideale Landschaftsmalerei.

ADB: 17, 644; Bo: 5, 28; TB: 22, 327; UH: 156.

436 32–8–7 *Riedel* Eduard, von, 1813(Bayreuth)–1885, Baukünstler, Hofbaudirektor und Professor; nach Studien zu Bayreuth und München übertrug ihm F. von Gärtner (siehe dort!), der sein Talent schon früh erkannt hatte, die Bauleitung des Damenstifts an der Ludwigstraße, darauf machte er eine Studienreise nach Italien, dann wurde R. zu den Bauten König Ottos in Griechenland herangezogen, er vollendete 1840 die königliche Residenz in Athen, schmückte sie dekorativ aus und legte einen Schloßpark an; aus gesundheitlichen Gründen nach München heimgekehrt, wurde er unter L. von Klenze (siehe dort!) Baukondukteur bei der Hofbauintendanz (als solcher erbaute er den Wintergarten zwischen Residenz und Hoftheater und vollendete die Propyläen), 1853 Hofbauinspektor, 1852–1857 Professor an der Technischen Hochschule; er verließ aber seine Professur, um sich den Projekten Max' II. zu widmen (altes Bayerisches Nationalmuseum – heute Museum für Völkerkunde – an der Maximilianstraße, Beamtenrelikten-Anstalt in Bogenhausen); nach Klenzes Tod wurde R. Hofbauintendant, 1872 Hofbaudirektor; zu Neuschwanstein lieferte R. wohl noch die Pläne, überließ aber G. von Dollmann (siehe dort!) die Bauleitung, während er selbst sich nur noch der Erhaltung der königlichen Schlösser in Bayern widmete; auch R. schuf in dem damals so beliebten Stil der Neu-

gotik, seine Werke ähneln sehr denen F. von Bürkleins (siehe dort!).

ADB: 28, 520; TB: 28, 316.

Heilmann Johann, von, Ritter, 1825 (München)—1888, Generalleutnant und Militärschriftsteller; selbst Sohn eines Offiziers, nahm H. am Krieg von 1866 als Generalstabsoffizier (bei Bad Kissingen verwundet), ebenso am Krieg von 1870/71, teil; zuletzt war er Brigade-Kommandeur der Infanterie und Generalleutnant; seine Bedeutung liegt in seiner Betätigung als Militärschriftsteller, als solcher wurde H. Mitglied der BAkdW; HHww: Das Kriegswesen der Kaiserlichen und Schweden zur Zeit des Dreißigjährigen Krieges, Die Zukunft der europäischen Armeen, Die Feldzüge der Bayern 1643—1645 unter Feldmarschall von Mercy, Die Kriegskunst der Preußen unter Friedrich dem Großen, Der bayerische Soldat im Felde, Geschichte Bayerns, Anteil der Bayern seit dem Rieder Vertrag, Die Bayern im Kriege, Kriegsgeschichte von Bayern, Franken, Pfalz und Schwaben (1506—1651). 437 32—11—14

ADB: 50, 131; G. von Altens, Handbuch für Heer und Flotte, 4. Bd., 1912; Kriegsarchiv München, HS VI., 9.

33. Sektion

**Roth* Karl Johann Friedrich, Dr. jur. utr., von, Ritter, 1780 (Vaihingen/Wttbg.)—1852, Präsident des protestantischen Oberkonsistoriums; nach seinen juristischen Studien in Tübingen wurde er 1801 Konsulent der Reichsstadt Nürnberg und trat 1806 als Finanzrat des Pegnitzkreises in den bayerischen Staatsdienst (später Oberfinanzrat und Ministerialrat im Finanzministerium); seit 1828 war R. Präsident des protestantischen Oberkonsistoriums; 1848 aus politischen Gründen seines Amtes enthoben, wird R. Staatsrat; er war auch Mitglied der BAkdW und gab Hamanns Schriften in 7 Bänden heraus; als Beschützer der Erweckungsbewegung besetzte er die Erlanger theologische Fakultät neu und bestand den Kniebeugenstreit; dieser erfahrene, gebildete und strenggläubige Jurist steuerte der rationalistischen Richtung im Protestantismus und organisierte die evangelische Landeskirche; er hat 438 33—1—31 sie von innen aus erneuert und wurde oft als „verkappter Katholik" geschmäht; R. ist für die evangelische Kirche Bayerns das, was J. M. Sailer für die katholische bedeutet, beide wurden von Ludwig I. sehr gefördert.

ADB: 29, 317; Doe: 21 und 103; Schä: Nr. 561; Evangelisches Gemeindebuch, 1953 (Quellen siehe auch unter Michel Johann Balthasar, Nr. 111); G. Merz, in: Evangelische Diaspora in München und Altbayern, 1959, 57; Religion in Geschichte und Gegenwart, 3. A., 1961, V, 1195–1196.

439
33–1–33
Richter Heinrich, 1820(Berlin)–1896, Hofschauspieler, Regisseur und Professor; maßgebend für Rs. Laufbahn waren Theatereindrücke in seiner Heimatstadt; noch als Gymnasiast ließ er sich vom Schauspieler E. Devrient unterrichten und trat schon 16jährig als Till im „Schleichhändler" auf; lange herumziehend wirkte R. in Posen, Rostock, Wien und Leipzig mit Erfolg; 1849 erscheint er zuerst in München als Arthur in „Ein Arzt" und Richard in „Richards Wanderleben"; wegen dieses Erfolges erhielt er sein Engagement; R. wurde von den bayerischen Königen Ludwig I. und Max II., vor allem aber von Ludwig II. und dessen Generalintendanten K. von Perfall (siehe dort!), sehr gefördert; vor dem Kronprinzen Friedrich Wilhelm von Preußen sprach er 1870 nach der Mobilmachung seinen Holkschen Jäger in „Wallensteins Lager"; 1878 übernahm R. die Lehrstelle an der dramatischen Abteilung der Musikschule; zum letztenmal trat er 1893 in der Episodenrolle des General von Klebs in Sudermanns „Heimat" auf; R. gehört zu den gefeiertsten Schauspielern Münchens.

ADB: 53, 343; BJDN: 1, 239 und 2, 434; Bo: 5, 36; A. von Mensi-Klarbach, Alt-Münchner Theater-Erinnerungen, 1924, 44.

440
33–2–24
Schubert Gotthilf Heinrich, von, 1781(Hohenstein/Sachsen) –1860, Naturwissenschaftler, Schriftsteller und Universitätsprofessor; er hatte ursprünglich Theologie studiert, wandte sich aber in Jena der Medizin zu und ließ sich in Dresden als Arzt nieder, wobei er naturphilosophische Vorträge hielt, die unter Schellings Einfluß standen; 1819 wurde er Professor der Naturwissenschaften in Erlangen, 1827 in München und Mitglied der BAkdW; er gehörte auch der evangelischen Er-

weckungsbewegung an; von seiner ersprießlichen Tätigkeit berichtet seine Autobiographie „Der Erwerb aus einem vergangenen und die Erwartungen von einem zukünftigen Leben"; seine Arbeiten (Symbolik des Traumes, Ahnungen einer allgemeinen Geschichte des Lebens [3 Bde.] und Geschichte der Seele), sind heute fast vergessen.

ADB: 32, 631; Al: 69; BL: 1926, 640 (mit B), 1932, 152; GG: 88; GM: 110; Schr: 280; Wo: 2, 12; F. R. Merkel, Der Naturphilosoph G. H. Sch., 1913; Deutsche Vierteljahrschrift für Literaturwissenschaft, 20. Bd., 1942, 305, 26. Bd., 1952, 447; M. Simon, Evang. Kirchengeschichte Bayerns, 1. A., 1942, 529.

**Schmid* Josef Leonhard, genannt „Papa Schmid", 1821 441
(Amberg/Oberpfalz)—1912, Vereinsaktuar und Begründer der 33—3—15
Münchner Marionettentheaters; als 16jähriger Buchbinderlehrling war Sch. Ende 1837 nach München gekommen, wo er schließlich Aktuar des Unterstützungsvereins für das Amts- und Kanzleipersonal wurde; 1858 machte er dem bekannten Jugendschriftsteller Graf Franz von Pocci den Vorschlag, „ein Marionettentheater für Kinder zu errichten und auf demselben (im Gegensatz zu den damals beliebten rohen Hanswurstiaden) nur solche Stücke zur Aufführung zu bringen, die dieselben nicht bloß unterhalten, sondern auch Sittlichkeit und Religiosität mehr und mehr in den Kinderherzen erwecken und erstarken machen sollten"; von Graf Pocci stammen 53 Stücke, für die das Münchner Marionettentheater das Alleinaufführungsrecht besitzt; nachdem Sch. auch das Miniaturtheater des Generals von Heideck (siehe dort!) erworben hatte, fand am 5. März 1858 die Erstvorstellung mit „Prinz Rosenrot und Prinzessin Lilienweiß" von Pocci statt; trotz großer Erfolge hatte er einen schweren Existenzkampf um sein Theater, das vielfach wandern mußte, zu bestehen, bis im Herbst 1900 das heutige Marionettentheater an der Blumenstraße eröffnet wurde; 55 Jahre hat Sch. der Jugend und den Erwachsenen als humorvoller Darsteller des lustigen Kasperls gedient, er wurde von den Kindern als „Papa Schmid" verehrt, und sein Grab wird heute noch von den Kindern gern besucht.

Al: 68; BL: 1911/12, 347 (mit BB); Bo: 5, 42; Wo: 253; A. Riedelsheimer, Geschichte des Marionettentheaters in München von der Gründung 1858 bis zum heutigen Tag, 1906; R. Elchinger, Das künstlerische Puppenspiel in München, 1937, 98; F. Baumer, Papa

Schmid und Graf Pocci, Sendung „Unbekanntes Bayern" des Bayerischen Rundfunks, Maschinenschrift, 1954; Süddeutsche Zeitung, Nr. 291 vom 5. XII. 1958, 4; W. J. Bekh, Maler in München, 1964, 161; Staatsarchiv für Oberbayern, Nachl. V., AG. München I. 1912, 2822; L. Krafft, Ausstellungskatalog 1967.

442 33–3–30 (*)*Ranke* Heinrich, Dr. med., von, Ritter, 1830(Rückersdorf/Mittelfranken)–1909, Physiolog, Anthropolog und Universitätsprofessor; er, ein Neffe des berühmten Historikers Leopold von R., studierte in Erlangen, Leipzig, Tübingen, London, München, Berlin und Paris und wurde 1861 Professor der Physiologie, später auch der Anthropologie und Extraordinarius für Kinderheilkunde, in München; 1864 wurde R. Mitglied des Gesundheitsrats der Stadt München, 1866 Vorstand der Kinderpoliklinik im Reisingerianum in München; 1869 begründete er durch Schenkung seiner Privatsammlung die prähistorische Sammlung des bayerischen Staates in München, deren Direktor er wurde; HHww: Tetanus, Grundzüge der Physiologie, Die Blutverteilung und der Tätigkeitswechsel der Organe, Die Lebensbedingungen der Nerven, Die Ernährung des Menschen, Das Blut, Der Mensch, populäre Anthropologie, 2 Bde., Über die Intubation des Kehlkopfes, Zur Ätiologie der Spina bifida; auch Untersuchungen über Hochäcker in der Gegend von München stammen von ihm.

BL: 1899, 594; BLÄ: 4, 720; Bo: 4, 49; Meyers Konversationslexikon (1896): 14, 459.

443 33–5–5/6 **Fraas* Nikolaus Karl, Dr. nat., 1810(Rattelsdorf/Ofr.)–1875, Naturwissenschaftler und Universitätsprofessor; nach Gymnasialstudien zu Bamberg und medizinisch-botanischen auf der Universität in München wurde F. Assistent am Botanischen Garten und später medizinischer Praktikant im städtischen Krankenhaus in München bei Ph. F. von Walther (siehe dort!), dann kam F. als Hofmeister 1835 nach Griechenland, wo er zusammen mit anderen in Athen eine Akademie für Naturwissenschaften, den ersten botanischen Garten am Cheissos und die erste Baumschule zu Thyrinth gründete; 1843 nach Bayern zurückgekehrt, wurde er Professor der Landwirtschaft in Freising-Weihenstephan und hatte die Aufsicht über die große dortige Maulbeerpflanzung, seit 1847 Hochschullehrer in München für Land- und Volkswirtschaft; seiner Fehde mit

J. von Liebig (siehe dort!), der die absolute Bodenaussaugung im Laufe der Jahrhunderte behauptete, entsprangen die Schriften „Die Ackerbaukrisen und deren Heilung" und „Bavaria rediviva", doch kostete dieser Gelehrtenstreit seine Abberufung als Generalsekretär des Landwirtschaftlichen Vereins; außer vielen Schriften (Klima und Pflanzenwelt, Historischer Grundriß der Landwirtschaft, Schule des Landbaues, Die Natur u. a.) ließ er auch das landwirtschaftliche Blatt „Die Schranne" erscheinen; mit seinem Tod schied die Landwirtschaftslehre aus dem Universitätsverband aus; sein Landgut in Neufreimann war musterhaft.

ADB: 7, 202; Bo: 5, 13; NDB: 5, 308; H. Haushofer, Pioniere der Bayerischen Landwirtschaft; in: Amtlicher Katalog und Festschrift, Bayerische Zentral-Landwirtschaft-Ausstellung, 1949, 47; A. Alckens, Münchner Forscher und Erfinder des 19. Jahrhunderts, 1965, 176.

**Von der Pfordten,* Ludwig, von, Freiherr, Dr. jur., 1811 (Ried/ 444
Oberösterreich)—1880, bayerischer Außenminister, Vorsitzen- 33—5—9
der im Ministerrat und Universitätsprofessor; nach juristischen Studien auf den Universitäten Erlangen und Heidelberg trat er in den bayerischen Staatsdienst; zunächst ergriff er die Dozentenlaufbahn (Professor des römischen Rechts und des bayerischen Zivilrechts in Würzburg), wurde aber dann Appellationsgerichtsrat in Aschaffenburg (gegen seinen Willen wegen seiner freisinnigen Richtung versetzt); von 1843—1848 ist P. Professor in Leipzig, wo er Mitarbeiter der von Gervinus gegründeten „Deutsche Zeitung" und sächsischer Minister (Innen-, Außen- und Unterrichts- und Kultusminister) wurde; nach seinem Rücktritt 1849 wurde er bayerischer Staatsminister des Königlichen Hauses und des Äußern, Vorsitzender im Ministerrat, bayerischer Gesandter am Bundestag in Frankfurt, zuletzt wieder Staatsminister des Königlichen Hauses und des Äußern sowie Vorsitzender im Ministerrat (etwa im Rang und in der Funktion des heutigen „Ministerpräsidenten"), als solcher verhandelte er 1866 mit Bismarck und unterzeichnete den Friedens- und geheimen Bündnisvertrag mit Preußen; von der Pf. hat sich entschieden, aber vergebens, gegen die kleindeutsche Lösung, den Anschluß an Preußen unter Ausschluß von Österreich, gewehrt. (Das Mädchenstandbild — von J. Halbig, siehe dort! — erinnert daran,

daß er ein vierjähriges Töchterlein verlor, dem er sein Leben lang nachtrauerte.)

ADB: 25, 695; BL: 1932, 52 (mit B); Bo: 3, 21; Schä: Nr. 50; Schr: 418; Wo: 454; Schriftenreihe zur bayerischen Landesgeschichte, Bd. 31, 1938 (E. Franz).

445 33–7–34 *Schechner-Waagen* Nanette, 1806(München)–1860, Hofsängerin; sie ging aus der 1821 errichteten Gesangschule an der italienischen Oper unter Leitung des Maestro Orlandi auf Veranlassung König Max' I. hervor; bereits 1822 wurde die unvergleichliche Sängerin durch einen glücklichen Zufall für die Münchner Hofbühne gewonnen; sie verehelichte sich 1832 mit dem Kunstmaler Waagen; München, Stuttgart, Karlsruhe, Wien, Berlin, Hamburg, Leipzig und Dresden haben ihre enthusiasmierenden Leistungen bewundert; die Hauptrollen dieser Primadonna waren Curiato, Servilia, Lady Macbeth und das Ännchen im „Freischütz"; wegen einer Krankheit mußte sie schon mit 29 Jahren ihren Beruf aufgeben; Sch. zählt zu den bedeutendsten Erscheinungen der Münchner Hofoper.

ADB: 30, 654; Bo: 5, 41; H. Riemann–A. Einstein, Musik Lexikon, 11. Aufl., 1929, 1606; Schr: 200; Ze: 170–422 (passim).

446 33–8–27 eingeebnet *Müller* Arthur, 1830(Breslau)–1873, Dichter und Schriftsteller; er trat nach seinen Studien in Breslau als Schauspieler auf, ging aber dann nach Süddeutschland, wo er teils in München, teils als Sommerfrischler im Gebirge und auf Frauenchiemsee, teils auch in Wien als „Theaterdichter" lebte; M. hatte sich als Lyriker und Novellist bekannt gemacht, besonders aber durch seine Dramen, die Beweglichkeit, Frische und Volkstümlichkeit nebst einer gewissen Derbheit auszeichnen; seine Tragödien waren weniger glücklich, im Lustspiel zeigte M. eine Vorliebe für grelle Lichter und scharfe Konturen; er endete durch Selbstmord; HHww: Geächtet, Kaiserglocke zu Speyer, Das Haberfeldtreiben, Johannisfeuer, Auf der Gant; M. besaß ungewöhnliche Talente, die jedoch nicht zur vollen Entwicklung reiften.

ADB: 22, 515; Bornmüller-Lexikon, 1882, 515; Gottschall, Unsere Zeit, 2. Bd., 1873, 285.

Güll Friedrich-Wilhelm, 1812(Ansbach)—1879, Lehrer und Kinderliederdichter; nach Ausbildung auf dem Lehrerseminar in Altdorf bei Nürnberg und einigen Lehrerstellen wurde G. an der protestantischen Schule in München angestellt, wo er seit 1844 auch ein Privatinstitut für Mädchen hielt; in seinen gemütvollen, meist von W. Taubert vertonten, Kinderliedern weiß G. sich dem Auffassungsvermögen des Kindes trefflich anzupassen; HHww: Kinderheimat in Liedern und Bildnissen (mit Bildern von F. von Pocci), Scherz und Ernst für Jung und Alt, Weihnachtsbilder, Leitstern auf der Lebensfahrt; sein schönstes Werk ist das ihm von seinem Schüler H. von Kaulbach (siehe dort!) gewidmete sogenannte „Kaulbach-Güll-Bilderbuch", in dem der Maler selbst dichtet: „Dein Lied (das ist das von Güll), es lebt, so lang auf Erden ein frohes Kinderherz noch schlägt und zu den alten lieben Liedern, die ich in goldner Jugendzeit von Dir gehört, schuf ich die Bilder als Mann in treuer Dankbarkeit."; Gs. Gedichte („Auf dem Hause kräht der Hahn: Gickgerigick, der Tag bricht an!") sind auch heute noch sehr beliebt und stehen in den heutigen Schullesebüchern. 447 33—10—34

Al: 37; Ra: Nr. 229; Das Kaulbach-Güll-Bilderbuch, herausgegeben vom Bezirkslehrerverein München, 1910 (Neuausgabe als „Kinderheimat", 1943); Neue Münchner Zeitung, 1879; Abendblatt, 1879, Nr. 294; F. Gärtner, 1890; F. X. Schönhuber; in: Propyläen, Nr. 410, 1911; A. Dreyer; in: BL: 1911/12, 541 (mit B); B. Hertel, F. G., ein evangelischer Charakter, 1913; Fränkische Monatshefte, 8. Jg., 1929, 341; Frankenspiegel, 1950, Heft 4, 25.

Siebold Philipp Franz Jonkheer, von, 1796(Würzburg)—1866, Japanforscher, Mediziner und Botaniker; Sohn des Würzburger Universitätsprofessors der Medizin Johann Georg Christoph von S., studierte er in seiner Heimatstadt Medizin, ging 1822 nach den Niederlanden und von da als Sanitätsoffizier nach Batavia; 1823 kehrte er als japanischer Gesandter zurück, unternahm aber 1859 eine zweite Japanreise, trat dort sogar in die Dienste des Taikun und kehrte erst 1862 nach Europa zurück, wo er sich in München niederließ; seine naturgeschichtlichen Sammlungen besitzt Leiden; HHww: Nippon, Archiv zur Beschreibung von Japan, mit Atlas, 2 Bde., Flora japonica, Bibliotheca japonica, lithographiert von dem Chinesen Kotsching-Dschang, Epitome linguae japonicae; S., der auch mit 448 33—13—5 dem Botaniker J. G. Zuccarini (siehe dort!) zusammenarbeitete, gilt heute noch als authentischer Japanforscher.

ADB: 34, 188; BL: 1896, 339 (mit B), 1899, 603 (mit B), 1911/12, 987 (mit B); Brockhaus (1834): 4, 365; J. J. Weber, Illustrierte Zeitung, 1859, Nr. 830, 359; A. von Siebold, Denkwürdigkeiten aus dem Leben und Wirken von Ph. F. von S., 1896; L. Schrott, Bayerische Weltfahrer, 1964, 198; Festschrift zum 100. Todestag, 1966; H. Körner, Die Würzburger Siebolds, 1967.

449 33–13–10 **Haushofer* Karl, Dr., von, 1839 (München)–1895, Mineraloge und Professor; Sohn des Landschaftsmalers Max H. (siehe dort!), studierte in Freiberg und München, wo er sich als Privatdozent der Mineralogie habilitierte; bei der Gründung der Münchner Technischen Hochschule wurde H. Professor der Mineralogie und Eisenhüttenkunde; seit 1889 war er Direktor, seit 1892 Mitglied des obersten Schulrats in Bayern; mit seinen Untersuchungen „Über den Asterismus und die Brewsterschen Lichtfiguren am Calcit" betrat H. eine Bahn, die seither zu sehr wichtigen Resultaten auf dem Gebiet der Kristallphysik geführt hat; der chemischen Seite seiner mineralogischen Arbeiten gehört die Schrift „Die Konstitution der natürlichen Silikate" sowie die Untersuchung über die Zersetzung des Granits durch Wasser an, während ihn in späterer Zeit das krystallographische Studium zahlreicher organischen Verbindungen beschäftigte; außerdem machte er auch noch Studien über den Ausbau der mikrochemischen Methoden, ferner entwarf H. geologische Landschaftsbilder (Unterrichtswandtafeln) und verfaßte den „Leitfaden zur Bestimmung der Mineralien"; H. ist auch Mitbegründer des Deutschen Alpenvereins.

BL: 1899, 558 (mit B); Brockhaus (1902): 8, 875; Gefährten, September 1946, 133; Schweizer Monatshefte, 27. Jg., 1947, 19.

450 33–13–10 (*)*Haushofer* Max, 1811 (München-Nymphenburg)–1866; Landschaftsmaler und Akademieprofessor; Sohn eines Lehrers, studierte H., von Benedikt von Holland (siehe dort!) gefördert, zuerst auf der Universität München Rechte, bildete sich dann aber autodidakt als Landschaftsmaler („Maler des Chiemsees") aus; er bereiste lange Italien und erhielt 1844 eine Professur an der Kunstakademie in Prag; die Motive für seine Landschaften entnahm H. fast ausschließlich der bayerischen

Hochebene, die er in schönen Momenten der Beleuchtung meisterhaft schilderte; HHww: Der Walchensee (Bayerische Staatsgemäldesammlung), Blauer Gump bei Partenkirchen (Wiener Akademie), Der Königssee (Museum in Hannover) und Der Weißensee bei Lermoos in Tirol sowie Partie auf dem Wartenstein (beide im Rudolfinum in Prag); H. ist der Vater des Mineralogen Karl von H. (siehe dort!) und des Nationalökonomen und Schriftstellers Max H. (1840—1907).

ADB: 11, 92; HJ: 179; Na: 6, 353; TB: 16, 142; UH: 136; Wu: 8, 87.

**Lutz* Johann, Dr. jur., von, Freiherr, 1826(Münnerstadt/ 451
Unterfranken)— 1890, bayerischer Justiz-, Innen- und Kultus- 33—13—27
minister, Staatsrat und Vorsitzender im Ministerrat; er studierte in Würzburg und wurde nach einer mannigfachen Praxis im Gerichtswesen und im bayerischen Staatsdienst (u. a. Protokollführer bei der Kommission zur Ausarbeitung eines gemeinsamen deutschen Handelsgesetzbuches, Ministerialassessor und „Hilfsarbeiter" im Kabinettssekretariat) 1866 Kabinettschef, 1867 bayerischer Justizminister (bis 1871) und dazu 1869 Kultusminister; von 1880—1890 war L. Vorsitzender im Ministerrat (etwa was an Rang und Funktion dem heutigen „Ministerpräsidenten" entspricht); die sogenannte „Ära Lutz" war von den heftigen Erschütterungen des Kulturkampfes begleitet; unter ihm, einem ehrgeizigen, scharfsinnigen Geist — dabei aber nicht unliebenswürdig —, wurde 1870 den bayerischen Bischöfen die Verkündigung der Vatikanischen Konzilsbeschlüsse ohne das königliche Plazet verboten, er war auch Urheber des sogenannten Kanzelparagraphen (Lex Lutziana) und führte 1873 die Simultanschule und die obligatorische Zivileheschließung ein; manche seiner Verordnungen wurden freilich später gemildert oder zurückgenommen; L. starb ausgesöhnt mit der katholischen Kirche; politisch trat er entschieden für den Anschluß Bayerns an den Norddeutschen Bund bei den Versailler Konferenzen ein.

ADB: 55, 555; Kirchliches Handlexikon, 2. Bd., 749; LThK: 6, 1244; Schä: Nr. 35; M. A. Strodl, 1872; Die Männer der deutschen Zeit, 3. Bd., 1873; A. von Eisenhart, 1891; J. B. Kißling, Geschichte des Kulturkampfes, 3. Bd., 1916; Die Kgl. Bayer. Staatsminister der Justiz, 1931, 759 und 1104; F. Frhr. von Rummel, Das Ministerium Lutz und seine Gegner, Dissertation, München 1935. W. Grasser, Dissertation, München 1968.

452 33–13–30 „Adam-Ravizza" (*)*Adam* Julius, 1826(München)–1874, Landschaftsmaler, Lithograph und Photograph; der jüngste Sohn von Albrecht A. (siehe dort!) lernte bei seinem Vater und zeigte bald Talent zum Studium der Mechanik; er malte Landschaften mit Figuren und Tieren, Aquarelle und lithographierte die Werke seines Vaters und seiner Brüder, darunter die „Erinnerungen an die Feldzüge der kaiserlichen österreichischen Armee in Italien (mit Widmung an Radetzky); auch dem Farbendruck oblag er sehr geschickt, um seine Kenntnisse zu verwerten; von da kam er auf die Photographie, wo er mit J. Albert (siehe dort!) die Photographien auf Metallplatten zum künstlerischen Schnelldruck zu verwenden suchte, ein epochemachendes Verfahren, das später als „Lichtdruck" durch J. B. Obernetter (siehe dort!) zur weitesten Geltung gelangte; A. beschäftigte sich auch mit anderen mechanischen Erfindungen und im Uhrenbau.

ADB: 45, 700; BJDN: (18, 136); BL: 1943, 30; Bo: 6, 1; Nagler, Monogrammisten, 3. Bd., 741 (Nr. 1773); Nagler–Meyer, Künstler-Lexikon, 1. Bd., 21; NDB: 1, 52; TB: 1, 65; WI: (5); W. Zils, Geistiges und Künstlerisches München in Selbstbiographien, 1913, 3 (unter *Sohn* Adam Julius!); J. Adam, Selbstbiographie (herausgegeben von H. Holland), 1886, 371; Soldan, Die Künstlerfamilie Adam, 1890, 12 (Siehe auch unter *Albrecht* Adam, Nr. 395!).

34. Sektion

453 34–1–20 *Steinheil* Karl August, Dr., von, 1801 (Rappoltsweiler/Elsaß) –1870, Astronom, Physiker, Techniker und Universitätsprofessor; schon in seiner Jugend war St., der in Göttingen bei Gauß und in Königsberg bei Bessel studierte, einige Jahre auf dem Lyzeum in München, das er, seit 1835 Professor der Mathematik und Physik, dann Konservator der mathematisch-physikalischen Sammlungen und Mitglied der BAkdW, mit Ausnahme von 1849/53 nie mehr verließ; er widmete sich hauptsächlich der praktischen Durchführung der elektromagnetischen Telegraphie, spannte 1837 zu München den ersten Draht zwischen dem Akademiegebäude in der Neuhauser Straße und der Sternwarte in Bogenhausen, 1848 entdeckte St. die Möglichkeit der Rückleitung der Telegraphieströme durch die Erde und erfand auch die telegraphische

Schrift, elektrische Uhren sowie einen Pyrometer für den Münchner Petersturm; von 1849 bis 1852 war St. Vorstand der telegraphischen Abteilung von Österreich-Ungarn in Wien, 1852 organisierte er das Telegraphenwesen in der Schweiz; mit Hilfe seines Gönners, Max II. von Bayern, gründete er 1854 die später berühmt gewordene und nach ihm benannte optisch-astronomische Werkstätte in München und in Schwabing im Suresnes-Schlößl (1855) ein optisches Institut, woraus u. a. die großen Refraktoren für die Sternwarten von Uppsala, Leipzig, Mannheim und Utrecht hervorgingen.

ADB: 35, 720; BL: 1900, 150 (mit B), 1907, 552, 1924, 496 (mit BB); GG: 101; HJ: 139, 181, 184 und 238; Ma: 258; Ra: Nr. 635; Schr: 313 und 416; H. Marggraff, 1888; A. Alckens, Münchner Forscher und Erfinder des 19. Jahrhunderts, 1965, 77 (mit BB); A. Fingerle, München – Heimat und Weltstadt, 1965, 59.

Klein Johann Adam, 1792(Nürnberg)—1875, Genremaler und 454
Radierer; er lernte in seiner Heimatstadt bei Gabler radieren 34—10—13
und stechen und kam 1811 nach Wien, wo er das Ölmalen eingeebnet
begann; 1819—1821 verweilte K. in Italien, kehrte dann nach Nürnberg zurück und ließ sich 1837 in München nieder; HHww: Ölgemälde: Halt vor der Osteria in Tivoli (Kiel), Gegend am Tiber bei Rom (Bayerische Staatsgemäldesammlung), Ungarische Fuhrleute, Walachischer Lastwagen und Tierbändiger vor einem bayerischen Wirtshaus (Berlin); sein künstlerisches Schwergewicht lag jedoch in seinen Radierungen, von denen Nürnberg über 400 Blätter besitzt.

ADB: 16, 95; Bo: 4, 17; TB: 20, 440; UH: 151; Wo: 432; C. Jahn, Das Werk von J. A. Klein, 1863.

Hetzenecker von Mangstl, Karoline, 1822 (Haag bei Freising) 455
—1888, Hofopernsängerin; sie war eine Schülerin des 34—13—28
Lieder-Komponisten und Sängers Leopold Lenz; ihr erstes Debüt war „Isoletta" in der „Die Unbekannte", ihr zweites „Pamina", beide hatten außerordentlichen Erfolg; die 17jährige besuchte auf Anraten der Intendanz zwei Jahre lang das Mailänder Konservatorium und trat 1841 wieder in das Münchner Ensemble ein; hier wirkte die Sängerin volle zehn Jahre lang als gefeierte Nancy, Norma, Katharina Cornaro und Euryanthe, zum letztenmal trat H. als Lady Macbeth auf,

dann schied sie 1849 von der Bühne, gab aber noch als Sängerin in Konzerten Proben ihres herrlichen Gesangs.

Bo: 6, 43; Schr: 280; Ze: 210–413 (passim).

456 34–13–32 *Lobenhoffer* Karl, von, Ritter, Exzellenz, 1843(Erding)–1901, Generalleutnant; L. trat 1861 als Junker in die bayerische Armee ein; als Ordonanzoffizier erhielt er 1866 im Gefecht bei Roßbrunn die Feuertaufe; vor dem deutsch-französischen Krieg reorganisierte er das bayerische Heereswesen; 1870/71 zeichnete sich der Ordonnanzoffizier bei Orleans aus, trotz einer bei Loigny-Toupry erlittenen Verwundung zog er bis vor Paris; nach dem Kriege besuchte er die Münchner Kriegsakademie und wurde nach einigen militärischen Stellungen bei verschiedenen Waffengattungen 1896 Generalleutnant und Chef des Generalstabs; als solcher nahm L. 1897 neben Prinz Leopold von Bayern an den Kaisermanövern bei Frankfurt-Hanau teil; er hat sich um das bayerische Militärwesen in der Zeit nach 1870 durch moderne Anordnungen sehr verdient gemacht.

BJDN: 6, 315; BL: 1902, 95 (mit B); Bo: 7, 50; Schä: Nr. 450; Kriegsarchiv München, HS VI., 9.

35. Sektion

456a 35–1–14 *Öchsner* Michael, 1816–1893, s. Vorwort zur 3. Aufl. S. 12.

457 35–1–30 eingeebnet **Reithmann* Christian, 1818(Moosbrunn bei Fieberbrunn/Tirol)–1909, Hofuhrmacher und vielseitiger Techniker; er erlernte bei seinem Vater, einem Tiroler Landuhrmacher und Mühlarzt, das Uhrmacherhandwerk; nach langer Wanderschaft wurde er 1847 Uhrmachergehilfe, bis er ein eigenes Geschäft gründete; hier in München machte R. Versuche über die Wirkungen eines Gemisches von Luft mit Wasserstoffgas, um durch die Explosionswirkung für einen Motor die Kraftquelle zu verschaffen, 1858 waren die Arbeiten so weit, daß er einen kleinen „Zweitakt-Versuchsmotor“ fertig hatte; 1860 baute R. einen größeren Motor, woraus der „Viertakt-Gasmotor“ (Modell im Deutschen Museum) hervorging, 1860 erfand er auch einen neuen Gang für Uhren, das „freischwingende Pendel“ (mit erster Preismedaille auf der Pariser Weltausstellung); weitere Erfindungen Rs. sind die pneumatischen

oder Luftdrucktelegraphen; noch über 80jährig konstruierte er für das Glockenspiel im Münchner Rathaus eine geniale kinematische Anordnung, die patentiert wurde. (Sein Sohn Christian R. — geb. 1853 — erbaute die astronomische Welt- und Kunstuhr im Deutschen Museum.)

Al: 63; BJDN: 14, 198; Bo: 5, 34; Ma: 222; A. Alckens, Münchner Forscher und Erfinder des 19. Jahrhunderts, 1965, 101 (mit BB); Staatsarchiv für Oberbayern, Nachl. V., AG. München I., 1909, 1271.

36. Sektion

**Rothmund* Franz Christoph, Dr. med., von, 1801(Dettelbach/Unterfranken)–1891, berühmter Chirurg, Universitätsprofessor und Obermedizinalrat; R. bildete sich in Würzburg als Schüler von Döllingers, von Textors, Schönleins und in Berlin als Schüler von Gräfes aus; 1823 promoviert, wurde er zuerst Gerichtsarzt in Miltenberg, dann in Volkach und nach 20jähriger Praxis 1843 Professor in München, Direktor der I. chirurgischen Abteilung, dann Obermedizinalrat; seit 1871 im Ruhestand, starb er 90jährig in München; seine hauptsächlichsten Arbeiten handelten über Radikaloperation der Hernien usf., aber auch über allgemeine Themen (z. B. über die Todesstrafe); Hw: Dissertatio de oscilatione. Noch berühmter ist sein, hier folgender, Sohn August R. 458 36–1–34

ADB: 53, 569; BL: 1899, 605 (mit B); BLÄ (1901): 1436; BLÄ: 4, 891.

(*)*Rothmund* August, Dr. med., von, 1830(Volkach/Unterfranken)–1906, Ophthalmologe (Augenarzt), Universitätsprofessor und Direktor der chirurgischen Poliklinik in München; Sohn des F. Ch. von R. (siehe dort!), studierte (mit Ringseis) in München, Wien, Würzburg (bei Virchow), Prag, Berlin (bei Gräfe) und Paris und wurde 1856 Vorstand der chirurgischen Poliklinik und 1863 Ordinarius für Augenheilkunde in München; R. entfernte als erster deutscher Ophthalmologe 1873 einen im Augeninnern sitzenden Eisensplitter durch einen Magneten; HHww: Beiträge zur künstlichen Pupillenbildung, Über den Star (!), Über die Entwicklung des 459 36–1–34 medizinischen Studiums an den Universitäten Ingolstadt, Landshut und München.

Al: 10; BJDN: 11, 119; BL: 1899, 605 (mit B); BLÄ: 4, 892; O. Eversbusch, Zum 70jährigen Geburtstag des A. von R., 1900.

460 36–8–27 **Frays* Christian August, von, Freiherr, 1790 (Bad Kreuznach) —1863, Generalmajor und Hoftheaterintendant; von Beruf Offizier, wurde F. 1844 zum Nachfolger des Grafen von Yrsch als Intendant des Hoftheaters in München ernannt, wobei er sich das Recht auf jederzeitigen Rücktritt in die Armee vorbehielt; weshalb er für diesen Posten geeignet war, geht aus den Akten des Hoftheaters nicht hervor; ein großes Verdienst erwarb sich F. dadurch, daß er die bis dahin recht eigentümlich besorgte Leitung des Opernchors einem erprobten musikalischen Fachmann in der Person des später durch seine Männerchöre berühmt gewordenen Konrad Max Kunz übertrug; seitdem gehörte der Münchner Hoftheaterchor zu den vorzüglichsten ganz Deutschlands; unter seiner Intendanz (—1848) wirkten die besten Fachkräfte an der Münchner Hofoper wie M. Härtinger (siehe dort!), J. Pellegrini (siehe dort!), K. Hetzenecker von Mangstl (siehe dort!), S. Diez (siehe dort!), E. Sigl (siehe dort!) u. a.

Bo: 5, 14; Schr: 157 und 417; Ze: 293—466 (passim, besonders 307—324); Kriegsarchiv München, HS VI., 9.

461 36–9–29 eingeebnet **Pellegrini* Julius, 1806(Mailand)—1858, Hof- und Kapellsänger; seine musikalische Ausbildung erhielt P. am Konservatorium seiner Heimatstadt; er debütierte in einer Oper von Pacini mit Erfolg in Turin; bald darauf wurde er für die italienische Oper in München engagiert, nach deren Aufhebung er als erster Bassist zur dortigen deutschen Oper übertrat; seit 1852 kränkelte er und so nahm er 1854 in seiner letzten Rolle als Bertram (Robert der Teufel) von der Bühne Abschied; Ps. Stimme zeichnete sich durch Kraft und Biegsamkeit, großen Umfang und vortreffliche Schulung aus; seine Gattin Klementine, geb. Moralt[1] — 1797(München)—1845 — genoß den Ruf einer guten Kontraaltistin, deren schöne Stimme und gebildeter, gefühlvoller Vortrag in der theatralischen Wirkung noch durch ihre Schönheit unterstützt wurde.

[1] ADB: Morolt, Ze u. a.: Moralt!

ADB: 25, 331 (beide); BL: 1919/20, 406 (beide); Gassner, Universallexikon der Tonkunst in einem Band, 680 (beide); Schilling, Musikalisches Europa, 263 (Pellegrini), 264 (Moralt); Schr: 200 und 202 (Pellegrini); Ze: 123–432 (passim: Pellegrini), 187–302 (passim: Moralt); Nationaltheater München, Festschrift 1963, 49 (mit B) (Pellegrini).

(*)*Rottmann* Leopold, 1812(Heidelberg)–1881, Landschaftsmaler; der jüngste Bruder Karl Rs. (siehe dort!) folgte nach Unterweisung durch einen Maler und Radierer in seiner Heimatstadt 1830 seinem schon gefeierten Bruder nach München; er studierte zunächst auf der Münchner Akademie das Porträt- und Historienfach, wandte sich aber auf Anregung seines Lehrers H. von Heß (siehe dort!) der Landschaftsmalerei zu; dabei bevorzugte R. das bayerische Hochland und andere Gebirgsgegenden; HHww: Untersberg mit Berchtesgaden, Festung Salzburg; später beschäftigte er sich mehr und mehr mit der Lithographie (Salzburg und seine Angrenzungen, Partie am Wolfgangsee, Schwansee mit der Burg Hohenschwangau); am tüchtigsten aber war R. in der Aquarellmalerei (Illustrationen zu F. Bodenstedts „Eines Königs Reise"); am Ende seines Wirkens hat R. noch die Fresken seines Bruders Karl in den Münchner Hofgartenarkaden erneuert; dieser naturalistische Landschaftsmaler kann sich zwar nicht mit seinem Bruder messen, gilt aber als scharfer Beobachter der Natur, wie seine Landschaften beweisen. 462 36–11–18

ADB: 29, 399; TB: 29, 102.

Kotzebue Alexander, von, 1815(Königsberg/Ostpr.)–1889, Schlachtenmaler und Akademieprofessor; Sohn des Lustspieldichters August von K., wurde er am Kadettenkorps zu St. Petersburg (= Leningrad) erzogen, verließ jedoch 1838 die militärische Laufbahn, um auf der dortigen Kunstakademie zu studieren; seine Schlacht bei Narwa erregte so großes Aufsehen, daß der Zar von ihm die Kämpfe Peters des Großen malen ließ; nach Studienreisen durch Frankreich, Belgien, Holland, Italien und Deutschland ließ er sich in München nieder, um die für das St. Petersburger Winterpalais bestimmten Schlachtengemälde auszuführen; später schuf er Szenen aus dem Siebenjährigen Krieg und andere Gemälde aus der russischen Kriegsgeschichte; HHww: Schlacht bei Pultawa, Feld- 463 36–12–10 züge Suworows in Italien und in der Schweiz, Schlachten der Russen gegen Napoleon; für das Münchner Maximilianeum malte K. die Gründung von Petersburg.

Brockhaus (1902): 10, 656; TB: 21, 356.

464
36–12–18
Buchner Andreas, Dr. phil., 1776(Altheim/Ndb.)–1854, Historiker, katholischer Priester und Universitätsprofessor; er studierte in München, wurde 1799 Priester, 1804 Professor der Philosophie in Dillingen, wo er wegen der Art und Weise seines Versuchs, die Religion wissenschaftlich zu stützen, einen literarischen Streit veranlaßte; 1811 wurde B. Professor der Geschichte in Regensburg, 1825 Mitglied der BAkdW und 1826 Professor der bayerischen Geschichte in München; HHww: Erkenntniß und Philosophie; Die ersten Grundsätze der Ethik; Religion, ihr Wesen und ihre Formen; Reise auf der Teufelsmauer; Geschichte von Baiern (10 Bde.); Über die Einwohner Deutschlands im 2. Jahrhundert; Bs. Vorlesungen waren sehr langatmig; wie H. Holland (siehe dort!) uns berichtet, soll er von seinen Schülern wegen des dauernd gebrauchten Verlegenheitswortes „ha" der „Ha-Buchner" genannt worden sein; seine bayerische Geschichte ist noch heute eine authentische Quelle, die den Werken S. von Riezlers und M. Doeberls als Grundlage diente.

ADB: 3, 485; GG: 83; GM: 7; Kirchliches Handlexikon, 1. Bd., 773; F. Kunstmann; in: Jahresbericht des historischen Vereins von und für Oberbayern, 1855, 117; T. Specht, Geschichte des kgl. Lyzeums Dillingen, 1904; Der Zwiebelturm, 1965.

465
36–12–23
eingeebnet
Buchinger Johann Nepomuk, Dr. jur., 1781 (Altötting/Obb.) –1870, Jurist, Reichsarchivrat und Universitätsprofessor Sohn eines Advokaten, studierte B. in Landshut Rechte und trat 1821 in den bayerischen Archivdienst ein, zuletzt las er als Honorarprofessor in München über deutsches und bayerisches Territorial- und Staatsrecht; HHww: Geschichte des Bistums Passau (2 Bde.), Die Einführung der öffentlichen Rechtspflege in Bayern, Julius Echter von Mespelbrunn, Geschichtl. Nachrichten über die Grafschaft Dachau, Über die Genealogie und Herkunft der Grafen von Burghausen; Erinnerung an die Gründung des Institutes der englischen Fräulein in Bayern.

ADB: 3, 483; Jahresbericht des historischen Vereins von und für Oberbayern, 1869/70, 218; Sitzungsbericht der königlich bayerischen Akademie der Wissenschaften, 1870, 1. Bd., 432.

37. Sektion

(*)*Siebold* Karl Theodor Ernst, von, Dr. med., 1804(Würzburg)—1885, Mediziner, Zoologe und Universitätsprofessor; S. studierte in Göttingen und Berlin und wurde 1831 Kreisphysikus in Heilsberg in Ostpreußen, 1835 Direktor der Hebammen- und Entbindungsanstalt in Danzig, wo er 1839 auch das Stadtphysikat übernahm, 1840 wurde er Professor der Physiologie und vergleichenden Anatomie in Erlangen, 1845 in Freiburg i. Br., 1850 in Breslau; zur Gründung eines Physiologischen Instituts wurde S. 1853 nach München berufen, wo er Professor der Physiologie, der vergleichenden Anatomie und später der Zoologie, Direktor des Zoologisch-zootomischen Kabinetts und Mitglied der BAkdW wurde; er veröffentlichte ein Lehrbuch der vergleichenden Anatomie der wirbellosen Tiere, „Über die Band- und Blasenwürmer", „Wahre Parthenogenesis bei Schmetterlingen und Bienen", „Beiträge zur Parthenogenesis der Anthropoden", worin er nachwies, daß auch aus unfruchtbaren Eiern sich Tiere entwickeln können, „Die Süßwasserfische von Mitteleuropa" und begründete mit Kölliker 1849 die „Zeitschrift für wissenschaftliche Zoologie"; S. hat sich namhafte Verdienste um die Fortbildung der Naturwissenschaften erworben, weil er vorzugsweise den inneren Bau, die Lebens- und Fortpflanzungsgeschichte der niederen Tiere aufklärte. 466 37—1—1

ADB: 34, 186; BL: 1899, 605 (mit B); GG: 116; Gurtl—Hirsch, Biographisches Lexikon, 5. Bd., 393; R. Herwig, 1886; W. Stieda; in: Oberbayerisches Archiv, 71. Bd., 1935, 1; H. Körner, Die Würzburger Siebolds, 1967.

Haeutle Christian, Dr. jur., 1826 (Affing, Lkr. Aichach/Obb.) —1893, Historiker und königlicher Reichsarchivrat; Sohn eines Patrimonialrichters, studierte H. auf der Münchner Universität Rechte und Geschichte und trat 1851 in den bayerischen Archivdienst ein; nach Verwendung im damaligen Kreisarchiv Bamberg kam er 1877 an das Allgemeine Reichs- 467 37—1—20 archiv in München; seit der Mitte der fünfziger Jahre war H. mit der Herausgabe der „Genealogie des erlauchten Stammhauses Wittelsbach" unermüdlich beschäftigt; diese Festgabe zum 800jährigen Wirken des bayerischen Herrscherhauses bildet auch heute noch ein wichtiges Nachschlagwerk, in dem sämtliche Linien dieser weitverzweigten Dynastie erfaßt sind; andere Ww: Kleine Hilfsmittel beim Studium der Bayerischen Geschichte, Beiträge zur Landes-, Fürsten- und Kultur-Geschichte der deutschen Staaten mit besonderer Rücksicht auf Bayern-Pfalz und auf das Haus Wittelsbach; H. hat gewissenhaft ein Tagebuch geschrieben, aus dem sein Lebenslauf genau verfolgt werden kann, besonders hervorzuheben sind dabei seine Kindheits- und Jugenderinnerungen.

Archivalische Zeitschrift, Neue Folge, 4. Bd., 1893, 294; Jahresbericht des historischen Vereins von Oberbayern, 1897, 36.

468
37–6–1
eingeebnet

Gsell-Fels Theodor, Dr. med., 1819 (Sankt Gallen/Schweiz) —1898, Arzt, Archivar, Professor und Reiseschriftsteller; er studierte in Basel Theologie und Philologie, in Berlin Philosophie und Kunstgeschichte, weilte 1842—1845 in Italien und widmete sich 1845—1848 den Naturwissenschaften und der Medizin in Paris, 1848—1852 war er Staatsarchivar in seiner Heimat St. Gallen, vollendete 1852—1856 seine medizinischen Studien und war Arzt seiner Heimat, in Nizza und Zürich, wo er auch Professor der Anthropologie und Ethnographie war, nach einem weiteren Aufenthalt in Italien und Rom wurde G. Großrat und Schulinspektor in Basel, seit 1880 lebte er in München; seine Reisehandbücher, erschienen in „Meyers Reisebücher" (Oberitalien, Mittelitalien, Rom, Korsika und Algier, München, Steiermark u. a.), gehen sehr auf die allgemeine Geschichte und auf die Kunstgeschichte ein und sind daher auf diesem Gebiet bedeutend eingehender als die Ausgaben von Baedeker.

ADB: 49, 612; BJDN: 3, 117.

469
37–12–34

Mayr Georg, 1820(Scheideck bei Erding/Obb.)—1891, katholischer Priester, päpstlicher Geheimkämmerer und Gründer des Münchner Katholischen Gesellenvereins; nach Studium der Philosophie und Theologie in Freising wurde M. 1844 Priester und war nach kurzer Verwendung in der Seelsorge und als

Kanzlist im erzbischöflichen Ordinariat in München seit 1852 erster Präses des von ihm gegründeten katholischen Gesellenvereins in München, dem er, obwohl dauernd leidend, seine ganze Kraft weihte; der Freund des „deutschen Gesellenvaters" Adolf Kolping — der „Bayerische Gesellenvater" genannt — war zuletzt Zentralpräses der katholischen Gesellenvereine Bayerns; das von ihm gegründete Zentralgesellenhaus an der Schommer-(heute Adolf-Kolping-)Straße ist heute noch der Mittelpunkt der bayerischen „Kolping-Vereine".

Das Katholische Deutschland, 2. Bd., 1933 ff., 2883; Separat-Abdruck aus der „Correspondenz" der Wiener Priestervereinigung „Associatio perseverans sacerdotum", 1892.

**Perner* Johann Ignaz, Dr. jur. et phil., 1796 (Ebersberg/Obb.) 470
—1867, Advokat, Hofrat und Begründer der Tierschutzvereine; nach seinen Studien in Landshut war P. Gerichtsbeamter in Landshut, er verließ aber bald den Staatsdienst und wurde in München Advokat; seine Einkünfte waren derart ersprießlich, daß er sich schon nach fünf Jahren ins Privatleben zurückzog und daraufhin fast ganz Europa bereiste; die Erfahrungen, die er dabei auf dem Gebiet der Vernachlässigung und Quälerei der Tiere sammelte — er verhandelte deshalb mit den verschiedensten Herrscherhäusern —, veranlaßten ihn 1841 zur Gründung des „Münchner Vereins zum Schutze der Tiere", dem bald andere derartige deutsche und ausländische Vereine folgten; 1866 stifteten diese Tierschutzvereine eine „Perner-Medaille", die denen verliehen wird, die sich in der Tierschutzsache besonders tätig erweisen; der Münchner Tierschutzverein legt alljährlich am 4. Oktober, dem Tag des großen Tierfreundes, des hl. Franz von Assisi, einen Kranz an Perners Grab nieder. 37—13—34

BL: 1898, 359; UH: 279; J. J. Weber, Illustrierte Zeitung, 1859, Nr. 826, 283; F. Kurz; in: 17. Jahresbericht des Münchner Tierschutzvereins, 1896.

38. Sektion

**Bürkel* Heinrich, 1802(Pirmasens/Rhl.-Pfalz)—1869, Genre- 471
und Landschaftsmaler; er bildete sich auf der Münchner Kunst- 38—1—10

akademie und in Rom aus; B. wußte den Charakter des Landes und des Volkes in realistischer, fast karikierender Weise zum Ausdruck zu bringen; nach seiner Rückkehr aus Italien studierte B. das bayerische Hochgebirge und Tirol und verstand auch hier das Leben treu, nicht ohne poetische Auffassung, zur Geltung zu bringen; HHww: Schiffszug bei Rattenberg in Tirol, Tiroler Kirmeß, Landschaft bei Velletri (Berlin); Die Poststation Mezza Via zwischen Rom und Albano, Winterlandschaft im Hochgebirge, Schafherde in der Campagna di Roma, Kühe zur Dorfschmiede getrieben (Bayerische Staatsgemäldesammlung); andere Werke Bs. befinden sich in Leipzig, Hamburg, Wien und St. Petersburg (= Leningrad).

ADB: 3, 623; AM: 12; NDB: 2, 748; Schr: 285; TB: 5, 197; UH: 123; W. J. Bekh, Maler in München, 1964, 108, 157 und 170.

472
38–1–16 *Schlotthauer* Josef, 1789(München)—1869, Historien-Kirchenmaler und Miterfinder der „Stereochromie"; Sohn eines Theaterdieners am Mannheimer Hoftheater, zuerst Schreinerlehrling, als Geselle Wanderbursche, machte er als Soldat den Krieg in Tirol mit und kam erst spät als Autodidakt an die Kunstakademie in München; sein Gemälde „Kindersegnender Heiland" (1814) erregte Aufsehen; Sch. war Gesinnungsgenosse von J. M. von Sailer, K. von Brentano und J. N. von Ringseis sowie Freund und Mitarbeiter des Freskenmalers P. von Cornelius; er malte auch das Pompejanum in Aschaffenburg aus und erfand 1846 mit Oberbergrat J. N. von Fuchs (siehe dort!) die „Stereochromie"; HHww: Dornengekrönter Christuskopf, Salvator Mundi, Heilige Familie, Luna mit den Hesperiden, Diana im Bade, Entführung der Helena, Zerstörung Trojas; „sein reines und lauteres Streben ging, wie bei den alten Meistern von Siena, auf Innigkeit und Tiefe des Ausdrucks und auf Adel und Wahrheit der Form" (H. Holland).

ADB: 31, 554; AM: 137; Ra: Nr. 578; Schr: 296; TB: 30, 117; UH: 169; Wo: 227, 255 und 339; Historisch-politische Blätter, 104. Bd., 1889; Lebensbilder hervorragender Katholiken, 6. Bd., 1910; Sonntagsbeilage der Augsburger Postzeitung, 1932, Nr. 50; W. J. Bekh, Maler in München, 1964, 124.

473
38–2–3 *Meyr* Melchior, Dr. phil., 1810 (Ehringen b. Nördlingen/Schw.) —1871, Dichter und Philosoph; er studierte in München,

Heidelberg und Erlangen anfangs Rechte, dann ausschließlich Philosophie und Ästhetik und begann seine literarische Laufbahn mit dem Idyll „Wilhelm und Rosina" und der Schrift „Die poetischen Richtungen unsrer Zeit"; von 1841—1852 war er in Berlin journalistisch tätig; nach der Tragödie „Herzog Albrecht" begann Ms. produktives Wirken in München; seine Gedichte und Erzählungen sind volkstümlich (2. Liebhaberin — Novelle, Agnes Bernauer, Franz von Sickingen — Bühnendichtung), seine philosophischen Schriften (Gott und sein Reich, Die Religion des Geistes, Die Fortdauer nach dem Tode, Gedanken über Kunst, Religion und Philosophie) sind dagegen deistisch-pantheistisch, von F. W. von Schelling und dem Naturforscher Karl Schimper beeinflußt; M. war ein Freund F. Rückerts, seine literarischen Leistungen wurden von Goethe anerkannt.

ADB: 21, 650; BL: 1910, 478 (mit B), 1920/21, 266 (mit B); Schr: 265; Wo: 332; M. M., Biographisches, Briefe, Gedichte (herausgegeben von Graf Bothmer und M. Carriere), 1874.

Bayer Hieronymus, Dr. jur., von, 1792(Rauris, Land Salzburg/ 474
Österreich)—1876, Jurist und Universitätsprofessor; Sohn 38—3—34
eines Salzburgisch-Fürsterzbischöflichen Landrichters, studierte B. in Salzburg, Landshut (bei N. Th. Goenner — siehe dort! — und Mittermaier) und Göttingen und wurde Professor der Rechte in Landshut (seit 1826 in München), sowie Reichsrat der Krone Bayern; von Ludwig I. und Max II. mit hohen Ehren ausgezeichnet, war er wie Ringseis eine äußerst populäre, von den Studenten wie ein Vater verehrte, Erscheinung; B. hat sich auch als Musiker, Komponist, Radierer und neulateinischer Dichter ausgezeichnet; HHww: Über die Änderung des Klagelibells, Theorie der summarischen Prozesse, Vorträge über den gemeinsamen ordentlichen Zivilprozeß, Über Beruf und Aufgabe der studierenden Jugend, Poematum libellus (5 Bde.), Gedichte einiger neulateinischer Dichter mit Übersetzung.

ADB: 46, 279; Bo: 4, 3; Schr: 187; Historisch-politische Blätter, 80. Bd., 1877.

(*)*Hefner-Alteneck* Jakob Heinrich, Dr. phil., von, 1822 475
(Aschaffenburg)—1903, Kunst- und Kulturhistoriker, Profes- 38—13—2

sor, Generalkonservator und Direktor des Bayerischen Nationalmuseums; er erhielt eine wesentlich künstlerische Erziehung und studierte Kunstgeschichte, besonders des Mittelalters; 1835 wurde er Professor der Zeichnungskunde, 1853 Konservator der vereinigten Kunstsammlungen zu München und 1868 Generalkonservator der Kunstdenkmale Bayerns und Direktor des Bayerischen Nationalmuseums; H., auch Mitglied der BAkdW, hat sich vor allem um die Erforschung des mittelalterlichen Handwerks- und Kostümwesens und um die Entwicklung des Bayerischen Nationalmuseums verdient gemacht; HHww: Beitrag zur Geschichte der deutschen Goldschmiedekunst, besonders während des 16. Jahrhunderts, Trachten des christlichen Mittelalters (3 Bde.), Kunstwerke und Gerätschaften des Mittelalters und der Renaissance, Die Burg Tannenberg und ihre Ausgrabungen, Hans Burgkmaiers Tournierbuch, Eisenwerke und Ornamente der Schmiedekunst des Mittelalters und der Renaissance, Lebenserinnerungen; sein Sohn Friedrich von H.-A., 1845–1904, gest. zu Biesdorf bei Berlin, erfand den Trommelanker für dynamoelektrische Maschinen, die Differentiallampe und machte sich durch Angabe der ersten praktischen Lichteinheit (Hefner-Kerze) verdient.

BJDN: 8, 269; BL: 1901, 562 (mit B), 1903, 444 (mit B); Bo: 4, 13; GG: 120; Kirchliches Handlexikon, 1. Bd., 1872; TB: 16, 240.

476
38–13–24
Lange Ludwig, 1808(Darmstadt)–1868, Architekt und Akademieprofessor; Bruder des Landschaftsmalers Julius L. (siehe dort!), lernte L. in Darmstadt, studierte in Gießen und unternahm größere Studienreisen; 1834 begleitete er K. Rottmann (siehe dort!) nach Griechenland und blieb in Athen, wo er Zeichenlehrer am Gymnasium wurde; 1838 ließ sich L. in München nieder, seit 1847 war L. Professor der Baukunst; HHww: Villa des Königs Max I. in Berchtesgaden und das Museum zu Leipzig; sein Entwurf zu einem archäologischen Museum in Athen wurde erst 1866 ausgeführt; in den „Werken der höhern Baukunst" veröffentlichte L. eine Sammlung seiner vielen Entwürfe.

ADB: 17, 647; TB: 22, 327.

477
38–13–34
**Pranckh* Sigmund, von, Freiherr, 1821(Altötting/Obb.)–1888, Generalkapitän und bayerischer Kriegsminister; P. trat 1834

ins bayerische Kadettenkorps ein und wurde nach einigen militärischen Posten im Ingenieurkorps, beim Genie-Regiment, im Kriegsministerium und Generalquartiermeisterstab bayerischer Kriegsminister (1866—1875), sein höchster Dienstgrad war Generalkapitän der Leibgarde der Hartschiere; als Kriegsminister reorganisierte P. das bayerische Heer, sorgte für Verpflegung und Nachschub nach den Verlusten des Deutsch-Französischen Kriegs und schloß 1871 im Großen Hauptquartier die Versailler Verträge ab; wiederholt gelang es ihm, den Widerstand der Mehrheit des bayerischen Landtags zu brechen, so setzte er auch die Wehrpflicht nach dem Muster derjenigen des Norddeutschen Bundes durch; Ps. Name ist eng verbunden mit der Geschichte des bayerischen Militärwesens.

ADB: 53, 105; BL: 1932, 59; Ra: Nr. 305; Schä: Nr. 401; Die Männer der neuen deutschen Zeit, 4. Bd., 1873; Jahresbericht des historischen Vereins von Oberbayern, 1887/88, 151; Gelbe Hefte, 6. Jg., 1929/30; Kriegsarchiv München, HS VI., 9.

39. Sektion

Heigel Franz Napoleon, 1813(Paris)—1888, Miniatur- und 478
Hofmaler; H. studierte an der Münchner Akademie und 39—1—1
wandte sich dann nach Paris, wo er Schüler von J. Guérin wurde, dessen elegante Manier er geschickt nachahmte; vorübergehend war er auch in Beaujolais tätig, und auf einer Ausstellung in Rouen wurden seine Arbeiten prämiiert; 1835 kam H. nach München, wo er von Ludwig I., der ihn zum Zeichenlehrer der königlichen Prinzessinnen ernannte, Aufträge erhielt; er malte nicht nur sämtliche Mitglieder des königlichen Hauses (Ludwig I., Otto von Griechenland mit Gemahlin Amalie, Königin Therese, Königin Olga von Württemberg), sondern auch viele Koryphäen der Schönheit, der Kunst und der Wissenschaft (über 800 Porträts); auf der Münchner internationalen Kunstausstellung von 1863 wurden fünf einzelne Frauentypen, europäische Ländertypen repräsentierend, gezeigt, die in einem Ehrendiplom der Société Belge des Auarellistes wegen ihrer tiefempfundenen Charakteristik als Leistung Münchner Kunst gefeiert wurden; im Miniaturbild war H.

ebenfalls Meister, er schuf auch Aquarelle (Historien- und Genrebilder).

ADB: 50, 128; BL: 1912/13, 679; Bo: 6, 41; TB: 16, 267; UH: 136.

479 39—2—22 *Behringer* Ludwig, 1824(Würzburg)—1903, Hauptmann, Uniformenmaler und Lithograph; dieser Offizier beschäftigte sich in seiner Freizeit als Kunstmaler und Steinzeichner; die Motive entnahm er seinem Berufsleben; HHww: Marschszene, Kosaken überfallen einen Train, Reiterporträt des Generals von der Tann; Steinzeichnungen: Das bayerische Heer in seiner neuesten Uniformierung und die Uniformen der bayerischen Armee von 1682—1848; in der Uniformierungsgeschichte des bayerischen Heeres gilt B. als Autorität.

Bo: 6, 5; TB: 3, 207; Kriegsarchiv München, HS VI., 9, und Offiziers-Personalakt Nr. 36618.

480 39—5—7 *Läverenz* Gustav, 1851(Hannover)—1906, Genremaler; L. kam schon früh nach München, wo er bei W. von Diez studierte, dessen künstlerische Prinzipien er vortrefflich erfaßte; seine Kinderszenen und Frauenbildnisse, die er nach den akademischen Lehrjahren schuf, fanden überall von Kunstverständigen Anerkennung; später konzentrierte er sich auf die Kopierung alter Meister, vornehmlich widmete er sich Rubens; Ls. Kopien sind Wunderwerke der Geduld und subtilen Nachempfindens; Porträtkopien befinden sich im Museum des Schlosses Schleißheim und im Bayerischen Nationalmuseum zu München; im Münchner Historischen Stadtmuseum (Maillinger-Sammlung) werden Ls. Kostümentwürfe zum Kostümfest der „Allotria" von 1876 verwahrt.

Bo: 5, 27; TB: 22, 200.

481 39—13—21 *Schröder* Sophie *(Devrient)*, 1781(Paderborn)—1868, Hofschauspielerin; als Tochter des Schauspielers Gottfried Bürger begann sie 1793 in St. Petersburg (= Leningrad) in der Dittersdorffschen Oper „Das Rote Käppchen" mit der Rolle der Lina ihre Bühnenlaufbahn; in Reval heiratete sie Stollmers, den Direktor der dortigen deutschen Bühne, mit dem sie 1798 an das Wiener Hoftheater kam, wo sie naive Rollen spielte, dann wurde Sch. in Breslau vornehmlich für die Oper enga-

giert; in Hamburg (seit 1801) wechselte sie ins tragische Fach, und damit begann ihre Karriere; nach einer längeren Kunstreise — u. a. spielte sie in Prag — kam sie 1815 wieder ans Wiener Hoftheater, bis sie schließlich 1831 Mitglied des Münchner Hoftheaters wurde (von 1836/40 war sie zum dritten Mal in Wien); sie besaß ein gewaltiges und doch wohlklingendes Organ, ein wirksames Auge und ein durch Übung zu großer Sicherheit entwickeltes Talent, der Darstellungskunst gab sie Poesie und Schwung in Ausmalung gewaltiger Leidenschaften; Hauptrollen: Phädra, Medea, Lady Macbeth, Merope, Sappho, Johanna von Montfaucon und Isabella (Braut von Messina; Ludwig I. nannte Sch. „Teutschlands größte Tragödin".

ADB: 32, 525; H. J. Moser, Musik Lexikon, 4. Aufl., 1953, 1134; NDB: (3, 626); H. Riemann–A. Einstein, Musik Lexikon, 11. Aufl., 1929, 1651; Ze: 209, 235, 254 und 479; Nationaltheater München, Festschrift 1963, 126 (mit B).

40. Sektion

**Meggendorfer* Lothar, 1847(München)—1925, Genremaler, 482
Illustrator und Schriftsteller; M. war auf der Münchner Kunst- 40—1—14
akademie Schüler bei A. Strähuber (siehe dort!), H. Anschütz (siehe dort!), A. Wagner (siehe dort!) und W. von Diez; zuerst war er als Illustrator Mitarbeiter der „Fliegende Blätter", trat aber als solcher 1905 zurück und gründete die nach ihm benannten „Meggendorfer Blätter", er war außerdem auch bis 1908 Redakteur der „Lustige Woche"; HHww: Etwa 100 Bilderbücher und etwa 60 Gesellschaftsspiele, 20 Genrebilder und Porträts und Zeichnungen (in der Maillinger Sammlung); M., der sich neben Kunst und Humor auch mit Gitarremusik und Landwirtschaft beschäftigte, zählt zu den beliebtesten Münchner Karikaturisten.

Bo: 6, 61; BL: 1919/20, 180; TB: 24, 336; WI: 1094.

**Halm* Karl Felix, Dr. phil., von, 1809(München)—1882, Alt- 483
philologe, Universitätsprofessor und Direktor der Bayerischen 40—1—24
Staatsbibliothek; er war nach seinen Studien in München zunächst Gymnasialprofessor (in München, Speyer und Hadamar

bei Limburg), kehrte 1849 in seine Münchner Heimat zurück, wurde 1856 Universitätsprofessor in Wien, von König Max II. aber in die gleiche Stellung und zugleich zum Direktor der Hof- und Staatsbibliothek nach München berufen; H. war als Latinist am bedeutendsten, zugleich auch ein hervorragender Lehrer (vom Altphilologen W. von Christ u. a.); um die Staatsbibliothek hat er sich durch Erwerb und Einordnung von Neuzugängen sowie durch Inventarisationen sehr verdient gemacht; er war auch Mitglied der BAkdW; nach dem 1. Vatikanischen Konzil schloß H. sich den Altkatholiken an; HHww: Lectiones Lycurgeae, Griechisches Lehrbuch, Griechisches Elementarbuch (sehr oft aufgelegt), Über die Handschriftenkunde der ciceronischen Handschriften, Catalogus codicum manuscriptorum Bibliothecae Regiae monacensis.

ADB: 49, 723; BL: 1932, 411 (mit B); GG: 111; Schä: Nr. 376; Biographisches Jahrbuch für Altertumskunde, 5. Jg., 1882; Beilage zur Allgemeinen Zeitung, 1882, Nr. 305/06; E. Wölfflin, 1883.

484 40–5–18 *Barth* Franz Xaver, 1821(Velden/Ndb.)–1894, Historien- und Kirchenmaler; er studierte in München bei P. von Cornelius und J. Schnorr von Carolsfeld, restaurierte in Fr. Dingelstedts Auftrag das Münchner Hoftheater, lieferte Fresken für das alte Bayerische National-(heute Völkerkundliches)Museum an der Maximilianstraße, half M. von Schwind (siehe dort!) bei der Ausmalung der Wiener Oper und schuf außerdem viele Kirchen- und Altargemälde (darunter die Werke der Barmherzigkeit in der Hl.-Geist-Kirche in Landshut); B. gilt als der Bannerträger der Cornelius-Schule, sein Kompositionstalent hat er in vielen Kartons für die Glasmalerei Zettlers und die Mayersche Kunstanstalt bewährt; auf eingesprengeltem Kathedralglas hat B. Bilder eingebrannt, die wie Perlen leuchten.

ADB: 46, 218; Bo: 5, 2; TB: 2, 544.

485 40–7–6 **Christ* Fritz, 1866(Bamberg)–1906, Bildhauer; Ch. kam 1880 nach München, um sich bei seinem älteren Bruder, dem im Kolosseum 1881 verunglückten Bildhauer Adam Ch. (siehe dort!) auszubilden; Ludwig II. ermöglichte ihm nach des Bruders Tod das Studium auf der Akademie bei M. Widnmann (siehe dort!); mit seinem „sterbender Krieger“ errang er eine

Auszeichnung und neue Förderung durch Eberle und Ruemann; kleine, meist nur halbmeterhohe, höchst gefällige Figürchen, in Marmor ausgeführt oder durch Erzguß vervielfältigt, erhielten auf den Ausstellungen in Paris, Kopenhagen, Chikago und München allgemeinen Beifall; HHww: Frauenstatue in der Münchner Glyptothek, Monumentaldenkmal Ludwigs II. in Bamberg (von Ph. Rittler nach Chs. Entwürfen vollendet).

BJDN: 11, 118; Bo: 6, 15; TB: 6, 534.

Rostosky Karl Oswald, 1839(Leipzig)—1868, Tiermaler; erst zur Xylographie bestimmt, widmete sich R. seit seiner Über- 486 40—11—30
siedlung von Leipzig nach München der Malerei, zu deren weiteren Ausbildung seine vielen Illustrationen und Holzstockzeichnungen die Mittel liefern mußten; sein erstes Ölgemälde (Mäusejagd) erschien 1862 im Münchner Kunstverein, dann folgten heitere Tierstücke (Hund vor dem Igel u. a.), die ihn der Landschaftsmalerei näherbrachten, wo seine Bilder aus dem „intimen" Leben des Waldes Beifall fanden; Rs. Zeichnungen in verschiedenen Illustrierten (Über Land und Meer, Die Gartenlaube, Fliegende Blätter und Münchner Bilderbogen) ergingen sich in Darstellung des Lebens der Tierwelt, in lauschigen Waldbildern, aber auch in fröhlichen Einfällen der Laune; er selbst, ein guter Gesellschafter, voll Witz und Humor, ein Meister der Mimik, hätte es mit jedem Clown aufnehmen können.

ADB: 29, 281; TB: 29, 80.

**Hess* Heinrich Maria, von, 1798(Düsseldorf)—1863, Histo- 487
rien- und Freskenmaler, Akademieprofessor und Direktor der 40—12—7
königlichen Glasmalerei sowie der vereinigten Sammlungen; Sohn des kurpfälzischen Hofkupferstechers Karl von H. (siehe dort!), studierte er an der Kunstakademie in München, bereiste mit königlichem Stipendium 1821 Italien, wo er im Verkehr mit den Nazarenern vier Jahre verweilte, und erhielt 1826 durch P. von Cornelius eine Professur für Malerei in München; im Auftrag Ludwigs I. schuf H. Kartons für Glasgemälde im Regensburger Dom und Fresken für die Münchner Allerheiligen-Hofkirche, 1838 malte er das Refektorium des Benediktinerstifts St. Bonifaz in München aus; viele Ölgemälde, z. B.

die Madonna in der Staatlichen Gemäldesammlung, behandeln religiöse Motive; seine Werke zeichnen sich durch meisterhafte Komposition und reiche, leuchtende Farbengebung aus; H. verdankt die Münchner Kunstakademie in bezug auf Maltechnik und Farbenstudium einen großen Teil ihres Weltrufs; als Leiter der königlichen Glasmalerei war H. wegweisend.

ADB: 12, 278; BL: 1898, 340 (mit B); J. Hormayr, Taschenbuch, 1831, 404; Kirchliches Handlexikon, 1. Bd., 1947; LThK: 5, 304; R. Oldenbourg, Die Münchner Malerei im neunzehnten Jahrhundert, I. Teil, 1922, 190; Ra: Nr. 262; Schr: 283; TB: 16, 579; UH: 137; Wo: 142, 144, 226 und 339.

488
40–12–7
(*)*Hess* Anton Heinrich, 1838(München)–1909, Bildhauer und Akademieprofessor; Sohn des Heinrich Maria von H. (siehe dort!) und Schüler von K. Zumbusch in München, hat H. sich auf Reisen in Italien 1866–1868 weitergebildet; von ihm stammen die vier kolossalen Balkonfiguren „Bürgertugenden" am neuen Münchener Rathaus, die Minervagruppe und die Figuren von Cicero und Sophokles am Wilhelms-Gymnasium, das Schmeller-Denkmal in Tirschenreuth, die „Fakultäten" an der Universität in Erlangen, die Madonna in der Hl.-Geist-Kirche und die Statuen des hl. Franz von Assisi und des hl. Fidelis von Sigmaringen in der St.-Antonius-Kirche in München, die Evangelistenfiguren am Hochaltar von St. Benno, München, Grabdenkmäler im Südlichen Friedhof (Knorr – siehe dort! – Peter von Hess – siehe dort! u. a.) und viele Büsten (u. a. von Ludwig I. in der Münchener Ruhmeshalle; seit 1875 war H. Professor an der Münchener Kunstgewerbeschule, seit 1900 an der Technischen Hochschule in München.

BJDN: 14, 167; BL: 1908, 558 (mit B); Bo: 6, 42; TB: 16, 575.

489
40–12–11
**Liebig* Justus, Dr., von, Freiherr, 1803(Darmstadt)–1873, Chemiker, Universitätsprofessor und Präsident der BAkdW; L. begann als Apothekerlehrling zu Heppenheim seine Laufbahn, er studierte dann in Bonn, Erlangen und Paris und erwarb durch seine Arbeit über die Knallsäure die Gunst A. von Humboldts; seit 1824 war L. Professor der Chemie in Gießen, wo Schüler aus allen Ländern zu ihm kamen, 1852 kam er nach München, wo er 1860 Präsident der BAkdW,

dann Generalkonservator der wissenschaftlichen Staatssammlungen und Vorstand der „Liebig-Stiftung" durch die deutschen Landwirtschaftler wurde; L. machte grundlegende Forschungen auf dem Gebiet der Chemie, vor allem der Lebensmittelchemie, begründete den Laboratoriumsunterricht sowie die Lehre der Pflanzenernährung und förderte damit auch die Landwirtschaft (künstliche Düngung) außerordentlich; er entdeckte das Chloroform und das Chloral, die Hippursäure, das Kreatinin, Inosinsäure und das Tyrosin; HHww: Die Tierchemie oder die Chemie in ihrer Anwendung auf Agrikultur und Physiologie, Handbuch der organischen Chemie mit Rücksicht auf Pharmazie, Chemische Briefe, Chemische Untersuchungen über das Fleisch und seine Zubereitung zum Nahrungsmittel („Liebigs Fleischextrakt"), Herausgeber der „Annalen"; L. ist „der Mann, der die Chemie in den Sattel gehoben hat", „Die Naturwissenschaft zählt ihn zu ihren größten Meistern" (HJ).

ADB: 18, 589; W. Andrees–W. von Scholz, Die Großen Deutschen, 3. Bd., 1936, 513; BL: 1926, 662 (mit B), 1933, 263 (mit B); 1954, 310; GG: 103; HJ: 142 und 190; Ma: 157; Ra: Nr. 377; Wo: 348 und 355; J. Volhard, 2 Bde., 1909; A. Fingerle, München – Heimat und Weltstadt, 1965, 30; A. Alckens, Münchner Forscher und Erfinder des 19. Jahrhunderts, 1965, 111 (mit BB).

Carriere Moritz, Dr. phil., 1817(Griedel/Hessen)–1895, Philosoph, Ästhetiker und Universitätsprofessor; er studierte in Gießen, Göttingen und Berlin Philosophie, lebte dann in Italien, habilitierte sich in Gießen und wurde dort 1849 Professor der Philosophie (seit 1853 in München); Cs. Philosophie stand sehr unter dem Einfluß Weißes, Hegels und des jüngeren Fichte, er suchte später aber den Pantheismus und Deismus zu überwinden, indem er in der Anschauung eines sowohl selbstbewußten als unendlichen, in Natur und Geschichte sich offenbarenden, Gottes die Hauptaufgabe des menschlichen Geistes erblickt; seine Hauptwerke weisen ihn als einen liberalen Vertreter jenes Spätidealismus aus, der um eine Versöhnung der Metaphysik des deutschen Idealismus mit der christlichen Religion rang; Cs. Denken freilich gewährt nur einem dogmen- und kirchenfreien philosophischen Christentum Raum, dem er im Kulturkampf mit Eifer das Wort redete; seine wissenschaftlichen Leistungen liegen vielmehr auf dem Gebiet der Ästhe- 490 40–12–11 tik; HHww: Die sittliche Weltordnung, Jesus Christus und die Wissenschaft der Gegenwart (14 Bde.), Vom Geist-, Schwert- und Handschlag für Franz Baader, Die Kunst im Zusammenhang der Kulturentwicklung und die Ideale der Menschheit (5 Bde.); C. gab auch Goethes Faust und Schillers Wilhelm Tell heraus und veröffentlichte selbstverfaßte Gedichte (Agnes — Liebeslieder und Gedankendichtungen); in seinen „Lebensbilder" schilderte er ihm bekannte Denker, Dichter und Künstler; er war mit einer Tochter Liebigs (siehe dort!) verheiratet.

ADB: 47, 452; Kirchliches Handlexikon, 1. Bd., 846; LThK: 2, 957; NDB: 3, 158; Wo: 345; M. Strodl, M. Cs. christliche Überzeugungen, 1853; Münchener Sitzungsberichte, 1895, 184; O. Weidenbach, Hessische Biographien, 3. Bd., 1934; M. Trapp, Die Philosophie an der Universität Gießen im 19. Jahrhundert, 1944.

491 40—12—12 *Schubert* Friedrich Karl, 1832(München)—1892, Hauptmann, Dichter und Schriftsteller; Sch. diente 20 Jahre in der bayerischen Artillerie und widmete sich nach seinem Abschied als Hauptmann philosophischen Studien und der Beschäftigung mit Belletristik; besonders nennenswert sind seine Dramen (Moritz von Sachsen, Der Deutsche Bauernkrieg, Florian Geyer, Napoleon I., Drei Küsse) und die Romane (Und sie bewegt sich doch, Die Jagd nach dem Glücke, Wlasta); viele Novellen erschienen in der „Wiener Presse" und dem „Sammler", seine „Gedichte" in Augsburg 1866.

Brockhaus (1903): 14, 629; Kriegsarchiv München, HS VI., 9, und Offiziers-Personalakt Nr. 22048.

41. Sektion

492 41—1—16 *Thiersch Friedrich Wilhelm, Dr. phil. et theol., von, 1784 (Kirchscheidungen bei Freiburg a. d. Unstrut)—1860, Altphilologe, Geheimer Rat, Universitätsprofessor und Präsident der BAkdW; er studierte in Leipzig und Göttingen und wurde 1809 als Professor an das neueingerichtete Wilhelms-Gymnasium in München berufen, wo er der Begründer der philologischen Studien in Bayern („Praeceptor Bavariae") wurde; bei den damaligen von J. Chr. von Aretin (siehe dort!) aus-

gehenden Verfeindungen gegen die Nordlichter wurde er wegen seiner Schrift „Über die angenommenen Unterschiede zwischen Süd- und Norddeutschland“ heftig angegriffen (Mordanschlag!); das von Th. gestiftete Philologische Institut wurde 1812 mit der BAkdW und 1826 mit der Münchner Universität vereinigt; wie er sich im Befreiungskrieg 1813 mannhaft betätigte, so bewies er auch wärmste Anteilnahme für den griechischen Freiheitskampf; während seines Aufenthalts in Griechenland 1831/32 trug er dazu bei, dort eine günstige Stimmung für Bayern zu schaffen, die die Berufung König Ottos zur Folge hatte; seit 1848 war Th. Präsident der BAkdW; HHww: Acta philologorum Monacensium, Griechische Grammatik, vorzüglich des homerischen Dialekts, Über die Epochen der bildenden Kunst unter den Griechen, Über gelehrte Schulen — mit besonderer Berücksichtigung auf Bayern.

ADB: 38, 7; BL: 1924, 249, 1926, 640 (mit B), 1932, 40 (mit B), 146, 640 (mit B) und 675; GG: 75; J. Hormayr, Taschenbuch, 1831, 392; Ra: Nr. 656; Schr: 135; St: 420; Wo: 66, 115, 235 und 279; Jahresbericht des historischen Vereins von und für Oberbayern, 1860, 124; H. Thiersch, 2 Bde., 1866.

(*)*Thiersch* Ludwig, 1825(München)—1909, Historien- und 493
Kirchenmaler; jüngster Sohn des Philologen F. W. von Th. 41—1—16
(siehe dort!), studierte er auf der Münchner Kunstakademie erst als Bildhauer bei L. M. von Schwanthaler (siehe dort!), dann als Maler bei P. von Hess (siehe dort!), J. Schnorr von Carolsfeld und K. Schorn (siehe dort!); während seines längeren Aufenthalts in Rom widmete er sich besonders älteren Meistern, namentlich auch den alten Mosaiken in den dortigen Basiliken, 1852 ging er nach Athen, wo er Professor der Malerei wurde, 1856 malte er die Fresken der Wiener griechischen Kirche, 1860—1864 führte er in St. Petersburg (= Leningrad) in den Palastkapellen der Großfürsten Michael und Nikolaus in stereochromischer Manier Gemälde auf Goldgrund aus; seit 1864 schuf er in München viele historische (Charon der Seelenführer, Alarich in Athen, Triumphzug des Bacchus) und Altargemälde (u. a. für die protestantischen Kirchen in München [St. Markus = „Himmelfahrt Christi“], Kempten und Bad Reichenhall, für die neue griechische Kirche in London und das syrische Waisenhaus in Jerusalem); da-

neben malte Th. auch Genreszenen mit Motiven aus den bayerischen Bergen.

BJDN: 14, 211; Bo: 3, 31; TB: 33, 36.

494
41–1–27
Fuchs Johann Nepomuk, Dr. med., von, 1774 (Mattenzell/Bayerischer Wald)–1856; Mineraloge, Chemiker, Oberberg- und Salinenrat, Universitätsprofessor und Geheimer Rat; aus ärmlichen bäuerlichen Verhältnissen kommend, studierte F. in Wien und Heidelberg, arbeitete beim Geologen Werner in Freiberg und schloß seine mineralogischen Studien in Berlin und Paris ab; 1807 wurde F. Professor der Mineralogie und Chemie in Landshut (Freundschaft mit J. M. Sailer), 1823 Konservator der mineralogischen Sammlung bei der BAkdW in München und seit 1826 Professor daselbst, außerdem Oberberg- und Salinenrat, Mitglied des Obermedizinalausschusses, Mitbegründer des Polytechnischen Vereins und 1852 Geheimer Rat und Mitglied der AkdW von München, Wien und Berlin; F. entdeckte u. a. das sogenannte Wasserglas (1825) und mit J. Schlotthauer (siehe dort!) zusammen die Stereochromie, eine der Freskomalerei ähnliche Technik der Wandmalerei bei Anwendung von Wasserglas (1825); er ist auch der Begründer des „Neu-Neptunismus" (Neptunismus, eine von A. G. Werner – 1749–1817 – verfochtene Auffassung, alle Gesteine, auch die kristallinen, hätten sich aus wäßrigen Lösungen ausgeschieden; heute veraltet; Gegensatz: Plutonismus!); nach ihm heißt ein Mineral „Fuchsit"; F. war einer der größten Mineralogen in neuester Zeit; HHww: Analyse eines wackeartigen, noch unbekannten Fossils, Bereitung, Eigenschaften und Nutzanwendung des Wasserglases mit Einschluß der Stereochromie, Neue Methode, das Bier auf seine wesentlichen Bestandteile zu untersuchen.

ADB: 8, 165; BL: 1899, 581 (mit B), 1926, 640; GG: 74; GM: 32; HJ: 144; NDB: 5, 680; St: 386; Wo: 229; B. Lang, Christus führt zum Licht (Lieblingsausspruch Fs.); in: Die Katholische Männerwelt, 5. Jg., 1931; W. Prandtl, Deutsche Chemiker der ersten Hälfte des 19. Jahrhunderts, 1956, 15; A. Alckens, Münchner Forscher und Erfinder des 19. Jahrhunderts, 1965, 125, 127 und 177.

495
41–13–24
„Alexander Eibner"
Eibner Friedrich, 1825(Hilpoltstein/Mittelfranken)–1877, Architekturmaler; dieser Autodidakt zeichnete sich als Architekturmaler aus (Städte- und Gebäudeansichten seiner mittel-

fränkischen Heimat, vom Rhein, von Oberitalien und Frankreich); HHww: Der Dom zu Regensburg, Die Kirche von Andernach, Die Kirche der Tempelherren zu Bacharach, Die Nürnberger Frauenkirche, Der Campo Santo S. Rocco in Venedig, Die Kathedrale in Burgos, Metschrosky-Album mit spanischen Ansichten, 65 Aquarelle aus Spanien und die Sammlungen von Aquarellen aus Deutschland und Frankreich, die Friedrich Wilhelm IV. von Preußen erwarb; sein Sohn, Alexander Paul Friedrich *Eibner*, 1862(München)—1935 — ebenfalls hier bestattet —, war Chemiker, der mit Doerner an der Vervollkommnung der Farben arbeitete.

ADB: 48, 292; NDB: 4, 367 (Alexander E.); TB: 10, 401.

42. Sektion

**Deutinger* Martin (d. J.), Dr. phil. et theol., 1815 (Schachtenmühle bei Langenpreising, Lkr. Erding/Obb.)—1864, katholischer Theologe, Philosoph und Universitätsprofessor; von seinem gleichnamigen Oheim (siehe dort!) gefördert, studierte D. in Dillingen und München (bei F. von Baader — siehe dort! — J. von Görres — siehe dort! — und F. W. von Schelling), wurde Priester und nach Verwendung in der Seelsorge 1841 Lehrer der Philosophie in Freising und 1846 Universitätsprofessor in München, später auch Mitglied der BAkdW; wegen seiner von der herkömmlichen Auffassung abweichenden Lehre wurde D. 1847 nach Dillingen versetzt, seit 1852 war er aber wieder rehabilitiert und als Universitätsprofessor und Universitätsprediger in München tätig; D. versuchte im Kampf gegen Hegel einerseits und gegen den Materialismus andrerseits eine Versöhnung von Glauben und Wissen anzubahnen, auch als Ästhetiker war er hervorragend; F. von Baaders Philosophie entwickelte er weiter, sich ganz in den Gedanken des spekulativen Theismus bewegend; D. ist die bedeutendste Gestalt der „deutschen" (vor- und neuscholastischen) katholischen Theologie in der zweiten Hälfte des 19. Jahrhunderts; HHww: Grundlinien einer positiven Philosophie als vorläufiger Versuch einer Zurückführung aller Teile der Philosophie auf christliche Prinzipien, 8 Bde., Verhältnis der Kunst zum Christentum, Deutscher Dichterwald, 496 42—1—8

Briefe über Musik, Geschichte der griechischen Philosophie, Das Prinzip der neueren Philosophie und die christliche Wissenschaft, Verhältnis der Poesie zur Religion.

ADB: 5, 90; BL: 1915/16, 341; Enciclopedia Cattolica, 4. Bd., 1953, 1503; GG: 102; LThK: 3, 264; NDB: 3, 623; L. Kastner, 1. Bd., 1875; G. Neudecker, 1877; G. Sattel, 1905; J. A. Endres, 1906; M. Ettlinger, Die Ästhetik Ds. in ihrem Werden, Wesen und Wirken, 1914; Philosophisches Jahrbuch, Bd. 28, 1915; Die Religion in Geschichte und Gegenwart, 1. Bd., 1927; K. Mund, Dissertation, Bonn 1928; H. Fels, 1938; E. Reisch, Ds. dialektische Geschichtstheologie, 1939; J. Fellerer, M.-D., 1940; F. X. Gerstner, Das Bild des Menschen bei M. D., Dissertation, Würzburg 1943; A. Bigelmair, Dillingen und Schwaben, 1949, 1; W. Ziegenfuß. Philosophenlexikon, 1. Bd., 1949, 238; J. Fellerer, M. Ds. Kunstphilosophie: Monachium, 1958, 212; St. Lösch, Prof. Dr. Adam Gengler, 1799–1866, 1963, 133 und 144; Süddeutsche Zeitung, Nr. 77, 1965, 21.

497 *Soeltl* Johann Michael, Dr. phil., von, 1797(Neunburg vorm
42–3–1 Wald)–1888, Historiker, Universitätsprofessor, Geheimer Haus- und Staatsarchivar und Geheimer Hofrat; er studierte in München und Landshut, war kurze Zeit Gymnasiallehrer in Aschaffenburg und am Münchner Erziehungsinstitut, studierte dann wieder in Göttingen, um schließlich Professor der Geschichte in München zu werden; wurde aber nach 1835 zeitweise beurlaubt, weil seine „Geschichte der Deutschen" nach Ansicht des Erzbischöflichen Ordinariats von München und Freising nicht im kirchlichen Sinn geschrieben war; dafür betraute ihn Kronprinz Maximilian (später Max II.) mit historischen Arbeiten, u. a. „Der Religionskrieg in Deutschland" (wo er Kurfürst Max I. so charakterisiert: „Welch ein Mann, wären nicht die Jesuiten seine Erzieher gewesen!"); unter Max II. wurde S. wieder Universitätsprofessor für bayerische und deutsche Geschichte; um für Sybel Platz zu schaffen, wurde S. zum Vorstand des königlichen Geheimen Hausarchivs – später auch des Geheimen Staatsarchivs – mit dem Titel eines Geheimen Hofrats ernannt; HHww: Heinrich IV. – Kaiser und König der Deutschen –, C. J. Cäsar, Ästhetik in Mitteilungen an eine deutsche Frau; auch poetische Arbeiten (Konradin – ein Balladenzyklus) und Dichtungen (wie Gustav Adolf und Der Untersberg) stammen von ihm.

ADB: 34, 588; GM: 112; Wo: 111.

Grauert Hermann, Dr. phil., von, 1850(Pritzwalk/Brandenburg)—1924, Historiker, Universitätsprofessor und Geheimrat; nach vierjähriger kaufmännischer Beschäftigung studierte G. in Münster, Göttingen, Berlin, Straßburg und München, 1877 wurde er Praktikant beim Allgemeinen Reichsarchiv in München; nach seiner archivalischen Staatsprüfung arbeitete G. zunächst im Auftrag der BAkdW in den von Leo XIII. eben eröffneten vatikanischen Archiven; seit 1884 Professor in München, leitete er 1900 die Ausgrabungen der Kaisergräber im Speyrer Dom; seine vielen durch archivalische Funde bereicherten Abhandlungen, besonders zur Geschichte der Papstwahl, zur Reichstheorie, Romgedanke und Friedensidee im Mittelalter, zum spätmittelalterlichen Geistesleben (Dante, Petrarca), aber auch zur Geschichte der Bismarck-Zeit, erwiesen ihn als Meister der Urkunden- und Quellenkritik mit stark rechtshistorischer Ausprägung; als Nachfolger des ihm politisch wie weltanschaulich eng verbundenen G. von Hertling stand er 1920/24 der Görres-Gesellschaft als Präsident vor, er war auch Mitglied der BAkdW. 498 42—12—6

BL: 1910, 576, 1919/20, 381 (mit B), 1920/21, 32 (mit B), 1922/24, 100 (mit B), 1926, 647 (mit B); GG: 176; LThK: 4, 1173; WI: 556; W. Zils, Geistiges und Künstlerisches München in Selbstbiographien, 1913, 117; M. Jansen, 1910; K. Beyerle, 1920; H. Günter; in: Historisches Jahrbuch, 44. Bd., 1924, 169; Academia, 37. Jg., 1924; Jahrbuch der Bayerischen Akademie der Wissenschaften, 1924; K. Wenck; in: Vierteljahrschrift für Sozial- und Wirtschaftsgeschichte, 131. Folge, 1925, 263; J. Spörl, Ein großer Münchner Historiker; in: Münchner Merkur, Nr. 228, 1950; K. A. Müller, Mars und Venus, 1954, 20 und 177; K. Schwend, Bayern zwischen Monarchie und Diktatur, 1954, 135 und 576.

Braun Reinhold, 1821(Altenstein/Baden)—1884, Schlachten-, Panorama- und Pferdemaler; er studierte am Stuttgarter Polytechnikum, wo er die Lithographie erlernte und bei Truppenübungen eifrig Pferdestudien und Malerei betrieb; als Schlachtenmaler erhielt B. die Einladung, im Hauptquartier des Prinzen Wilhelm von Preußen an den strategischen Operationen gegen den Badischen Aufstand (1849) teilzunehmen, er war dabei Zeuge der Belagerung und Übergabe von Rastatt und malte ein großes Aquarell mit dem Prinzen und dessen Gefolge sowie vom Husarengefecht bei Wiesenthal; in Stutt- 499 42—12—27 eingeebnet gart schuf B. für die Kronprinzessin Olga dreißig Genrebilder aus dem schwäbischen Volksleben mit Trachten, Gebräuchen, Jahrmärkten und Festen; die sichere Zeichnung, naturhafte Farbe und delikate Ausführung seiner Pferdebilder verschafften ihm den Ehrennamen eines „schwäbischen Wouwermann"; 1872 übersiedelte B. nach München; in allen Kunstvereinen und Ausstellungen fanden seine Bilder Aufnahme und Verbreitung durch Holzschnitt und Photographie; bald wurde sein Name auch im Ausland bekannt; sein Bruder Louis B. (1836—1916, liegt im Alten Nördlichen Friedhof auf 3 — 1 — 20) wurde durch ihn zum Schlachtenmaler ausgebildet.

ADB: 47, 203; Bo: 6, 13; TB: 4, 549.

500
42—13—14
Bischoff Theodor Ludwig Wilhelm, Dr. med., 1807(Hannover)—1882, Anatom, Physiologe und Universitätsprofessor; er studierte in Bonn, Heidelberg und Berlin und war Professor der Physiologie und Anatomie in Heidelberg, Gießen, wo er das Physiologische Institut und das Anatomische Theater gründete, und seit 1855 Professor in München, später auch Mitglied der BAkdW; B. machte sich um die Entwicklungslehre sehr verdient, indem er in einer Reihe von Spezialuntersuchungen den Unterschied zwischen dem Menschen und dem höheren Affen feststellte; auch wies B. als einer der ersten die Gegenwart freier Kohlensäure im lebenden Blut nach; B. war ein entschiedener Gegner der Zulassung von Frauen zum Medizinstudium; HHww: Entwicklungsgeschichte der Säugetiere und des Menschen, Beweis der von der Begattung unabhängigen periodischen Reifung und Loslösung der Eier der Säugetiere und des Menschen, Historisch-kritische Bemerkungen zu den neuesten Mitteilungen über die erste Entwicklung der Säugetiere, Harnstoff als Maß des Stoffwechsels, Die Gesetze der Ernährung des Fleischfressers (zusammen mit K. Voit — siehe dort! — herausgegeben).

ADB: 46, 570; BLÄ: 1, 550; GG: 125; NDB: 2, 264; Wo: 359; Chronik der Universität München für 1882/83, 9; Almanach der Bayerischen Akademie der Wissenschaften, 1875, 182, 1878, 133.

Schlußwort

Es würde ins Uferlose führen, wenn man alle Berühmten aufzählen wollte, die in der Wissenschaft und im öffentlichen Leben sowie in der Kunst eine bedeutende Rolle spielten und hier im Südlichen Friedhof zu München ihre letzte Ruhestätte gefunden haben. Viele bedeutende Männer mußten übergangen werden. Es blieb dabei nur ein geringer Prozentsatz der Totenwelt dieses Friedhofs berücksichtigt. Man bedenke nur, daß dieser Gottesacker im Dezember 1943, als hier der letzte beigesetzt wurde, 24 000 Familiengrabstätten besessen hat!

Die hier aufgeführten Persönlichkeiten sind so recht Zeugen der politischen, der Geistes- und der Kulturgeschichte des 19. Jahrhunderts, der Zeit der abklingenden Aufklärung, des nüchternen Klassizismus, aber auch der blühenden Romantik und des behäbigen Biedermeiers. Was wir auch heute an geisteswissenschaftlichen und technischen Errungenschaften aufweisen können, die Wurzeln, ja die Bäumchen und oft selbst die Bäume reichen bis ins 19. Jahrhundert zurück. Schon vor der Mitte jenes Säkulums läßt sich überall ein gigantisches Streben auf jedem wissenschaftlichen und kulturellen Gebiet verspüren. In *unserem* Südlichen Friedhof haben wir gewissermaßen ein sorgfältig und reich illustriertes Geschichtsbuch für diese Epoche. Die Namen von säkularen Persönlichkeiten werden wohl neben anderen ortsbedingten mit verschiedenem Interesse aufgenommen. Es wurden alte, längst vertraute, Gesichter wieder ins Blickfeld gerückt und der eine oder der andere wieder aus dem Dornröschenschlaf geweckt, der in der Politik, in der Geisteswelt, in der Technik, in der Kunst, auf kulturellem Gebiet – offen auf der Bühne oder aus Bescheidenheit nur hinter den Kulissen versteckt – eine wichtigere Rolle als seine Zeitgenossen gespielt hat.

Personen-Register

I. In Münchner Kirchen und in den nicht mehr innerhalb der Altstadt bestehenden Friedhöfen bestattete Persönlichkeiten und Familien:

Adlzreiter Johann	Studienkirche
Arco	Theatinerkirche
Baich Franz Joach.	Salvator
Barnabei Ercola	an der Theatinerkirche
Barth	St. Peter
Bavarese Rosa	Salvator
Bonat Franziskus	Kapuzinerkloster
Cuvillée Franz d. Ä.	Salvator
Eck Leonhard	Franziskaner
Effner Josef	Franziskaner
Faistenberger Andr.	Salvator
Ferron Jul. Bas.	Kapuzinerkloster
Fischer Joh. Mich.	an der Frauenkirche
Fraunberg	Franziskaner
Fraunhofer	Franziskaner
Fugger	Franziskaner
Gumppenberg	Franziskaner
Gunezrhainer J. B.	Salvator
Günther Ignaz	an der Kreuzkirche
Haimhausen	Franziskaner
Haslang	Franziskaner
Hegnenberg-Dux	Franziskaner
Höger	St. Peter
Hohenzollern-Sigmaringen	Franziskaner
Holnstein	Theatinerkirche
Hörwarth	St. Peter, Frauenkirche, Franziskaner
Hundt	Franziskaner
Ickstatt Fanny	Salvator
Israeliten	Maßmannplatz, Äuß. Thalkirchner Straße (Neuhofen) und Ungererstr.
Italienische Kolonie	an der Theatinerkirche

Koffler	Johann-Nep.-Kirche
Kohlenbrenner Franz	Salvator
Kreitmayr Fr. X. Wig.	an der Frauenkirche bzw. Offenstetten, Lkr. Kelheim
Kurz	Franziskaner
di Lasso Orlando	Franziskaner
Leiblfing	Franziskaner
Lerchenfeld	Franziskaner
Lew Wilhelm	Franziskaner
Ligsalz	Frauenkirche
Limprun Joh. Domin.	Salvator
Lösch	Franziskaner
Löw	Franziskaner
Mändel	Frauenkirche
Martinitz Johanna Eva	St. Peter
Maxlrain	Franziskaner
Montfort	Franziskaner
Muggenthal	Franziskaner
Mülich Hans	Salvator
Occam William	Franziskaner
Ortenburg	Franziskaner
Pelkoven	Franziskaner
Pienzenauer	Franziskaner
Porzia	Franziskaner
Pötschner	St. Peter, Franziskaner
Preysing	Frauenkirche, Franziskaner
Prugger Niklas	Salvator
Pütrich	Franziskaner
Rambeck	St. Peter
Rechberg	Franziskaner, Dreifaltigkeitskirche
Ridler	Frauenkirche, Franziskaner
Robespièrre Max (Vater)	Salvator
Saint Germain Cl.	Kapuzinerkloster
Schrenk	St. Peter, Franziskaner
Schwarzenberg	Franziskaner
Schwarzmann Rosa	Salvator
Seiboldsdorf	Franziskaner
Seinsheim	Franziskaner

Sterziner Ferdinand	Theatinerkirche
Straub Joh. Bapt.	an der Kreuzkirche (siehe auch Südlicher Friedhof!)
Taufkirchen	Franziskaner
Teutsche Kongregation der Herren und Bürgersöhne Münchens	Franziskaner
Thürheim	Franziskaner, Theatinerkirche
Toerring-Jettenbach	Franziskaner, Theatinerkirche
Toerring-Seefeld	Dreifaltigkeitskirche
Unertl	St. Peter, Frauenkirche
Waldeck	Franziskaner
Wall	Franziskaner
Weißmaler Marqard	Franziskaner
Wittelsbacher	Theatinerkirche, Frauenkirche, St. Michael, St. Bonifaz
Zech	Johann-Nep.-Kirche
Zimmermann Johann B.	an der Peterskirche
Zinsmeister	St. Peter

II. Im Südlichen Friedhof Bestattete:

A

Abel Karl 53
Adam Albrecht 395
Adam Benno 396
Adam Eugen 397
Adam Franz 398
Adam Julius 452
Aiblinger Joh. Kasp. 269
Ainmiller Max Emm. 388
Albert Eugen 8
Albert Franz 6
Albert Josef 7
Amsler Samuel 155
Angstwurm Theodor 270
Anschütz Hermann 406
Aretin Joh. Christ. 20
Aretin Johann Georg 21
Armansperg Jos. Ludw. 390
Arnold Ferd. 248
Arnold Hugo 158
Asch zu A. auf Oberndorff Ad. 86
Ast Georg Ant. Frdr. 149
Auer Max Jos. 107
Aurbacher Ludwig 330

B

Baader Franz X. 253
Baader Jos. 125
Babo Jos. Marius 346
Barth Franz X. 484
Bastoul Louis 216
Bauer Wolfgang 247
Baumann Adolf 260
Baumgartner Ant. 174
Baur Karl Alb. 386

Bausewein Kasp. 430
Bayer Alois 118
Bayer Hieronymus 474
Beck Friedrich 179
Beckers Hubert K. 196
Behringer Ludwig 479
Beierlein Johann 103
Beisler Hermann 44
Berlepsch August 331
Bernatz Joh. Mart. 407
Beyschlag Robert 287
Bischoff Theod. Ludw. 500
Bodmer Gottlieb 141
Böhm Theobald 220
Bolgiano Franz 153
Bolgiano Karl 154
Boller Ludwig 157
Boos Roman Anton 1
Braun Isabella 241
Braun Kaspar 159
Braun Reinhold 499
Breslau Heinrich 371
Brinz Alois 17
Bruckbräu Friedrich Wilh. 311
Brugger Friedr. 274
Brulliot Franz 65
Brysakis Theodor Petros 185
Bucher Anton 60
Buchinger Johann Nep. 465
Buchner Andreas 464
Buchner Johann Andr. 409
Buchner Ludwig Andreas 150
Buhl Ludwig 63
Bürkel Heinrich 471
Bürklein, Georg Christian Friedrich 227

C

Carriere Moritz 490
Christ Adam 322
Christ Fritz 486
Christen-Ziegler Klara 385
Correns Erich 352

D

Dahn Ludwig 41
Dandler Anna 431
Daxenberger Sebastian 97
Deckelmann Andreas 111
Deinet-Possart Anna 428
Dennerlein Thomas 425
Destouches Ernst 292
Destouches Franz S. 291
Destouches Jos. Anton 326
Destouches Ulrich 290
Deutinger Martin d. Ä. 79
Deutinger Martin d. J. 496
Devrient-Schröder Sophie 481
Diez Friedrich 120
Diez Sophie 121
Dillis Johann Cantius 236
Dillis Johann Georg 237
Docen Bernh. Josef 214
Döllinger Ignaz 55
Dollmann Georg 384
Dorner Johann Jakob d. J. 329
Dresch Georg Leonh. 209
Dürck Friedrich 242
Dyck Hermann 221

E

Eberhard Konrad 197
Echter Michael 403
Edlinger Jos. Georg 222
Effner Karl 228
Ehrengut Anton 177
Eibner Friedrich 495
Eichthal Simon Aron (Leonhard) 73
Einhart Emil 316

Eisenhart-Kobell Luise 203
Englmann Lorenz 243
Enhuber Karl 294
Erhard Karl Andreas 258
Ertel Traugott Leberecht 72
Ett Kaspar 324

F

Fallmerayer Jakob Phil. 275
Faustner Leonhard 133
Feder Gottfried 349
Fentsch Eduard 131
Fernbach Franz Xaver 208
Finessensepperl 238
Fink August 136
Fischbach Johann 433
Fischer Franz 123
Fischer Josef Anton 246
Fischer Karl 279
Flüggen Gisbert 299
Flüggen Josef 300
Foltz Ludwig 416
Foltz Philipp 417
Föringer Heinrich 357
Förster Ernst 217
Fortner Andreas 411
Fraas Karl 443
Frank Michael Sigmund 162
Fraunhofer Josef 76
Frays Chr. August 460
Fröhlich Ernst 138
Fuchs Johann Nepomuk 494

G

Gabelsberger Franz Xaver 161
Gail Wilhelm 139
Gärtner Friedrich 393
Gautsch Josef 9
Gedon Lorenz 69
Gehrke Adolf 317
Geiß Ernest 59
Giehrl Emmy 115
Gietl Franz Xaver 16
Gleich Lorenz 414
Glink Franz Xaver 263
Goenner Nikolaus Thaddäus 171
Goerres Guido 38
Goerres Josef 37
Goeschl Heinrich 235
Gottgetreu Rud. Wilhelm 190
Graf Anna 400
Graf Ida 401
Graf Karl 404
Graf Rosa 402
Grauert Hermann 498
Gruithuisen Franz Paul 116
Gsell-Fels Theodor 468
Gube Max 199
Güll Friedrich Wilhelm 447
Guttermann Ernst 318

H

Habenschaden Sebastian 281
Häberl Simon 54
Haeutle Christian 467
Hagn-Oven Charlotte 308
Haid Herenäus 93
Halbig Johann 373
Halbreiter Ulrich 170
Haller Joh. Nepomuk 128
Halm Karl 483
Hanfstaengl Franz 105
Harter Alois 412
Härtinger Martin 415
Hauber Johann Michael 68
Hauberrisser Georg Jos. 323
Hauner August 202
Hauschild Wilhelm Ernst 286
Haushofer Karl 449
Haushofer Max 450

Hauttmann Johann Nepom. 337
Hefner-Alteneck Jak. Heinr. 475
Hefner Joh. Josef 261
Hefner Otto Titan 262
Heideck Karl 88
Heigel Franz Napoleon 478
Heilmann Johann 436
Heinlein Heinrich 255
Heinleth Adolf 146
Herigoyen Emm. Josef 176
Hermann Friedrich Ben. Wilh. 372
Herz Franz 142
Hess Anton Heinrich 488
Hess Eugen 231
Hess Heinrich Maria 487
Hess Karl Ernst Chr. 230
Hess Peter 229
Hetzenecker-Mangstl Karoline 455
Hiltensperger Johann Georg 264
Himbsel Johann Ulrich 31
Hirt Johann 378
Hocheder Franz P. 362
Höchl Anton 100
Höchl Josef 100
Hoffnaaß Franziska-Rheinberger 380
Hofmann Josef 52
Hofmann Karl 51
Holland Benedikt 298
Holland Hyazinth 206
Holzapfel Johann Nepom. 297
Hortig Karl Anton 83
Hößbacher Adolf 319
Huber Johann, Finessensepperl 238
Hübner Lorenz 5
Huhn Georg Adalbert 180

I

Ille Eduard 191
Imhof Maximus 46

J

Jacobi Friedrich Heinr. 211
Jolly Philipp Gustav 422
Juri Johannes 344

K

Kaulbach Hermann 62
Kaulbach Wilhelm 61
Kazako Mauromichalis 266
Kefer Franz Xaver 108
Keller Albert 375
Kellerhoven Moritz 364
Kerschensteiner Josef 198
Kiliani Max Em. 119
Kindermann August 167
Kirchmair Josef 309
Kirchmayer Friedrich 33
Kirchmayer Josef 34
Klee Heinrich 67
Klein Johann Adam 454
Kleinschrod Karl Josef 370
Klenze Leo 392
Klotz Josef 288
Klotz Matthias 358
Klotz Simon Petr. 265
Knabl Josef 377
Knorr Ludwig 374
Kobell Egid 28
Kobell Ferdinand 29
Kobell Franz (Dichter, Mineral.) 26
Kobell Franz (Maler) 27
Kobell-Eisenhart Luise 203
Kobell Wilhelm 339

Kotsch Theodor 399
Kotzebue Alexander 463
Kraus Karl 320
Krause Karl Christ. Friedr. 342
Krazeisen Karl 387
Krenkl Franz Xaver 282
Kunstmann Friedrich 277

L

Lachner Franz 193
Lamezan Ferdinand 168
Lang Ferdinand 218
Lang Regina 219
Lange Julius 435
Lange Ludwig 476
Lasaulx Peter Ernst 295
Lauth Franz Josef 189
Läverenz Gustav 480
Leeb Johann 160
Leimbach Karl 245
Lerchenfeld Max 49
Lewald August 137
Lichtenthaler Philipp 356
Liebherr Josef 204
Liebig Justus 489
Lier Adolf 192
Lindwurm Josef 130
Lipowsky Felix Josef 225
Lobenhoffer Karl 456
Löffler August 278
Lutz Johann 451

M

Maffei Josef Anton 89
Mangstl-Hetzenecker Karoline 455
Mannert Konrad 50
Mannhardt Johann 19
Mannlich Johann Christ. 74
Marr Heinrich 201
Martius Karl Friedr. Phil. 66
Maurer Georg Ludwig 43
Maurer Konrad 423
Mauromichalis Elias 266
Max Gabriel 334
Mayer Anton 57
Mayer Ernst 273
Mayer Josef 272
Mayr Georg 469
Meggendorfer Lothar 482
Meisenbach Georg 246a
Menter Sophie 134
Merz Georg 3
Merz Ludwig 23
Merz Sigmund 4
Métivier Johann Baptist 175
Mettenleiter Franz Xaver 226
Meyr Melchior 473
Michel Johann Balthasar 111
Miller Ferdinand 10
Miller Wilhelm 124
Miranha Isabella 345
Mitterer Hermann Josef 45
Moehler Johann Adam 64
Monten Dietrich 240
Morawitzky Max August Eduard 224
Morawitzky Theodor Heinrich 223
Morgenstern Christian 267
Moritz Josef 126
Muffat Franz Karl 359
Muffat Karl August 360
Muhr Julius 405
Müller Andreas 333
Müller Arthur 446
Müller Karl Friedr. 239
Müller Ludwig August 343
Munsch Josef 18
Mussinan Josef Anton 91

N

Nagler Georg Kaspar 250

Naue Julius Aug. Erdm. 251
Neher Michael 127
Neureuther Eugen Napoleon 351
Niethammer Friedr. Ph. Imm. 213
Niggl Josef 181
Nußbaum Johann Nepomuk 40

O

Oberkamp Karl August 424
Oberländer Adolf 434
Obernetter Johann Baptist 325
Odysseus Leonidas 268
Öchsner Michael 456a
Oefele Edmund 24
Ohlmüller Daniel Josef 304
Ohm Georg Simon 257
Oischinger Johann Nep. 147
Oldach Julius 293
Olivier Ferdinand 117
Oven-Hagn Charlotte 308

P

Pangkofer Josef Anton 310
Pasch Franz Karl 15
Patz Hermann Josef 92
Paulus Nikolaus 296
Pellegrini Julius 461
Pellegrini Klementine 461
Perfall Karl Theodor Em. 426
Perner Johann Ignaz 470
Pertsch Johann Nepomuk 164
Pettenkofer Max 429
Petz Johann 408
Pfeufer Benno Heinrich 355
Pfeufer Sigmund Heinrich 112
Pfistermeister Franz Ser. 13
von der Pfordten Ludwig 444
Piglhein Bruno Elimar 188
Piloty Ferdinand d. Ä. 232
Piloty Ferdinand d. J. 233
Piloty Karl 394
Pixis Theodor 367
Poißl Johann Nepomuk 169
Possart-Deinet Anna 428
Possart Ernst 427
Pranckh Sigmund 477
Pranger(l) Georg 256
Prantl Karl 195
Preger Johann Wilhelm 148
Pschorr Joseph 172a

Q

Quaglio Angelo 182
Quaglio Domenico (Füssen)
Quaglio Josef 183
Quaglio Lorenzo 336
Quaglio Simon 184

R

Radlkofer Ludwig 11
Raglovich zum Rosenhof Klemens 172
Ramberg Georg Arthur 332
Ranke Heinrich 442
Redwitz Oskar 380
Reichenbach Georg 75
Reinherz Konrad 301
Reithmann Christian 457
Reitzenstein Franziska 383
Restallino Carlo 163
Reuther Josef 114
Rheinberger-Hoffnaaß Franziska 382 (Vaduz)
Rheinberger Josef 381 (Vaduz)
Rhomberg Josef Anton 205

Richter Heinrich 439
Riedel Eduard 436
Rockinger Ludwig 249
Rosipal Karl 30
Rostosky Karl Oswald 491
Roth Karl Joh. Friedr. 438
Rothmund August 459
Rothmund Franz Christ. 458
Rottmann Karl 143
Rottmann Leopold 462
Rudhart Georg Thomas 418
Rüdinger Nikolaus 289
Rüthling Bernhard 39

S

Sager Michael 376
Schachinger Gabriel 194
Schafhäutl Karl Fr. Emil 328
Schaller Ludwig 420
Schechner-Waagen Nanette 445
Schenk Eduard 212
Schertl Josef 187
Schilcher Franz Seraph 90
Schlagintweit Adolf 102
Schlagintweit Emil 103
Schlagintweit Hermann 101
Schlagintweit Jos. Aug. W. 103
Schlagintweit Max 103
Schlagintweit Robert 103
Schleich Eduard 252
Schleich Martin 338
Schleiß-Löwenfeld Max Jos. 341
Schlichtegroll Ad. Heinr. Frdr. 25
Schlotthauer Josef 472
Schmederer Max 379
Schmeller Joh. Andreas 106
Schmid Jos. Leonh. 441
Schmid Simon 348
Schmidt Maximilian (Waldschmidt) 109
Schneemann Karl 410
Schnetzer Johann 321
Schnorr-Carolsfeld Karl 314
Schönchen Ludw. 135
Schöninger Leo 307
Schorn Karl 234
Schrank Franz Paul 48
Schraudolph Johann 259
Schrenk Sebastian 87
Schreyer Karl Alois 276
Schröder-Devrient Sophie 481
Schubert Friedr. Karl 491
Schubert Gotthilf Heinr. 440
Schwanthaler Franz Xaver 369
Schwanthaler Ludwig 368
Schwind Moritz 271
Sck, Se ff.
Sckell Friedrich Ludwig 144
Seidl Anton 178
Seidl Gabriel 70
Seinsheim August 363
Seitz Franz 366
Seitz Otto 156
Seitz Rudolf 365
Selb Josef 315
Sendlinger Bauern 151
Sendtner Otto 99
Senefelder Alois 132
Sepp Johann Nepomuk 22
Seuffert Johann Adam 419
Seydel Max 432
Siber Thaddäus 413
Sickinger Anselm 389
Siebold Karl Theodor 466
Siebold Philipp Fr. 448
Sighart Joachim 84

Sigl Eduard 306
Soeltl Johann Michael 497
Specht Franz Anton 81
Spitzweg Karl 140
Spix Johann Baptist 129
Squindo Josef Emil 313
Stademann Adolf 283
Steinheil Karl August 453
Stieler Josef Karl 56
Strähuber Alexander 335
Straub Johann Baptist 2
Streber Franz Ignaz 80
Streber Franz Xaver 36
Stumpf Pleikard Josef 305
Stuntz Josef Hartmann 244
Stürzer Josef 42
Sutner Johann Georg 12

T

Tante Emmy (Giehrl) 115
Thäter Julius Cäsar 165
Thiersch Friedr. Wilhelm 492
Thiersch Ludwig 493
Toerring Josef August 32
Trappentreu Joh. Bapt. 166
Trautmann Franz 312
Triva Joh. Nep. Jos. Florian 173

U

Urban Julius 354
Urban Wilhelm 353
Utzschneider Josef 85

V

Vespermann Klara 302
Vespermann-Sigl Maria 303
Vogel von Vogelstein Karl 95
Voit August 284
Voit Karl 285
Völderndorff Otto 254
Voltz Johann Friedrich 14
Vorherr Joh. Mich. Ch. Gustav 340

W

Waagen-Schechner Nanette 445
Wagenbauer Max Josef 152
Wagner Alexander Sandor 421
Waldschmidt-Schmidt Maxim. 109
Walther Philipp Franz 391
Weiller Kajetan 96
Weis Josef 200
Westenrieder Lorenz 94
Westermayer Anton 58
Widder Gabriel 113
Widnmann Max 280
Wiebeking Karl Friedr. 207
Will Anton 210
Windischmann Friedrich 82
Winter Peter 35
Wirschinger Ludwig 361
Wismayr Josef 71
Wittmann Franz Michael 347
Wymetal Wilhelm 350

Z

Zenetti Arnold 122
Zenger Max 215
Zentner Georg Friedrich 78
Ziebland Hermann 47
Ziegler Friedrich 327
Ziegler-Christen Klara 385
Ziemssen Hugo 186
Zimmermann Klemens 145
Zuccarini Josef Gerhard 98
Zu Rhein Max Josef 77

Berufsgruppen-Register

Reihenfolge:

a) Männer des öffentlichen Lebens, b) Theologen, c) Philosophen, d) Philologen, Germanisten und Pädagogen, e) Historiker, f) Juristen, g) Ärzte, h) Naturwissenschaftler, i) Techniker, k) Baukünstler, l) Bildhauer, m) Maler, n) Musiker, Schauspieler, o) Schriftsteller, Dichter, p) höhere Offiziere, q) Sonstige.

a) *Männer des öffentlichen Lebens* (Staatsminister, Politiker, hohe Beamte usw.):

Abel Karl 53
Aretin Joh. Chr. 20
Aretin Joh. Georg 21
Armansperg Jos. Ldw. 390
Asch auf Oberndorff. Ad. 86
Baumgartner Ant. 174
Beisler Hermann 44
Feder Gottfried 349
Heinleth Adolf 146
Kleinschrod Karl Jos. 370
Kobell Egid 28
Lamezan Ferdinand 168
Lerchenfeld Max 49
Lutz Johann 451
Morawitzky Theod. Hch. 223
Müller Ludw. Aug. 343
Oberkamp Karl Aug. 424
Pfeufer Benno Hch. 355
Pfeufer Sigm. Hch. 112
Pfistermeister Fr. S. 13
von der Pfordten Ldw. 444
Pranckh Sigmund 477
Schenk Eduard 212
Schilcher Franz S. 90
Schnorr-Carolsfeld K. 314
Schrenk Sebastian 87
Seinsheim August 363
Stürzer Josef 42
Toerring Jos. Aug. 32
Triva Joh. Nep. Jos. Flor. 173
Widder Gabriel 113
Wirschinger Ldw. 361
Zentner Georg Frdr. 78
Ziegler Friedr. 327
Zu Rhein Max Jos. 77

b) *Theologen* (katholische und evangelische, Priester, Prediger):

Bucher Anton 60
Döllinger Ignaz 55
Haid Herenäus 93
Hauber Joh. Michael 68
Huhn Georg Adalbert 180
Klee Heinrich 67
Kunstmann Friedrich 277
Mayr Georg 469
Moehler Johann Adam 64
Niethammer Frdr. Ph. Imm. 213
Oischinger Joh. Nepom. 147

Paulus Nikolaus 296
Roth Karl Joh. Frdr. 438
Weis Josef 200
Westermayer Anton 58

c) *Philosophen:*

Ast Georg Ant. Frdr. 149
Baader Franz X. 253
Beckers Hubert Karl-Frdr. 196
Carriere Moritz 490
Deutinger Martin d. J. 496
Erhard Karl Andr. 258
Hortig Karl Ant. 83
Jacobi Frdr. Heinr. 211
Krause Karl Chr. Frdr. 342
Lasaulx Peter Ernst 295
Meyr Melchior 473
Prantl Karl 195

d) *Philologen und Pädagogen* (auch Germanisten, Bibliothekare):

Bauer Wolfgang 247
Docen Bernh. Jos. 214
Dresch Gg. Leonh. 209
Englmann Lorenz 243
Halm Karl 483
Harter Alois 412
Hocheder Franz P. 362
Holland Benedikt 298
Holzapfel Joh. Nepom. 297
Kefer Franz Xav. 108
Lauth Franz Jos. 189
Lichtenthaler Phil. 356
Öchsner Michael 456a
Schmeller Joh. Andr. 106
Thiersch Frdr. Wilh. 492
Weiller Kajetan 96
Wismayr Josef 71
Windischmann Frdr. 82

e) *Historiker* (auch Rechts- und Kunstgeschichte, geschichtl. Hilfswissenschaften, Archivare, Numismatiker, Archäologen):

Beierlein Johann 103
Brulliot Franz 65
Buchner Andreas 464
Buchinger Joh. Nepom. 465
Destouches Ernst 292
Destouches Jos. Ant. 326
Destouches Ulrich 290
Deutinger Martin d. Ä. 79
Fallmerayer Jak. Phil. 275
Föringer Heinr. 357
Geiß Ernest 59
Goerres Josef 37
Grauert Hermann 498
Haeutle Christian 467
Hefner-Alteneck Jak. Hch. 475
Hefner Josef 261
Hefner Otto Titan 262
Lipowsky Felix Jos. 225
Mannert Konrad 50
Mayer Anton 57
Moritz Josef 126
Muffat Karl August 360
Oefele Edmund 24
Petz Johann 408
Preger Joh. Wilhelm 148

Rockinger Ludwig 249
Rudhart Georg Thomas 418
Schlichtegroll Ad. Hch. Frdr. 25
Schönchen Ludwig 135
Sepp Johann Nepomuk 22
Sighart Joachim 84
Soeltl Joh. Michael 497
Streber Franz Ign. 80
Streber Franz X. 36
Stumpf Pleikard Jos. 305
Sutner Georg Karl 12
Westenrieder Lorenz 94
Wittmann Franz Michael 347

f) *Juristen* (auch Staatswissenschaften und Nationalökonomie):

Bayer Hieronymus 474
Bolgiano Karl 154
Brinz Alois 17
Goenner Nikolaus Thaddäus 171
Hermann Frdr. Ben. Wilh. 372
Maurer Georg Ludwig 43
Maurer Konrad 423
Patz Hermann Josef 92
Perner Ignaz 470
Seuffert Joh. Adam 419
Seydel Max 432
Völderndorff Otto 254

g) *Ärzte* (Mediziner, Anatomen, Physiologen, Hygieniker, Veterinäre u. a.):

Bischoff Theod. Ldw. Wilh. 500
Breslau Heinrich 371
Buhl Ludwig 63
Gietl Franz Xaver 16
Gleich Lorenz 414
Graf Karl 404
Gruithuisen Franz P. 116
Häberl Simon 54
Hauner August 202
Hofmann Josef 52
Kerschensteiner Jos. 198
Lindwurm Josef 130
Nußbaum Joh. Nepomuk 40
Pettenkofer Max 429
Ranke Heinrich 442
Rothmund August 459
Rothmund Franz Chr. 458
Rüdinger Nikolaus 289
Schlagintweit Jos. Aug. W. 103
Schleiß v. Löwenfeld M. J. 341
Schneemann Karl 410
Siebold Karl Theodor 466
Siebold Philipp Franz 448
Voit Karl 285
Walther Phil. Franz 391
Will Anton 210
Ziemssen Hugo 186

h) *Naturwissenschaftler* (Mathematik, Physik, Chemie, Botanik, Mineralogie u. a.):

Albert Eugen 8
Albert Josef 7
Arnold Ferdinand 248
Berlepsch August 331
Buchner Joh. Andreas 409
Buchner Ludwig Andreas 150

Fraas Karl 443
Fuchs Johann Nepomuk 494
Gruithuisen Franz P. 116
Haushofer Karl 449
Jolly Phil. Gust. 422
Knorr Ludwig 374
Kobell Franz 26
Liebig Justus 489
Martius K. Frdr. Ph. 66
Miller Wilhelm 124
Obernetter Joh. Bapt. 325
Ohm Georg Simon 257
Radlkofer Ludwig 11
Schafhäutl Karl Fr. Emil 328
Schlagintweit Adolf 102
Schlagintweit Emil 103
Schlagintweit Hermann 101
Schlagintweit Max 103
Schlagintweit Robert 103
Schrank Franz Paul 48
Schreyer Karl Alois 276
Schubert Gotth. Hch. 440
Sendtner Otto 99
Siber Thaddäus 413
Siebold Karl Theodor 466
Siebold Philipp Franz 448
Spix Johann Baptist 129
Steinheil Karl August 453
Zuccarini Josef Gerhard 98

i) *Techniker* (auch Mechaniker, Optiker, Erzgießer, Erfinder u. a.):

Baader Josef 125
Ertel Traugott Leberecht 72
Fernbach Franz Xaver 208
Fraunhofer Josef 76
Hanfstaengl Franz 105
Imhof Maximus 46
Liebherr Josef 204
Maffei Josef Anton 89
Mannhardt Johann 19
Meisenbach Georg 246a
Merz Georg 3
Merz Ludwig 23
Merz Sigmund 4
Miller Ferdinand 10
Niggl Josef 181
Reichenbach Georg 75
Reithmann Christian 457
Sager Michael 376
Schmid Simon 348
Senefelder Alois 132
Steinheil Karl August 453
Utzschneider Josef 85

k) *Baukünstler* (auch Gartenkünstler):

Bürklein Georg Christian Friedrich 227
Dollmann Georg 384
Effner Karl 228
Ehrengut Anton 177
Fischer Karl 279
Foltz Ludwig 416
Gärtner Friedrich 393
Gottgetreu Rud. Wilh. 190
Hauberrisser Georg Jos. 323
Herigoyen Emanuel Jos. 176
Himbsel Joh. Ulrich 31
Höchl Josef 100
Klenze Leo 392
Lange Ludw. 476
Leimbach Karl 245
Metivier Johann Bapt. 175
Muffat Franz Karl 359

Ohlmüller Daniel Jos. 304
Pertsch Joh. Nepomuk 164
Riedel Eduard 436
Sckell Frdr. Ludwig 144
Seidl Gabriel 70
Voit August 284
Vorherr Gustav 340
Wiebeking Karl Frdr. 207
Zenetti Arnold 122

l) *Bildhauer* (Holzschnitzer, Ziseleure und Medailleure):

Boos Roman Anton 1
Brugger Friedrich 274
Christ Adam 322
Christ Fritz 485
Dennerlein Thomas 425
Eberhard Konrad 197
Einhart Emil 316
Fortner Andreas 411
Gedon Lorenz 69
Gehrke Adolf 317
Goeschl Heinrich 235
Gube Max 199
Guttermann Ernst 318
Halbig Johann 373
Haller Johann Nepomuk 128
Hauttmann Joh. Nepomuk 337
Hess Anton Heinrich 488
Hirt Johann 378
Hößbacher Adolf 319
Kirchmayer Friedrich 33
Kirchmayer Josef 34
Knabl Josef 377
Kraus Karl 320
Leeb Johann 160
Mayer Ernst 273
Mayer Josef Gabriel 272
Schaller Ludwig 420
Schnetzer Johann 321
Schwanthaler Franz Xaver 369
Schwanthaler Ludwig Michael 368
Sickinger Anselm 389
Straub Johann Baptist 2
Widnmann Max 280

m) *Kunstmaler* (auch Radierer, Zeichner, Kupferstecher, Lithographen u. a.):

Adam Albrecht 395
Adam Benno 396
Adam Eugen 397
Adam Franz 398
Adam Julius 452
Ainmiller Max Em. 388
Amsler Samuel 155
Anschütz Hermann 406
Auer Max Jos. 107
Barth Franz Xaver 484
Baumann Adolf 260
Baur Karl Albert 386
Bernatz Johann Martin 407
Beyschlag Robert 287
Bodmer Gottlieb 141
Boller Ludwig 157
Braun Kaspar 159
Braun Reinhold 499
Brysakis Theodor Petr. 185
Bürkel Heinrich 471
Correns Erich 352
Deckelmann Andreas 111
Dillis Johann Cantius 236
Dillis Johann Georg 237

Dorner Joh. Jakob d. J. 329
Dürck Friedrich 242
Dyck Hermann 221
Echter Michael 403
Edlinger Josef Georg 222
Eibner Friedrich 495
Enhuber Karl 294
Faustner Leonhard 133
Fernbach Franz Xaver 208
Fink August 136
Fischbach Johann 433
Fischer Josef Anton 246
Flüggen Gisbert 299
Flüggen Josef 300
Foltz Philipp 417
Frank Mich. Sigm. 162
Fröhlich Ernst 138
Gail Wilhelm 139
Glink Franz Xaver 263
Habenschaden Sebastian 281
Halbreiter Ulrich 170
Hauschild Wilhelm Ernst 286
Haushofer Max 450
Heideck Karl 88
Heigel Franz Napoleon 478
Heinlein Heinrich 255
Hess Eugen 231
Hess Heinrich Maria 487
Hess Karl 230
Hess Peter 229
Hiltensperger Johann Georg 264
Ille Eduard 191
Kaulbach Hermann 62
Kaulbach Wilhelm 61
Keller Albert 375
Kellerhoven Moritz 364
Kirchmair Josef 309
Klein Johann Adam 454
Klotz Josef 288
Klotz Matthias 358
Klotz Simon Petr. 265
Kobell Ferdinand 29
Kobell Franz 27
Kobell Wilhelm 339
Kotsch Theodor 399
Kotzebue Alexander 463
Lange Julius 435
Läverenz Gustav 480
Lier Adolf 192
Löffler August 278
Mannlich Johann Christian 74
Marr Heinrich 201
Max Gabriel 334
Meggendorfer Lothar 482
Mettenleiter Franz Xaver 226
Mitterer Hermann Josef 45
Monten Dietrich 240
Morgenstern Christian 267
Muhr Julius 405
Müller Andreas 333
Müller Karl Frdr. 239
Munsch Josef 18
Naue Julius August Erdmann 251
Neher Michael 127
Neureuther Eugen Napoleon 351
Oberländer Adolf 434
Oldach Julius 293
Olivier Ferdinand 117
Piglhein Bruno Elimar 188
Piloty Ferdinand d. Ä. 232
Piloty Ferdinand d. J. 233
Piloty Karl 394
Pixis Theodor 367
Quaglio Angelo 182
Quaglio Josef 183
Quaglio Lorenzo 336
Quaglio Simon 184
Ramberg Georg Arthur 332

Reinherz Konrad 301
Restallino Carlo 163
Rhomberg Josef Anton 205
Rostosky Karl Oswald 491
Rottmann Karl 143
Rottmann Leopold 462
Schachinger Gabriel 194
Schertl Josef 187
Schleich Eduard 252
Schlotthauer Josef 472
Schöninger Leo 307
Schorn Karl 234
Schraudolph Johann 259
Schwind Moritz 271
Seinsheim August 363
Seitz Franz 366
Seitz Otto 156
Seitz Rudolf 365
Selb Josef 315
Spitzweg Karl 140
Squindo Josef Emil 313
Stademann Adolf 283
Stieler Josef Karl 56
Strähuber Alexander 335
Thäter Julius Cäsar 164
Thiersch Ludwig 493
Vogel-Vogelstein Karl 95
Voltz Johann Friedrich 14
Wagenbauer Max Jos. 152
Wagner Alexander Sandor 421
Ziebland Hermann 47
Zimmermann Klemens 145

n) *Musiker, Schauspieler* (Komponisten, Sänger, Komiker u. a.):

Aiblinger Joh. Kaspar 269
Babo Josef Marius 346
Bausewein Kaspar 430
Bayer Alois 118
Böhm Theobald 220
Christen-Ziegler Klara 385
Dahn Ludwig 41
Dandler Anna 431
Deinet-Possart Anna 428
Destouches Franz S. 291
Devrient-Schröder Sophie 481
Diez Friedrich 120
Diez Sophie 121
Ett Kaspar 324
Finessensepperl 238
Fischer Franz 123
Hagn-Oven Charlotte 308
Halbreiter Ulrich 170
Härtinger Martin 415
Herz Franz 142
Hetzenecker-Mangstl Karoline 455
Huber Johann 238
Kindermann August 167
Krenkl Franz Xaver 282
Lachner Franz 193
Lang Ferdinand 218
Lang Regina 219
Lewald August 137
Mangstl-Hetzenecker Karoline 455
Menter Sophie 134
Oven-Hagn Charlotte 308
Pellegrini Julius 461
Pellegrini Klementine 461
Perfall Karl Theodor 426
Poißl Joh. Nepomuk 169
Possart-Deinet Anna 428
Possart Ernst 427

Pranger(l) Georg 256
Rheinberger Josef 381 (Vaduz)
Richter Heinrich 439
Rüthling Bernhard 39
Schechner-Waagen Nanette 445
Schröder-Devrient Sophie 481
Sigl Eduard 306
Stuntz Jos. Hartmann 244
Urban Julius 354
Urban Wilhelm 353
Vespermann Klara 302
Vespermann-Sigl Maria 303
Waagen-Schechner Nanette 445
Winter Peter 35
Zenger Max 215
Ziegler-Christen Klara 385

o) *Schriftsteller, Dichter* (auch Erfinder des Kurzschrift-systems):

Arnold Hugo 158
Aurbacher Ludwig 330
Babo Josef Marius 346
Beck Friedrich 179
Braun Isabella 241
Bruckbräu Friedr. Wilh. 311
Daxenberger Sebastian 97
Eisenhart-Kobell Luise 203
Fentsch Eduard 131
Förster Ernst 217
Gabelsberger Franz Xaver 161
Goerres Guido 38
Giehrl Emmy 115
Gsell-Fels Theodor 468
Güll Friedrich Wilhelm 447
Heilmann Johann 436
Hoffnaaß-Rheinberger Franziska 382
Holland Hyazinth 206
Hübner Lorenz 5
Kobell-Eisenhart Luise 203
Lewald August 137
Meyr Melchior 473
Müller Arthur 446
Mussinan Josef Anton 91
Nagler Georg Kaspar 250
Öchsner Michael 456a
Pangkofer Josef Anton 310
Redwitz Oskar 380
Reitzenstein Franziska 383
Rheinberger Franziska 382
Schafhäutl Karl Fr. Emil 328
Schenk Eduard 212
Schleich Martin 338
Schmid Maxim. Waldschmidt 109
Schubert Frdr. Karl 491
Schubert Gotth. Heinr. 440
Specht Franz Anton 81
Tante Emmy 115
Toerring Josef August 32
Trautmann Franz 312
Völderndorff Otto 254
Waldschmidt Maximilian 109
Wymetal Wilhelm 350

p) *höhere Offiziere:*

Angstwurm Theodor 270
Bastoul Louis 216
Behringer Ludwig 479
Frays Christ. Aug. 460

Heideck Karl 88
Heilmann Johann 436
Heinleth Adolf 146
Kiliani Max Emanuel 119
Krazeisen Karl 387
Lobenhoffer Karl 456
Mauromichalis Elias 266
Morawitzky Max Aug. 224
Pranckh Sigmund 477
Raglovich zum Rosenhof Klemens 172
Schubert Friedrich Karl 491
Triva Joh. Nep. Jos. Florian 173

q) *Sonstige* (Bürger, Wohltäter, Kunstförderer, Kunstsammler, Katastrophenopfer, ausländische Kinder u. a.):

Albert Franz 6
Eichthal Simon Aron (Leonhard) 73
Bolgiano Franz 153
Gautsch Josef 9
Graf Anna, Ida und Rosa 400–402
Hofmann Karl 51
Juri Johannes 344
Michel Johann Balthasar 111
Miranda Isabella 345
Odysseus Leonidas 268
Pasch Franz Karl 15
Patz Hermann Jos. 92
Perner Ignaz 470
Pschorr Joseph 172a
Reuther Josef 114
Rosipal Karl 30
Schmederer Max 379
Schmid Josef Leonhard 441
Seidl Anton 178
Sendlinger Bauern 151
Trappentreu Johann Baptist 166